BIBLIOTHÈQUE INTERNATIONALE D'ÉCONOMIE POLITIQUE
publiée sous la direction de ALFRED BONNET

HISTOIRE

DES

DOCTRINES ÉCONOMIQUES

PAR

Luigi COSSA

Professeur à Pavie

AVEC UNE PRÉFACE

DE A. DESCHAMPS

Professeur
à la Faculté de droit de Bordeaux

———— ❧ ————

PARIS

V. GIARD & E. BRIÈRE
LIBRAIRES-ÉDITEURS
16, rue Soufflot, 16
—
1899

LES
DOCTRINES ÉCONOMIQUES

BIBLIOTHÈQUE INTERNATIONALE D'ÉCONOMIE POLITIQUE

publiée sous la direction de Alfred BONNET

HISTOIRE

DES

DOCTRINES ÉCONOMIQUES

PAR

LUIGI COSSA

Professeur à l'Université de Pavie

AVEC UNE PRÉFACE

DE A. DESCHAMPS

Professeur agrégé

à la Faculté de droit de l'Université de Paris

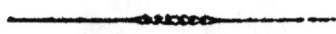

PARIS

V. GIARD & E. BRIÈRE

LIBRAIRES-ÉDITEURS

16, rue Soufflot, 16

1899

PRÉFACE

Il paraît être dans la destinée des ouvrages du professeur Louis Cossa d'obtenir les honneurs de la traduction en langues de tous pays. Pour des œuvres qui veulent être de vulgarisation, rien ne saurait être plus flatteur, si rien ne peut mieux montrer que le but visé a été atteint.

Le livre dont M. Bonnet offre aujourd'hui la traduction au public français est, depuis assez longtemps déjà, apprécié comme il le mérite, non-seulement en Italie, son pays d'origine, mais aussi en Espagne, en pays de langue allemande et en pays de langue anglaise, où des traductions l'ont répandu. Celle que nous donne le traducteur français est d'ailleurs préférable aux traductions espagnole, allemande et anglaise; car elle est prise de la troisième édition italienne (1892). Et, en lisant les *Notions préliminaires* écrites par L. Cossa lui-même en tête de cette troisième édition, on verra en quoi elle ne peut qu'être supérieure aux deux premières. L'ouvrage a été si sérieusement remanié, que l'auteur a cru devoir marquer la transformation par un signe extérieur, par une légère modification du titre : le *Guida allo studio dell' Economia politica* est devenu l'*Introduzione allo studio dell'Economia politica*.

Il convient d'ajouter que cette traduction française

a été faite sur le manuscrit de la 3ᵉ édition révisé
par L. Cossa postérieurement à sa publication, et
mis à la disposition du traducteur par le fils de l'auteur, le professeur Emile Cossa. Les quelques adjonctions ou suppressions qu'on pourra relever si l'on
rapproche de la présente traduction le texte italien
de la 3ᵉ édition ne devront donc pas être imputées à
la fantaisie ou à la négligence du traducteur, dont
nous avons pu suivre les scrupuleux efforts et à la
probité scientifique duquel nous nous plaisons à
rendre hommage.

La création récente, dans nos Facultés de Droit,
d'un doctorat ès-sciences politiques et économiques,
dont le programme comporte l'étude historique des
doctrines économiques, fait vivement sentir le
besoin d'ouvrages tels que celui dont M. Bonnet
nous donne la traduction. L'*Histoire de l'Economie
politique* d'Adolphe Blanqui, déjà ancienne (1837,
1ʳᵉ éd.), et qui est autant, sinon plus, une histoire
des faits qu'une histoire des doctrines, l'*Histoire de
l'Economie politique* de M. Ingram (traduction
française par MM. H. de Varigny et E. Bonne-
maison, 1893), l'*Histoire des doctrines économiques*
de M. A. Espinas, l'*Histoire des systèmes économiques
et socialistes* de M. H. Denis (1897), ouvrages fort
estimables, donnent déjà, dans une large mesure,
et par la diversité même de leurs caractères, un
commencement de satisfaction à ce besoin. La
traduction du livre de L. Cossa vient puissamment
augmenter les ressources de l'étudiant français. Nul
doute que, d'ici à quelques années, ces ressources ne

s'accroissent de publications dues à ceux de nos collègues des Facultés de Droit qui enseignent l'histoire des doctrines économiques. Nous en avons déjà les prémisses dans l'élégante et instructive *Histoire des doctrines économiques dans la Grèce antique* de M. A. Souchon.

Les bonnes volontés peuvent se mettre à l'œuvre. De longtemps il n'y en aura trop. Le besoin auquel il s'agit de satisfaire est un de ceux qui demandent du temps pour se créer un organe parfaitement adapté.

En parlant ainsi, nous avons en vue, que cela soit bien entendu, le besoin d'ouvrages *de vulgarisation*. Nous n'avons à aucun degré la pensée de diminuer les mérites des ouvrages jusqu'ici parus. La science des auteurs n'est point en cause : elle est assurément fort au-dessus de la nôtre, n'y en eût-il que cette raison — qui n'est point la seule — que l'acquisition des connaissances historiques exige de longues années. Et si nous ne citons pas ici telles ou telles importantes histoires des doctrines économiques publiées en Allemagne, en Hongrie, en Angleterre, en Russie. etc..., ce n'est point que nous ne les estimions à leur juste et grande valeur scientifique, mais simplement parce que, pour la plupart, elles sont plutôt des matériaux pour l'ouvrage de vulgarisation à écrire, et qu'ainsi, par leur érudition même, elles sont moins proches du but que nous avons en vue que les ouvrages dont nous avons donné les titres.

Ce but, — qui n'est point le seul assurément, ni peut-être le plus élevé que puisse viser un historien des doctrines, mais qu'il est naturel qu'un profes-

seur chargé de cet enseignement considère avec
sollicitude, — c'est l'effet *utile* de l'histoire publiée.

Or, pour que l'effet en soit utile, force est bien de
prendre en considération la réceptivité, si l'on nous
permet cette expression, des lecteurs auxquels elle
s'adresse. En France, actuellement, la grosse clien-
tèle de l'historien des doctrines, ce sont nos
candidats au doctorat ès-sciences politiques et
économiques, — par conséquent des jeunes gens,
qui sont moins des spécialistes que des candidats-
spécialistes, et qu'il s'agit de former par une complète instruction économique. Et, précisément, la
difficulté, pour l'historien des doctrines, vient de ce
qu'il s'adresse à des lecteurs dont l'instruction dogmatique devrait être déjà forte et solide, mais ne l'est pas
d'ordinaire comme il serait désirable qu'elle le fût.
La faute en est-elle à eux? Il serait injuste de le
prétendre. A l'époque où ils commencent l'étude
historique des doctrines, ils ont, en grand nombre,
oublié les notions d'économie politique générale qui
leur ont été données dans leur première année de
licence. Deux ans, trois ans même, voire quatre ans,
si le service militaire est venu interrompre leurs
études, se sont passés depuis lors! Que leur reste-t-il
de leurs connaissances dogmatiques? Ce sont des
novices, à qui l'on va parler comme à des vétérans.

Voilà une première source d'embarras. Elle est
d'ordre universitaire et pédagogique et peut donc
être tarie. L'historien des doctrines, lui, n'y peut
rien; mais, tant qu'elle subsistera, il sera comme
paralysé dans ses efforts.

Même en supposant des lecteurs pourvus d'une

suffisante instruction dogmatique, il reste qu'une histoire utile des doctrines économiques est œuvre difficile à réaliser. Il faut bien se dire, en effet, que l'immense majorité de ceux qui liront l'ouvrage ne seront pas ni n'auront l'ambition de devenir des érudits ès-connaissances économiques, ce dont on ne saurait les blâmer. Ce qu'il leur faut, et qu'il est désirable qu'ils aient, parce qu'à cela seul ils s'intéresseront et de cela seul ils tireront profit, c'est une histoire qui, lue avec effort d'attention, laisse dans l'esprit le sentiment d'un acquis réel, simple, coordonné, constitué par des idées plus que par des noms d'auteurs et des titres d'ouvrages, par des impressions nettes plus que par des analyses détaillées des œuvres. Ce livre existe-il ? C'est à ceux qui en ont éprouvé le besoin, et qui ont cherché à le satisfaire, de répondre. Que si leur réponse comportait des réserves, nous nous permettrions de leur dire que la faute assurément n'en est pas à ceux qui se sont mis à la tâche, mais à l'extrême difficulté de la tâche elle-même, — difficulté dont on ne peut prendre, croyons-nous, pleinement conscience qu'à la condition de s'y être heurté, de s'être, à chaque instant, débattu contre elle et surtout d'avoir été témoin de l'état d'esprit des jeunes gens — j'entends des plus studieux — qui désirent sincèrement s'initier à ces études et en tirer profit.

Quoi qu'il en soit, la première qualité d'une œuvre de ce genre, c'est d'être, comme l'on dit, aussi « objective » que possible. Et, à ce titre, sans en compter beaucoup d'autres, le livre du professeur L. Cossa est éminemment recommandable. Il n'y a qu'un point sur lequel il se montre intransigeant, — et, sur ce point, qui d'ailleurs est plutôt question de conception des études économiques elles-mêmes qu'affaire d'histoire des doctrines, nous sommes volontiers intransigeant comme lui, — c'est celui de la distinction de la science économique et de l'art politique ou social. Encore ceux qui repoussent cette distinction ne sauraient-ils en faire grief à l'historien, puisque ce n'est point dans la partie historique de son livre, mais dans sa partie théorique, qu'il traite cette question brûlante, bien que déjà ancienne.

A ce propos, disons quelques mots de l'économie de l'ouvrage et de sa division en deux parties. Pourquoi cette *Partie théorique*, en 124 pages, par laquelle débute un livre connu surtout comme histoire des doctrines?

C'est que l'intention première de L. Cossa·fut d'écrire un *Guide pour l'étude de l'Economie politique (Guida allo studio dell'economia politica)*. Non pas un guide pour débutants : nous ne croyons pas méconnaître la pensée ni trahir les espérances de l'auteur, en disant que des débutants dans l'Economie politique ne tireraient presqu'aucun profit de la lecture de son livre, parce qu'ils ne le comprendraient vraiment pas, si éminentes que soient ses qualités de méthode et de clarté; mais un guide pour ceux qui veulent entreprendre l'étude « approfondie » (*studio approfondito*, p. 1) de notre science et qui, par conséquent, en possèdent déjà les éléments.

Dès lors, cette première partie, qu'il appelle *Partie théorique*, n'est nullement un exposé, ni même un résumé de la dogmatique économique dans son état présent. C'est un exposé magistral, et d'une parfaite netteté, de la conception même de l'Économie politique, de son objet, de ses caractères et de sa méthode. L'histoire des doctrines peut faire courir à des esprits encore insuffisamment préparés un risque grave, qui est de leur donner à croire que ce qu'on leur a jusqu'alors présenté comme une science susceptible de systématisation n'est peut-être qu'un ensemble plus ou moins artificiellement coordonné d'opinions successives, de manières de voir et de penser individuelles et subjectives, qu'il n'y a que des doctrines et pas de science économique, un désir scientifique, mais pas d'acquis ni peut-être même pas de possibilité d'acquis scientifique. C'est alors la déroute pour l'esprit, la désillusion, voisine du découragement, sinon du dédain. La centaine de pages que L. Cossa consacre à ramasser et exposer avec fermeté ses idées à ce sujet sont un excellent cordial, un précieux viatique pour l'étude historique qui suivra. Les jeunes gens qui s'en seront nourris iront plus allègrement jusqu'au bout de la tâche, et si, malgré tout, ils éprouvent des défaillances après avoir lu tout l'ouvrage, qu'avant de le fermer ils reviennent à ce début, pour le relire et le méditer. Qu'ils se disent bien que, si un savant comme le professeur L. Cossa, qui connaît mieux qu'eux l'histoire des doctrines, loin d'en être troublé dans sa conviction scientifique, y a puisé au contraire une conviction

plus forte, c'est qu'il s'en trouve sans doute des
raisons dans l'histoire même des doctrines, qui ne
leur apparaît à eux, pour le moment, que comme
une raison de douter. Un peu de science nuit aux
convictions économiques, beaucoup de science y
ramène.

Cette *Partie theorique* présente un autre caractère
et une autre utilité : elle peut être donnée comme
une histoire des doctrines actuelles (si ces deux
expressions ne jurent pas d'être accouplées) sur la
conception même de l'Economie politique. Les
divergences et discussions à ce sujet ne se prêtent
guère à un exposé proprement historique, parce
qu'elles sont assez récentes, et qu'elles durent, si
encore elles ne sont pas plus vives aujourd'hui que
jamais. La question de méthode y trouve naturellement sa place, question dont la portée a été étrange-
ment surfaite de nos jours, au point que des écoles
ennemies en sont nées, s'excommuniant les unes
les autres avec un esprit d'exclusivisme qui n'est
pas sans ridicule lorsqu'on voit leurs adeptes, une
fois sortis des discussions théoriques et trop souvent verbales, se mettre à l'œuvre et publier des
ouvrages : si le drapeau de l'école n'était déployé
dans la préface, on n'aurait souvent aucune raison
de le reconnaître à la lecture du livre. Et
comment aussi retenir un sourire, lorsque ces
écoles rivales revendiquent à l'envi — comme on
voit plusieurs communes réclamer l'honneur d'être
le berceau d'un même homme illustre — tel grand
nom de l'Economie politique, qui n'a pas éprouvé
le besoin de nous avertir de sa méthode et auquel

on peut ainsi en attribuer de différentes. Les uns disent qu'Adam Smith est un déductif, et ils ont raison ; les autres, qu'il est un enquêteur, un « historiste », un inductif, et ils n'ont pas tort ; Stanley Jevons estime que les raisonnements de Smith sont mathématiques, et l'on peut l'estimer avec lui, bien qu'il soit très vrai aussi, et nullement contradictoire, de lui attribuer une méthode psychologique. Ne ferait-on pas mieux de convenir que la bonne méthode est celle qui use de tous les moyens suivant l'objet, suivant le côté de la vérité qu'on veut découvrir, suivant les circonstances et les difficultés, contrôlant le résultat des uns par le résultat des autres, usant de toutes les ressources de l'intelligence et n'en excluant aucune, comme si l'on en avait trop ! Le professeur L. Cossa met au point, avec infiniment de justesse et de bons sens, ces controverses sur la méthode. Puisse, dans l'intérêt de la science économique, se faire l'apaisement et la conciliation entre les professionnels sur ces questions d'école, trop stériles pour la place qu'elles ont tenue ? Nous espérons que la récente brochure de M. Emile Levasseur (*De la méthode dans les sciences économiques*. Paris, 1898) contribuera largement à cet apaisement, au moins chez ceux qui ont plus le souci des progrès de la science que celui de leur propre personnalité.

La seconde partie de l'ouvrage de L. Cossa, qui forme en réalité le corps du volume, est l'histoire des doctrines économiques. Elle représente assurément un travail énorme, et cependant l'auteur nous dit modestement qu'elle n'est qu'un « résumé d'histoire *externe* des théories économiques » (p. 139). Chacun sait qu'un résumé demande plus de temps et d'efforts qu'une œuvre développée, puisqu'à tout le travail nécessaire pour être en mesure de faire œuvre développée, doit s'ajouter le travail de condensation raisonnée et de choix éclairé. Ce n'est du moins qu'à ces conditions qu'un résumé est œuvre scientifique. Résumer l'œuvre développée d'autrui ne sera jamais qu'un travail de qualité très inférieure. Tel n'est pas le cas du professeur L. Cossa.

Mais qu'entend-t-il par l'histoire *externe* des doctrines, et à quoi par là fait-il opposition ? « L'histoire externe, nous dit-il lui-même (p. 129), « est celle qui étudie l'origine et le développement « des théories et des systèmes, considérés dans leur « ensemble et dans leurs parties principales, sans « descendre aux menus détails. » Elle diffère «de « l'histoire interne, en ce que celle-ci recherché la « formation et les progrès des différentes théories « particulières, celles, par exemple, de la valeur, de « la monnaie, de la rente, des impôts, et dont on « fait souvent précéder ou suivre leur exposé doc- « trinal. » Cette définition, ou plutôt cette conception de l'histoire *interne*, s'applique en quelque sorte littéralement, parmi les ouvrages de langue française, au précieux ouvrage de M. Maurice Block : *Les progrès de la Science economique depuis Adam Smith; revision des doctrines économiques* (2 vol., Paris, 2ᵉ éd. 1897.)

Si nous voyons bien la différence entre ces deux

types d'ouvrages historiques, celui de L. Cossa et
celui de M. Maurice Block, nous concevons moins
bien le principe de distinction entre l'histoire
externe et l'histoire interne tel que le pose L. Cossa.
L'Histoire des systèmes économiques et socialistes de
M. Hector Denis répond assurément à la définition
donnée par L. Cossa de l'histoire externe des
doctrines, et cependant elle donne au plus haut
point l'impression d'une histoire interne des systèmes, sans que cependant elle ressemble en rien
ni à la définition de Cossa sur ce type d'histoire ni
à l'ouvrage de M. Maurice Block. A notre sens, s'il
y a lieu de distinguer entre l'histoire externe et
l'histoire interne, le principe de la distinction ne
saurait être dans le degré de minutie des détails ni
dans ce que l'une étudie les systèmes dans leur
ensemble et l'autre les différentes théories particulières. L'étude historique d'une théorie particulière,
par exemple de celle de la valeur, pourrait aussi
bien revêtir le caractère interne, et, d'autre part, la
quantité des détails ne ferait rien à la chose, leur
nature seule importerait. Nous reconnaîtrions
l'histoire interne à ce qu'elle serait principalement
une histoire des idées et l'histoire externe à ce
qu'elle serait une notation précise de la date d'apparition de ces idées, des pays où elles sont nées, de
ceux où elles se sont répandues, de la forme sous
laquelle elles se sont propagées (écrits, enseignement, traités, polémiques), des noms des auteurs, et
de leur *priorité* quand on les prétend novateurs, de
leur valeur scientifique et de leur nombre quand on
les représente comme des adeptes.

Et, dans la réalité, c'est bien cette histoire externe que nous donne L. Cossa.

Mais dans quelle mesure ces deux types d'histoire peuvent-ils être séparés sans inconvénient? L'histoire externe manquera de vie et se perdra dans les détails biographiques et bibliographiques, si l'histoire des idées ne reste point sa base et sa justification, si elle n'en est point l'âme. Et l'histoire des idées, sans une certaine dose d'histoire externe, ne fera-t-elle point, à l'inverse, l'effet d'une âme sans corps? L'historien ne risquera-t-il pas de paraître se substituer aux écrivains et aux œuvres dont il dit faire l'histoire, et écrire un exposé de ses imaginations historiques?

La vérité est qu'il y a là une question de dosage, une difficulté de titre et d'alliage, très délicate à résoudre au gré du lecteur. Dans l'ouvrage du professeur L. Cossa, l'histoire externe est assurément l'élément prédominant. Mais l'auteur était trop expérimenté pour n'y point allier l'histoire interne dans la proportion indispensable.

L'histoire des idées, pour être exacte, suppose chez ceux qui l'entreprennent une connaissance très complète de l'histoire externe. Le professeur L. Cossa a mis à notre disposition sa grande érudition, éclairée par une science économique très sûre. Son ouvrage est, si l'on peut dire, un outillage perfectionné offert à tous ceux que préoccupe l'histoire des doctrines économiques.

A. DESCHAMPS.

NOTIONS PRÉLIMINAIRES

Il semble naturel et raisonnable de commencer
l'étude approfondie d'une science par des recherches
propédeutiques sur son objet, son rôle et son but, sur
les limites qui la séparent des disciplines voisines et sur
leurs relations réciproques, sur la meilleure division
des matières qu'elle comprend, sur les méthodes d'investigation qui lui sont propres, sur les difficultés
qu'elle présente et sur l'importance théorique et pratique de leur solution. Ces préliminaires théoriques
doivent être suivis d'un exposé des origines, des progrès et des transformations subies par la discipline elle-
même dans le cours des temps, pour expliquer ainsi son
état actuel, qui se reflète dans les controverses agitées
par les représentants les plus autorisés des différentes
écoles et en partie aussi dans les critiques de ceux de
ses adversaires qui ne sont pas trop incompétents.

Cette nécessité n'a été que bien rarement ressentie
par les hommes de génie auxquels nous devons les
progrès les plus importants des sciences physiques et
des sciences morales. Ils n'ont pas, d'ordinaire, écrit
des œuvres didactiques, et si leur esprit inventif leur a
inspiré des œuvres magistrales, ils ne se sont nullement
préoccupés de faire connaitre aux lecteurs les prémisses

1

qui leur servaient de point de départ, les buts auxquels ils tendaient, les voies qu'ils avaient choisies pour arriver plus rapidement à leur fin.

L'économie politique nous fournit une preuve curieuse et manifeste de cette observation dans les œuvres de ses grands maitres: Quesnay, Turgot, Smith, Ricardo, et même dans celles de beaucoup de leurs illustres continuateurs, Thünen, Hermann, Mees, etc., qui n'ont jamais exposé, ou qui n'ont indiqué qu'en passant, les fondements rationnels de leurs théories.

Vers 1830, quelques écrivains anglais, sur ce point encore des précurseurs, ont jugé bon de s'occuper, dans des monographies spéciales, des définitions (Malthus) et de la méthode (Stuart Mill) de l'économie politique, tandis que d'autres (Whately, Senior et d'une façon plus complète Cairnes) en firent l'objet de cours spéciaux. Les résultats les plus certains de ces recherches se trouvent résumés et formulés avec une rigoureuse circonspection et illustrés par de nombreux exemples dans le livre récemment publié par Keynes, dont on doit hautement apprécier la doctrine, la modération, la précision et la clarté. C'est là un témoignage remarquable de l'union féconde de l'économie et de la philosophie, qui caractérise traditionnellement les meilleurs écrivains de la Grande-Bretagne depuis Hume et Smith jusqu'à Jevons et Sidgwick.

L'exemple des Anglais a été suivi, et d'autres ouvrages propédeutiques ont été depuis publiés en Allemagne par Pickford, en France par Dameth, en Espagne par Carreras y Gonzales et, parmi les auteurs vivants, par

l'érudit M: Kautz, par le pénétrant M. Lampertico, par
le profond M. Menger, et par les jeunes et laborieux
professeurs MM. Laurence Laughlin et Ely.

J'ai tenté l'entreprise, il y a quinze ans, en publiant
mon *Guida allo studio dell' economia politica*. J'ai
résumé dans ce livre les préliminaires théoriques de
l'économie en y ajoutant un aperçu historico-critique,
fruit d'études patientes, d'après les sources et en utilisant les meilleures monographies. Je désirais suppléer
ainsi à l'absence de notices historiques dans les œuvres
citées ci-dessus, si l'on fait exception de celle de Kautz,
déjà alors ancienne et criticable pour ses jugements
incertains, son ordre défectueux, et d'infinis détails
d'utilité douteuse, mais que n'ont pas encore rendue
inutile les excellentes histoires publiées depuis par
Dühring, Eisenhart, Ingram, Espinas. Ces écrivains,
en effet, ou bien n'ont pas tenu compte des derniers
résultats des recherches spéciales, dispersées dans
des livres, des opuscules, des articles difficiles à se
procurer (Dühring, Eisenhart et Espinas), ou bien ils
ne les ont utilisés qu'en partie (Ingram), ou bien ils ont
entassé, sans choix et sans ordre, des données biographiques et bibliographiques étrangères au sujet (Walcker), ou bien ils ont fait des principaux auteurs une
critique pénétrante mais trop subjective (Eisenhart et
Ingram) et quelquefois même sans observer la cour-
toisie la plus élémentaire (Dühring et Walcker).

L'accueil favorable fait à mon petit ouvrage et le
rapide succès de deux éditions italiennes, de deux éditions espagnoles, d'une édition allemande augmentée

de notes utiles par Moormeister, et d'une édition anglaise (enrichie d'une préface de Jevons et très répandue même dans les Universités des États-Unis), ne
suffiront pas à m'en cacher les lacunes et les défauts
nombreux de fonds et de forme, même si on compare cet
ouvrage à quelques-uns de mes travaux, dans lesquels
l'ordre, les proportions, la brièveté et la clarté sont
observés avec un soin beaucoup plus grand.

On pouvait en effet me reprocher mon silence sur les
systèmes des socialistes scientifiques et sur les écrivains
scandinaves, slaves, hongrois, les indications absolument insuffisantes sur les économistes américains,
l'ordre trop rigoureusement chronologique suivi dans la
partie historique, les critères parfois inexacts dans la
critique des différentes écoles, les citations d'écrivains
de peu d'importance (notamment des écrivains italiens),
la réfutation trop minutieuse des objections faites à
l'économie et quelques inexactitudes sur quelques autres
points de la partie théorique.

Pour remédier de mon mieux à ces défauts, qui ne
m'ont été signalés qu'en partie par les observations de
quelques écrivains compétents et bienveillants (je dois
citer principalement Adamson, professeur à Manchester,
et Keynes, professeur à Cambridge), et aussi pour céder
aux instances de l'éditeur anglais et du traducteur
espagnol (Ledesma y Palacios, professeur à Valladolid)
et de l'excellent éditeur italien, Ulrico Hoepli, j'ai
refait mon travail. J'ai modifié le titre, l'ordre des matières et en grande partie le contenu, tout en conservant
à l'ouvrage son caractère de livre élémentaire, écrit

avant tout, pour mes auditeurs, afin qu'ils puissent apprendre seuls les notions propédeutiques que le nombre croissant des congés scolaires ne me permet plus de développer suffisamment dans mes cours oraux. J'ose espérer que cette compilation, dans sa forme nouvelle, répondra au but modeste qu'elle se propose, et qu'elle reprendra la place que l'indulgence des lecteurs lui avait donnée dans les années qui ont suivi sa première édition.

Pavie, 30 avril 1891.

L. C.

BIBLIOGRAPHIE
DE LA
PROPÉDEUTIQUE ÉCONOMIQUE

———

Th. Rob. Malthus, *The definitions in political economy*. London, 1827 (réimprimé en 1853).

John Stuart Mill, *On the definitions of political economy, and on the method of investigation proper to it*. (1830). Dans ses : *Essays on some unsettled questions*, etc. London, 1811 (2ᵉ édit., 1874).

Rich. Whately, *Introductory lectures on political economy*. London, 1831 (5ᵉ édit., 1855).

N. W. Senior, *Four introductory lectures on political economy* (1847). London, 1852.

J. E. Cairnes, *The character and logical method of political economy*. London, 1857 (2ᵉ édit., 1875, réimprimée en 1888).

D. Julius Kautz, *Theorie und Geschichte der National-Oekonomie*. Wien, 1858 60; 2 volumes.

E. Pickford, *Einleitung in die Wissensch-t der politischen Oekonomie*. Franckfurt a. M., 1860.

H. Dameth, *Introduction à l'étude de l'économie politique*. Paris, 1865 (2ᵉ édit., 1878).

Fed. Lampertico, *Economia dei popoli e degli Stati. Introduzione*. Milano, 1874.

M. Carreras y Gonzales, *Philosophie de la science économique*. Madrid et Paris, 1881.

C. Menger, *Untersuchungen über die Methode der Staatswissenschaften*, etc. Leipzig, 1883

J. Laurence Laughlin, *The study of political economy*. New-York, 1885.

Rich. T. Ely, *An indroduction to political economy*. New-York, 1889 (réimprimé sous le titre de : *Outlines of economics*, 1893).

J. N. Keynes, *The scope and method of political economy*. London, 1891.

PREMIERE PARTIE
THÉORIE

CHAPITRE PREMIER

OBJET ET LIMITES DE L'ÉCONOMIE POLITIQUE

—

Si on considère les actions de l'homme, (qu'on l'imagine dans un état d'isolement ou qu'on l'étudie dans la société domestique, civile et politique), on voit qu'elles ont en grande partie pour but de lui procurer, directement par la production ou indirectement par l'échange, l'ensemble des biens matériels nécessaires à sa conservation et à son perfectionnement.

L'étude des phénomènes qui sont le résultat de cette activité forme l'objet de deux disciplines, dont le but est entièrement différent et que quelques écrivains (Hermann, Schäffle, Wagner, Sax) ont essayé de déterminer avec plus ou moins de précision. Ce sont la technologie, qui étudie les richesses au point de vue physique et objectif et qui, en utilisant les vérités enseignées par les sciences mathématiques et naturelles, indique les procédés à suivre pour obtenir des produits tout à fait conformes au but auquel ils doivent servir, et l'économie, qui étudie les richesses au point de vue moral et subjectif, c'est-à-dire dans leurs relations avec le réseau complexe des intérêts publics et privés qui naissent de la lutte incessante que l'homme, stimulé par des besoins susceptibles d'une augmentation indéfinie, doit soutenir contre la nature, limitée dans les matières comme dans les forces qui la constituent. L'agriculteur

qui défriche un terrain, qui l'ensemence, qui le cultive
pour en recueillir les fruits, s'inspire de critères techniques quand il se procure les semences, les machines,
les instruments appropiés à l'obtention des produits
qu'il désire ; il s'inspire au contraire de critères économiques, quand il prépare et exécute les travaux agricoles de façon à obtenir la plus grande utilité avec la
moindre somme d'efforts, de sacrifices et de risques.

D'ailleurs l'économie, ou selon une autre expression la
science économique, ne forme pas une discipline unique ;
elle constitue un groupe de disciplines qui ont un objet
commun, mais qui se distinguent nettement entre elles
par les rôles qu'elles jouent et par les buts qu'elles se
proposent.

La plus importante de ces disciplines c'est, à plus
d'un titre, l'économie politique, que nous définissons
(en complétant la notion qu'en a donnée Romagnosi) :
la théorie de l'ordre social des richesses, étudié dans
son essence, dans ses causes, dans ses lois rationnelles et dans ses rapports avec la prospérité publique.

L'économie politique a pour objet non pas la richesse,
c'est-à-dire l'ensemble des biens échangeables et matériels, mais l'activité humaine, activité qu'elle étudie
sous un point de vue particulier, celui de l'intérêt général. Par l'expression ordre social des richesses on
indique précisément que les phénomènes étudiés par
l'économie politique constituent un ordre. c'est-à-dire
une unité dans la variété, et que cet ordre s'appelle
social parce qu'il concerne des relations existant entre
les hommes vivant dans la société civile, c'est-à-dire
dans la société constituée en État, qui est un être moral indispensable à la conservation et au perfectionnement des individus qui la composent. La société civile
peut d'ailleurs être considérée comme un organisme

doué d'une vie, propre et de fonctions spéciales, qui, malgré des différences substantielles trop souvent oubliées par les sociologues, présente quelques analogies avec les organismes étudiés par les sciences biologiques.

L'économie politique, comme l'indique notre définition, a deux rôles distincts :

1° Elle étudie dans l'ordre social des richesses ce qu'il y a de typique, d'essentiel, de permanent, soit dans la coexistence, soit dans la succession des phénomènes ; elle recherche les causes dont ils dépendent, et elle en mesure, quand cela est possible, l'intensité ; enfin elle recherche le mode d'action de ces causes, c'est-à-dire les lois rationnelles auxquelles elles obéissent ;

2° Elle fournit des principes pour bien diriger les attributions économiques des autorités politiques.

Le but ultime, auquel tend l'économie politique, satisfaisant ainsi à sa double fonction, c'est de procurer le bien-être général.

Cette définition, c'est-à-dire la détermination de l'objet, du rôle, du but de l'économie politique, nous donne les critères nécessaires qui nous permettent de ne pas la confondre avec les autres branches des disciplines économiques.

L'économie politique se distingue d'abord de l'économie privée, qui étudie les phénomènes de la richesse au point de vue de l'intérêt particulier de l'administration des affaires domestiques et industrielles. De là la subdivision de l'économie privée en économie domestique, qui donne les règles de la constitution et de l'administration du patrimoine de la famille, et en économie industrielle, qui fournit les normes de la constitution et de l'administration des différentes entreprises.

En second lieu l'économie politique se distingue des

disciplines économiques historico - descriptives, qui étudient les phénomènes de la richesse dans leurs manifestations concrètes et variables, dans le temps et dans l'espace, en ce qu'elle étudie, au contraire, les relations abstraites et constantes, et les caractères typiques et essentiels de ces phénomènes. Partant l'économie politique diffère d'une façon substantielle de l'histoire et de la statistique économiques.

L'histoire économique raconte les faits particuliers concernant la richesse et elle s'occupe principalement des institutions publiques et privées qui les concernent; elle en expose les origines, les progrès, la décadence, la renaissance, et recherche, par l'induction qualitative, les causes concrètes qui les ont produites et les effets immédiats qui en sont dérivés, sans en rechercher les causes premières permanentes et absolues. Autre chose est écrire l'histoire du commerce du moyen âge, comme l'a fait magistralement Heyd, ou l'histoire spéciale du commerce français fort bien racontée par Pigeonneau, autre chose expliquer dans son essence intime la fonction universelle du commerce, comme l'a si bien fait Lexis.

La statistique économique décrit les faits qui concernent la richesse et les industries; elle les dispose avec une exactitude arithmétique en groupes d'éléments quantitatifs homogènes et en séries réelles successives, formant ainsi des cadres qu'elle rend souvent plus instructifs par l'étude comparée, et qu'elle porte à un degré encore plus élevé d'utilité quand, par l'induction quantitative, elle découvre, dans la coexistence et la succession des faits observés, certaines régularités empiriques intéressantes, qu'il ne faut pas confondre avec les lois scientifiques, parce qu'elles sont liées à des conditions déterminées de temps et d'espace. Autre chose est la statistique des prix sur les marchés de Hambourg et de

Londres dans les trente dernières années, autre chose
la théorie générale de la valeur et du prix que l'on
trouve dans les œuvres de Galiani, de Condillac, de
Ricardo, de Mill, de Jevons, de Menger.

Il ne faut pas, en troisième lieu, confondre l'économie politique avec la morale économique, qui étudie
les modes légitimes d'acquisition et d'emploi des richesses à propos des devoirs de l'homme, en les considérant comme un moyen utile ou comme un obstacle
dangereux pour l'exercice de la vertu, qui est le but
auquel elle tend. Autre chose est la recherche du juste
salaire dont s'occupent les moralistes (théologiens et
philosophes) et quelques économistes (par exemple
Brants, et avec une méthode et pour une fin différentes
Thünen), autre chose la théorie uniquement et scientifiquement économique du salaire, qu'ont élaborée
Smith, Ricardo, et à laquelle se rattachent les controverses, vives encore en Angleterre et en Amérique,
pour nous en tenir à quelques auteurs, entre Walker,
Marshall, Bonar, Macvane, Giddings.

Il faut enfin soigneusement distinguer l'économie politique du droit économique, philosophique et positif,
qui pourrait embrasser la plus grande partie du droit
privé (tout le droit commercial et la plus grande partie
du droit civil), une partie considérable du droit administratif et quelques théories du droit pénal. Le droit
économique a pour objet les droits et les devoirs publics
et privés qui naissent des faits économiques et des
institutions qui s'y rapportent, et les sanctions auxquelles ils donnent lieu ; il règle la sphère de compétence externe des personnes physiques et morales
dans les relations qui dérivent de leur activité dirigée
vers l'acquisition, la possession et l'usage des richesses ;
l'économie, au contraire, nous le répétons, recherche
les lois rationnelles des faits économiques et donne des

principes directeurs pour le bon gouvernement des
affaires publiques. Autre chose est, par exemple, rechercher avec Kant, Hegel, Krause, Ahrens, Miraglia le
fondement juridique de la propriété privée dans le droit
philosophique, ou rechercher avec d'autres écrivains
l'organisation du droit positif, autre chose est au contraire déterminer les fonctions économiques, les avantages et les limites dans lesquelles son exercice doit
être contenu dans l'intérêt bien entendu, présent et
futur, de la vie sociale.

CHAPITRE II

DIVISIONS DE L'ÉCONOMIE POLITIQUE

Les doctrines comprises dans l'économie politique peuvent être classées et ordonnées selon des critères matériels (1) et formels dont l'importance est déterminée par les buts, scientifiques ou purement didactiques, auxquels elles doivent servir.

Une première distinction a son fondement dans le double rôle de l'économie politique ; elle comprend :

1° L'économie pure, rationnelle (ou comme on l'appelle aussi, théorique), qui constitue une science, au sens rigoureux du mot, parce qu'elle explique les phénomènes qui constituent l'ordre social des richesses ;

2° L'économie appliquée (ou comme on l'appelle aussi, pratique), qui constitue un art, parce qu'elle fournit les principes qui permettent de diriger les fonctions économiques des sociétés politiques.

Malheureusement cette distinction qui est d'une importance capitale n'est pas comprise de la même façon par les écrivains qui l'ont adoptée. Quelques-uns font entrer dans l'économie appliquée jusqu'aux règles de l'économie privée, alors que d'autres n'y comprennent que l'examen de certaines institutions dues à l'initiative individuelle, par exemple, les sociétés ouvrières de ré-

---

(1) Le mot matériel, ici et dans la suite du chapitre, s'oppose à formel.

sistance, de prévoyance, les sociétés coopératives.
D'autres, au contraire, pensent que l'économie appliquée,
qu'ils appellent concrète, s'occupe non pas de la solution des questions pratiques générales, mais de l'explication des phénomènes spéciaux, subordonnés à certaines lois secondaires ou dérivées dont ne s'occupe pas
l'économie pure, qu'ils appellent abstraite. Tels seraient
les détails du système monétaire, du système bancaire,
du système financier, etc. Il ne faut pas oublier non
plus que tandis que beaucoup d'économistes estiment
que l'économie rationnelle étudie les phénomènes en
eux-mêmes et pour eux-mêmes, en dehors de toute ingérence de l'autorité publique, d'autres au contraire
pensent que, si l'économie pure doit s'abstenir de suggérer les principes directeurs de l'action économique
de l'État, elle ne peut pas cependant se refuser à étudier
les influences que cette action exerce sur la production comme sur la distribution des richesses. C'est ce
qu'ont montré récemment et très justement Sax et
d'autres économistes ; nous ne pouvons néanmoins
nous rallier à leur manière de voir lorsque, par suite
d'une grave erreur de fait, ils en font un argument
critique contre les meilleurs écrivains de l'école classique anglaise qui, tout au contraire, sur les traces de
Ricardo, ont étudié avec le plus grand soin les phénomènes concernant l'incidence et la répercussion des
impôts dans des œuvres strictement scientifiques.

Une autre distinction, que quelques économistes,
pour la plupart allemands, substituent à la précédente,
tandis que d'autres au contraire la considèrent comme
lui étant subordonnée, et que d'autres enfin (comme
Held, Neumann, Kleinwächter) confondent totalement
avec elle, s'appuie sur la différence qui existe entre
l'économie générale et l'économie spéciale, c'est-à-dire
l'économie relative aux différentes branches de l'indus-

trie. D'après nous cette distinction, si elle peut utilement servir de base à l'étude de sujets séparés ou de monographies complètes (d'économie rurale, forestière, minière, commerciale, etc.), ne constitue pas un critère propre à une subdivision des matières de l'économie pure et appliquée, parce que, même en faisant abstraction de cet inconvénient, peu grave en vérité, de donner lieu à des répétitions inévitables, elle amène aussi, insensiblement, à introduire dans l'économie politique des digressions peu opportunes sur l'économie privée (et particulièrement sur l'économie industrielle) et parfois même sur la technologie, comme cela est arrivé fréquemment à Rau, à Wagner et à Schonberg.

Un autre défaut grave de cette division c'est d'amener à considérer par rapport à une industrie particulière certaines questions qui se réfèrent à toutes, comme par exemple la question des grandes et des petites exploitations rurales, qui forme un côté spécial du problème complexe des grandes et des petites entreprises Nous ne pouvons pas comprendre, d'ailleurs, comment certains économistes s'obstinent à considérer comme identiques, d'un côté, l'économie pure et l'économie générale et, d'un autre côté, l'économie appliquée et l'économie spéciale, comme si la généralité était un trait caractéristique de toutes les vérités de la science qui s'opposerait nécessairement à la spécialité, qu'on suppose, d'autre part, inhérente à tous les principes de l'art et à ceux-ci seulement.

Une troisième distinction que l'on peut considérer comme identique au fond avec celle qui comprend l'économie pure et l'économie appliquée, mais qui a l'avantage d'éliminer les équivoques qui y sont inhérentes, nous vient également d'Allemagne, où Jakob et Rau, qui l'introduisirent les premiers, purent la faire accepter d'une façon presque générale, et qui, par influence directe ou indirecte, fut adoptée aussi par un petit nombre d'économistes des autres pays. Je fais allusion à cette classification qui distingue entre :

1° L'économie sociale (ou, comme on l'appelle aussi, civile, nationale, ou simplement l'économique), c'est-à-dire l'économie pure dans le sens que nous donnons à cette expression :

2° La politique économique, *lato sensu*, ou la législation économique (comme l'appelle Cherbuliez), ou l'économie de l'Etat, qui cependant s'occupe aussi des fonctions économiques des sociétés politiques inférieures, et se confond avec l'économie appliquée telle que nous l'avons définie. Mais, comme ces fonctions concernent l'ingérence de l'autorité publique dans les richesses privées, et l'administration des richesses appartenant aux sociétés politiques, il en découle une subdivision de la politique économique en deux parties, c'est-à-dire :

a) La politique économique, *stricto sensu*, qui fournit aux pouvoirs publics les principes directeurs de leur ingérence dans les richesses privées ;

b) La politique financière, ou, comme on l'appelle généralement, la science des finances, c'est-à-dire la doctrine du patrimoine public, qui fournit les principes directeurs pour la constitution, l'administration et l'emploi du patrimoine propre de l'Etat, de la Province et de la Commune.

Il faut remarquer cependant que la science des finances, par suite de l'importance de ses principes, et de la nécessité de les subordonner ou de les coordonner avec d'autres principes d'ordre moral, juridique, et pour des raisons de haute convenance politique dont doivent s'inspirer le législateur et l'administrateur dans le domaine des applications, et aussi par une tradition académique qui (en Allemagne) remonte à la première moitié de notre siècle, est maintenant d'ordinaire considérée comme une discipline complètement distincte de l'économie politique et, par suite, elle est enseignée, depuis quelque temps même en France et plus encore en Italie et aux États-Unis, dans des œuvres et dans des cours spéciaux. Récemment un éminent professeur allemand Sax (*Grundlegung der theoretischen Staatswirthschaft*, Wien 1887), et en Italie, avec quelques réserves, Ricca-Salerno, Graziani et Conigliani, ont insisté avec beaucoup de force sur le caractère purement économique de quelques-unes des théories financières, déduites de la doctrine économique de la valeur subjective. Il ne faut pourtant pas oublier que les analogies ingénieuses établies par Sax entre la distribution des richesses privées et la destination d'une partie de ces richesses à des buts publics ne sont pas toutes exactes et acceptables et que, de toute façon, les principes de l'art financier constituent la matière principale de l'une des branches les plus importantes de la politique administrative, abstraction faite bien entendu de la théorie de l'incidence des impôts, qui, comme nous l'avons déjà dit, est vraiment scientifique et pourrait ainsi (comme plus d'un l'a fait) être considérée comme partie intégrante de l'économie sociale.

La politique économique, *stricto sensu*, qui devrait rigoureusement fournir à l'homme d'État des principes exclusivement déduits de l'idée de l'utile, au sens donné par l'économie (principes que, presque seul, Cherbuliez a développés), s'achemine, elle aussi, à grands pas à une transformation, déjà presque accomplie dans la politique financière, et par laquelle, cessant d'être la partie politique de l'Économie, elle deviendrait plutôt la partie économique de la Politique, et spécialement de la politique administrative, c'est-à-dire de la science de l'administration.

De cette façon la théorie des fonctions économiques des sociétés politiques serait illuminée par des principes plus larges, dans lesquels on ferait la place qui leur appartient à ces critères de morale, de droit, d'hygiène, d'esthétique et de haute politique qui doivent pour partie être associés aux critères purement économiques et pour partie les dominer. C'est là une évolution qui s'est depuis longtemps accomplie en Allemagne, lorsque deux hommes éminents, Mohl et Stein, substituèrent à la science de la police exclusivement empirique des vieux Caméralistes la science de l'administration, développée avec une large et profonde érudition et avec une connaissance parfaite des besoins de notre époque, et devenue un corps imposant et autonome de doctrine qui a raison de se détacher du Droit administratif. Cette séparation, dont quelques publicistes allemands ont essayé, avec plus ou moins de succès, de préciser les bases, fait ses débuts même en Italie, spécialement grâce à Carlo F. Ferraris et à quelques autres, et elle devra, tôt ou tard, s'effectuer également dans la science comme dans l'enseignement, lorsqu'elle aura triomphé des obstacles qu'elle trouve dans l'opposition de beaucoup de juristes de la vieille école.

Une bonne distinction des matières contenues dans l'économie politique, pure et appliquée, a son fondement dans le caractère même des relations qui forment l'ordre social des richesses. Elle distingue les différents stades ou moments dans la succession naturelle des phénomènes économiques. J.-B. Say a proposé, dans ce but, la division célèbre en production, distribution et consommation des richesses, qu'il énonçait dans sa définition de la science et qu'il donnait même pour titre à son Traité (1803), c'est-à-dire à son œuvre principale. Cette distinction a été pendant longtemps presque généralement acceptée, comme en font foi les œuvres de Gioja, Kraus, Jakob, Rau, Riedel, Schüz et Mac Culloch.

D'autres écrivains plus modernes, et ils forment peut-être la majorité, ont ajouté une quatrième partie concernant la circulation ou, selon l'expression anglaise courante, l'échange, phénomène de première importance qui mérite une étude séparée, aussitôt après celle de la production, plutôt que d'être comprise dans le chapitre de la production (Say) ou dans celui de la distribution (Rau, Mac Culloch). Nous citerons comme exemple les œuvres de Florez-Estrada, Garnier, Baudrillart, Nazzani, Mangoldt, Schönberg, Walker, Andrews, Ely.

Une petite variante dans l'ordre des matières a été adoptée d'abord par James Mill, puis par Kudler et par beaucoup d'écrivains français (Levasseur, Jourdan, Laveleye, Leroy-Beaulieu, Beauregard); ces auteurs font précéder la distribution par la circulation. Un petit nombre, au contraire, parle de la consommation aussitôt après la production (Chapin) ou après la production et la circulation, comme Gide.

L'innovation de Roscher, qui voulait ajouter aux quatre parties que nous venons d'énumérer une cinquième concernant la population, n'a pas été adoptée. Il ne s'aperçut pas qu'une étude complète de ce sujet (au point de vue statistique, économique et législatif) peut former l'objet, ou d'une science (la Démographie, ou mieux la Démologie), ou de monographies spéciales ; c'est ce qu'ont essayé déjà, avec plus ou moins de succès, Bernouilli, Rümelin, Gerstner, et quelques autres. L'économie politique ne s'occupe de la population que pour étudier les influences de sa quantité, de sa densité, de sa composition et de son accroissement sur les différentes phases de la richesse. On peut donc en faire l'objet d'une étude complémentaire soit dans la pa tie consacrée à la production (Mac Culloch), soit dans celle qui est consacrée à la distribution (Jourdan) ou à la consommation (Walker, Leroy-Beaulieu).

D'autres innovations tendent au contraire à simplifier ou à modifier différemment la division tripartite de Say. Ainsi, par exemple, Turgot (déjà au siècle dernier), Senior, Stuart Mill, dans un premier *Essai* déjà cité, et Rossi n'admettent pas une théorie économique de la consommation (c'est-à-dire de l'usage des richesses), parce que, selon eux, elle appartient à la morale, à l'économie domestique et aux finances. Ils sont ainsi en désaccord complet sur ce point avec d'autres écrivains plus récents qui font précéder toutes les autres théories par la théorie de la consommation, en la faisant entrer dans celle de l'utilité (Jevons, Walras, Pierson), ou dans celle de la demande (Marshall). Cette opinion est également partagée par certains écrivains qui considèrent la doctrine de la consommation comme constituant un préliminaire nécessaire à l'économie, mais non pas une de ses parties principales.

Un dernier groupe d'écrivains maintenant, avec Senior et Rossi, la suppression de la partie consacrée à la consommation, consacre toute une partie à la circulation (ou à l'échange, comme l'appellent les Anglais, ou au trafic, selon l'expression de Held), dont ils s'occupent, ou après la production (Cherbulliez, Villey, Sidgwick, Carter-Adams, Laurence Laughlin, Nicholson), ou après la distribution, comme Stuart Mill (dans ses *Principes*) et Shadwell.

Sans songer à nier l'importance didactique de ces controverses, il nous faut dire, en terminant, que ce sont plutôt des questions d'ordre que d'importance, et que toute classification des phénomènes économiques renferme inévitablement en elle-même quelque chose d'inexact et d'arbitraire, parce qu'elle est une décompo-

sition artificielle d'un tout organique en éléments qui
sont reliés entre eux par une série très variée d'actions
et de réactions. La science peut certainement les étudier
isolément, pour des raisons de méthode ou pour des nécessités d'exposition, mais ils sont, en réalité, essentiellement connexes. C'est ainsi que la production implique
nécessairement la consommation productive et suppose
l'échange, qui donne naissance à la valeur, qui se trouve
en étroite corrélation avec le coût, qui nécessite pour
être analysé l'étude de quelques uns des facteurs de la
distribution. Et, d'un autre côté, il est évident que la
qualité des objets consommés détermine nécessairement
celle des richesses produites, tandis que les systèmes
mêmes de distribution réagissent, et sur l'énergie du
travail, agent de la production, et sur les divers aspects
de la consommation. Il ne faut pas oublier, non plus,
que les divergences signalées ci-dessus ont quelquefois
un caractère purement nominal. Ainsi, par exemple,
quelques-uns des écrivains qui ne consacrent pas un
titre séparé à la consommation, en font l'objet d'un
appendice à une division principale de la matière. Il
nous suffit de citer Mill, Sidgwick, Rau. Courcelle-
Seneuil, Cherbulliez et Nicholson.

CHAPITRE III

RAPPORTS DE L'ÉCONOMIE POLITIQUE
ET DES AUTRES SCIENCES

Les différences substantielles, qui séparent l'économie politique des disciplines connexes dont l'objet est totalement ou partiellement commun, n'excluent pas la possibilité de relations plus ou moins étroites et n'empêchent pas que l'économie n'emprunte d'utiles notions à d'autres disciplines qui lui sont simplement auxiliaires.

Les disciplines connexes à l'économie politique sont : l'histoire, la statistique et la morale économiques, le droit économique et l'économie privée.

Les disciplines auxiliaires sont : la psychologie, la technologie et la politique.

§ 1er. — L'HISTOIRE ÉCONOMIQUE.

Il y a de nombreux points de contact entre l'histoire économique, qui raconte les faits concernant l'ordre social des richesses et qui en recherche le lien causal concret et immédiat, et l'économie politique qui étudie les caractères essentiels, les causes premières et les lois rationnelles.

L'histoire économique, et en particulier l'histoire moderne, peut fournir des éléments très utiles pour démontrer la vérité des doctrines auxquelles on arrive par le simple raisonnement. Il faut pour cela supposer qu'on a pu trouver des analogies réelles et suffisantes dans les conditions sociales et matérielles qui doivent fournir les faits qui serviront à expliquer des faits d'autres temps et d'autres lieux. Sans une grande connaissance du sujet et sans les plus grandes précautions dans l'interprétation, on arrive, comme les dilettanti de l'histoire et de l'économie (et même de la statistique), à invoquer avec une sereine témérité l'éloquence des faits (et des chiffres) pour appuyer de purs sophismes, *post hoc* (ou *cum hoc*) *ergo propter hoc*. Des esprits prudents et sûrs ont pu, par l'histoire des assignats français, des bank-notes autrichiens et des *green-backs* américains, éclaircir admirablement la théorie du cours forcé du papier monnaie.

En second lieu, l'histoire économique peut servir davantage encore à l'économie politique en déterminant mieux le caractère limité et purement relatif de certaines lois économiques dérivées, qui changent avec le changement des conditions sociales qui en sont la condition nécessaire. C'est ce qu'a démontré admirablement Bagehot et les économistes allemands de l'école historique ; cependant ceux-ci, par une réaction excessive, sont tombés dans l'erreur très grave de ne pas admettre ou de méconnaitre l'importance d'autres lois économiques, certainement universelles et constantes.

D'un autre côté, l'économie politique fournit à l'histoire économique les critères théoriques qui lui sont indispensables pour le choix, la coordination et l'appréciation des faits, des conditions et des institutions qui en forment la matière. Il faut faire observer ici cependant que l'histoire ne tirera aucun profit ni des théories insuffisamment sûres, ni des théories exactes mais insuffisantes pour expliquer des faits qui dépendent aussi de causes différentes et quelquefois plus importantes que les causes d'ordre économique. C'est dire que l'interprétation économique de l'histoire n'est pas moins utile, mais qu'elle est tout aussi difficile que l'interprétation historique de l'économie et qu'il faut éviter ces deux dangers opposés : faire servir certaines données historiques (ou données statistiques), arbitrairement recueillies, comme preuves de théories préconçues, ou vouloir expliquer certains faits passés (ou certaines conditions présentes, sociales ou politiques), et par conséquent de caractère évidemment complexe, à l'aide de critères purement économiques.

C'est ce que n'ont pas toujours su éviter des auteurs d'une compétence généralement reconnue, et auxquels nous devons des œuvres par plus d'un point remarquables.

> J. E. Thorold Rogers, *The economic interpretation of history.* London, 1888. Traduction française, Paris, 1892.
>
> A. Loria, *La teoria economica della costituzione politica.* Torino, 1886. 2ᵉ édition (française) augmentée, Paris, 1893.

§ 2. — STATISTIQUE ÉCONOMIQUE

Il y a entre la statistique économique et l'économie politique des relations de même nature, mais plus intimes encore. La statistique économique forme une partie notable de l'économie politique appliquée. Elle s'occupe des faits concrets de la richesse ; elle les décrit, et elle recherche les régularités qui existent dans leur coexistence et dans leur succession, dans certaines limites de temps et d'espace.

La statistique (comme l'a dit excellemment Gabaglio) emprunte à l'économie politique les notions qui lui sont nécessaires pour le choix et pour l'analyse des faits économiques, pour la critique, la comparaison et l'arrangement des données qu'ils fournissent. A cela, nous ajouterons que cette aide est d'autant plus nécessaire que la statistique économique, qui, sans doute, a fait des progrès grâce à d'illustres spécialistes, se trouve cependant dans un état peu satisfaisant par suite de l'opposition qu'elle rencontre chez les industriels et les commerçants qui craignent que les données recueillies puissent nuire à leur crédit ou faciliter l'introduction de nouvelles charges fiscales.

Mais la statistique, bien employée, rend, à son tour, d'éminents services à l'économie politique. Elle lui fournit des matériaux empiriques précieux pour éclaircir, beaucoup mieux que par des exemples hypothétiques, la vérité de quelques propositions établies par voie déductive. Il ne faudrait pas croire qu'il puissent suffire pour cela des résultats de l'observation individuelle, ou de ceux que fournissent les enquêtes publiques ou privées, ou les monographies, seraient-elles aussi bien faites que le sont celles que nous devons à Le Play et à ses meilleurs disciples et continuateurs. C'est, en effet, seulement par l'observation systématique et quantitative qu'on arrive à découvrir dans les faits sociaux, qui, pris individuellement, semblent coexister sans ordre, une merveilleuse régularité, lorsqu'on élimine indirectement et par voie de compensation l'influence des causes perturbatrices. Dans quelques sciences physiques, ce résultat peut, au contraire, être obtenu directement par l'expérimentation, à laquelle l'économiste ne peut avoir recours que rarement et d'une façon bien imparfaite.

Il faut remarquer que les lois empiriques révélées par la statistique ne sont pas toujours un obstacle pour la découverte de lois scientifiques, elles constituent

quelquefois des points de départ pour des déductions
ultérieures, qui ont déjà conduit ou pourront conduire
dans la suite à découvrir, par d'autres moyens, de
nouvelles lois vraiment scientifiques. Ainsi, par exemple,
l'observation statistique de nombreuses données sur les
crises commerciales et leur périodicité ont fourni à
Jevons, à Juglar et à d'autres spécialistes la matière
propre à des recherches plus approfondies sur la nature
et les causes de ces funestes perturbations économiques.

L'économie politique a tiré un grand secours des
progrès récents de la statistique, dus à l'illustre Qué-
telet (mort en 1874) et remarquablement continués
par Engel, Wappäus, Knapp, Lexis, Becker, Oettingen, Guerry, Bertillon, Levasseur, de Foville, etc. Et
j'espère que l'Italie, (qu'ont illustrée autrefois les travaux
de Gioja et de Romagnosi, et qui se trouve aujour-
d'hui encore au premier rang et pour ses statistiques
officielles, dirigées avec une compétence généralement
reconnue et avec une énergie et une activité prodigieuses
par Bodio, et au point de vue scientifique et méthodologique, parce qu'elle compte d'illustres savants comme,
pour nous en tenir à quelques noms, Messedaglia,
Perozzo, Gabaglio), conservera à cette discipline la place
qui lui appartient dans l'enseignement supérieur.

Parmi les œuvres de propédeutique et d'histoire de
la statistique nous mentionnerons, en dehors des livres
déjà anciens de Mone, de Fallati et de Wappäus, l'ouvrage encore inachevé de John. La méthodologie a été
approfondie par Rümelin et Westergaard ; l'histoire
de la méthodologie, par Wagner et Meitzen, pour ne
citer que quelques-uns des meilleurs, et avec plus de
profondeur par Gabaglio. Pour la statistique descriptive
générale on peut consulter les ouvrages de Kolb et
ceux de Brachelli ; en matière de statistique écono-

mique, et spécialement de statistique commerciale,
la première place appartient à Engel, à Neumann-
Spallart et à quelques autres. Les meilleurs manuels de
statistique sont dus à Mayr, à Haushofer et à Block. Les
commençants liront avec un grand profit le petit ouvrage
de Virgilii.

V. John, *Geschichte der Statistik*, 1re partie. Stuttgart, 1884.

H. Westergaard, *Die Grundzuge der Theorie der Statistik*. Jena, 1890.

A. Meitzen, *Geschichte, Theorie und Technik der Statistik*. Berlin, 1886 (traduit en anglais).

Ant. Gabaglio, *Teoria generale della statistica*. 2e édition entièrement refaite. Milano, 1888. 2 vol.

G. F. Kolb, *Handbuch der vergleichenden Statistik*.
Leipzig, 1857. 8e édit., 1879 (un supplément
en 1883).

H. F. Brachelli, *Die Staaten Europa's*. 4e édit.
Brünn, 1883-1884.

F. X. v. Neumann-Spallart, *Uebersichten der Welt-
wirthschaft*. Stuttgart, 1887 (continué par F. v.
Juraschek. Berlin, 1890).

G. v. Mayr, *Die Gesetzmässigkeit im Gesellschaftsleben*.
München, 1877. (Excellemment traduit en italien
et complété par G. B. Salvioni. Torino, 1886,
2e édit.)

M. Haushofer, *Lehr und Handbuch der Statistik*.
2e édit., Wien, 1882.

M. Block, *Traité théorique et pratique de statistique*.
2e édit. Paris, 1886.

F. Virgilii, *Manuale di Statistica*. Milano, 1891.

§ 3. — MORALE ÉCONOMIQUE

Il nous faut préciser, pour éviter d'étranges et dangereuses équivoques, les rapports de l'économie politique, qui étudie l'ordre social des richesses, et de la mo-

rale économique, publique et privée. Celle-ci a pour but, étant donnés certains idéals, de fournir des préceptes sur les devoirs des hommes au sujet de l'acquisition et de l'usage des richesses, préceptes qu'elle déduit des principes suprêmes du juste et de l'équitable qui lui sont suggérés par la raison (morale philosophique) ou révélés par la religion (morale théologique).

Il faut, tout d'abord, remarquer que l'économie pure est indépendante de la morale, parce qu'elle explique des phénomènes qu'elle ne peut ni créer ni modifier. Les propositions de la science économique, au sens étroit du mot, peuvent par conséquent être vraies ou fausses, dans leur essence ou dans leur forme, mais elles ne peuvent jamais être bonnes ou mauvaises, utiles ou dangereuses. Aussi, cette fameuse importation de l'élément éthique, dont s'enorgueillit une nombreuse école d'économistes contemporains, n'est pas (pour l'économie pure, nous le répétons) une découverte qui l'ennoblit, mais une absurdité qui la bouleverse. Ainsi, par exemple, l'économie rationnelle explique la raison, les éléments, les fonctions, les limites de l'intérêt du capital prêté, mais elle est tout à fait incompétente pour juger du mérite des lois positives, civiles ou commerciales, qui prohibent ou restreignent l'intérêt conventionnel du prêt à intérêt, ou qui le laissent libre avec ou sans la sanction de lois pénales contre l'usure.

Je ne veux pas par là nier la nécessité théorique et pratique de la morale économique (et particulièrement de la religion) comme norme de conduite pour les honnêtes gens, et, pour ma part, j'applaudis à ces théologiens qui, comme Costa-Rossetti, Cathrein et quelques autres, s'occupent de l'économie politique comme d'une doctrine auxiliaire de la théologie morale; je pense cependant qu'il n'est pas logiquement correct de confondre les théories de la science avec les pré-

ceptes de l'art. Nous admettons, nous aussi, que dans
la partie concrète de l'économie rationnelle ou, en
d'autres termes, pour l'explication des faits individuels
il faut tenir compte des idées morales, qui tempèrent
souvent et de façon variée l'action de l'intérêt personnel, qui est le moteur principal des phénomènes économiques. Nous ne partageons cependant nullement
l'opinion de ceux qui, comme Dargun, préconisent la
construction d'une nouvelle science économique, déduite du principe de la sympathie, ou amour du prochain, sans remarquer l'inutilité, bien plus l'impossibilité de cette entreprise, comme l'ont démontré finement
Dietzel et Philippovich.

Dargun, *Egoismus und Altruismus in der Nationalökonomie.* Leipzig, 1885.

On ne doit pas s'étonner, en y réfléchissant, que les
vérités de l'économie rationnelle puissent servir aux
moralistes, et il faut par conséquent approuver la célèbre phrase de Droz (un orthodoxe dans ces deux disciplines) : l'économie politique est le plus puissant
auxiliaire de la morale. En démontrant, en effet, les
avantages même matériels qui résultent de l'exercice de
certaines vertus (activité, prévoyance, épargne) et les
dangers économiques qui résultent des vices contraires
(paresse, imprévoyance, prodigalité), elle fournit des
arguments d'une très grande efficacité pratique sur l'esprit de ceux qui ne savent pas ou ne veulent pas apprécier pour elles-mêmes les maximes de l'éthique rationnelle ou positive.

L'économie politique sert en outre à rectifier les
assertions de quelques écrivains, qui, dans leurs jugements sur certains actes moralement blâmables, ne
savent pas mesurer le degré véritable de culpabilité.

parce qu'ils sont fourvoyés par des concepts économiques
erronés. Ainsi, par exemple, on dit couramment que
l'avarice est un vice pire que la prodigalité, parce que
celle-ci peut, en partie, trouver son excuse dans les bons
effets qu'elle a pour les ouvriers, tandis que, au contraire, étant donné les conséquences purement économiques de ces deux vices, on doit dire que le non
usage temporaire de certains biens produit un mal
moindre que celui de leur destruction. L'économie
contribue par conséquent à formuler avec plus de précision et de prudence certains préceptes moraux, le précepte sacro-saint de l'aumône par exemple, en montrant
les graves inconvénients qui proviennent des largesses
faites sans discernement aux plus importuns et non aux
plus besoigneux.

On peut consulter sur ce sujet : A. Clément, dans le
Dictionnaire de l'Économie politique de Coquelin,
Paris 1853, *Introduction*, pp. XXIII-XXIV, et le dernier
chapitre de Sigdwick, *Principles of Political Economy*, 2ᵉ édit. Londres 1887.

L'économie politique est, au contraire, hiérarchique-
ment inférieure à la morale dans sa partie appliquée,
parce que les préceptes de l'éthique ne doivent jamais
être transgressés pour retirer un avantage purement
économique, les richesses étant un simple moyen pour
atteindre le but de la conservation des hommes et celui
de leur perfectionnement. Si donc il y a des conflits
partiels entre les raisons de l'éthique et celles de l'économie, les premières doivent toujours l'emporter. Ainsi,
par exemple, en ce qui concerne le travail des enfants
dans les ateliers, de hautes considérations d'ordre moral justifieraient l'intervention modératrice du pouvoir
social, même s'il n'y avait des motifs impérieux d'une
autre nature qui conseillent cette ingérence.

Nous avons intentionnellement parlé de conflits partiels entre la morale et l'économie, sachant bien qu'il est absurde d'imaginer des conflits généraux, et cela grâce à cette harmonie finale consolante de l'utile et du juste dont parlent les philosophes de toutes les écoles, si on fait exception, bien évidemment, des pessimistes.

Il résulte de là que, dans les questions d'application, on doit tenir compte de l'élément éthique qui est complètement étranger à l'économie rationnelle abstraite, et sur lequel insistent, justement dans ce sens, les écrivains auxquels nous avons fait allusion ci-dessus. Mais il ne faut pas oublier que cet élément ne domine souverainement pas même dans l'économie appliquée, car il faut bien souvent faire appel à des vues juridiques et politiques pour déterminer jusqu'à quel point les idéals de l'éthique peuvent être convertis en préceptes appuyés sur une sanction légale extérieure, et peuvent, d'autre part, tendre à des buts pratiquement réalisables.

Cette question très délicate des rapports entre l'économie appliquée et la morale a été l'objet de nombreuses monographies de la part des économistes philosophes, utilitaires ou spiritualistes, notamment en France, et elle a conduit par suite à des résultats opposés. On peut consulter sur ce point les ouvrages de Dameth, de Rondelet (1859), de Renouvier (1869), de Molinari (1888). Il faut faire une place à part aux travaux de Minghetti et de Baudrillart, remarquables aussi par l'élégance de la forme. Parmi les écrivains de théologie morale, qui se sont occupés d'économie politique, il suffira de rappeler Cathrein et Weiss.

M. Minghetti, *Dell'economia publica e delle sue attinenze colla morale e col diritto.* Firenze, 1859; 2ᵉ édit., 1868; traduit en français par Saint-Germain Leduc : *Des rapports de l'économie publique avec la morale et le droit.* Paris, 1863.
H. Baudrillart, *Des rapports de la morale et de l'éco-*

nomie politique. Paris, 1860 ; 2ᵉ édit., sous le titre de : *Philosophie de l'économie politique*. Paris, 1883.

V. Cathrein, S. J., *Moralphilosophie*, 2ᵉ vol. Freiburg im Br. 1891.

A. M. Weiss, *Sociale Frage und sociale Ordnung*, *ibidem*, 1892.

§ 4. — DROIT ÉCONOMIQUE

Malgré les différences déjà signalées entre l'économie politique et la science du droit, qui détermine la sphère de compétence des individus dans l'ordre de la justice, les relations sont très étroites entre l'économie politique et les différentes parties du droit public et du droit privé, rationnel ou positif.

I. *Droit international public.* — L'économie politique confirme par des arguments positifs les théories juridiques relatives à l'équitable organisation des relations entre les différents États, en temps de paix, de guerre et en cas de neutralité. Elle démontre, en effet, les bienfaisants effets économiques de la paix, les dangers des guerres politiques et commerciales, et propose, pour les cas où elles sont malheureusement inévitables, de sages tempéraments pour en adoucir les tristes conséquences, en proclamant, elle aussi, le principe du respect de la propriété privée des peuples belligérants, reconnu presque généralement dans les théories et même, dans une certaine mesure, admis dans le droit international moderne. Et les démonstrations économiques ont une telle force persuasive que Scialoja a cru pouvoir prédire dans son optimisme ingénu qu'un temps viendra où la justice internationale sera l'effet d'un calcul économique.

II. *Droit constitutionnel et droit administratif.* — Ces deux branches du droit public interne, qui ne peu-

vent être distinguées l'une de l'autre avec une parfaite
rigueur, parce qu'elles font toutes deux, en partie au
moins, la théorie de la hiérarchie des autorités publiques,
et qu'elles se confondent souvent, spécialement en Italie,
avec les matières de la Politique constitutionnelle et
administrative, se rattachent, elles aussi, à l'économie
politique; une bonne constitution et une bonne administration, en effet, même étudiées au point de vue juridique, intéressent directement et indirectement l'ordre
social des richesses. Il est facile, en effet, de démontrer,
d'un côté, les bons effets économiques d'une constitution qui répond complètement aux besoins de la nation,
et ceux d'une bonne administration, sans laquelle toute
organisation constitutionnelle demeure lettre morte,
bien que savamment construite, et d'un autre côté, les
conséquences politiques avantageuses d'un bon système
économique. Nous trouvons une confirmation de cela
dans ce fait que souvent les idées subversives, politiques
et économiques, sont dans une alliance étroite, qui ne
peut être détruite que par la diffusion rapide des sages
principes de ces deux disciplines.

Il faut remarquer, cependant, que bien que l'économie fournisse des critères plus utiles pour l'administration déjà organisée que pour l'administration à organiser, il est cependant évident que les écrivains de
droit public administratif peuvent tirer de précieux
enseignements de la science économique. Nous n'en-
tendons pas justifier la pratique de certains auteurs qui,
oubliant le caractère de la doctrine qu'ils professent,
ont l'habitude de remplir leurs traités de digressions
économiques sans utilité et presque toujours sans valeur, soit pour faire montre de leur érudition, soit pour
cacher leur manque de connaissances juridiques.

Il faut recommander, même à ce point de vue, les
auteurs classiques de droit administratif français (De

Gérando, Cormenin, Vivien, Dufour, Laferrière, Ducrocq, etc.) et quelques récents auteurs allemands d'ouvrages sur le droit administratif général (Meyer, Löning), sans oublier leurs illustres prédécesseurs, Robert v. Mohl, Pözl et plusieurs autres bons auteurs qui ont écrit sur le droit administratif des différents États de l'Allemagne.

Les limites qui séparent le droit administratif de la science de l'administration (dont se sont occupé en Italie Ferraris, Orlando, Brugi, etc.) ont été nettement indiquées d'abord par Hoffmann, puis par Stengel, *Der Begriff, Umfang und System des Verwaltungsrechts* (in *Tübinger Zeitschrift für die ges. Staatswissenschaft*, 1882, pp. 219-261) et elles sont rigoureusement observées dans l'excellent *Dictionnaire* dont il dirige la publication.

> K. Freih. v. Stengel, *Wörterbuch des deutschen Verwaltungsrechts*. Freiburg in Br. 1889-1893. Deux volumes et deux suppléments.

III. *Droit Pénal et Procédure civile.* — Même ces deux branches spéciales du Droit Public qui semblent, à première vue, complètement étrangères aux matières économiques, se rattachent par quelques points à notre discipline, qui a contribué à d'importantes réformes de ces deux codes. Pour le droit pénal on peut signaler les distinctions plus exactes des incriminations et les graduations plus rationnelles des peines qui ont été introduites ou qui pourraient l'être dans les dispositions qui concernent la falsification des monnaies, comparée aux altérations et aux simples contrefaçons. Rappelons aussi les peines, supprimées ou autrement motivées, pour les délits de coalition ou de grève ou pour les faits réellement incriminables

auxquels les grèves peuvent donner lieu. Pour la
Procédure, il suffira de signaler l'influence bonne ou
mauvaise que peuvent exercer sur le crédit privé les
lois qui concernent la vente forcée, l'expropriation des
biens des débiteurs récalcitrants, quelle que soit la
place qu'elles peuvent occuper dans les systèmes de
codification des divers États.

IV. *Droit Civil.* — On saisit immédiatement le lien
qui unit le droit civil à l'économie, quand on pense
qu'une grande partie des doctrines comprises dans le
premier se rapportent à des institutions essentiellement
économiques, comme la propriété et les autres droits
réels, les successions, les contrats à titre onéreux, etc.

Le droit civil apprend à l'économie les relations
juridiques auxquelles donnent lieu les transactions
économiques et leurs différences extrinsèques, et il
apprend, à son tour, de l'économie le caractère et la
fonction essentielle de beaucoup de ses institutions.
Ainsi, par exemple, le véritable caractère de l'échange
et de l'achat-vente se comprend mieux quand on
remarque que ces contrats, où le jurisconsulte voit
d'importantes différences de forme, sont, au fond,
compris économiquement dans un genre plus complexe, l'échange. Nous ne prétendons cependant pas
justifier quelques écrivains récents qui, par une réaction
excessive contre le formalisme des juristes de la vieille
école, ont commis de graves erreurs historiques dans
des interprétations osées, purement ou principalement
économiques, de certaines institutions civiles. Dankwardt, par exemple, s'est trompé dans son commentaire
ingénieux, mais téméraire, de quelques fragments du
droit romain, et le professeur Endemann n'est pas sans
encourir le même reproche pour ce qui concerne le
Droit Commercial.

H. Dankwardt, *Nationalökonomie und Jurisprudenz*. Rostock, 1857 et suiv.

W. Endemann, *Das deutsche Handelsrecht*. Heidelberg, 1865 ; 4ᵉ édit., 1887.

Les doctrines économiques ont exercé une influence notable sur la réforme de quelques-unes des dispositions des codes civils modernes. Il nous suffira de citer l'abolition des lois limitant l'intérêt conventionnel dans le prêt à intérêt, les nombreuses innovations du système hypothécaire et du droit successoral, les changements radicaux dans le contrat d'emphytéose, etc., etc.

L'étude des relations qu'il y a entre la législation et l'économie politique a été, dans ce siècle, l'objet de recherches variées, auxquelles ont contribué d'éminents écrivains italiens, comme par exemple Valeriani, Romagnosi et plus encore Minghetti, dans une œuvre déjà citée. En France, dès 1838, Pellegrino Rossi fit la critique économique du Code civil napoléonien, marquant la voie à Batbie et à Sévin qui reprirent ce sujet en 1865 en y joignant des propositions concrètes de réforme.

Ces relations ont été longuement étudiées par Rivet et, avec plus de compétence économique, par Jourdan et par Béchaux. Les travaux de ces deux auteurs ont été couronnés par l'Académie des Sciences Morales et Politiques en 1880.

F. Rivet, *Des rapports du droit et de la législation avec l'économie politique*. Paris, 1864.

A. Jourdan, *Des rapports entre le droit et l'économie politique*. Paris, 1884.

A. Béchaux, *Le droit et les faits économiques*. Paris, 1889.

V. *Droit Commercial*. — Les rapports sont plus étroits encore entre l'économie et le droit commercial, qui s'occupe d'institutions exclusivement économiques (sociétés, monnaie, titres et institutions de crédit, transports, assurances, faillites, etc.), que l'on ne peut évidemment juger sans en connaître la véritable nature. C'est ainsi que les progrès récents des théories économiques ont facilité les progrès des théories juridiques correspondantes, et quelquefois même ont conduit à de profondes réformes législatives. Et, par exemple, les travaux d'Einert, qui déduit la théorie juridique de la lettre de change de l'étude de ses fonctions économiques actuelles, ont été, au moins en partie, la base de la loi allemande sur le change de 1848, qui a commencé la réforme, accomplie presque partout aujourd'hui, de cette branche très importante du droit commercial.

Au point de vue purement scientifique, les recherches modernes sur la théorie de la monnaie suffisent à démontrer les immenses services rendus par les études économiques à Savigny et à Hartmann et particulièrement à Goldschmidt, le plus célèbre des écrivains allemands de droit commercial, et par les études juridiques à Knies.

Les ouvrages récents de Lyon-Caen et Renault, de Vivante, de Marghieri et spécialement le grand traité de Vidari, sont d'honorables témoignages de l'heureuse combinaison des études économiques et du droit commercial.

> L. Goldschmitt, *Handbuch des Handelsrechts*. Erlangen, 1864, 3ᵉ édit., 1891 et suiv. — *System des Handelsrechts*, 3ᵉ édit., Stuttgart, 1892.
> E. Vidari, *Corso di Diritto Commerciale*. Milano 1877-1887, neuf volumes — 4ᵉ édit., 1893 et suiv.

§ 5. — ÉCONOMIE PRIVÉE

Bien que l'économie politique étudie les phénomènes

de la richesse au point de vue de l'intérêt général, et que l'économie privée se place au point de vue de l'intérêt particulier de l'administration familiale et industrielle, on ne doit pas oublier que certains critères généraux de l'administration privée peuvent aussi être appliqués, dans certaines limites et avec certaines modifications inévitables, aux administrations publiques dont s'occupe l'économie politique appliquée.

D'un autre côté, la connaissance des lois rationnelles de l'économie sociale est indispensable même à l'économie industrielle, afin de suppléer à ce qu'il y a de nécessairement incomplet dans le point de vue purement individuel des faits économiques.

C'est dans ce but que quelques écrivains récents se sont occupés intentionnellement de ces parties des doctrines économiques qui se rattachent étroitement aux principes directeurs de l'organisation administrative des entreprises industrielles.

G. Courcelle-Seneuil, *Manuel des affaires*. 4° édit., Paris, 1883.

C. Ad. Guilbault, *Traité d'économie industrielle*. Paris, 1877.

A. Prouteaux, *Principes d'économie industrielle*. Paris, 1888.

Em. Cossa, *Primi elementi di economia agraria*. Milano, 1890.

A. Emminghaus, *Allgemeine Gewerkslehre*. Berlin, 1868.

M. Haushofer, *Der Industriebetrieb*. Stuttgart, 1874.

§ 6. — DISCIPLINES AUXILIAIRES.

On peut considérer comme des auxiliaires de l'économie politique, rationnelle ou appliquée, parce qu'elles lui fournissent des notions nécessaires ou utiles, les théories les plus générales de la psychologie, de la technologie et de la politique.

A. *Psychologie.* — Bien que l'économie politique ne puisse pas être considérée comme une Psychologie appliquée, et qu'elle puisse moins encore être réduite à un simple calcul du plaisir et de la douleur, comme l'ont cru Gossen, Jevons et comme l'enseignent Sax et ses disciples, par cette raison quelle n'est pas une doctrine éthique (*stricto sensu*) qui étudie l'homme au point de vue individuel, mais parce qu'elle est au contraire une discipline·sociale qui l'étudie en tant que membre des groupes sociaux, et partant dans les relations variées qui en résultent, on ne peut pas nier que l'économie politique doit utiliser la psychologie pour bien déterminer la nature de quelques-uns des principes qui constituent les moteurs principaux des actions humaines concernant l'ordre social des richesses, comme, par exemple, la loi du moindre effort, qui nous conduit, toutes circonstances égales, à préférer le gain le plus grand au gain moindre.

B. *Technologie.* — Malgré la différence radicale qu'il y a entre les règles concernant les procédés de fabrication des différents produits, que la technologie (physique, chimique et mécanique) établit en s'appuyant sur les résultats des sciences mathématiques et naturelles, et les vérités et les principes d'ordre social, dont s'occupe l'économie politique, il est certain que l'économie rationnelle, en tant qu'elle explique le mécanisme de la production et de la circulation, dans son étude du travail, des machines, de la monnaie, du crédit, des banques, des moyens de transport et de communication, etc., peut retirer quelque avantage de la connaissance, au moins élémentaire, des principes qui dirigent

la technique générale et spéciale des phénomènes
qu'elle étudie à son point de vue particulier.

> Bauer, *Ueber die Unterscheidung der Technik von der
> Wirthschaft*. (In Faucher, *Vierteljahrschrift fur
> Volkswirthschaft*, 1864, pp. 33-50).

Si donc les économistes peuvent consulter avec profit les ouvrages qui, sous le titre générique d'économie
rurale, forestière, minière, commerciale, traitent de
ces industries spéciales, soit au point de vue technique,
soit au point de vue de l'économie privée, ils peuvent
retirer un avantage encore plus grand des œuvres qui
étudient la technique générale dans ses relations avec
l'économie politique.

Il faut faire une mention spéciale pour les trois monographies suivantes, de contenu et de tendances divers d'ailleurs :

> Ch. Babbage, *Economy of machinery and manufac-
> tures*, 1831. (Réimprimé plusieurs fois et traduit
> en plusieurs langues; traduit en français par Ed.
> Biot : *Traité sur l'économie des machines et des
> manufactures*. Paris, 1834). Augmenté et en partie
> modifié par Charles Laboulaye, *Economie des
> machines et des manufactures*. Paris, 1880.
> Verdell, *L'industrie moderne*. Paris, 1861.
> E. Herrmann, *Technische Fragen und Probleme der
> modernen Volkswirthschaft*. Leipzig, 1891.

O. *Politique*. — C'est, *stricto sensu*, la doctrine du
bon gouvernement selon les principes de l'utilité sociale.
Dans sa partie générale elle est une discipline auxiliaire de l'économie politique, parce qu'elle lui fournit
des notions indispensables sur la nature et les fonctions
des différentes sociétés politiques. Dans le sens plus
large de science et d'art du gouvernement dans ses
relations multiples, elle tend à absorber, dans sa partie

spéciale et, d'une façon plus précise, dans la politique
administrative (science de l'administration publique),
toute l'économie appliquée, qui, rigoureusement, devrait se limiter, comme nous l'avons déjà dit, à fournir
les critères du bon gouvernement économique et financier, déduits de l'unique principe de l'utile et partant
très restreints et nécessairement incomplets.

Pour la politique générale, en dehors de l'ouvrage
classique de Dahlmann (1835), de la remarquable
esquisse de Waitz (1862), et des *Principes* d'Holzen-
dorf (2ᵉ édit. 1879), on peut consulter les œuvres de De
Parieu et de Bluntschli, et surtout les savants traités
de L. Woolsey, de Sidgwick et de Roscher.

> E. de Parieu, *Principes de la science politique*. Paris,
> 1870; 2ᵉ édit., 1875.
> J. C. von Bluntschli, *Politik als Wissenschaft*. Stutt-
> gart, 1876 (Traduit en français par A. de Ried-
> matten : *La Politique*. Paris, 1879.
> Theod. D. Woolsey, *Political Science, or the State
> theoretically and practically considered*. 1878, 2 vol.
> H. Sidgwick, *The elements of politics*. 1891.
> W. Roscher, *Politik*, etc. Stuttgart, 1892.

Pour la science de l'administration, les deux principaux ouvrages sont ceux de Mohl et de Stein. En
Italie, nous devons de bons *Essais* à Ferraris, qui prépare un *Traité*; il faut mentionner aussi Wautrain-Cavagnari, l'auteur du premier livre élémentaire sur cette
discipline.

> Rob. von Mohl, *Die Polizeiwissenschaft*. 3ᵉ édition,
> Tubingen, 1866, 3 volumes. (Ouvrage devenu
> ancien pour une partie seulement, mais remar-
> quable par la profondeur, l'ordre, la clarté et
> l'excellence de la méthode).
> L. von Stein, *Die Verwaltungslehre*. Stuttgart, 1865
> et suiv., 8 parties en 10 volumes. (Œuvre gran-

diose et très importante, malgré les lourdes
divisions hégéliennes tripartites, les constructions métaphysiques arbitraires et les graves et
trop fréquentes inexactitudes dans les renseignements législatifs.)

— *Handbuch der Verwaltungslehre.* Stuttgart, 1870;
2ᵉ édit., 1887-88. 3 volumes. (Très utile résumé
de l'ouvrage précédent).

C. F. Ferraris, *Saggi di economia, statistica e scienza
dell' amministrazione.* Torino, 1880.

V. Wautrain-Cavagnari, *Elementi di scienza dell' amministrazione.* Firenze, 1890.

CHAPITRE IV

CARACTÈRES DE L'ÉCONOMIE POLITIQUE

Les controverses toujours vives sur le caractère de l'économie politique sont souvent purement nominales; souvent aussi elles dérivent de l'incompétence philosophique de beaucoup des économistes qui s'en sont occupés, alors qu'ils ne possédaient même pas les éléments de la méthodique scientifique; elles dépendent aussi de ce fait que, sous le nom d'économie politique, on réunit d'ordinaire et quelquefois même on confond deux disciplines étroitement liées par l'identité de l'objet, mais cependant essentiellement différentes par la nature de leur rôle et de leur but.

Pour éviter toute équivoque il est nécessaire de donner ici quelques notions sommaires sur les caractères de la science et sur les meilleurs critères pour la classification de ses différentes branches.

§ 1er. — CARACTÈRES DE LA SCIENCE

Dans sa signification la plus large on entend par science un système de vérités générales sur un ordre donné de phénomènes. Et, en effet, la découverte d'un lien qui unit des phénomènes en apparence hétérogènes change en connaissance scientifique la simple notion empirique des faits particuliers et séparés.

Bien que l'on doive admettre l'unité finale de la science, qui est le reflet de l'unité du vrai, on ne peut pas cependant nier que le grand arbre du savoir humain comprend les ramifications les plus variées et donne lieu à la formation de groupes multiples de disciplines, qui vont toujours se divisant et se subdivisant davantage. On ne méconnait pas ainsi, d'ailleurs, la possibilité et la nécessité idéale d'une science des sciences, ou, comme on disait autrefois, d'une science des raisons dernières, qui explique l'enchainement des principes fondamentaux des disciplines particulières.

Une opinion aussi courante que superficielle subordonne la classification des sciences à un critère purement subjectif, à la faiblesse de l'esprit humain, qui, ne pouvant embrasser l'ensemble de tout le savoir, est forcé de n'en parcourir qu'une partie, plus ou moins considérable, en allant graduellement du facile au difficile et se contentant même de l'ensemble de connaissances nécessaires ou utiles à l'exercice des professions choisies par chacun. C'est ainsi que celui qui se destine à l'industrie étudie de préférence les sciences mathématiques, physiques et naturelles, que les fonctionnaires publics étudient les sciences juridiques et politiques, que les ecclésiastiques étudient les sciences sacrées, etc.

On oublie ainsi qu'en dehors de ces critères exclusivement subjectifs et extrinsèques, il en est d'autres qui ont un caractère intrinsèque et objectif, et que par suite, en supposant même pour un moment que l'homme eût la possibilité de saisir tout le savoir, il faudrait encore reconnaitre l'existence de disciplines essentiellement distinctes par la qualité de leur objet, ou par celle de leur rôle, ou par celle de leur but. C'est là la justification de deux systèmes de classification objective des sciences, dont l'un a son fondement dans un critère matériel, très généralement et très aisément admis, tandis que l'autre dépend d'un critère formel, lui aussi très important, mais trop souvent mal interprété.

Il n'est pas besoin d'une culture très développée pour comprendre qu'il ne faut pas confondre entre elles, par suite de la très grande diversité des objets qu'elles étudient, les sciences sacrées et les sciences profanes, les sciences physiques et les sciences morales, les sciences philosophiques et les sciences naturelles, quelque opinion que l'on puisse avoir sur les essais, plus ou moins heureux, de classification scientifique que l'on trouve dans les œuvres de Bacon, de Hegel, d'Ampère, de Comte, de Spencer, etc. Peut on ne pas admettre que la théologie, l'astronomie, la mécanique, la chimie, l'esthétique, la physiologie, la technologie, la chirurgie et la politique diffèrent radicalement entre elles par le caractère tout à fait différent du domaine propre de leurs recherches ?

Beaucoup de gens, au contraire, sont tout à fait surpris de cette affirmation que, sous certains aspects théoriquement et pratiquement très importants, la distance est plus grande entre la mécanique rationnelle et la technologie, l'astronomie et l'art nautique, la physiologie et la chirurgie, que la distance, infranchissable semble-t-il, qui sépare la mécanique et l'astronomie de la physiologie, la technologie de la chirurgie et de la politique ! Il faut, il est vrai, une étude attentive des principes concernant la classification formelle des sciences pour être pleinement convaincu de la vérité inébranlable de cette proposition en apparence paradoxale. Cette étude a pour base la distinction capitale, souvent combattue et plus souvent mal comprise, entre deux catégories de doctrines, qui sont en complète antithèse entre elles, même quand elles s'occupent du même ordre de phénomènes. Je fais allusion à la distinction, que tout le monde connait mais dont on n'est pas très généralement pénétré, entre la science et l'art.

On appelle sciences, au sens étroit du mot, les disci‑
plines (qualifiées par les uns de rationnelles, par
d'autres, et moins correctement, de théoriques) qui ont
pour rôle d'expliquer les relations qui lient certains
phénomènes homogènes, et dans le but purement spé‑
culatif d'en faciliter la pleine connaissance. L'algèbre,
la géométrie, l'anatomie, la physiologie, la pathologie, la
chimie, la psychologie, l'histoire, la statistique consti‑
tuent des sciences, parce qu'elles nous donnent la con‑
naissance de certains faits, physiques ou moraux,
externes ou internes, abstraits ou concrets, sans s'occu‑
per d'une façon directe de la pratique.

On appelle arts, au contraire, les disciplines (quali‑
fiées par les uns de appliquées, par d'autres, et moins
correctement, de pratiques), qui ont pour rôle de sug‑
gérer des normes, des règles, des maximes ou, sous
quelque nom qu'on les désigne, les moyens les mieux
appropriés pour atteindre certaines fins. Il faut com‑
prendre sous le nom d'arts, au sens étroit du mot, non
seulement les beaux arts et les arts mécaniques, mais
en général la technologie, l'hygiène, la thérapeutique,
la chirurgie, la morale, la politique, parce qu'elles ont
toutes pour but de fournir des normes de conduite,
naturellement très disparates, selon qu'il s'agit
d'exercer une industrie, de conserver ou de rétablir la
santé, d'arriver à la vertu ou de bien gouverner
l'État.

La science recherche ce qui est; elle interprète les
phénomènes, explique leur essence, décrit leurs carac‑
tères, elle les classe; elle recherche les régularités em‑
piriques, les causes, et, en déterminant leur manière
d'agir, elle arrive à la connaissance des lois, absolues
ou relatives, de coexistence et de succession des phéno‑
mènes étudiés. La science s'occupe des faits concrets
et variables, passés ou présents, ou elle se propose

certains idéals, ou elle prévoit, dans certaines limites, les faits futurs, ou elle s'occupe d'une manière abstraite de ce qui est typique, universel, constant et commun, par suite, au passé, au présent et à l'avenir.

L'art, au contraire, ne découvre pas la vérité, mais il la suppose; il n'explique pas des théorèmes, mais il résout des problèmes généraux; il a un but pratique et non spéculatif; il ne découvre pas des lois, mais il indique les règles qui permettent d'éclairer la pratique.

Une erreur tout aussi grave, que partagent même beaucoup de ceux qui distinguent de quelque façon la science et l'art, consiste dans la confusion qu'ils font entre la science et la théorie, l'art et la pratique, tandis qu'il résulte de ce que nous avons dit que la science qui nous apprend à connaître comme l'art qui nous apprend à faire constituent la théorie, qui s'oppose à la pratique, c'est-à-dire à l'action, qui tend à la réalisation de buts déterminés. S'il est donc exact de dire, avec Mill, que la science est à l'art comme le mode indicatif est au mode impératif, il est certainement faux d'ajouter que l'un est à l'autre comme l'intelligence est à la volonté; il est manifeste que la pratique seule fait appel à la volonté, tandis que l'art qui tend à guider l'action ne s'identifie pas avec elle, mais la précède. En résumé, on peut dire que la science explique et expose, que l'art dirige (il impose des préceptes ou il propose des conseils), la pratique exécute et dispose.

Il n'est pas davantage admissible que la pratique puisse tenir lieu de théorie, comme l'affirme un préjugé courant, et de même on ne peut pas accepter l'opinion de ces écrivains allemands contemporains qui confondent de nouveau la science et l'art ou répudient ce dernier, parce qu'il ne serait qu'une pure casuistique et un simple recueil de recettes, théoriquement incomplet et pratiquement inutile. Il faut remarquer, d'ail-

leurs, que la science, l'art et la pratique s'intègrent
réciproquement et se prêtent un concours absolument
indispensable.

Dans l'ordre logique, la science, expliquant les phénomènes du monde physique et ceux du monde moral,
précède l'art qui, d'après les vérités découvertes par la
science, indique les règles pour modifier les phénomènes eux-mêmes, et l'art, à son tour, précède la
pratique qui, en se servant des vérités de la science
et des règles de l'art, utilise les enseignements de
l'expérience spécifique, individuelle ou collective,
pour appliquer les unes et les autres aux cas concrets,
extrêmement complexes et variables. S'il est vrai que
sans connaître l'anatomie, la physiologie, la pathologie
et la thérapeutique, on ne peut traiter rationnellement
les maladies, il n'est pas moins vrai que la connaissance
de ces disciplines et de toutes les autres disciplines
complémentaires ne suffit pas à former un bon clini-
cien.

Dans l'ordre historique, au contraire, les choses se
passent en sens inverse, parce que, à une pratique
aveugle, et pour ainsi dire instinctive, succède un art
grossièrement empirique, que suit beaucoup plus tard
la science, qui fournit des connaissances solides, grâce
auxquelles on peut refaire tout le processus d'investigation et d'exécution. On a fait des vers, on a joué
des instruments, on a construit des maisons, on a soigné des malades, on a gouverné des peuples, bien
avant que l'on connût l'art poétique, la musique, l'esthétique, l'architecture et les diverses branches de la
médecine et des doctrines juridiques et politiques.

Il est une autre division très importante, formelle
elle aussi, des sciences proprement dites, tirée du
critère de l'état plus ou moins élevé auquel s'arrête la
recherche de l'enchaînement des divers phénomènes

dont s'occupent les sciences. Il en résulte les trois
groupes suivants :

1° Les sciences descriptives ou de simple classification
des phénomènes, divisés et subdivisés selon le temps
et l'espace, ou distribués en séries, catégories, genres,
espèces, d'après leurs caractères analogiques. Ces
sciences deviennent des sciences morphologiques quand
elles arrivent à déterminer, d'une façon rigoureuse,
les caractères essentiels qui distinguent les différents
groupes. Telles sont, par exemple, la botanique, la
zoologie, dans leur partie systématique, la chrono-
logie, la géographie et même la statistique, au sens où
l'entendaient Achenwall et ses disciples.

2° Les sciences qui recherchent les régularités empiriques dans la succession et dans la coexistence des
phénomènes. On les a appelées quelquefois des lois de
fait, parce qu'elles sont liées à d'étroites limites d'espace et de temps. Elles peuvent s'en tenir à de simples
notions qualitatives (comme, par exemple, l'histoire, le
droit positif et la philosophie de l'histoire et la philosophie du droit), ou, au contraire, s'élever à des déter-
minations quantitatives (comme la météorologie et la
statistique, au sens où l'entendent les statisticiens les
plus autorisés).

3° Les sciences étiologiques, qui recherchent le
lien causal qui unit les phénomènes, physiques ou
moraux, externes ou internes, concrets ou abstraits,
le mode d'action des causes découvertes, c'est-à-dire
les lois scientifiques, universelles ou particulières,
absolues ou relatives, primitives ou dérivées, dont
dépendent les phénomènes eux-mêmes. Telles sont,
par exemple, l'astronomie, la physique, la chimie ; telle
devrait être la philosophie de l'histoire, si elle pouvait
devenir une science.

Il faut enfin remarquer, pour éviter de dangereux

malentendus au sujet des rapports des sciences et des arts, qu'il n'y a pas de science qui serve à un art seulement, de même qu'il n'y a pas d'art qui ait son fondement dans une seule science. Ainsi, par exemple, la physique, la chimie et la mathématique rationnelle servent à plusieurs branches de la technologie, la psychologie est utile à toutes les sciences sociales ; de son côté, l'agronomie est un art qui puise à plusieurs sciences et, par exemple, à la météorologie, à la physique, à la chimie, à la mécanique, à la botanique, à la zoologie, etc.

Etant données ces notions générales sur les caractères des différentes sciences et sur les critères logiques de leur classification, il sera moins difficile de déterminer les caractères de l'économie politique ou, mieux, des deux disciplines formellement hétérogènes qu'on a l'habitude de comprendre, très généralement mais très inexactement, sous cette unique dénomination, assez peu heureuse d'ailleurs.

Herbert Spencer, *The classification of the sciences*, 1869. Trad. franç. par Réthoré. 6ᵉ édit. Paris, 1897.

A. Messedaglia, *La scienza nell' età nostra*. Padova, 1874.

Ger. Heymans, *Karakter en Methode des Staathuishoud-kunde*. Leiden, 1880. (Chap. I, p. 8 et suiv.)

Eug. von Philippovich, *Ueber Aufgabe und Methode der politischen Œkonomie*. Freiburg i. Br. 1886.

C. Menger, *Grundzüge einer Klassification der Wirthschaftswissenschaften*. Jena, 1889.

§ 2. — CARACTÈRES DE L'ÉCONOMIE SOCIALE

L'économie sociale est une science, au sens le plus large du mot, parce qu'elle comprend un système de vérités générales sur l'ordre social des richesses ; cet ordre résulte d'un ensemble de phénomènes étroitement connexes entre eux qui, par leur importance, méritent une recherche théorique. C'est une science qui a' fait de notables progrès, non pas à la vérité aussi marquants que ceux de quelques autres disciplines, comme la physique par exemple, mais plus que suffisants pour donner un démenti à ceux qui lui refusent cette qualification par des démonstrations qui ne peuvent que démontrer leur incapacité à comprendre le véritable caractère de la doctrine qu'ils combattent et que, par une singulière contradiction, ils sont parfois chargés d'enseigner.

> Bonamy Price, *Chapters on practical political economy*. London, 1878.

On dit, par exemple, que les faits économiques sont, par leur nature, extrêmement complexes parce qu'ils dépendent pour partie des conditions très variées du territoire et du climat, et pour partie de la volonté de l'homme, modifiée par la tradition, l'éducation, l'instruction, toutes choses que l'on ne peut juger avec une précision scientifique parce qu'elles sont sujettes à d'incessantes transformations.

On répond à cela que la complication et la variabilité des faits sociaux et en particulier des faits économiques ne leur enlèvent pas leurs caractères généraux et n'empêche pas la persistance de certains effets qui dépendent de la constance des causes qui les produisent. Pour des raisons semblables, l'anatomie, la physiologie et la pathologie ne sont pas réduites à l'impuissance par le fait des inégalités physiques des individus et par le fait de la complexité des formes pathologiques des maladies. Il ne faut donc pas s'étonner si, dans l'ordre social des richesses, la variation des cas individuels est compatible avec l'existence des lois générales de la valeur, du prix, du salaire et du profit.

D'ailleurs même les changements et les perturbations de l'ordre économique présentent, malgré leurs irrégularités apparentes, quelque chose de normal qui dépend de lois particulières. Si donc, dans le domaine des sciences médicales, en dehors de l'anatomie normale et de la physiologie, nous avons des doctrines spéciales qui décrivent les organes et les fonctions du corps humain à l'état pathologique, de même, en économie politique, nous avons une théorie des perturbations ou des crises (annonaires, monétaires, bancaires, commerciales, etc.), qui est le complément nécessaire de la théorie des fonctions économiques normales.

L'économie sociale est de plus une science, même au sens le plus étroit du mot, parce qu'elle se propose d'expliquer les phénomènes sans se préoccuper des moyens les plus propres pour obtenir d'utiles modifications dans leurs manifestations.

Au point de vue formel, c'est-à-dire eu égard à son rôle, l'économie sociale n'est ni une science purement descriptive ou systématique, ni une science qui recherche simplement des régularités empiriques. C'est une science morphologique et étiologique tout à la fois ; morphologique, parce qu'elle détermine l'essence des faits économiques, considérés dans leurs caractères typiques ; étiologique, parce qu'elle en recherche les causes premières, qui consistent en certaines forces constantes et irréductibles d'ordre physique ou psychique, et qu'elle recherche, enfin, leur mode d'action, c'est-à-dire qu'elle en détermine les lois scientifiques.

Au point de vue matériel, c'est-à-dire eu égard à son objet, l'économie sociale fait partie des sciences morales, c'est-à-dire des sciences qui étudient l'homme en tant qu'être capable de sentir, de penser et de vouloir, et elle appartient à ce groupe de sciences qualifiées de sociales, parce qu'elle se propose, non pas l'étude de l'homme considéré individuellement dans ses facultés psychiques, mais celle de l'homme, considéré collectivement, comme membre de la société civile.

L'économie sociale étudie les richesses au point de vue moral et non au point de vue physique (comme la technologie), au point de vue social et non au point de vue individuel (comme l'économie privée) ; elle les étudie en analysant les phénomènes auxquels donnent lieu les relations spontanées des différentes économies particulières, associées ou en concurrence, en faisant abstraction, mais seulement d'une façon préliminaire, des influences que l'action de l'État et celle des autres sociétés politiques inférieures exercent sur ces rapports.

Nous ne pouvons, par conséquent, accepter les doctrines de ceux qui considèrent l'économie sociale comme une science physique (dans un sens large), ou comme une science biologique, ou comme une science qui a des traits communs avec les sciences physiques et avec les sciences morales, ou comme une science psychique, ou comme une science éthique (morale, au sens étroit du mot), ou comme une science historique, ou finalement comme une science non autonome, condamnée à devenir un chapitre, totalement remanié, de la sociologie. Nous allons brièvement exposer nos critiques en reprenant pour partie ce que nous avons dit au sujet des limites et des rapports de l'économie politique en général.

L'économie sociale a été considérée par quelques-uns comme une science physique, ou, comme l'a dit Coquelin, comme une partie de l'histoire naturelle de l'homme, et, par un grand nombre d'écrivains, même contemporains, (Say, Garnier, Cairnes, Block, etc.), comme une science qui occupe une place intermédiaire entre les sciences physiques et les sciences morales, et cela parce qu'elle doit s'occuper de certains phénomènes physiques comme, par exemple, la limitation du sol et la loi des

revenus décroissants. On répond à cela que l'économie
politique n'explique pas directement ces principes qu'elle
emprunte à d'autres disciplines (à l'agronomie) pour en
faire les prémisses de ses très importantes déductions.

D'autres affirment que l'économie est une science
biologique, soit à cause de certaines analogies qu'il y a
entre l'organisme animal et l'organisme social, sur lesquelles ils insistent longuement (comme le font Schæffle,
Lilienfeld et leurs faciles imitateurs) sans apercevoir les
différences substantielles (fort bien notées par Krohn et
par Menger pour ne citer que ces deux noms), soit par
suite de l'importance qu'a, dans l'analyse économique,
la tendance de l'homme. à conserver et à propager
l'espèce, tendance commune à toutes les races ani-
males et qu'étudie la biologie.

Pour d'autres, l'économie sociale est en train de devenir une science psychique ou, comme le dit Sax, une
application de la psychologie, ou, comme d'autres l'ont
dit, une mécanique de l'intérêt personnel. Sans nier
l'importance du principe édonistique comme postulat
de l'économie, et en reconnaissant volontiers les secours
qu'on peut tirer de certaines données, d'ailleurs très
simples, de la psychologie pour éclaircir quelques
points de la théorie de l'utilité et de la valeur, et en
admettant enfin que certains phénomènes économiques
se retrouvent, pour ainsi dire en germe, même dans la
vie d'un Robinson isolé du reste du monde, nous
sommes cependant persuadé qu'il ne faut pas confondre
les points de départ d'un raisonnement avec le raisonnement lui-même. Nous croyons de plus que la théorie
de l'utilité et celle de la valeur, comme on l'appelle
d'ordinaire, subjective, n'est pas toute l'économie, ni le
pivot de cette science. Nous croyons enfin que le pivot
de l'économie sociale consiste dans l'analyse positive des
phénomènes qui naissent de la dépendance réciproque

des différents groupes de producteurs et de consommateurs, constitués par des hommes vivant dans un monde
réel, et que par suite notre science ne doit devenir ni
une branche de la biologie, ni une branche de la philosophie rationnelle comme le demandent deux écoles,
opposées d'ailleurs, qui comptent même en Italie des
partisans pleins de talent et de bonne foi, mais, à notre
avis, pas assez impartiaux.

Un autre groupe d'écrivains non contents de faire de
l'économie sociale, comme nous le faisons nous-même,
une partie des sciences morales, l'identifie sans hésitation avec l'éthique (la morale, au sens étroit), c'est-à-dire
avec la doctrine des devoirs de l'homme en général, ou
avec l'éthique économique, c'est-à-dire avec la doctrine
des droits sur l'acquisition et l'usage des richesses. Ils
oublient ainsi que la morale est un art et que l'économie
sociale est une science qui étudie, d'une manière indépendante de l'éthique, la nature, les causes et les lois
des phénomènes économiques, en tant qu'ils dépendent
du principe de l'intérêt personnel. Ce principe, elle ne
juge pas, mais elle le considère, ce qu'il est en fait,
comme le moteur principal des actions humaines concernant l'ordre social des richesses, sans négliger, comme
nous l'avons déjà indiqué, de tenir compte de certaines modifications du principe purement utilitaire qui
résultent de l'influence du sentiment moral.

Une autre école, elle aussi nombreuse et puissante,
dont nous parlerons en traitant de la méthode, soutient
que l'économie est une science historique qui doit tra-
cer à larges traits les différentes phases de la civilisation économique et trouver la loi de son évolution.
On change ainsi complètement l'objet et le rôle de
l'économie sociale qui, comme nous l'avons déjà dit,
est une science abstraite qui considère l'ordre économique non pas dans ses manifestations concrètes et

individuelles, comme c'est la tâche de l'histoire et de la statistique, mais dans ses caractères typiques et généraux, c'est-à-dire en recherchant dans les phénomènes passés et présents ce qu'il y a d'essentiel et de permanent et non ce qu'il y a d'accidentel et de variable.

Nous nous séparons enfin de l'école sociologique qui professe en grande partie, avec son maître Auguste Comte, les doctrines philosophiques des positivistes et qui tenant, comme Schæffle et beaucoup d'autres, la sociologie pour une discipline voisine des sciences biologiques, se rapproche ainsi d'un autre groupe d'écrivains dont nous avons parlé ci-dessus, en ce qu'ils s'accordent tous à nier à l'économie sociale la qualité de discipline autonome.

Il faut remarquer tout d'abord que bien que l'économie sociale entre dans le groupe des sciences morales, que la nature de leur objet fait appeler sociales, elle ne peut pas cependant être considérée comme la science sociale, comme le pensaient Carey, Clément et beaucoup d'autres, et cela pour cette raison très manifeste qu'elle ne considère les phénomènes de la société civile qu'au point de vue des intérêts économiques, qui ne sont ni les seuls, ni les plus importants si on les compare à ceux qui ont un caractère religieux, moral, intellectuel et politique. Il n'est donc pas douteux que s'il pouvait se constituer une science sociale achevée qui, par une profonde synthèse, arriverait à découvrir les lois générales de la vie sociale, considérée dans son universalité, l'économie sociale aurait perdu toute raison d'être indépendante. Mais comme nous sommes loin, et pour quel temps encore ! de cet heureux événement, puisque cette discipline, que Comte, en adoptant un hybridisme que beaucoup ont critiqué, a baptisée du nom de sociologie, se trouve encore à l'état embryonnaire, on ne tiendra pas, nous l'espérons,

pour une trop grande hardiesse de repousser nettement
les propositions d'abdication que quelques positivistes,
reprochant à l'économie sa soi-disant stérilité et ses abstractions, voudraient nous imposer témérairement.
Nous sommes loin d'accepter, sans hésitation, la prophétie de Block qui affirmait récemment *(Progrès de
la science économique, Vol. Ier, page 51)* que la sociologie ne pourra jamais acquérir le caractère d'une vraie
science; nous accordons volontiers un grand prix aux
travaux propédeutiques et morphologiques de Comte,
de Spencer et de quelques-uns de leurs disciples,
parmi lesquels je citerai Vanni, dont il faut louer le
talent, la doctrine et la modération ; mais nous ne
pouvons cependant oublier qu'il manque à la sociologie
moderne, qui se glorifie plus que de toute autre chose de
ses comparaisons physiologiques incertaines et stériles,
ces garanties de consentement, de continuité et de
sûre prévision de l'avenir, que les positivistes eux-
mêmes affirment être les caractéristiques des véritables
sciences. Et même, comme le suggérait finement
Sidgwick, si nous interrogions les trois lumières de la
nouvelle science sur l'avenir de la société humaine,
nous aurions des réponses aussi étranges que contradictoires. Dans cet état des choses, il nous semble que
nous sommes d'accord, non seulement avec Marshall
et les meilleurs économistes anglais, mais même avec
Knies et Schönberg, peu suspects de tendresse pour
les doctrines de l'école classique, pour penser qu'il
n'est pas du tout prudent d'abandonner, comme le dit
excellemment Nazzani, les trésors que nous possédons
pour la prévision audacieuse de conquêtes nouvelles. Il
ne suffit pas, pour nous persuader du contraire, de
nous rappeler l'influence bien connue qu'exercent sur
les faits économiques d'autres faits sociaux de di-
verse nature, et même, nous ne devons pas l'oublier,

les phénomènes physiques, parce que de cet enchaînement des faits réels on ne peut pas déduire qu'il n'est ni possible ni opportun de faire une étude séparée des différentes causes dont les faits dépendent alors que, comme le remarque Cherbuliez, la tendance du progrès intellectuel nous porte non pas à confondre mais à diviser et à subdiviser les différentes sciences, pour pouvoir mieux les étudier avec des méthodes mieux appropriées.

C'est ce que nous répondrons à Ingram, qui soutient brillamment la thèse contraire, et aussi à Cognetti qui reproduit les mêmes idées avec des arguments analogues et qui le fait (au dire de Philippovich) avec beaucoup de chaleur mais peu de succès.

J. K. Ingram, *The present position and prospects of political economy*. London, 1878 (traduit en allemand par v. Scheel. Jena, 1879 et en français dans le *Journ. des Écon.*, mars 1877).

S. Cognetti de Martiis, *L'economia come scienza autonoma*. Torino 1886.

A. Marshall, *The present position of economics*. London, 1885.

§ 3. — CARACTÈRES DE LA POLITIQUE ÉCONOMIQUE

Il nous reste peu de choses à dire sur la politique économique pour ne pas répéter des choses déjà dites et parce qu'il s'agit de propositions moins controversées. La politique économique qui fournit au législateur et à l'administrateur des principes directeurs pour le bon exercice des attributions économiques de l'État, de la province et de la commune, n'est pas, comme l'économie pure, une science comprise dans les sciences sociales, mais un art qui, s'occupant de matières étroitement unies à la doctrine du gouvernement, forme partie intégrante des disciplines politiques ; elle est, comme nous l'avons dit déjà, une branche de la Politique administrative (science de l'administration) qui, pour sa partie financière, a déjà conquis une autonomie propre soit à l'égard de la Politique, soit à l'égard de l'Économie, tandis que, pour la partie économique (au sens étroit) cette séparation n'est pas encore accomplie.

Le mélange et la confusion de l'économie sociale et de la politique économique, qu'on a longtemps et très généralement considérées — opinion aujourd'hui encore très répandue — comme une seule discipline, a été en fait très nuisible aux progrès de l'une et de l'autre, parce que, en ne distinguant pas nettement les vérités de la science des règles de l'art, on devait nécessairement sacrifier les premières aux secondes ou celles-ci à celles-là.

En désignant les unes et les autres par le terme équivoque de principes, ou, ce qui est pis encore, par la dénomination générique de lois, on ne donnait pas une attention suffisante à la double signification de ce dernier mot, qui, au sens juridico-politico-moral, indique un précepte d'une autorité compétente, renforcé par une sanction externe ou interne, tandis qu'au contraire, au sens strictement scientifique, il indique le mode d'action de certaines forces qui tendent à produire constamment les mêmes effets. De là découlent de regrettables conséquences que nous résumons brièvement :

1° On n'a pas réussi à déterminer avec précision la sphère d'action de l'économie politique, ce qui du reste était inévitable. La science économique a besoin que son domaine soit rigoureusement circonscrit, condition nécessaire d'une étude adéquate et approfondie, tandis que l'art ne réussira jamais à formuler des règles qui aient une action sur la pratique, s'il s'imagine pouvoir les déduire d'une seule science, quelque rapport étroit qu'elle ait avec son propre objet.

2° La confusion de la science et de l'art enlève à la première le caractère de l'impartialité, car son devoir est de rechercher la vérité pour elle-même, sans se préoccuper des applications vertueuses ou vicieuses, utiles ou nuisibles qu'on en peut faire. C'est ainsi que la chimie pharmaceutique apprend à préparer l'arsenic au médecin qui se propose de guérir les malades comme au scélérat qui veut empoisonner sa victime; de même l'économie sociale doit s'occuper de la connexion des phénomènes qu'elle étudie, en conservant une entière neutralité entre les intérêts opposés de classe et les différents systèmes de gouvernement. Quand au contraire la science n'est pas bien distincte de l'art, on tombe insensiblement dans cette erreur dangereuse de considérer la vérité non pas comme un but, mais comme un moyen propre à défendre ou à combattre un système déterminé. La confusion de l'économie sociale et de la politique économique a conduit beaucoup de pseudo-économistes à considérer la science comme un arsenal d'armes propres à défendre l'application inconditionnée et universelle du libre échange; elle a suggéré à d'autres, des optimistes et des quiétistes, de rechercher dans la science des arguments pour faire l'apologie de la libre concurrence, pour démontrer l'harmonie universelle des intérêts, pour nier la possibilité de tout conflit, même partiel, entre le capital et le travail, entre l'entrepreneur et l'ouvrier; d'autres au contraire, des pessimistes et des révolutionnaires, ont voulu trouver dans cette même science des arguments pour défendre des réformes plus ou moins radicales, pour supprimer l'anarchie qu'ils croient être une conséquence inévitable de la propriété privée et de la concurrence, que leurs adversaires considèrent au contraire comme les pivots de la distribution naturelle des richesses, d'après eux la seule admissible.

3° L'emploi ambigu du mot loi appliqué aux propositions de la science, qui tend à la connaissance, comme aux règles de l'art, pour lequel les connaissances sont un moyen pour diriger l'action, conduit à deux erreurs opposées et très regrettables. D'un côté, on décore du nom pompeux de lois scientifiques, et partant applicables à tous les cas, de simples règles essentiellement changeantes et nécessairement soumises à de nombreuses exceptions. Ainsi, par exemple, on appela loi de la science le « laisser faire » et on en réclama (les disciples de Bastiat et ceux de l'école de Manchester) l'application immédiate sans tenir compte ni de la variété des conditions, ni de l'influence des précédents, ni même, dans l'hypothèse la plus favorable, de la nécessité de prudentes dispositions transitoires. On oublia que même le sacro-saint précepte de ne pas tuer ne peut pas être considéré comme ayant une valeur absolue, parce qu'il souffre une exception au cas où la mort de l'injuste agresseur est nécessaire pour sauver la vie de l'innocente victime. Inversement quelques écrivains récents ont refusé aux lois scientifiques le caractère d'universalité et ils ont créé ce concept hybride de lois sujettes à des exceptions, tandis que, au contraire, même pour les phénomènes complexes sur lesquels des causes diverses agissent simultanément, le résultat en apparence exceptionnel fournit la preuve de l'action des différentes lois concourantes. Pourrait-on soutenir que l'ascension du mercure dans le tube thermométique ou l'ascension des ballons aérostatiques sont une exception à la loi de la pesanteur? Un exemple typique de cette confusion entre la loi scientifique et la règle d'application nous est fourni par Rossi qui, recherchant

la loi de la valeur, préfère la formule de coût de production à celle de l'offre et de la demande, parce que
cette dernière, dit-il. est plus vraie mais moins utile.

De tout ce qui précède il résulte qu'il est désirable,
aussi bien dans l'intérêt de l'économie sociale que de
la politique économique, qu'on en fasse une étude distincte et selon des critères correspondant à leur caractère formel opposé, afin que, d'un côté, on conserve à
la science son caractère général et son indépendance
de tout but purement pratique, en la dépouillant en
même temps de toute prétention à une traduction
immédiate de ses vérités en règles, d'application instan-
tanée et universelle, et que l'on conserve, d'autre part,
à l'art le précieux concours des vérités qui lui sont fournies par les différentes sciences pour arriver à des préceptes de nature relative et susceptibles de modifications
profondes.

En soutenant, comme nous le faisons, la nécessité
d'une séparation de la politique économique et de l'économie sociale, nous ne voulons point critiquer les économistes qui (comme Mill, Cairnes, Jevons, pour nous
en tenir à quelques noms illustres) ont traité des questions de législation économique. Nous reconnaissons
même, d'une façon explicite, qu'il est très désirable
qu'on continue dans cette voie, spécialement pour les
problèmes (comme la monnaie, le crédit, les banques,
le commerce, les tarifs douaniers, etc.) pour lesquels le
critère économique est évidemment le plus important.
Il faut simplement remarquer que, lorsque les économistes s'occupent de ces questions, ils ne doivent pas
oublier qu'ils abandonnent pour un moment leurs
recherches scientifiques habituelles et qu'ils doivent par
conséquent s'inspirer de critères absolument différents.

S. van Houten, *De Staathuishoulkunde als Weten-
schap en Kunst.* Groningen, 1866.

CHAPITRE V

DÉNOMINATIONS ET DÉFINITIONS
DE L'ECONOMIE POLITIQUE

Sans attribuer une importance excessive aux discussions, jamais éteintes, au sujet des dénominations et des définitions de l'économie politique, et en reconnaissant même que leur énumération minutieuse, sans jamais être complète, se réduirait à un déploiement inutile d'érudition facile, nous pensons cependant qu'une critique sommaire des principales dénominations et définitions peut être utile pour rendre plus clair ce que nous avons dit dans les chapitres précédents.

§ 1er. — DÉNOMINATIONS

Dans le langage courant, le mot économie équivaut à parcimonie, épargne, ou bien il indique (économie de l'univers, du corps humain, etc.) un tout systématique, rappelant, dans tous les cas, les idées de proportion, d'ordre, d'harmonie.

Si on s'en tient à l'étymologie (de οικος maison et νόμος loi), économie signifie loi de la maison, gouvernement de la famille, ou, au sens que l'école appelle subjectif, discipline qui s'occupe, ou du gouvernement de la maison, ou de cet objet plus restreint, le gouvernement des biens matériels appartenant à la famille. La combinaison du substantif économie et de l'adjectif politique (de πολις, cité ou État) indique le gouvernement de l'État,

ou, ici aussi dans un sens plus étroit, gouvernement de
ses biens, et l'économie politique s'oppose ainsi, par un
étrange pléonasme, à ce qu'on appelle l'économie domestique. Au point de vue subjectif, l'économie politique
serait la doctrine du gouvernement ou bien des finances
publiques.

Il résulte de là que la signification courante, comme
son sens étymologique, ne correspondent nullement au
sens scientifique conventionnel de l'expression économie
politique. C'est alors une discipline qui, d'un côté, ne
prend en considération qu'une petite partie des attributions de l'État, de l'autre, au contraire, ne s'occupe pas
uniquement des richesses de l'État et pourrait même
subsister et conserver toute son importance si l'État
n'existait pas, c'est-à-dire dans cet état d'anarchie qui
est pour le plus grand nombre symbole de terreur et
pour quelques-uns idéal de perfection. Il ne faut donc
pas s'étonner si on a quelquefois proposé de remplacer
l'expression d'économie politique par une autre qui
réponde mieux au véritable caractère de cette discipline.

Les uns voudraient remettre en honneur l'expression
d'économie civile, qui remonte à Genovesi ; d'autres, en
plus grand nombre, préfèrent l'expression d'économie
publique (Beccaria, Verri, Pecchio, Minghetti) ; d'autres,
enfin, en très grand nombre en Allemagne, voudraient
imposer le mot d'économie d'État, sans s'apercevoir que
toutes ces expressions ont le défaut commun d'être
ambiguës comme celle qu'ils combattent.

Un autre groupe d'écrivains, pour la plupart Français
et Italiens (comme Scialoja, De Augustinis, Reymond,
Ciccone), emploient l'expression d'économie sociale
(dont nous nous sommes servi pour désigner uniquement l'économie rationnelle), soit pour lui donner pour
champ d'observation toute la science sociale, soit, au
contraire, en évitant cette usurpation, soit, enfin, pour

indiquer (comme le fit Ott, disciple du socialiste Buchez) les réformes que les économistes devaient, selon lui, défendre.

La dénomination d'économie du peuple et la dénomination équivalente d'économie nationale (adoptée, dès 1774, par Ortes) ont un plus grand nombre de partisans. Celle ci est la plus courante en Allemagne, parce que, dans l'opinion de l'école dominante, l'expression économie nationale exprime clairement le système de la protection douanière que les disciples de List opposent à celui du libre échange, qu'ils considèrent comme un corrollaire de l'économie cosmopolite anglaise. Même en faisant abstraction de cette question, qui concerne non pas la science mais plutôt ses applications, nous sommes nettement adversaires des locutions d'économie du peuple et d'économie nationale, parce qu'elles impliquent une erreur fondamentale ; elles rapportent les phénomènes de la science pure aux soi-disant personnalités économiques de la nation et du peuple, tandis que, au contraire, elle doit étudier, comme nous l'avons déjà dit, les faits multiples et réels auxquels donnent lieu les relations spontanées du trafic entre les différentes économies individuelles ou collectives, associées ou en concurrence, même en dehors de toute influence ethnique ou politique.

Pour d'autres raisons, nous ne pouvons accepter la dénomination d'économie industrielle, qui constitue pour nous une branche de l'économie privée. C'est le titre qu'a porté la chaire créée, en 1819, pour J.-B. Say au Conservatoire des Arts et Métiers, dans le but trop manifeste d'éviter une expression qui pouvait, prise à la lettre, porter ombrage à un gouvernement peu disposé à laisser se répandre des doctrines qui se rapportaient, d'une manière quelconque, à l'administration publique.

N'espérant pas porter remède par d'autres adjectifs

aux défauts inhérents à la locution depuis longtemps
déjà adoptée, quelques économistes ont proposé d'y
renoncer, et se sont servis (par exemple Cherbuliez) de
l'expression de science économique, ou même d'économie, ou d'économique (Garnier, Jevons, Macleod, Marshall, etc.), remettant en usage le langage des philosophes grecs, accepté par Hutcheson (1748), sans voir
cependant que, conformément au sens étymologique,
les Grecs désignaient par ce mot l'économie domestique,
et qu'à notre époque, au contraire, cette dénomination
générique peut comprendre aussi bien l'économie politique que l'économie privée.

Il y eut, enfin, des écrivains qui, sans abandonner le
vocabulaire grec, ont proposé de recourir à une dénomination tout à fait différente, en empruntant à la *Politique* d'Aristote le mot chrématistique (employé dans
un sens péjoratif par Sismondi), ou en formant le mot
chrysologie, ou ploutonomie (Robert Gujard), ou plou-
tologie ou ergonomie (Courcelle-Seneuil et Hearn), ou
catallactique (Whately), qui sont tous des néologismes
non acceptés ou inacceptables, parce qu'ils désignent
la richesse et non les actions humaines qui s'y rapportent; parce que, en outre, ils considèrent la richesse
d'une façon trop générale et trop indéterminée, et que
le mot catallactique indique l'échange, phénomène sans
doute très important pour l'économie, mais qui cependant ne l'embrasse pas tout entière.

Faute d'expression meilleure, il nous semble bon de
conserver celle d'économie politique, qui sert de titre
au livre publié, en 1615, par Montchrétien de Vatteville,
et qui a été adoptée par Steuart (1767), par Verri (1771),
par Smith (1776), et qui depuis, sur son exemple, a été
et est encore la plus employée, notamment en Angleterre, en France, en Italie, en Amérique, dans la science
et dans l'enseignement.

Il ne faudrait pas s'imaginer que les économistes seuls n'ont pas réussi à se forger une dénomination correcte pour la discipline qu'ils cultivent. Les physiciens, les chimistes, les métaphysiciens ne sont-ils pas dans une situation pire, puisqu'ils sont forcés d'indiquer l'objet de leurs études par des mots qui, pris dans leur sens étymologique, ne l'expriment en aucune manière, ou ne le font que d'une manière vague et quelquefois inexacte? Quel inconvénient y a-t-il pour les physiciens et les physiologues, ou pour les géographes et les géologues, à se servir de mots dont les sens sont analogues pour indiquer des disciplines séparées, comme tout le monde le sait, par des limites que la recherche moderne a établies avec une exactitude suffisante?

> Jos. Garnier, *De l'origine et de la filiation du mot économie politique.* (In *Journal des Economistes,* 1852. Tome 32°, pp 300-316; tome 33° pp. 11-23).

§ 2. — DEFINITIONS

Les définitions ont une tout autre importance que les dénominations parce qu'elles servent à indiquer l'objet, le rôle et le but de chacune des disciplines. Bien qu'elles se trouvent d'ordinaire, pour la commodité de l'exposition, au début des traités scientifiques, les définitions, souvent négligées par des écrivains de grand mérite, n'arrivent que tard, parce qu'elles supposent un état assez avancé de la recherche et constituent non pas ses premiers, mais ses derniers résultats. Loin d'être dangereuses et de n'être, comme on l'affirme quelquefois, que d'oiseuses et stériles questions de mots, les définitions, pourvu qu'elles satisfassent à ces trois conditions, d'être précises, claires et brèves, sont un moyen nécessaire pour éviter les sophismes dans lesquels on tombe, en se servant de termes mal définis et auxquels on attribue involontairement des significations différentes dans le même raisonnement. Mais il ne faut pas oublier que les définitions ont un caractère purement provisoire, parce que les progrès continus des sciences nécessitent des changements correspondants et parce que, de plus, toute définition a le défaut inévitable d'être quelque chose d'arbitraire, en tant qu'elle établit des lignes absolues de séparation entre des phénomènes qui se relient entre eux sans une véritable solution de continuité. Il convient, par conséquent, sans renoncer au précieux secours des définitions, de faire connaitre, au besoin, les cas limites auxquels les définitions elles-mêmes ne peuvent pas parfaitement s'adapter. Enfin, il faut noter que, malgré l'extrême difficulté et parfois même l'impossibilité de trouver une formule satisfaisant aux conditions indiquées, il n'en résulte pas que le temps employé pour arriver, avec plus ou moins de succès, à cette fin a été perdu. Comme le remarque avec sa finesse accoutumée Sidgwick, la valeur des définitions ne se mesure pas aux mots qui la composent, mais bien aux discussions qui s'y rapportent ; celles-ci impliquent toujours l'analyse de faits concrets, la distinction des points essentiels, des points purement accidentels, et constituent par suite la base sûre de jugements et de classifications d'importance capitale.

Cela étant admis, et rappelant ce que nous avons dit sur le concept, les relations, les caractères de la dualité des doctrines comprises dans l'économie politique, il ne nous semble pas difficile de tenter une critique résumée des définitions courantes, en signalant leurs défauts soit au point de vue matériel et spécifique, soit au point de vue logique et général.

Sans nous attarder à relever le défaut trop manifeste de clarté et de brièveté de beaucoup de définitions (et aussi pour ne pas en faire un examen détaillé) nous ferons remarquer que presque toutes les définitions pèchent contre l'exactitude, et cela parce qu'elles assignent à l'économie un objet trop vaste ou trop étroit, ou parce qu'elles en expriment imparfaitement le rôle et le but, ou qu'elles en changent essentiellement les caractères.

On attribue à l'économie politique un objet trop vaste lorsqu'on la définit la doctrine de la civilisation, de l'intérêt personnel, de l'utile, du commode, des besoins et de leur satisfaction, ou lorsqu'on en fait la théorie du bien-être physique, ou même seulement celle du bien-être matériel, parce que ces locutions se rapportent d'une façon manifeste même à des intérêts non économiques.

On commet une erreur analogue lorsque, confondant le champ de recherche de l'économie politique avec celui de toutes les disciplines économiques et même des disciplines technologiques, en définit l'économie, la science (ou la philosophie, ou la métaphysique) de la richesse. On commet alors une erreur grave, parce qu'on prend pour objet de l'économie les richesses, c'est-à-dire l'ensemble des biens matériels échangeables, et non pas les actions humaines qui concernent l'ordre social des richesses. On évite, en partie, cette erreur lorsqu'avec Coquelin on assigne comme but à l'économie politique l'étude de l'industrie, ou, comme on le dit aussi, du travail et de sa rétribution.

Il nous faut repousser, à un autre point de vue, mais toujours parce qu'elles élargissent d'une façon excessive le champ de recherche de l'économie politique, les définitions de ceux qui, comme Say (dans son *Cours*), la confondent avec la science sociale et lui donnent par conséquent pour rôle de résoudre, de son

point de vue nécessairement circonscrit, tous les problèmes qui se rattachent à la vie civile, dépassant ainsi
sa sphère naturelle de compétence.

Nous devons au contraire repousser comme trop
restrictives, au point de vue matériel, les définitions
qui font de l'économie politique la doctrine de l'échange,
du commerce, de la valeur, de la propriété, matières
très importantes sans doute, mais qui ne concernent
pas l'activité économique tout entière, mais seulement
celle qui se réfère à la circulation ou à la distribution
des richesses.

On restreint trop, au point de vue formel, le cercle
d'investigation de l'économie politique lorsque, ne
tenant compte que de ses applications, on la confond
avec l'art de s'enrichir (économie privée), ou avec celui
de protéger et de favoriser la richesse privée comme la
richesse publique (politique économique), ou lorsque, se
limitant au contraire à la science seule, on lui assigne
pour rôle d'expliquer les phénomènes de·la richesse
sociale, mais non pas celui d'indiquer les meilleurs
moyens pour la conserver et pour l'augmenter.

Il faut ajouter, pour compléter et rectifier ce que nous
avons dit, que la plupart des formules que nous avons
combattues, soit parce qu'elles sont trop larges, soit
parce qu'elles sont trop étroites, ont les unes et les
autres ce défaut, parce qu'elles attribuent à l'économie
politique un objet trop vaste (civilisation, bien-être,
intérêt personnel, richesse), et en même temps un rôle
circonscrit uniquement à la science ou à l'art.

On ne peut pas davantage admettre d'autres définitions qui changent complètement le caractère de l'économie politique pour en faire une science historique
qui étudie les lois de développement et non les lois
rationnelles des phénomènes économiques, ou une
doctrine morale qui recherche des idéals pour une équi-

table répartition des biens matériels, ou un art en tout
et pour tout subordonné aux critères juridiques et politiques, ou pour la réduire, au contraire, à une science
purement étiologique selon quelques-uns, ou uniquement morphologique, selon d'autres. Nous ne pouvons,
enfin, accepter l'opinion de ceux qui considèrent
comme complètement étrangères à l'économie sociale
les lois empiriques fournies par la statistique économique, et cela parce que, dans certains cas, il n'est pas
possible d'aller plus loin, tandis que dans d'autres,
comme nous l'avons noté, les lois empiriques ont été ou
peuvent devenir plus tard une aide pour la découverte
des véritables lois scientifiques.

Le dissentiment des économistes au sujet des définitions, qui ne peut certes pas contribuer à leur assurer
le respect et la sympathie des profanes, est toujours
déploré et il le fut, en d'autres temps, par Pellegrino
Rossi qui reproduisit, avec vivacité, les lamentations
de Senior et de Mac Culloch. Il nous semble que ces
controverses, plus souvent apparentes que réelles,
parce qu'elles sont agitées par des auteurs qui, s'ils
sont en désaccord sur les définitions, s'accordent sur
la qualité des matières comprises dans l'économie et
quelquefois même sur la façon de les traiter, ne suffisent à justifier ni les invectives des adversaires, ni
les cris de douleur des écrivains timides de notre discipline.

Qu'on remarque, tout d'abord, que ces disputes existent avec autant d'acharnement et d'insistance pour
d'autres sciences que l'on qualifie cependant de positives et d'exactes ; qu'on remarque, ensuite, que la divergence entre les définitions proposées par des auteurs parvenus justement à une grande renommée, à des époques
différentes, est, non seulement naturelle, mais désirable
aussi, parce qu'elle atteste les progrès que la science a

déjà faits; qu'on remarque enfin que les variétés sont plus fréquentes dans les définitions des écrivains incompétents ou médiocres, et qu'elles n'ont alors aucune importance et s'expliquent facilement, quand on songe que celui qui ne peut apporter d'utiles découvertes à la science, cherche précisément, dans les controverses de pure forme, le moyen aussi facile que peu enviable d'acquérir auprès du commun des lecteurs la renommée d'écrivain original.

Quelques auteurs de logique, qui ont été aussi d'éminents économistes, se sont occupés expressément des définitions dans l'économie politique (Wately, Stuart Mill, Jevons). On peut consulter aussi les monographies suivantes

> Th. Rob. Malthus, *The definitions of political economy.* London, 1827.
> J. E. Cairnes, *The character and logical method of political economy.* London, 1875, pp. 134-148.
> Fr. Jul. Neumann, *Grundbegriffe der Volkswirthschafts-lehre,* in *Handbuch der polit. Oekon.,* de G. Schönberg. 3e édit., vol. I (Tubingen, 1890), pp. 133-174.
> C. Menger, *Untersuchungen,* etc. Leipzig, 1883.,
> I. N. Keynes, *The scope and method of political economy.* London, 1891, pp. 146-163.

On trouve dans les œuvres suivantes un bon nombre de définitions de l'économie politique; elles ont été recueillies avec beaucoup de soin, mais elles ne sont pas toujours jugées avec assez d'exactitude.

> J. Kautz, *Die National-Oekonomie als Wissenschaft.* Wien, 1858, pp. 286-291.
> Jos. Garnier, *But et limites de l'écon. polit.,* dans ses *Notes et Petits Traités,* etc. Paris, 1865, p. 83 et suiv.
> M. Carreras y Gonzalez, *Philosophie de la science économique.* Paris, 1881, pp. 20-27.
> C. Supino, *La definizione dell' economia politica.* Milano, 1883.

CHAPITRE VI

DES MÉTHODES DANS L'ÉCONOMIE POLITIQUE

Ces dissentiments au sujet des caractères de l'économie politique en entraînent d'autres, non moins persistants, sur les méthodes, parce qu'on ne peut être d'accord sur les moyens quand on est en désaccord sur les fins. Si, en effet, la logique fournit des règles générales sur l'art de raisonner, il est incontestable, d'autre part, que chaque discipline a une méthode propre appropriée à l'objet, au rôle, aux buts qui la distinguent des autres. On ne peut pas suivre les mêmes routes pour découvrir des idéals, des règles de conduite, des lois historiques, des régularités empiriques, des lois scientifiques. Aussi la méthode de l'économie sera-t-elle absolument différente suivant qu'on la confond avec l'éthique, ou qu'on lui assigne un but historico-descriptif, qu'on en fait une science ou qu'on la réduit à un art. Si nous faisons abstraction des erreurs commises au sujet des caractères de l'économie politique et en la considérant, ce qu'elle est aujourd'hui, comme une science et comme un art, il en résulte qu'il n'est pas exact d'imaginer une méthode unique pour atteindre des buts si disparates.

La recherche des méthodes de l'économie, déjà assez malaisée par elle-même, est rendue plus difficile encore, pour ne pas dire impossible, quand elle est faite par des personnes auxquelles manque la préparation philosophique nécessaire, c'est-à-dire, qui n'ont pas des idées correctes et précises sur la nature et les rôles de la méthode en général et sur la meilleure façon de trouver celle des disciplines particulières.

Certains, par exemple, croyant combattre la méthode déductive, attaquent la méthode métaphysique, qui part d'hypothèses arbitraires pour arriver nécessairement à des conséquences erronées, ignorant ou feignant d'ignorer qu'une pareille méthode, qui répond à l'enfance de quelques-unes des sciences physiques, n'a jamais été adoptée par aucun écrivain sérieux des sciences sociales, et n'a, en tous cas, rien de commun avec la méthode déductive qui, comme la méthode inductive, dont elle est l'opposé, est fondée sur l'observation.

D'autres, au contraire, affirment avec force que l'économie est une science inductive, ou même une science expérimentale, ou que, du moins, elle doit employer cette méthode si elle veut faire des progrès et abandonner les stériles déductions, alors que l'histoire des sciences véritablement inductives et expérimentales nous apprend qu'elles atteignent le plus haut degré de perfection possible quand elles arrivent au stade déductif.

D'autres enfin, tout en évitant ces erreurs, se contentent d'affirmer, par un éclectisme facile, que l'économie politique se sert de la méthode inductive non moins que de la méthode déductive, de l'observation et du raisonnement, comme s'il était possible d'imaginer une discipline positive qui procède autrement. Ils ne voient pas que le nœud de la question consiste précisément à savoir dans quel ordre, dans quelles proportions et pour quels buts se combinent et alternent le processus inductif et le processus déductif; si l'un et l'autre, ou l'un ou l'autre seulement, fournissent les prémisses et les conclusions; si et dans quelle mesure ils peuvent aider à l'invention, ou seulement à la démonstration et à la vérification; s'ils peuvent conduire à la découverte de lois scientifiques véritables et quels sont, en cas d'affirmation, les degrés de leur certitude et les limites de leur application ; si, enfin, l'importance relative de l'induction et de la déduction est toujours la même, pour les diverses parties d'une même science, aux différents stades de ses investigations, et aux diverses périodes historiques qui marquent les progrès de chaque discipline.

Une dernière équivoque, tout aussi regrettable que les autres, dans la question qui nous occupe, dépend de ce fait que la plupart des écrivains se sont inutilement appliqués à combattre ou à concilier entre elles les différentes théories énoncées sur la méthode, comme si l'on devait, toujours à nouveau, rechercher dans le vide une méthode nouvelle et correcte et l'opposer aux vieilles et fausses méthodes des écrivains antérieurs, tandis qu'au contraire la seule recherche vraiment positive et utile consiste dans la recherche des méthodes qui nous ont réellement conquis notre patrimoine scientifique actuel en fait d'économie politique. Si on avait toujours suivi cette voie on aurait vu que les grands maîtres de la science, souvent en désaccord sur la théorie de la méthode, ont été merveilleusement d'accord pour se servir de celles qui sont les plus propres à l'explication des phénomènes et à l'étude des questions d'économie pure ou appliquée dont ils s'occupaient. .

Adam Smith, qui est pour quelques-uns le prototype de la méthode déductive, pour d'autres le maître de la méthode inductive, et pour d'autres encore le précurseur de la méthode historique, se sert en réalité du processus déductif et du processus inductif tout en recourant parfois à l'analyse psychologique et parfois aux faits historiques. Dans la doctrine des salaires, par exemple, il recherche déductivement la loi générale et il cherche inductivement les causes de leurs variations

dans les diverses professions. On peut dire la même
chose de Ricardo et de Malthus, qui sont souvent con-
dérés comme les ' représentants de deux méthodes
opposées. S'il est vrai, d'un côté, que Malthus, par la
nature même du problème de la population, l'a étudié
en se servant de l'induction historique et statistique,
d'après les matériaux dont il disposait; s'il est vrai,
d'un autre côté, que Ricardo employa de préférence la
déduction, pour résoudre les problèmes les plus
généraux de la circulation et de la distribution des
richesses, il n'en est pas moins vrai que Malthus
s'est servi lui aussi de la déduction dans sa polémique avec Ricardo sur la théorie de la valeur,
tandis que Ricardo étudia, avec une entière connaissance des faits concrets, les notions concernant la
monnaie et le crédit public et privé dans quelques-unes
de ses monographies. De même Mill et Cairnes, brillants
défenseurs de la méthode déductive pour la science
pure, se sont servis de l'induction, lorsque, s'occupant
des questions d'application, ils eurent à étudier les
paysans propriétaires (Mill), le travail des esclaves,
l'influence de l'augmentation de la production de l'or
sur les prix (Cairnes).

Ceci étant donné, nous exposerons notre manière de
voir sur les méthodes de l'économie sociale et de la politique économique, en les faisant précéder de quelques
notions de méthodologie générale.

§ 1er. — DES MÉTHODES SCIENTIFIQUES EN GÉNÉRAL

On entend par méthode le processus logique par
lequel on découvre ou on démontre la vérité. Elle a
donc un double rôle, inventif et didactique. On distingue, d'après leur point de départ, la méthode déductive, qui va du général au particulier et la méthode

inductive qui va, au contraire, du particulier au général.

La méthode déductive (synthétique, rationnelle, a *priori*) part, en effet, de principes évidents par eux-mêmes ou fondés sur l'observation, et elle en tire, par le seul raisonnement, sans le secours des moyens extérieurs, les conséquences qu'ils enferment. C'est une méthode rigoureuse qui donne des résultats certains lorsque les prémisses sont exactes et les déductions correctes. On appelle déductives ou exactes, au sens étroit du mot, les sciences qui, comme la philosophie pure et les mathématiques abstraites, ont leur fondement dans la méthode déductive.

La méthode inductive (analytique, empirique, a *posteriori*) part, au contraire, de l'observation des faits particuliers, pour remonter, par des raisonnements fondés sur l'expérience, à certaines lois dérivées (*axiomata media*) et ensuite aux lois primitives des phénomènes étudiés. C'est une méthode moins sûre, surtout si on l'applique à l'explication des faits complexes et continuellement variables. On appelle inductives certaines sciences physiques, qui se trouvent encore, et malgré de notables progrès, dans un état purement empirique, comme, par exemple, la géologie et la météorologie, et, parmi les sciences sociales, la statistique, qu'elle soit purement descriptive ou qu'elle recherche des régularités de fait.

D'autres sciences, au contraire, sont appelées positives ou exactes, au sens le plus large du mot, parce qu'elles se servent alternativement du processus inductif et du processus déductif. Telles sont, par exemple, la mécanique, l'astronomie, la physique, la chimie, qui, après avoir découvert par l'induction quelques lois générales, purent en découvrir d'autres et tirer les conséquences des premières comme des secondes, en

6

arrivant au stade de la déduction, rendue bien plus parfaite par le précieux secours du calcul.

Comme l'observation est un procédé qui sert à toutes les méthodes, soit pour établir les prémisses, soit pour trouver les lois, les démontrer, en vérifier les résultats, ou en déterminer les limites, il est nécessaire d'ajouter, pour éviter toute équivoque, quelques notions sommaires sur les différentes formes qu'elle peut revêtir.

Au point de vue de la nature des phénomènes, on distingue l'observation interne des faits psychiques, sujette à de multiples causes d'erreur par le caractère changeant, la délicatesse des phénomènes mêmes et la partialité fréquente de l'observateur, de l'observation externe, applicable aux faits physiques comme aux faits sociaux.

Au point de vue de la qualité du processus employé, on distingue l'observation naturelle et l'observation artificielle.

L'observation naturelle, c'est-à-dire l'observation des phénomènes tels qu'ils se présentent, s'élève à des degrés différents d'exactitude suivant qu'elle se fait :

1º Au moyen des sens (internes et externes), et elle est pour cela sujette à de nombreuses erreurs qui dépendent des imperfections des organes sensitifs ou de la nature des objets, trop petits ou trop éloignés, ou de celle des faits extraordinairement complexes ;

2º Au moyen d'instruments de précision, accommodés à la nature des phénomènes qu'on étudie, comme le télescope, le microscope, le thermomètre, le baromètre, employés par l'astronome, l'histologiste, le naturaliste, le physicien, le météorologiste, etc.

L'observation artificielle, l'expérimentation, atteint le plus haut degré de perfection parce qu'elle reproduit les phénomènes en variant à volonté les conditions :

1° Par l'élimination réelle et alternative des différents éléments perturbateurs des phénomènes concrets, qui sont de cette façon réduits à leurs formes les plus simples, et partant les plus propres à l'étude de l'intensité de chacune des forces ;

2° En mettant certains phénomènes complexes, comme, par exemple, les phénomènes organiques, qui ne peuvent pas être réduits à leurs éléments, en contact avec d'autres phénomènes, dans le but de déterminer avec une précision quantitative les différentes actions et réactions qui en résultent.

Aussi appelle-t-on expérimentales, au sens exact du mot, uniquement ces disciplines inductives qui, comme la physique, la chimie et quelques disciplines biologiques, peuvent faire de véritables expériences.

Sur la méthode en général et sur l'observation appliquée aux faits sociaux on peut consulter, en dehors des auteurs déjà cités, les traités de logique générale (Sigwart, Wundt, Bain), les traités de statistique (Haushofer, Block, Gabaglio) et en particulier les monographies suivantes :

> C. Cornewall Lewis, *A treatise on the methods of observation and reasoning in politics.* 1852 ; 2 vol. (Ouvrage très savant).
> P. A. Dufau, *De la méthode d'observation dans les sciences morales et politiques.* Paris 1866.

§ 2. — DES MÉTHODES DANS L'ÉCONOMIE POLITIQUE

En nous servant des observations faites et en nous rappelant le caractère relatif de la question posée, nous allons exposer avec la plus grande clarté et la plus grande précision possible quelles sont les méthodes les mieux appropriées aux investigations économiques, en résumant, avec les modifications nécessaires, ce qu'ont enseigné sur ce sujet d'autres écrivains qui en ont parlé brièvement, mais avec science (Mangoldt, Bohm-Bawerk, Cohn, Philippovich, Sidgwick, Marshall) et d'autres qui s'en sont spécialement occupés (Cairnes, Heymans, Menger, Dietzel, Keynes) dans leurs excellents traités de logique économique.

Remarquons, tout d'abord, que toute controverse sur la méthode de la politique économique nous semble oiseuse pour ne pas dire impossible, parce que, devant suggérer au législateur les critères généraux du bon gouvernement économique et financier, qui conviennent aux différentes conditions de temps, de lieu et de civilisation, elle doit nécessairement se servir de l'induction, qualitative et quantitative, en puisant dans les nombreuses observations données par l'histoire et par la statistique économique. La politique économique est donc une discipline principalement inductive ; c'est également de l'induction, et en particulier, de l'induction individuelle, fondée sur sa propre expérience que doit se servir l'administrateur qui applique ces critères à chaque cas concret.

Remarquons, en second lieu, en nous contentant de parler de l'économie sociale, et en nous en tenant, comme il convient, à la méthode effectivement suivie par les plus profonds économistes, que ces auteurs ont fondé sur l'observation de certains faits psychiques (internes) et de certains faits physiques (externes) de caractère élémentaire quelques prémisses, pour arriver ensuite, au moyen de déductions suivies, à la connaissance des lois générales de la circulation et de la distribution des richesses, c'est-à-dire aux théories les plus difficiles et les plus importantes de l'économie sociale.

Ces prémisses, clairement énoncées par quelques

écrivains, spécialement par des écrivains anglais (Senior, Cairnes, Bagehot), ne peuvent pas en vérité être déterminées a *priori*, parce que leur nombre varie continuellement, soit par la nature des phénomènes qu'on étudie, soit par le degré plus ou moins grand d'exactitude auquel on veut pousser la recherche. Il est évident qu'il faut commencer par un petit nombre de prémisses afin de simplifier le raisonnement, et en prendre successivement d'autres afin de s'approcher le plus possible de la réalité, courant ainsi le danger de rendre l'argumentation plus compliquée et les erreurs plus faciles.

Bien qu'il soit impossible de faire une énumération complète des prémisses de l'économie déductive, nous pensons qu'il est possible et nécessaire d'énoncer les prémisses les plus générales qui sont le fondement implicite ou explicite des théories les plus importantes de la science pure ; nous n'ignorons pas d'ailleurs quelle difficulté il y a à les formuler de façon à éviter toutes les objections :

1° Dans l'ordre économique le moteur principal et ordinaire des actions humaines est l'intérêt personnel, qui nous pousse à rechercher le gain le plus grand avec la moindre somme d'efforts, de sacrifices et de risques possible (loi du moindre effort).

2° La terre nécessaire à l'homme pour vivre et pour travailler est limitée non seulement dans son étendue, mais aussi dans sa fécondité parce que, dans des circonstances données, il arrive tôt ou tard un moment où les nouvelles applications du capital et du travail à une quantité donnée de terrain donnent un produit moins que proportionnel aux moyens de culture (loi des revenus décroissants).

3° La tendance physico-psychique de la race humaine à se multiplier est constamment supérieure à la possibi-

lité d'augmenter les moyens de subsistance qui lui sont
indispensables (loi de la population).

Etant données ces prémisses et l'hypothèse de la
libre concurrence, c'est-à-dire de la pleine liberté contractuelle (excluant la violence et la fraude) et la pleine
connaissance du marché (excluant l'ignorance et l'erreur), les économistes classiques ont déduit la théorie
de la valeur et celles de la circulation et de la distribution des richesses, qui en sont le corollaire.

Si, pour juger de la solidité de ces déductions scientifiques, nous examinons le degré de certitude des prémisses sur lesquelles elles s'appuient, nous trouvons
qu'elles se résolvent en faits évidents par eux-mêmes,
ou démontrés empiriquement par d'autres disciplines
(psychologie, agronomie, physiologie) et qu'elles sont
par conséquent fondées sur l'observation. L'économie sociale est ainsi une doctrine non moins positive
que beaucoup de sciences physiques, qui ont trouvé
leurs prémisses grâce à des inductions beaucoup plus
laborieuses, et elle est non moins exacte que la mathématique pure déduite d'axiomes et de définitions hypothétiques.

Si, au contraire, nous comparons les résultats du raisonnement déductif avec les faits réels, nous trouvons
que ceux-ci diffèrent d'une façon plus ou moins essentielle de ceux-là, parce qu'il est bien naturel que les
phénomènes sur lesquels influent non seulement les
causes principales et constantes, qui constituent les
bases de la déduction scientifique, mais aussi d'autres
causes accidentelles et variables, ne peuvent pas cadrer
avec les résultats prévus par les seules causes considérées. Il arrive, en effet, très souvent que l'amour (de la
famille, du prochain, de la patrie), la vanité, l'apathie,
l'ignorance, l'erreur, empêchent que le principe de
l'intérêt personnel ait son plein effet ; il arrive aussi, et

heureusement assez souvent, que les inventions et les perfectionnements agraires retardent l'action de la loi des revenus décroissants ; il arrive en outre que l'amour paternel, la prévoyance, l'égoïsme mettent un frein à l'energie du principe de la population ; il arrive finalement que non seulement la violence et la fraude, mais aussi la loi positive, la coutume, l'habitude, l'opinion mettent des bornes aux pleins effets de la libre concurrence. Il suffira de rappeler les lois scientifiques de la valeur, du salaire, de la rente, du profit, pour avoir des exemples importants des discordances entre les faits prévus et les faits réels. Il est bien vrai que ces divergences, très fortes pour les cas individuels, s'atténuent beaucoup et souvent même disparaissent si on substitue l'observation collective et systématique à l'observation particulière, et cela parce que les effets des causes accidentelles, étant donné un nombre considérable de cas observés, s'éliminent par compensation, mais cela ne supprime pas la possibilité et même la nécessité de faire quelques compléments ou quelques correctifs aux déductions originaires.

C'est pour ces raisons que l'économie sociale est souvent appelée une science hypothétique, parce que les lois qu'elle découvre ne sont pas toutes immuables dans le temps, ni universelles dans l'espace, mais qu'elles expriment seulement la tendance de certaines causes à produire des effets donnés qui, dans la réalité, sont modifiés par l'intervention d'autres causes perturbatrices. Aussi faut-il formuler avec la plus grande prudence les lois économiques, et faire con naître exactement leur caractère. On devra dire, par exemple, que l'augmentation de la demande tend à produire une augmentation du prix et que l'augmentation de l'offre tend à produire une diminution de ce même prix, et non que le prix s'élève avec l'aug-

mentation de la demande et baisse avec l'augmentation
de l'offre, ce qui est faux, ces deux effets pouvant être
modifiés par le concours de causes qui agissent en sens
inverse.

Mais il faut aussi faire remarquer que le caractère
hypothétique des lois économiques, comme de beaucoup de lois physiques, n'enlève rien à leur valeur
scientifique, parce que les tendances exprimées par les
lois elles-mêmes sont universelles et constantes et se
révèlent même dans ces faits réels qui nous donnent
des résultats différents des résultats prévus. Il est
évident que le phénomène complexe, bien que modifié
par des causes perturbatrices, se ressent en même temps
de l'action des causes prises en considération par le
raisonnement déductif. C'est une erreur énorme de
logique d'apporter un fait réel, sujet à l'action de différentes causes, comme une preuve concluante de la fausseté d'une loi exprimant les tendances de quelques-
unes d'entre elles idéalement isolées. De même que le
mouvement d'une locomotive sur les rails ne prouve
pas que le frottement n'existe pas, de même que le vol
d'une plume dans l'air n'est pas une démonstration de
l'inexistence de la loi de la pesanteur, de même l'augmentation de la production agraire dans un pays donné
ou la diminution de la population dans un autre ne
peuvent servir à prouver la fausseté de la loi des
revenus décroissants, qui suppose l'état stationnaire de
l'agronomie, ou celle du principe de Malthus qui indique
une tendance qui peut être neutralisée par de multiples
obstacles préventifs ou répressifs que cet auteur a,
d'ailleurs, minutieusement analysés.

Pour corriger les défauts des déductions les plus
générales de l'économie, fondées sur un nombre trop
restreint de prémisses, on peut suivre deux voies différentes, apporter des perfectionnements ultérieurs au

processus déductif, ou recourir au procédé inductif.

On perfectionne les déductions primitives appliquées aux cas artificiellement simplifiés, en ajoutant de nouvelles prémisses et en étudiant de cette façon des cas plus complexes, et partant plus voisins de la réalité. Ainsi, par exemple, Thünen, qui s'était proposé de rechercher l'influence du marché sur la distribution des systèmes de culture, et plus tard Nicholson, qui a étudié dans deux belles monographies l'influence de la quantité de la monnaie sur les prix et celle des machines sur les salaires, ont choisi pour point de départ des cas très simples pour s'approcher de la réalité en prenant successivement un nombre toujours plus grand de prémisses, et arriver ainsi à des conclusions scientifiquement exactes, bien qu'elles ne concordent pas complètement avec la multiplicité indéfinie des phénomènes concrets. C'est par une méthode identique que Mill commence sa théorie classique des valeurs internationales, en supposant l'existence de deux États voisins qui échangent entre eux directement (sans emploi de la monnaie) et librement (sans taxes même fiscales) le seul genre de produit qu'ils obtiennent respectivement, et continue ses recherches en supprimant, l'une après l'autre, ces limitations, pour arriver enfin à une hypothèse plus complexe, qui se rapproche presque complètement du système des échanges internationaux effectivement pratiqué.

On peut, d'une autre manière encore, apporter des corrections aux imperfections des déductions originaires sans renoncer à la précision inhérente à cette méthode. On peut étudier alternativement les modifications qu'une même cause subit lorsqu'elle agit dans des conditions différentes, qu'on étudie, elles aussi, à part, l'une après l'autre, et, s'il le faut, en les combinant diversement entre elles. Si, en procédant ainsi, on tient compte de toutes les conditions pratiquement importantes, on arrivera à une solution générale du problème qui pourra, avec de légères modifications suggérées par l'expérience, suffire à la juste interprétation des phénomènes réels. Keynes illustre cette méthode par un excellent exemple. Il étudie les effets probables et lointains d'une grève ouvrière terminée par une augmentation de salaires, en étudiant ce phénomène dans les trois cas qui peuvent se présenter : l'augmentation des salaires détermine, ou une augmentation des produits sans porter préjudice à personne, ou une élévation de pr'x au détriment des consommateurs, ou une diminution de profit aux dépens des entrepreneurs ; il faut ajouter, dans ces deux derniers cas, l'une et l'autre de ces deux hypothèses alternatives : les profits et les salaires sont ou ne sont pas au-dessous du taux normal, et évaluer enfin, dans ces diverses hypothèses, les effets de la concurrence que se feront entre eux les entrepreneurs et les ouvriers occupés dans la même industrie ou même dans des professions différentes.

Il faut, au contraire, et très souvent, avoir recours à la méthode inductive non pas, comme on se l'imagine quelquefois, pour obtenir une preuve directe de la vérité des lois découvertes déductivement, mais plutôt pour vérifier l'existence des causes perturbatrices, pour en mesurer l'intensité, ou pour découvrir au moins les lois empiriques de leurs variations.

Ce n'est que dans un nombre restreint de cas, ou, pour mieux dire, dans certaines parties de la théorie de la production, de la consommation et de la population, comme l'a remarqué d'abord Mangoldt (dans son dernier travail dans le *Dictionnaire* de Bluntschli et Brater) et plus tard Sidgwick et Keynes, que la méthode inductive peut servir à la détermination des prémisses et à la vérification des résultats et aussi, mais non pas d'une façon exclusive, à l'explication directe de certains phénomènes, comme, par exemple, les causes qui influent sur l'énergie du travail, la valeur économique des différentes formes d'entreprises, grandes et petites, individuelles et collectives, etc., que l'on peut expliquer par de simples arguments empiriques.

Si l'on fait abstraction de ces problèmes, Mill et Cairnes ont eu complètement raison. Ils ont démontré d'une façon victorieuse que la complexité des phénomènes sociaux, dans lesquels les effets peuvent dériver de causes complètement opposées, et où en même temps les causes peuvent produire des effets extrêmement variables par suite du changement des conditions dans lesquelles elles opèrent, empêche d'arriver directement par l'observation et par l'expérience spécifique à la détermination des causes réelles des faits observés. Et cela est d'autant plus vrai qu'il s'agit de forces qui sont entre elles en relations mutuelles et qui, d'ailleurs, ne produisent leurs conséquences qu'à de grands intervalles de temps. Supposons qu'une myriade d'érudits, triomphant de toutes les difficultés, arrive à nous donner la connaissance complète de tous les salaires payés dans tous les temps, dans tous les lieux et pour chaque catégorie d'ouvriers; il serait tout à fait impossible de construire par ce moyen une théorie générale du salaire qui se substituerait à toutes les autres théories si imparfaites et si peu concordantes qu'elles soient, qui sont le résultat des recherches déductives des économistes.

L'impossibilité de découvrir par la méthode purement inductive les lois scientifiques de la circulation et de la distribution des richesses, se comprend mieux lorsqu'on se rend un compte exact de l'imperfection des méthodes d'observation dont l'économie est forcée de se servir. L'observation collective et systématique de grandes

masses de phénomènes homogènes et l'induction quantitative ou statistique qui la prend comme base, sont
certainement des instruments précieux ; elles nous
donnent la connaissance d'intéressantes régularités
empiriques qui confirment parfois les résultats des déductions antérieures et quelquefois permettent des déductions ultérieures ; elles sont cependant tout à fait
impuissantes à nous révéler les causes premières des
phénomènes observés.

L'observation des phénomènes réels est non moins
imparfaite, parce que cette observation est purement
naturelle, qu'elle ne peut se servir ni des instruments de précision, ni de l'expérimentation, c'est-à-dire,
de la reproduction des phénomènes dans des conditions
continuellement variées, qui permettent au chimiste,
au physicien, au physiologue de mesurer avec précision
l'importance spécifique de chacune des forces concourantes.

L'économiste doit, en effet, observer uniquement avec
ses sens externes et internes, sujets à de multiples causes
d'erreurs, des phénomènes qui résultent d'éléments
psychiques qui ne sont pas toujours susceptibles de
détermination rigoureuse, et il doit les observer à mesure qu'ils se présentent. On ne peut pas voir de véritables expériences dans ces essais de législation sug-
gestive, c'est-à-dire provisoire et ne s'étendant qu'à
certaines parties du territoire de l'État, parce que la
nature de l'objet en limite nécessairement l'application,
et aussi parce que ces soi-disant expériences législatives
ne peuvent pas se faire dans des conditions créées vo-
lontairement, mais dans des conditions naturellement
déterminées. On ne peut pas certainement non plus
appliquer à l'économie sociale la méthode de différence, pas même la méthode de concordance et des
variations concomitantes, si bien analysées dans la

Logique de Mill. S'il s'agit, par exemple, de la méthode
de différence, la plus importante ici, il faut remarquer
qu'il est impossible d'imaginer deux territoires qui
soient dans les mêmes conditions physiques, géographiques, ethnographiques, économiques et politiques, à
l'exception d'une seule condition, celle dont on veut
mesurer l'influence. Les argumentations que certains
auteurs apportent, soit pour, soit contre le système protecteur, en comparant les conditions des deux colonies
anglaises de Victoria et de la Nouvelle-Galles du Sud,
ou sont en contradiction l'une avec l'autre, ou ne peuvent conduire à des résultats satisfaisants, à moins
de recourir à des arguments d'une autre nature, obtenus par la méthode déductive. Des exemples très
nombreux des sophismes qui dérivent de l'abus de la
méthode de différence nous sont fournis et par les
libre-échangistes qui invoquent la prospérité de l'Angleterre, et par les protectionnistes qui invoquent celle des
États-Unis, comme des preuves irréfragables de la bonté
du système que chacun d'eux défend.

Les résultats de notre recherche, nécessairement
aride et abstruse, peuvent être résumés dans les propositions suivantes :

1° L'économie sociale est une science d'observation
qui se sert de la méthode déductive et de la méthode inductive dans chacune de ses parties ; l'ordre d'emploi
de ces méthodes peut d'ailleurs être différent et leurs
fonctions d'importance variée ;

2° Les économistes emploient plus particulièrement,
mais non pas exclusivement, la méthode inductive pour
exposer la théorie, en grande partie descriptive, de la
production, de la consommation et certaines parties de
celle de la population, en ayant recours, cependant, à
la déduction, soit comme moyen de vérification, soit
comme instrument pour mieux préciser les conclusions

inductives et pour en tirer des conséquences ultérieures;

3° Les économistes se servent plus particulièrement,
mais non pas exclusivement, de la méthode déductive
pour formuler les théories de la circulation et de la distribution. Partant d'un petit nombre de prémisses psychiques, physiques et physiologiques, fondées sur l'observation interne et externe, ils arrivent à découvrir
les lois scientifiques des phénomènes. Ces lois ne pré-
voient pas des faits qui doivent nécessairement arriver,
mais ils expriment seulement la tendance universelle
et constante de certaines causes à produire des effets
donnés, dans des conditions déterminées et dans l'hypothèse de l'absence d'éléments perturbateurs;

4° Pour diminuer la divergence entre les résultats de
leurs déductions premières et les phénomènes réels,
qui se réalisent dans des conditions très variées et sont
sujets à des influences perturbatrices multiples, les
économistes ont recours à deux expédients :

a) Ils font successivement de nouvelles hypothèses
que leur suggère l'observation; ils les associent aux
prémisses primitives, et étudient ainsi, avec des difficultés croissantes, des cas plus complexes mais plus
voisins de la réalité ;

b) Ils se servent de l'induction qualitative et de l'induction quantitative pour découvrir les causes secondaires, en mesurer l'intensité, ou pour trouver au moins
les lois empiriques qui conduisent parfois à la découverte déductive de véritables lois scientifiques.

5° La politique économique se sert plus particulièrement, mais non pas exclusivement, de la méthode inductive, et spécialement de l'induction historique et de
la statistique pour fournir au législateur les normes générales du bon gouvernement économique et financier,
tandis que, de son côté, l'administrateur se sert de l'ex-

périence spécifique et de l'induction individuelle pour appliquer ces normes aux cas concrets.

Fr. Jul. Neumann, *Naturgesetz und Wirthschaftsgesetz* (in *Zeitschrift für die gesammte Staatswissenschaft*, fasc. 3, 1892).

§ 3. — LA MÉTHODE HISTORIQUE

L'importance méthodologique de l'histoire, notamment pour la politique économique, est reconnue par tous les écrivains, mais elle a été considérablement exagérée, depuis un demi-siècle, par une école célèbre. Contrairement à l'école dominante (philosophique ou classique) elle soutient énergiquement que l'économie politique ne peut découvrir. de vérités absolues, constantes, universelles, mais seulement des principes relatifs, variables, particuliers, et partant liés aux différentes conditions de temps, de lieu et de civilisation.

L'illustre Guillaume Roscher a été le précurseur de cette nouvelle école dont il a formulé le programme à plusieurs reprises. C'est ce programme qu'adopta Bruno Hildebrand (1848), mais il ne l'a développé qu'en partie et avec beaucoup d'emphase. Karl Knies l'a développé dans tous ses détails, avec plus de précision et en s'appuyant sur de fortes études juridiques, dans une très bonne monographie (1853). Ces chefs d'école ont eu des disciples même hors de l'Allemagne ; il nous suffira de citer parmi beaucoup d'autres, Wolowski en France, Cliffe Leslie et Posnett en Angleterre, Kautz en Hongrie, Hamaker et Levy dans les Pays-Bas, Cognetti et Schiattarella en Italie.

Karl Knies, *Die politische Oekonomie vom Standpunkte der geschichtlichen Methode.* Braunschweig, 1853. (2ᵉ édit. Berlin, 1881-83).

S. Cognetti de'Martiis, *Delle attinenze tra l'economia sociale e la storia.* Firenze, 1865.

H. J. Hamaker, *De historische School in de Staathuishoudkunde.* Leiden, 1870.

R. Schiattarella, *Del metodo in economia sociale.* Napoli, 1873.

H. M. Posnett, *The historical method in ethics, jurisprudence and political economy.* London, 1882.

Th. E. Cliffe Leslie, *Essays in political economy.* 2° édit London, 1888.

Les doctrines de l'école historique, que nous allons résumer, ont été jugées, il y a longtemps déjà, brièvement mais excellemment par Messedaglia, et plus récemment, dans l'œuvre classique de Menger, qui les a discutées longuement et qui en a fait une critique fine et pénétrante.

De même que pour le droit l'école historique de Hugo, Niebuhr, Savigny, dont cependant les disciples de Roscher se séparent sur des points essentiels, ne reconnait pas de principes rationnels ayant une valeur absolue et universelle (philosophique), et ne reconnait que le droit positif, produit organique de la conscience nationale, de même pour l'économie l'école de Roscher nie l'existence de vérités absolues et de types idéaux pour le bon gouvernement des États. Elle reconnait seulement une économie nationale qu'elle oppose (d'accord en cela avec List) à l'économie cosmopolite, et qui est propre à chaque peuple et à chaque époque. Les prétendus principes généraux sont le résultat de l'abstraction erronée ou incomplète de l'état de fait du pays auquel appartient l'auteur. L'économiste doit se borner à la description des caractères des différentes époques de la civilisation économique, et indiquer les maximes de gouvernement qui conviennent à chacune d'elles.

Mais il faut, à notre avis, se rappeler tout au contraire :

1° Qu'il ne faut pas confondre les vérités de la science avec les règles de l'art; les premières sont, en partie au moins, absolues et universelles; les autres sont toujours relatives et changeantes, parce que, pour les appliquer aux cas concrets, il faut précisément prendre en considération non seulement les différentes conditions de temps, sur lesquelles insistent avec raison les disciples de l'école historique, mais aussi les conditions géographiques et ethnographiques, dont ont toujours tenu compte d'ailleurs les meilleurs écrivains de politique générale, anciens ou modernes, lorsqu'ils ont parlé de la bonté relative des lois. Il suffit de rappeler Aristote, Bodin, Montesquieu, Filangieri. Tous les défenseurs du libre échange ne se refusent pas, par exemple, à admettre les tempéraments nécessaires à la sage application de ce système aux pays depuis longtemps soumis au régime de la protection douanière.

2° Que si les conditions de civilisation sont de leur nature variables, il ne faut pas oublier cependant que les lois du monde physique, les qualités psychiques des individus et certaines tendances des corps sociaux ont été, sont et seront toujours les mêmes, et que partant les faits économiques, qui en résultent, ne pourront jamais changer dans leur essence. Qui soutiendra, par exemple, que le principe de l'intérêt, l'influence de la rareté sur la valeur et celle du prix des denrées sur la rente ont une importance purement provisoire ou locale ?

3° Que réduire l'économie politique à un but simplement pratique et descriptif cela équivaut à détruire la science et à stériliser l'art, en les déclarant incapables de fournir des critères généraux pour juger et diriger le progrès. On invoque souvent à l'appui des nouvelles

doctrines les sciences naturelles ; mais l'analogie est
sans valeur, car la nature organique, tout comme la
nature inorganique, a ses lois générales. Roscher faisait
remarquer que la nourriture de l'enfant ne convient pas
à l'homme adulte ; Messedaglia répondait que la fonction alimentaire est chez tous les deux la même et que
c'est à la physiologie à en déterminer les lois.

4° Que la substitution de la méthode historique à la
méthode inductive, si elle se faisait jamais, marquerait
un regrès, parce qu'elle conduirait à méconnaître l'importance de l'observation individuelle et celle de l'induction quantitative, et qu'elle impliquerait, de plus,
une contradiction étrange avec le principe de la relati-
vité des institutions économiques, puisqu'elle propose de
tirer des faits imparfaitement connus du passé des critères pour réformer la législation économique du présent.

5° Que déclarer, comme le font les partisans d'un
courant historique plus exclusif encore (Schmoller, Ingram, etc) que tout essai de construction d'une science
économique est prématuré et qu'il faut attendre le moment où on possédera des matériaux historico-descriptifs
complets sur les conditions de tous les temps et de tous
les lieux, révèle une illusion étrange sur la valeur théorique de ces matériaux et la possibilité de les recueillir,
et une ignorance non moins singulière du caractère
complexe des phénomènes économiques. En tout cas il
s'agirait non pas d'un changement de méthode, mais
d'un changement radical du rôle et des buts de l'économie politique, qui deviendrait une discipline historique
ou historico-philosophique.

Malgré les très graves erreurs dans lesquelles est
tombée la nouvelle école, elle mérite, à d'autres points
de vue, de grands éloges et elle a rendu d'importants
services à la science. Elle a été le point de départ d'une

réaction salutaire, quoique excessive, contre les idéalistes purs, où, comme on les a, pelle d'ordinaire, contre les doctrinaires. Sous l'influence d'une erreur non moins grave, ceux-ci voulaient traduire, sans plus, en lois positives les principes de l'art économique qui n'ont rien d'absolu ni de général. Elle a réagi utilement aussi contre les optimistes (l'école de Bastiat) et les individualistes qui, bercés dans la foi commode des harmonies économiques, ne se préoccupent pas des maux sociaux et repoussent, comme contraire au dogme du laisser faire, toute ingérence, même tempérée et opportune, de l'État pour les diminuer.

L'école historique, et en particulier son illustre chef Roscher, a de plus enrichi la science de très utiles connaissances historiques et géographiques et d'une analyse comparative, fort ingénieuse sans être toujours irréprochable, des caractéristiques des différentes périodes de la civilisation économique ; elle n'a pu d'ailleurs arriver à la philosophie de l'histoire économique, c'est-à-dire à la détermination rigoureuse des lois de développement, qu'elle considère à tort comme l'unique objet de la recherche scientifique et que beaucoup de ses disciples confondent avec les lois de raison. Nous devons, aussi, et c'est son plus grand mérite, aux différentes fractions de cette école un nombre considérable de savantes et utiles monographies, soit sur l'histoire de la science, illustrée admirablement dans les œuvres d'une forme achevée de Roscher, soit sur l'histoire des institutions et des conditions de fait, comme les travaux, également très remarquables, de Schmoller, dans le but très louable de nous instruire sur le passé, en rendant ainsi plus profonde la connaissance du présent et moins difficile la préparation d'un avenir meilleur. Et, qu'il nous soit permis de le dire, il y a eu aussi en Italie des élèves de Roscher qui, adversaires déclarés des théories méthodologiques du maitre, ont essayé de propager, dans les limites de leurs modestes forces intellectuelles, l'amour des recherches historiques.

En terminant ces notes critiques nous remarquerons que l'école historique a été indirectement utile à la science en provoquant des études sur l'histoire économique, mais qu'elle n'a fait aucune innovation utile dans les principes fondamentaux de l'économie sociale, et que même quelques-uns de ses partisans les plus exagérés ont fait œuvre dangereuse en écartant les jeunes de l'étude, selon eux infructueuse, de la science pure. Il y a donc une grande illusion dans le jugement que l'école historique porte d'ordinaire sur elle-même. Il suffit, en effet, de comparer les quatre volumes du *Système* de Roscher, qui accepte d'ailleurs les principales doctrines de Smith, de Malthus et de Ricardo, avec les livres des meilleurs partisans allemands de l'école classique (par exemple Thünen, Hermann, Mangoldt) pour se convaincre que, jusqu'ici au moins, les économistes historiens n'ont apporté aucune modification essentielle aux principes théoriques professés antérieurement. Et de même, en Angleterre, lorsque Cliffe Leslie, qui avait déployé avec enthousiasme le même drapeau, étudie dans le volume cité ci-dessus les échanges internationaux ou les relations entre le taux des profits et celui des intérêts, il se sert, dans l'impossibilité d'agir autrement, de la méthode déductive. Knies lui-même, l'auteur d'un code de la nouvelle méthode historique, a publié plus tard des monographies excellentes sur la théorie de la valeur, de la monnaie et du crédit dans lesquelles il se sert de la méthode déductive; il est d'ailleurs si subtil et son style est si confus, au dire même de ses compatriotes, que tout le monde ne peut pas se servir de ses ouvrages, à beaucoup d'égards d'ailleurs parmi les meilleurs que nous possédions sur ces sujets.

§ 4. — LA MÉTHODE MATHÉMATIQUE

Il est une question de méthode qui se lie étroitement aux questions précédentes, c'est celle qui concerne l'application de l'analyse mathématique et des figures géométriques aux raisonnements économiques. Elle a donné lieu à de nombreuses équivoques, facilement explicables d'ailleurs, si l'on songe à l'influence des préjugés, à la façon inexacte dont le problème a été formulé, sans parler du peu de compétence des mathématiciens en économie et des économistes en mathématiques.

Après quelques renseignements de fait nous nous limiterons à quelques observations générales, dégagées, nous l'espérons, de toute exagération. Nous étudierons la possibilité et les limites d'application de la méthode mathématique, les buts qu'elle peut remplir, les avantages qui en dérivent, et l'opportunité didactique de son emploi.

Déjà au siècle dernier on avait essayé, en Italie plus qu'ailleurs et plus tôt, d'appliquer, par des procédés simples et imparfaits, les symboles algébriques et les figures géométriques aux questions de monnaie (Ceva), d'intérêt (D. Bernouilli), de prix (Verri, Ferroni, Lloyd) et des marchandises de contrebande (Beccaria, Silio). On fit plus tard des applications plus larges, les unes très malheureuses (Canard) et les autres incertaines et contradictoires (Whewell) à des problèmes plus généraux. Cournot (1838) et Dupuit (1844 et suiv.) ont traité à l'aide du calcul la théorie de la valeur, spécialement dans les cas de monopole. Plus tard encore Gossen (1854), puis Jevons (1862 et suiv.) et Walras (1873), tous trois d'une façon indépendante, sont arrivés à des conclusions importantes et identiques au fond sur la théorie de l'utilité et de l'échange, et ils ont fait quelques applications à la doctrine de la distribution. Les fruits de leurs études ont été ensuite réunis, commentés et répandus par Launhard, et mieux par Auspitz et Lieben en Allemagne, par D'Aulnis de Borouill, par Coben Stuart et par Mees (junior) en Hollande, par Wicksteed en Angleterre, par Antonelli, Rossi, Pareto et Pantaleoni en Italie. Les uns se sont contentés d'appliquer les éléments de la géométrie synthétique et analytique, ou ceux de l'algèbre, tandis que d'autres (Cournot, Jevons, Walras, etc.) font intervenir la théorie des fonctions et d'autres théories du calcul différentiel et du calcul intégral.

Il n'est pas douteux que la méthode mathématique est applicable à l'économie déductive, puisqu'il s'agit là de questions (comme l'a dit excellemment Messedaglia) de plus et de moins, de maxima et de minima, de proportions et de limites en quantité et en mesure, et qu'il faut, par conséquent, repousser l'opinion de Mill, de Cairnes, de Ingram et de beaucoup d'autres, qui se refusent à reconnaître le caractère mathématique de l'économie en se fondant sur l'impossibilité d'assujettir ses prémisses à une détermination arithmétique exacte. Cette objection a été réfutée, à l'avance, par Fuoco (*Saggi Economici*, tome II. Pisa, 1827, pag. 75 et suiv.) et plus tard par Cournot, qui, dans la *Préface* de son premier travail d'économie politique (*Principes mathématiques de la théorie des richesses*, Paris 1838), rappelait que l'analyse mathématique n'a pas seulement pour objet de calculer les nombres, mais aussi celui de trouver des relations entre les grandeurs qui ne peuvent pas être évaluées numériquement, et entre les fonctions dont la loi ne peut pas être exprimée par des symboles algébriques.

Il faut, cependant, se garder de demander aux mathématiques plus qu'elles ne peuvent donner. Elles sont un précieux instrument d'investigation et elles fournissent un langage précis, clair, élégant, de beaucoup préférable au langage courant, et partant, un excellent moyen de démonstration ; mais elles ne peuvent fournir ni les prémisses du raisonnement, ni les matériaux sur lesquels il se fonde, et elles garantissent moins encore l'infaillibilité des résultats. Il suffit, pour s'en convaincre, de se rappeler les controverses qui se sont élevées entre les mathématiciens. Ainsi, par exemple, Bertrand a critiqué (*Bulletin des sciences mathématiques* et *Journal des Savants*, 1883, pag. 499-508) les méthodes de Cournot et de Walras ; ce dernier a, lui-même, reproché (*Eléments d'écon. pol. pure*, 2ᵉ édit. Lausanne, 1889, pag. 504) de graves erreurs à Dupuit, tandis que sa théorie des prix a été contestée par les savants allemands Auspitz et Lieben. (Cette polémique a été très exactement résumée par Pareto dans le *Giornale degli Economisti*, mars 1892). Jevons, lui-même, dans un passage remarquable de sa *Logique* (*Principles of Science*, London, 1874, liv. VI, ch. XXXI, II), cité récemment par Messedaglia, déclare que certaines équations, auxquelles devrait avoir recours l'économie mathématique, seraient tellement complexes qu'elles dépasseraient toute possibilité d'analyse, affirmation étrange dans la bouche d'un écrivain qui avait répété à plusieurs reprises que l'économie ne peut être qu'une science mathématique. Dans une de ses monographies (*Mémoires de la société des ingénieurs civils*, janvier 1891), Walras déclare avec plus de confiance encore qu'il ne connaît que deux écoles d'économistes, les mathématiciens qui cherchent à démontrer, et les littérateurs qui ne démontrent rien !

Dans les limites de leur véritable champ d'application,

l'usage des symboles mathématiques et graphiques
a, d'ailleurs, de grands avantages. Il substitue des formules brèves et élégantes aux exemples arithmétiques
prolixes et ennuyeux dont se servent d'ordinaire les
économistes. Il présente une série de raisonnements
dont on découvre, à vue d'œil, l'enchaînement et les
erreurs qui ont pu s'y glisser ; il oblige à formuler avec
beaucoup de précaution et de précision les prémisses
du raisonnement, à apprécier, dans leur signification véritable, l'élément de la continuité et celui de la réciprocité d'influence des différents phénomènes, et il
permet d'éviter l'erreur dans laquelle tombent les économistes non mathématiciens, qui considèrent souvent
comme constantes des données variables, comme le
sont, par exemple, la demande et l'offre, le coût de production.

Il ne faut pas croire que la méthode que nous discu-
tons ne puisse servir qu'à la démonstration et n'ait
aucun rôle dans la découverte ; l'on sait que, beaucoup
de résultats, théoriquement importants, ont été obtenus
à l'aide des mathématiques. Citons, comme exemple,
certaines propositions sur la théorie de la valeur dues
à l'illustre Marshall. Certains exemples nous prouvent
aussi, d'autre part, qu'on peut arriver avec le langage
courant et sans le secours des moyens analytiques à
des théories quantitatives exactes et clairement exprimées. De cette façon, Menger est arrivé, dans la théorie
de la valeur, à des conclusions presque égales à celles
de Jevons et, comme nous le croyons (cela est reconnu
maintenant en France, Walras, *op. cit.*, pag. 19, et en
Angleterre, Keynes, *Scope and Method*, pag. 250), indépendamment de lui, ce qui, par parenthèse, l'absout
de l'accusation de plagiat qui lui a été faite quelquefois
en Italie.

Quant à l'utilité didactique du langage mathéma-

tique, il faut remarquer qu'elle dépend en grande partie
de la qualité et de la culture des lecteurs pour lesquels
on écrit. Rappelons, à ce propos, que Cournot, dégoûté
du silence des économistes, avait renoncé à l'usage du
calcul dans ses derniers ouvrages. Il ne faut pas oublier
non plus que, quand il s'agit de démonstrations très
simples, un des avantages du langage mathématique,
qui est d'éviter les circonlocutions, disparait, et il peut
même arriver (et Walras en fournit plus d'un exemple)
qu'il faut plusieurs pages pour arriver par l'analyse à des
resultats qu'on aurait pu atteindre par un chemin moins
aride et plus court. Concluons donc par cette pensée
très sage d'un savant économiste mathématicien (Edgeworth) : « La parcimonie des symboles, dit-il, est souvent une élégance pour le physicien, elle est une nécessité pour l'économiste. »

W. St. Jevons, *The theory of political economy*. 2ᵉ édit.
London, 1879 (bibliographie incomplète, riche
d'ailleurs).

F. Y. Edgeworth, *Mathematical Psychics*, etc., 1881.

F. Y. Edgeworth, *On the applications of mathematics
to political economy* (in *Journal of the statistical
Society*, London, décembre 1889).

A. Beaujon, *Wiskunde in de economie* (in *Economist*,
Amsterdam, octobre 1889).

M. Pantaleoni, *Principii di economia pura*. Firenze,
1889.

J. N. Keynes, *The scope and method of political economy*.
London, 1891, ch. VIII, pp. 236-251.

A. Messedaglia, *L'economia politica*, etc. *Discorso
inaugurale*. Roma, 1891.

T. Fisher, *Mathematical investigations in the theory of
value and prices*. New Haven, 1892.

CHAPITRE VII

IMPORTANCE DE L'ÉCONOMIE POLITIQUE

Ce que nous avons dit dans les chapitres précédents sur le concept, les limites, les divisions, les relations, le caractère, les dénominations, les définitions et les méthodes de l'économie politique nous en a fait pressentir l'importance ; nous allons l'étudier d'une façon particulière en la déduisant de l'objet, des rôles et du but de notre discipline.

Elle a de l'importance au point de vue théorique et au point de vue pratique, selon qu'il s'agit des avantages qu'on peut retirer des vérités de l'économie rationnelle, ou des avantages non moins considérables qui dérivent des normes fournies par l'économie appli; quée, c'est-à-dire par l'art économique.

A. E. Cherbuliez, *Précis de la science économique*, Paris, 1862, vol. I, ch. IV, pp. 3o-48.

A. S. Bolles, *Political economy, its meaning, method,* etc. (in *Banker's magazine*, New-York, janvier 1878).

J. S. Nicholson, *Political economy as a branch of education.* Edimburgh, 1881.

A. N. Cumming, *On the value of political economy to mankind.* Glasgow, 1881.

S. N. Patten, *The educational value of political economy.* Baltimore, 1891.

Au point de vue de la science pure, l'économie politique a une grande utilité générale. Elle forme une partie importante de toute culture étendue, car elle donne la connaissance des lois de l'ordre social des richesses. La série complexe et intéressante des phénomènes qui forment un des aspects les plus notables de la vie sociale, ne doit pas passer complètement inaperçue, ou n'être connue qu'imparfaitement, par tous ceux qui aspirent au titre de personne instruite. Cette connaissance, toujours très utile, devient de nos jours presque indispensable par suite de la forme actuelle de nos organisations politiques, des grandes transformations qu'ont subies les institutions sociales, et spécialement de la prépondérance de l'élément économique, devenu maintenant le fondement principal du pouvoir politique, si on le compare à d'autres éléments, autrefois, en partie au moins, indépendants de la richesse.

Aussi l'économie politique devrait-elle faire partie des matières de l'enseignement supérieur et de l'enseignement secondaire et ne pas être enseignée seulement dans les établissements d'instruction industrielle, dans lesquels elle est étudiée dans un but purement professionnel. On ne peut pas comprendre pourquoi les jeunes gens auxquels on enseigne les langues classiques, les théorèmes des mathématiques, les lois de la physique, de la chimie et de l'histoire naturelle doivent ignorer complètement les lois de la vie sociale et en particulier celles de l'économie.

Ceux qui étudient les sciences historiques, juridiques et politiques ont des raisons spéciales pour étudier à fond l'économie politique qui leur fournit les critères indispensables pour le choix, l'organisation et la critique des faits, comme nous l'avons indiqué déjà en parlant des relations de l'économie politique et des autres disciplines.

Au point de vue des applications, l'étude de l'économie politique a une grande importance pratique, générale et particulière, pour la vie politique et pour la vie privée.

Il faut remarquer, en premier lieu, que les lois économiques exercent une influence aussi universelle qu'irrésistible sur tous les hommes, considérés comme membres de la société civile. Ils ont intérêt à en faire une étude au moins élémentaire soit pour se procurer les avantages qui résultent de leur connaissance, soit pour éviter les inconvénients qui résultent de leur ignorance.

L'économie politique sert, en outre, à éclairer le peuple sur les véritables causes de beaucoup de perturbations économiques, et dissipe ainsi des préjugés qui renaissent de temps à autre et qui peuvent devenir très dangereux pour la tranquillité publique. Il suffira de rappeler les crises annonaires, monétaires et bancaires, pour se souvenir en même temps des préjugés couramment acceptés sur l'influence que les négociants en grain, les boulangers, les banquiers exercent sur ces phénomènes.

Dans la vie privée, c'est surtout aux entrepreneurs, aux capitalistes et même aux ouvriers que l'étude de l'économie politique est le plus profitable.

Les entrepreneurs, tout comme les capitalistes, doivent en effet posséder non seulement les connaissances techniques nécessaires à l'exercice des industries qu'ils dirigent ou dans lesquelles ils emploient leurs capitaux, mais aussi un large courant de connaissances économiques afin de bien diriger leurs entreprises et ne pas succomber dans la lutte devant des concurrents plus expérimentés et plus instruits. La pleine connaissance des besoins du marché, la coordination et l'application sage des instruments productifs, l'achat des matières premières, la vente de ses propres produits, effectuée dans les meilleures conditions, sont des fonctions très délicates des entrepreneurs; l'étude de l'économie industrielle, qui a son complément nécessaire dans l'économie politique, peut leur être d'un grand secours.

Cette étude, même élémentaire, sera de plus très utile même aux ouvriers qui apprendront ainsi la véritable nature de leurs intérêts et les moyens les plus propres à les faire valoir, tout en respectant les droits d'autrui. L'économie politique leur enseignera la nécessité du capital et sa véritable fonction économique, les avantages de l'épargne, les dangers de l'oisiveté, les dommages qui résultent des grèves, l'utilité des institutions de prévoyance et de coopération, etc. L'enseignement de l'économie politique donné, sous forme populaire, à la classe ouvrière, en dehors des avantages déjà énumérés, procure aussi à la société l'avantage incalculable de la préserver de beaucoup de périls, parce qu'elle met une digue à l'extension des doctrines subversives, qui trouvent un terrain propice dans les esprits incultes et dans les imaginations facilement excitables des ouvriers.

A ce propos, il faut remarquer que la diffusion des doctrines funestes du socialisme est relativement moindre en Angleterre qu'en France, précisément parce que dans le premier de ces pays les notions de l'économie sont plus largement répandues que dans le second, grâce notamment à certaines écoles accessibles même aux ouvriers, qui y sont instituées depuis longtemps, mais qui n'ont pas cependant le gros chiffre d'élèves que souvent on leur a donné.

Au point de vue de la vie publique, il est évident que l'économie politique doit être étudiée par tous ceux qui y prennent une part plus ou moins active, et cela spécialement si l'on songe aux formes politiques qui dominent aujourd'hui chez les nations les plus civilisées.

L'étude de l'économie politique est particulièrement nécessaire à toutes les personnes qui entrent dans les assemblées délibérantes et dans les corps consultatifs de l'État, de la province, de la commune, sénateurs, députés, conseillers provinciaux et communaux, conseillers d'État, membres des conseils municipaux, des commissions législatives et autres corps analogues qui aident les ministres dans la préparation des projets de loi à soumettre à la discussion de la représentation nationale. Comme les lois et les mesures auxquelles ces corps ont part concernent presque toujours, au moins indirectement, les intérêts économiques de l'État et ceux des particuliers, on comprend que leurs auteurs ne doivent pas ignorer les principes de l'économie publique. Ne doit-on pas penser que la prodigalité de certaines administrations publiques, qui défie de nos jours tout blâme possible, peut, au moins en partie, être attribuée à une fausse conception des phénomènes économiques, qui dérive du manque de préparation scientifique nécessaire?

Même les fonctionnaires du pouvoir exécutif chargés de veiller à la bonne application des lois fiscales, administratives, judiciaires, etc., ont intérêt à étudier l'économie politique, parce qu'ils sont appelés à administrer ou à protéger les entreprises publiques ou privées, à trancher des controverses dans lesquelles est presque toujours impliqué quelque intérêt d'ordre économique.

Il faut enfin remarquer que dans les États libres l'opinion publique, qui trouve ses légitimes manifestations dans la presse et dans l'exercice des droits d'association, de réunion et de pétition, exerce une influence si considérable sur les affaires politiques et administratives qu'il n'y a presque pas de personne instruite et soucieuse des intérêts de son pays qui ne participe directement ou indirectement au gouvernement général ou local et qui puisse par conséquent négliger des études qui sont nécessaires pour que cette influence soit véritablement utile à la prospérité publique et privée.

L'importance de l'étude scientifique de l'économie politique parait plus grande encore si on tient compte de quelques-uns des obstacles contre lesquels elle doit lutter et qui peuvent être ramenés aux trois suivants :

1° L'intrusion des dilettanti, qui tranchent en matière économique, sans aucune préparation, ou seulement après une étude unilatérale des problèmes controversés, sans tenir compte de la nature extrêmement complexe des phénomènes.

2° L'imperfection de la terminologie économique, qui attribue un sens plus précis et quelquefois complètement différent aux mots employés dans le langage courant.

3° La résistance des classes intéressées à certains abus, que l'économie politique combat, et celle des utopistes, qui rêvent des réformes dont elle montre l'impossibilité.

En ce qui concerne le premier point il faut regretter que l'économie soit dans des conditions tout à fait opposées à celles de l'astronomie et de la chimie, déjà débarrassées depuis des siècles du contact fâcheux des astrologues et des alchimistes. Les dilettanti, et particulièrement les journalistes, les littérateurs, etc., qui se déclarent, avec une modestie réelle ou supposée, des profanes lorsqu'on discute des questions de philosophie, de calcul, d'obstétrique, ne peuvent pas se persuader que tout le monde est nécessairement incompétent dans toutes les matières qu'il n'a pas étudiées et qu'il n'y a pas de raison pour faire une exception en

faveur des sciences sociales et en particulier de l'économie politique. Oubliant la vérité de cette phrase tant
répétée de Rousseau, c'il faut beaucoup de philosophie
pour se rendre compte des phénomènes que nous avons
tous les jours sous les yeux, les dilettanti entrent en
lice à chaque instant pour défendre ou pour combattre,
dans le Parlement ou dans les réunions populaires, ou
par la presse, les mesures économiques et financières ·
les plus difficiles et les plus complexes, et ils ne craignent pas d'attaquer les doctrines enseignées par les
maîtres les plus éminents d'une science dont ils ignorent
absolument l'objet, le but et les caractères. Par suite de
l'habitude de discuter avec légèreté de ces problèmes,
il devient de plus en plus difficile de déraciner les préjugés les plus vulgaires. Si celui qui étudie la physique,
la chimie, la géologie a tout à apprendre, celui qui
étudie l'économie, comme le remarque subtilement
Macvane, se trouve dans une condition pire, car il a
aussi beaucoup à oublier.

Sur le second point il faut remarquer que, tandis que
dans d'autres sciences on forge des termes techniques
appropriés, dont on donne d'exactes définitions de convention, en économie politique, au contraire, même
lorsqu'on a eu grand soin de définir le sens attribué aux
mots richesse, utilité, valeur, capital, rente, il faut toujours craindre que, par négligence, ces mots soient
employés dans le sens différent qu'ils ont dans le langage courant, et qu'il en résulte des raisonnements
viciés par l'emploi alternatif d'un même terme technique, ce qui permet des interprétations ambiguës
ou contradictoires.

Sur le troisième point enfin, l'étroite connexion qu'il
y a entre l'économie appliquée et la politique, dont la
première est une partie, provoque contre elle la vive
opposition de ceux qui trouvent leur intérêt dans cer-

tains monopoles, ou dans certains privilèges, ou dans telles autres institutions qu'elle combat, et l'opposition plus acharnée encore de ceux qui croient possibles des mesures inconsidérées qu'elle combat dans l'intérêt du progrès social bien entendu. Whately a dit avec raison que les théorèmes d'Euclide n'auraient jamais reçu l'assentiment unanime des savants, s'ils avaient une relation immédiate avec la richesse et avec le bien-être individuel.

N. W. Senior, *Four introductory lectures,* etc. London, 1852, pp. 12-17.

F. A. Walker, *Political economy.* 2ᵉ édit. New-York, 1887, pp. 29 31.

S. M. Macvane, *The working principles of political economy.* New-York, 1890, pp. 12-16.

CHAPITRE VIII

RÉPONSE A QUELQUES OBJECTIONS

Tout le monde ne reconnait pas l'importance de l'étude de l'économie politique, parce qu'on n'apprécie pas toujours avec justesse les raisons que nous avons données dans le chapitre précédent. On mène, au contraire, contre elle une campagne assez vive. Certains prétendent que c'est une doctrine absolument impossible; d'autres la tiennent au moins pour inutile; d'autres enfin la condamnent comme très dangereuse. Ces objections continuellement répétées doivent être écartées parce qu'elles dérivent, ou bien de fausses présuppositions de fait, ou de l'ignorance du caractère véritable de l'économie, ou d'erreurs manifestes de logique.

Rich. Whately, *Introductory lectures on political economy* (1831). 5e édit. London, 1855.

F. Ferrara, *Importanza dell' economia politica*. Torino, 1849.

Jul. Kautz, *Die National-Oehonomik als Wissenschaft*. Wien, 1858, pp. 423-42, et les auteurs cités.

J. L. Shadwell, *A system of political economy*. London, 1877, pp. 1-8.

C. F. Bastable, *An examination of some current objections to the study of political economy*. Dublin, 1884.

H. Sidgwick, *Scope and method of political economy*. Aberdeen, 1885.

Les uns refusent à l'économie politique le caractère de science, et ils invoquent comme preuve :

1° Les hypothèses sur lesquelles elle se fonde ;

2° Les abstractions dont elle se sert ;

3° Les problèmes qu'elle ne résout pas ;

4° Les discussions auxquelles elle ne parvient pas à mettre fin.

Au sujet des hypothèses il faut remarquer, en premier lieu, que les prémisses de l'économie sociale ne sont pas hypothétiques en elles-mêmes, puisqu'elles sont fondées sur l'observation ; elles le sont seulement en ce qu'elles sont isolées par la pensée d'autres causes perturbatrices, dont on fait abstraction. Remarquons, en outre, que les hypothèses non contredites par les faits ont été souvent l'instrument de précieuses découvertes scientifiques, et que les hypothèses purement arbitraires doivent être imputées non pas à la science, mais à quelques débutants sans expérience. D'ailleurs, l'histoire des sciences physiques et mathématiques nous apprend que quelques-uns de leurs théorèmes ont, eux aussi, une base purement hypothétique et que certaines de leurs propositions, que l'on tenait autrefois pour des axiomes, ont un caractère tout à fait empirique.

Sans abstraction (analytique ou synthétique) il n'y a pas de science, mais seulement une connaissance stérile de phénomènes individuels. La grammaire, la logique, l'algèbre, le droit procèdent eux aussi par abstractions ; elles sont non seulement utiles, mais nécessaires. Si on peut, comme de tout d'ailleurs, abuser de l'abstraction en économie, cela ne suffit pas pour refuser à celle-ci le caractère de science.

Il y a, certes, en économie politique des problèmes non résolus, comme il y en a dans toutes les branches du savoir. Quelques-uns sont insolubles (comme la quadrature du cercle, la trisection de l'angle, le mouvement perpétuel, etc.), mais il en est d'autres qui pourront être résolus avec les progrès ultérieurs de la recherche scientifique.

Il est absurde enfin de nier à l'économie politique le caractère de science parce qu'il existe des controverses sur sa nomenclature et sur ses principes. Un écrivain irlandais, sans parler des autres, a fait de cette objection une critique acerbe dans un livre peu connu en Italie.

W. Dillon, *The dismal science.* [Dublin, 1882.

A propos des discussions sans fin on peut remarquer :

1° Qu'elles sont souvent plus apparentes que réelles ; qu'elles tiennent à la forme plus qu'à la substance et qu'elles pourraient en partie cesser si les adversaires, qu'on doit supposer de bonne foi, cessaient d'équivoquer ;

2° Ces discussions portent souvent sur des points d'importance secondaire et qui concernent, d'ordinaire, non pas la science, mais ses applications, et cela est inévitable si on songe à la résistance de beaucoup d'intérêts en lutte, dans lesquels l'art économique voudrait apporter l'ordre et la conciliation ;

3° L'économie ne peut pas être responsable de ce que quelques-uns de ceux qui l'étudient, s'obstinent à remettre en question des problèmes depuis longtemps résolus ;

4° Enfin, les discussions sérieuses et objectives et le doute raisonné, qu'il ne faut pas confondre avec le scepticisme systématique, prouvent, d'une part, l'imperfection d'une discipline, mais elles sont, d'autre part, un moyen très utile qui pourra conduire à des découvertes fécondes.

Un autre groupe d'adversaires nie l'utilité de l'économie politique, soit parce que, suivant les uns, elle ne donne aucun résultat important, soit parce que, suivant d'autres, les quelques résultats importants auxquels elle conduit sont tout indiqués par le sens commun et mis en pratique par chacun.

La stérilité des résultats de l'économie politique se déduit :

1° du peu d'importance de son objet ;

2° de la simplicité de ses notions fondamentales ;

3° du caractère négatif de ses conclusions.

Quant à la prétendue infériorité de l'objet, il faut remarquer que les lois qui président aux phénomènes économiques sont dignes de l'attention du savant comme celles qui gouvernent le monde physique. L'importance de la recherche devient évidente lorsqu'on songe à l'étroite relation qu'il y a entre le bien-être matériel et le bien-être moral. La misère, c'est-à-dire la plus grande plaie économique, n'est-elle pas une calamité qui souvent produit et souvent accompagne et rend plus aiguës les deux plus grandes plaies intellectuelles et morales, l'ignorance et le crime ?

Partir de notions simples (besoin, utilité, valeur, capital, etc.) pour arriver à des notions plus complexes, c'est là une condition logiquement nécessaire de toute recherche scientifique. Qui donc reprochera à la géométrie ses définitions (du point, de la ligne, de la surface) et ses axiomes, d'où on déduit des théorèmes intéressants et fort utiles ? Ferrari a très finement remarqué que l'économie peut tirer gloire d'avoir déduit de prémisses si élémentaires des conséquences d'importance fondamentale pour le bien-être général. De même que les concepts de liberté, de souveraineté, de nationalité, différemment interprétés, ont été la cause de discussions, de guerres, de révolutions dans l'ordre politique, de même l'idée de valeur et celle de travail, mal unies entre elles, ont été l'origine des théories célèbres du socialisme scientifique. Manzoni a merveilleusement démontré, dans le *Dialogue de l'invention*, que les idées simples de Rousseau ont logiquement conduit aux terribles applications de Robespierre.

Il est tout aussi faux de déduire la prétendue inutilité de l'économie du caractère négatif de ses conclusions, que beaucoup réduisent, même parmi ceux qui ne sont pas des adversaires, à la formule du laisser-faire. On oublie ainsi que l'économie sociale recherche des lois et ne donne pas de principes ; on oublie, de plus, que les principes, ou mieux, que les normes de la politique économique ne sont pas tous négatifs ; que beaucoup de ces normes négatives ne sont pas pour cela moins importantes : qu'enfin le laisser-faire n'est pas un dogme scientifique, mais une hypothèse de l'économie sociale, et une règle de l'art économique sujette, par cela même, à de notables exceptions.

Quant à opposer à la théorie, comme on le fait quelquefois, le sens commun et la pratique individuelle comme des sources plus limpides pour arriver aux mêmes vérités et aux mêmes normes, c'est là un sophisme séculaire et vulgaire que l'on rencontre, pour ainsi dire, sur le seuil de toute investigation scientifique.

Si l'on compare à la théorie le sens commun, c'est-à-dire l'aptitude ordinaire à faire ou à comprendre une chose, et la pratique individuelle, c'est-à-dire l'expérience qu'on acquiert en refaisant et en voyant refaire par d'autres certaines choses, et si l'on considère que la pratique suppose un certain nombre de connaissances empiriques, il faut conclure que la théorie et la pratique, fondées toutes deux sur l'observation et sur le raisonnement, diffèrent cependant essentiellement en ce que la théorie est le résultat systématique de la pratique séculaire, qu'elle est le fruit, selon une autre expression, de l'esprit des nations, tandis qu'au contraire la pratique part d'observations nécessairement moins nombreuses et moins exactes et opère avec des raisonnements moins parfaits et moins rigoureux. Opposer la pratique à la théorie, c'est presque dire que le moins equivaut au plus ou que la partie est plus grande que le tout En fait, la contestation est entre le plus et le moins d'étude, entre la doctrine entière et la demi-doctrine, car celle-ci tyrannise — et beaucoup — l'esprit des soi-disant hommes pratiques qui se croient émancipés de toute influence théorique.

Mais si, d'un côté, la pratique des affaires ne peut pas remplacer la doctrine, il n'en est pas moins vrai que celle-ci a besoin de celle-là pour résoudre les questions concrètes. Les doctrinaires qui repoussent le secours de la pratique ont tout aussi tort que les empiriques qui s'obstinent à refuser les lumières de la théorie.

Les études économiques rencontrent encore de plus nombreux adversaires parmi ceux qui, sans se soucier de la solidité scientifique de l'économie, déclarent qu'elle est moralement ou politiquement dangereuse.

Pour démontrer que l'économie politique est dangereuse au point de vue de la morale (religieuse ou philosophique), on invoque :

1° la nature matérielle de son objet, la richesse;

2° le caractère utilitaire de sa prémisse la plus importante, l'intérêt;

3° les opinions critiquables de certains économistes;

4° l'immoralité prétendue des théories de l'intérêt du capital, de la population, de l'assistance, etc.

Ces accusations, souvent lancées avec une parfaite bonne foi et dans les meilleures intentions, peuvent être facilement réfutées, parce qu'elles proviennent d'une connaissance insuffisante des caractères de l'économie.

Quant à la nature matérielle de l'objet, qui n'est pas d'ailleurs la richesse, mais les actions humaines qui s'y rapportent, nous remarquons que l'économie politique étudie les phénomènes sociaux sous un seul aspect, et elle le fait parce que le progrès scientifique exige une division et une subdivision toujours plus grandes de la recherche. Qui donc mettrait en doute la valeur théorique de l'histoire naturelle et de la physique, parce que ces deux diciplines ont un objet bien plus circonscrit que la physique d'Aristote, l'histoire naturelle de Pline, la science de Thalès ?

La limitation du champ de la recherche d'une science n'implique ni le mépris, ni la négation des autres sciences. Appellera-t on athées le mathématicien, le physiologue, le technologue, par cela seul que dans leurs livres il n'y a pas un mot qui rappelle l'existence de Dieu et les devoirs de l'homme ? Il faudrait certes condamner l'économiste qui enseignerait que l'acquisition des richesses est la fin unique, ou même seulement la fin principale, soit pour l'individu, soit pour la société, mais ces propositions absurdes n'ont rien à voir avec l'économie. Pour les mêmes raisons, celui qui affirmerait que l'homme est né pour manger, ou que l'idéal de la vie sociale, c'est la guerre, formulerait des principes contraires à la morale, mais on ne pourrait les imputer à la physiologie ou à la stratégie.

L'accusation d'immoralité qu'on lance contre l'économie politique, parce qu'elle part du principe de l'intérêt, est tout aussi fausse, et pour plus d'une raison. C'est là l'argument principal dont s'est servi, avec beaucoup d'habileté littéraire, mais fort peu de compétence scientifique, l'école de Carlyle et de Ruskin, qui a encore, par suite de la juste célébrité de ces écrivains, de nombreux disciples, notamment en Angleterre. C'est au

premier qu'est due la célèbre épithète de science lugubre
(dismal science) appliquée à l'économie.

Th. Carlyle, *Past and pre sent.* London, 1843.
Arsène Dumont, *Dépopulation et civilisation.* Paris,
1892.

Remarquons, d'abord, que le principe de l'intérêt n'est
pas une règle de la politique économique, mais une
hypothèse dont se sert l'économie sociale pour expliquer les phénomènes de la richesse, en les déduisant de
la cause principale d'où ils dérivent. Il faut remarquer,
en second lieu, que l'économie ne crée pas l'intérêt, ne
le juge pas, mais qu'elle en étudie l'action, de la même
manière que le physiologue étudie les lois de la nutri-
tion. On ne peut pas nier, d'ailleurs, la puissance de ce
principe qui pousse l'homme à rechercher le maximum
d'effet utile avec le minimum de dépense de force.

De plus, il ne faut pas oublier que le principe de l'intérêt, tel qu'il est étudié par l'économie, est un simple
fait psychique et non un fait moral, car il n'y a pas de
relation nécessaire entre la loi du moindre effort et la
question morale de l'emploi des richesses. Dietzel, qui
a plus que tout autre approfondi ce sujet, remarque
très justement que le maximum de prix pour les marchandises qu'il vend et le minimum de prix pour celles
qu'il achète sont recherchés aussi bien par celui qui pro-
digue son revenu en débauches et en libertinage que
par celui qui l'emploie à fonder des maisons d'instruction ou d'assistance.

Il faut ajouter que l'intérêt privé ne se confond pas
avec l'intérêt purement individuel (qui exclut toute préoc-
cupation de famille) et moins encore avec l'égoïsme qui
demande qu'on fasse valoir ses avantages propres aux
dépens des droits d'autrui. On ne doit pas s'imaginer

enfin que le principe utilitaire de l'intérêt est nécessairement blâmable ; il est, nous le répétons, moralement
indifférent, pour ne pas dire irrépréhensible, lorsque,
dans l'ordre économique, il dirige le choix entre plusieurs façons d'agir, toutes équitables et justes. Ce principe devient non seulement perturbateur mais encore
absolument immoral et (comme l'a excellemment démontré Manzoni) impossible à suivre pratiquement,
quand on veut en faire (avec Bentham et son école) le
régulateur suprême de l'activité humaine. Mais cette
erreur n'a rien de commun avec l'économie sociale qui
ne s'occupe pas de ces questions ; comme on l'a dit
déjà, l'économie apppliquée combat, au point de vue
purement utilitaire, l'oisiveté, l'imprévoyance, la prodigalité qui sont, en même temps, des actions blâmables au point de vue moral.

H. Dietzel, *Beitrage zur Methodik der Wirthschaftswissenschaft* (in *Jahrbucher für Nationalohonomie*,
etc., vol. IX. Jena, 1884).

On ne peut pas non plus tirer un argument solide
contre notre science de certaines opinions critiquables
émises par quelques économistes connus, qui n'expriment alors que des vues individuelles, étrangères à
l'économie comme science. Cela explique comment le
spiritualiste Turgot, le déiste Smith, l'incrédule Say,
le luthérien Roscher, le calviniste Cherbuliez, le catholique Droz ont pu enseigner les mêmes vérités économiques. On pourrait supprimer dans les œuvres de
Say, de Stuart Mill, de Garnier et de beaucoup d'autres, toutes les affirmations fausses au point de vue religieux et moral, sans changer leurs doctrines économiques.

Quant à l'immoralité prétendue des théories sur l'in-

térêt, la population et l'assistance, il suffira de remar
quer que l'économie politique :

1° Peut démontrer l'inopportunité et l'inefficacité des
lois prohibitives et restrictives de l'intérêt conventionnel
dans le prêt, sans pour cela approuver l'usure, à bon droit
reprouvée par la morale et punie par la loi positive ;

2° Elle peut montrer les dangers d'un excès partiel
de population et conseiller la prévoyance, sans pour
cela envahir le domaine de la morale et porter atteinte
à ses raisons suprêmes ;

3° Elle peut montrer les inconvénients de certaines
formes d'assistance, sans pour cela méconnaitre le précepte divin de la charité, ou les avantages même économiques de l'assistance, et en particulier de l'assistance privée, quand elle tend à combattre les causes
et non pas seulement à diminuer les effets de l'indigence et de la misère.

Un dernier groupe d'adversaires de l'économie politique, qui se partage en deux branches opposées, la
déclare politiquement dangereuse parce qu'elle est :

1° anarchique, c'est-à-dire ennemie du principe d'autorité et créatrice du nihilisme administratif ;

2° réactionnaire, c'est-à-dire ennemie de l'égalité et
du progrès.

Aux uns et aux autres on peut tout d'abord répondre
que leurs objections ne peuvent atteindre la science
économique, qui ne défend ni n'attaque aucun principe
de gouvernement, quelque bon ou quelque mauvais
qu'il soit, mais se borne à expliquer les phénomènes,
et que par conséquent ses doctrines peuvent être vraies
ou fausses, mais non utiles ou dangereuses.

Si ces attaques concernent la politique économique,
il faut la défendre par deux réponses distinctes.

A ceux qui reprochent à l'économie politique d'être

l'ennemie du principe d'autorité, nous répondrons que la limitation des attributions économiques des pouvoirs publics ne tend pas à affaiblir mais à renforcer le principe d'autorité, parce qu'il le met à sa véritable place et lui assigne ses limites de raison. D'ailleurs, aujourd'hui plus que jamais, cette limitation n'est pas demandée d'une façon absolue, car il faut évidemment tenir compte des conditions de temps et de lieu, de civilisation et de précédents de tout genre.

A ceux qui attaquent l'économie politique parce qu'elle est réactionnaire et hostile au progrès et à l'égalité, nous répondrons :

1° Que la politique économique, telle qu'elle est généralement professée, a toujours été favorable aux sages réformes et qu'elle n'a jamais été hostile qu'à celles qui détruiraient la civilisation et qui sont la négation du progrès;

2° Que l'économie politique ne peut pas être cause des inégalités naturelles qu'il y a entre les hommes, parce qu'elles sont les conséquences inévitables de leurs qualités intellectuelles et morales différentes et qu'elles doivent être considérées comme un facteur éminemment favorable au progrès social ;

3° Que la politique a toujours combattu les inégalités artificielles, filles du privilège et des institutions gouvernementales vicieuses, et l'on ne doit pas oublier qu'elle a, pour une grande partie, contribué aux réformes qui les ont fait disparaître.

Pour toutes ces raisons, il semble que nous pouvons conclure que l'antipathie qu'ont pour l'économie politique les représentants des opinions extrêmes, empiriques ou doctrinaires, individualistes ou socialistes, réactionnaires ou utopistes, peut être considérée comme une preuve indirecte de l'utilité théorique et pratique de ses enseignements.

DEUXIÈME PARTIE

HISTOIRE

CHAPITRE PREMIER

L'HISTOIRE DE L'ÉCONOMIE POLITIQUE

L'histoire de l'économie politique, est l'exposition raisonnée de l'origine et des progrès des théories économiques, considérées dans leurs relations avec les conditions, les idées et les institutions sociales.

L'histoire ainsi entendue n'est pas un simple exposé chronologique des doctrines, mais elle comporte des appréciations critiques sur leur bonté absolue et relative. Elle recherche les germes des différentes théories dans leurs manifestations isolées, accidentelles et fragmentaires, et elle montre comment elles ont pu constituer, plus tard, un corps de doctrine distinct et plus ou moins systématiquement coordonné.

Il faut, au sujet des liens qui unissent les théories économiques aux faits dont elles s'occupent, mettre en lumière deux ordres de rapports.

Les écrivains ressentent presque toujours, avec plus ou moins de force, l'influence des conditions, des idées et des institutions spéciales du pays et de l'époque auxquels ils appartiennent ou qui a plus particulièrement attiré leur attention. Cette influence est très grande, bien qu'elle passe inaperçue et qu'elle soit même niée par ceux qui la subissent et qui proclament, en même temps, leur indépendance philosophique. Ils se mettent ainsi en contradiction avec la vérité ou, mieux, avec la nature même des choses. Si l'on s'attache à l'essence des différentes théories, dépouillées des particularités purement accidentelles, il est souvent facile de découvrir qu'elles ont pour base une apologie de certaines institutions économiques données, que l'auteur approuve et idéalise pour ainsi dire, ou une opposition à certaines institutions économiques que l'auteur combat résolument. On peut donc appliquer aussi aux économistes le reproche célèbre que Bacon faisait à certains philosophes, qui *tamquam e vinculis ratiocinantur*.

D'un autre côté, les écrivains exercent, ou du moins quelques-uns et dans une mesure fort inégale, une influence notable sur les opinions de leurs contemporains et sur leur postérité, influence qui, souvent, a préparé des réformes législatives et administratives de grande importance. C'est ainsi que les ouvrages des physiocrates ont inspiré quelques unes des lois financières des premières années de la République française ; Adam Smith a donné, par ses doctrines, une grande impulsion à la réforme du système économique de plusieurs États de l'Europe ; c'est au livre de Malthus que sont dues les importantes modifications introduites en 1834 dans la loi des pauvres en Angleterre. Inversement, le travail des esclaves dans l'antiquité et la prédominance des prêts de consommation au moyen âge expliquent à n'en pas douter le mépris de certains philosophes anciens pour le travail manuel et l'hostilité à l'égard de l'intérêt qui trouve son expression concordante à la fois dans les ouvrages des théologiens, des canonistes et des civilistes du moyen âge.

Cependant si, dans l'histoire des théories économiques, on étudie l'influence des institutions, on ne doit pas, pour cela, confondre l'histoire des théories économiques avec l'histoire des institutions ; ce sont deux ordres de recherche absolument différents par leur objet, bien qu'on les conçoive comme devant former partie intégrante dans une histoire complète de l'économie, entendue dans son sens le plus large. Blanqui, et ceux qui ont suivi ses traces, se sont donc trompés en déduisant l'antiquité des doctrines de celle des institutions et des faits, car ils ont ainsi confondu la science avec les objets qu'elle étudie. Affirmer, comme ils le font, que là où il y a des richesses, des échanges, des monnaies et des impôts, on doit trouver aussi une science économique, cela équivaut à dire que l'astronomie et la physiologie sont une conséquence nécessaire du mouvement des astres et des phénomènes de la vie végétale et animale.

P. Rossi, *Introduction à l'histoire des doctrines économiques*, in *Journal des Economistes*. T. II (Paris, 1842), pp. 201-223.

H. Baudrillart, *De l'histoire de l'économie politique*. *Ibidem* T. V (3º série, 1867), pp. 57-75.

L'histoire des doctrines économiques comprend :

1º L'histoire externe, qui étudie l'origine et le développement des théories et des systèmes, considérés dans leur ensemble et dans leurs parties principales, sans descendre aux menus détails. Elle est générale, si elle embrasse tous les temps et tous les lieux ; spéciale, si elle se limite à une époque, à une nation, à un système, à un ou à quelques écrivains, etc ;

2º L'histoire interne (ou, comme on dit en Allemagne, dogmatique), qui recherche la formation et les progrès des différentes théories particulières (celles, par exemple, de la valeur, de la monnaie, de la rente, des impôts) et dont on fait souvent précéder ou suivre leur exposé doctrinal. Les matériaux de l'histoire interne de l'économie sont dispersés dans une multitude de monographies. Parmi les auteurs d'ouvrages généraux et systématiques qui ont, dans les limites de leur

sujet, recueilli des données très abondantes sur l'histoire interne de l'économie politique, la première place
appartient, sans conteste, à notre vénéré maitre Guillaume Roscher.

> W. Roscher, *System der Volkswirthschaft*. Stuttgart,
> 1854-1880. 4 volumes (réimprimés plusieurs fois
> séparément). Le premier volume a paru en
> français sous le titre : *Principes d'économie
> politique*, traduction française par Wolowski.
> Paris, 1857, 2 vol. ; le second, sous le titre de
> *Traité d'économie politique rurale*, traduction
> française par Vogel. Paris, 1888.

Les critères dont il faut s'inspirer dans l'étude de
l'histoire (externe et interne) de l'économie sont les
suivants :

1° Le choix des matériaux doit être judicieux, et,
par conséquent, on ne doit enregistrer ni toutes les
œuvres, ni tous les auteurs, mais ceux-là seulement qui
sont remarquables par leur valeur intrinsèque, leur
originalité, leur influence.

2° L'exposition des faits intrinsèques (livres, doctrines, enseignements) et extrinsèques (conditions individuelles et sociales) doit être claire, sobre et fidèle.

3° La critique des théories doit être large et impartiale, mettre en relief leur originalité, les influences
qu'elles ont subies ou exercées et leur valeur réelle,
tant par rapport au temps où elles sont nées, que par
rapport à l'état dernier de la science.

L'histoire des disciplines économiques ne peut pas
remplacer leur étude dogmatique, mais elle en est un
complément nécessaire. Pourvu qu'elle soit éclairée par
la critique, elle ne peut donner naissance ni au scepticisme systématique, ni à un éclectisme inconsidéré,
ni à l'apologie posthume de doctrines et d'institutions

vieillies. Elle peut, au contraire, contribuer à l'histoire
de la civilisation, en mettant en lumière l'influence des
économistes sur les réformes sociales déjà effectuées,
et en préparant le terrain pour d'autres réformes qui
pourront être réalisées dans l'avenir. Elle servira, en
outre, à mieux connaitre la valeur des théories, parce
qu'on les aura étudiées dans leurs origines et dans les
modifications qu'elles ont successivement subies.

Comme il est impossible de recourir toujours à
toutes les sources, il faudra bien souvent nous servir
des œuvres générales ou spéciales qui en résument, au
moins partiellement, le contenu. Il nous faut donc indiquer, en y joignant quelques notes critiques, les
œuvres principales qui se rapportent à l'histoire générale externe de l'économie politique; nous parlerons
plus loin des œuvres spéciales.

On trouve une indication sommaire des histoires de
l'économie politique dans :

> R. v. Mohl, *Die Schriften über die Geschichte der poli-
> tischen Œkonomie*, in *Geschichte und Literatur der
> Staatswissenchaften*. T. III (Erlangen, 1858), p. 291
> et suiv.
> Jul. Kautz, *op. cit.*, pp. 34-50.
> K. Knies, *Die politische Œkonomie,* etc. Braunschweig,
> 1881-83, pp. 9-22 et 521-533.

Les notices historiques, d'ordinaire assez courtes et
exclusivement bibliographiques, que l'on trouve, comme
introduction ou comme appendice, dans beaucoup de
traités, ne suffisent pas pour donner une connaissance
suffisante du développement graduel de cette discipline. Il faut en dire autant des articles, remarquables
souvent, que l'on trouve dans certains Dictionnaires et
dans les meilleures Encyclopédies. Citons, par exemple,
les traités d'économie politique publiés, en Angleterre,

par Mac-Culloch, Shadwell, Marshall; en France, par
Say, Garnier, Courcelle-Seneuil; en Allemagne, par
Lotz, Rau, Wirth, par le socialiste Marlo (Winkelblech),
par Cohn, et spécialement par von Scheel (dans le
Manuel de Schönberg); en Italie, par Bianchini, et sur
ses traces par Trinchera; en Hollande, par Pierson; en
Espagne, par Florez Estrada, Carballo y Vanguemert,
Carreras y Gonzalez; par Forjaz da Sampajo, en Portugal; par Wreden, en Russie; par Bilinski, en Pologne;
en Suède, par Hamilton et par Leffler; en Danemark,
par Frederiksen; aux Etats-Unis d'Amérique, par Perry,
Ellis Thompson, Laughlin, James (dans l'*Encyclopédie*
de Lalor), etc.

Parmi les ouvrages exclusivement consacrés à l'histoire générale de l'économie politique, il faut faire une
mention spéciale pour :

> Ad. Blanqui, *Histoire de l'économie politique en Eu-
> rope*, etc., *suivie d'une bibliographie*, etc. Paris,
> 1837-38, 2 vol., 4e édit. (par les soins de M. A. Ott),
> Paris, 1860; traduite en anglais par E.-J. Léonard.
> London, 1880.
>
> Alb. de Villeneuve-Bargemont, *Histoire de l'economie
> politique*. Paris, 1841. 2 vol.
>
> Travers-Twiss, *View of the progress of political eco-
> nomy in Europe*, etc. London, 1847.
>
> Jul. Kautz, *Die geschichtliche Entwickelung der Natio-
> nal-Oekonomie und ihrer Literatur*. Wien, 1860
>
> Eug. Dühring, *Kritische Geschichte der Nationalokono-
> mie und des Socialismus*. Berlin, 1871 (3e édit., 1879).
>
> H. Eisenhart, *Geschichte der Nationalokonomik*, Jena,
> 1881 (2e édit. 1891).
>
> J. K. Ingram, *A history of political economy*. Edin-
> burgh, 1888 (trad. allemande de E. Roschlau,
> Tübingen, 1890; trad. italienne de Debarbieri,
> Torino, 1892; trad. française de Henry de Vari-
> gny et E. Bonnemaison, Paris, 1893).
>
> A. Espinas, *Histoire des doctrines économiques*. Paris,
> 1892.

On peut reprocher aux compilations de Blanqui et de Villeneuve-Bargemont leur manque de méthode, d'ordre, de critique, l'insuffisance et l'inexactitude des renseignements, rarement puisés aux sources, et l'ignorance presque complète des œuvres qui n'ont pas été écrites ou traduites en français. L'histoire de Villeneuve-Bargemont, qui se place au point de vue d'une économie politique chrétienne qu'il oppose à celle de Smith, a été rapidement oubliée, tandis que celle de Blanqui, remarquable par l'élégance de la forme, a eu un grand succès, en l'absence d'une œuvre meilleure et facilement accessible à la généralité des lecteurs. Les jugements de Blanqui, qui a subi pour partie l'influence de Sismondi, ont leur point de départ dans l'idée d'une économie politique française, généreuse et philanthropique, qu'il opposait à l'économie anglaise, selon lui trop mesquine et trop exclusive.

Travers-Twiss n'a étudié que quelques auteurs anglais, français, italiens, et il n'a pas toujours fait une étude suffisante des sources ; mais son ouvrage a plus de valeur que les deux précédents, bien qu'il ne donne qu'un simple tableau historique depuis le xvi° siècle. Il faut louer chez lui certaines de ses appréciations et le grand soin qu'il a mis à distinguer l'histoire des doctrines de celle des institutions.

L'ouvrage du professeur hongrois, Jules Kautz, disciple de Roscher et partisan des doctrines de l'école historique, qui lui ont fourni le critère de ses jugements, a plus de valeur que les histoires précédentes et souvent aussi que celles que nous mentionnerons plus loin. Les renseignements sont abondants, les recherches approfondies, et la connaissance des histoires particulières et des monographies très étendue. Cependant, ses jugements, nécessairement peu objectifs, sont souvent incertains et même superficiels. Il faut noter encore que son style ampoulé, ses impropriétés de termes, la mauvaise distribution des matières et l'absence d'une table des auteurs, ont enlevé, dès sa publication, à cette œuvre, d'ailleurs très savante, une notable partie de l'utilité qu'elle aurait pu avoir. De plus, les études faites dans ces dernières années sur les différentes par-parties de l'histoire de l'économie et le progrès ultérieur de la science ont fait vieillir une grande partie de de cette œuvre.

Les histoires de Dühring et d'Eisenhart ont des mérites et des défauts différents. Elles sont remarquables par l'ordre, la sobriété, la juste place donnée aux principaux auteurs ; mais elles sont absolument insuffisantes pour la partie bibliographique. Ces deux auteurs se sont peu préoccupés des œuvres secondaires, mais relativement importantes, et en général des monographies. Eisenhart, en particulier, ne donne qu'une esquisse historique trop succincte ; il n'est pas toujours impartial et il partage avec Dühring ce préjugé de considérer comme absolument moderne l'origine de notre science. Dühring, qui s'est occupé très longuement des théories de List, de Carey et de quelques socialistes, est trop entiché du protectionnisme américain, et tout à fait injuste dans les jugements qu'il porte sur certains grands auteurs (par exemple, Malthus et Ricardo), et il est en même temps trivial dans l'appréciation de l'œuvre scientifique de certains de ses illustres compatriotes, sans parler de sa prétention d'avoir découvert une économie nouvelle, qui résoud les controverses entre l'économie ancienne et les formes du socialisme qu'il combat.

Sans aucun doute, et pour plus d'une raison, il faut mettre au-dessus des travaux dont nous venons de parler, l'histoire de l'irlandais Ingram, un savant et élégant disciple de l'école d'Auguste Comte, et qui était

déjà connu par son discours contre l'école classique.
Si elle est moins riche de renseignements, comparée à l'œuvre de Kautz, sur les auteurs étrangers et
les auteurs secondaires, elle fournit cependant (après
Roscher, Eisenhart, von Scheel, Meyer, Pecchio et
notre *Guide*) des données suffisantes et exactes sur le
développement de l'économie en Allemagne et en Italie,
tout en insistant davantage sur les auteurs anglais et
même sur les auteurs français, généralement étudiés
aux sources. Toutefois, si on peut accepter presque
toujours, dans le volume d'Ingram, ses exposés de doctrine, ce n'est qu'avec une grande réserve qu'il faut
accepter ses jugements sur des écrivains, même de premier ordre, comme Malthus, Ricardo, Cairnes · et
quelques autres, qui n'appartiennent pas à l'école
historique allemande et à la sociologie, auxquelles
l'auteur emprunte ses critères pour juger le passé de
la science et pour prévoir l'avenir.

Il n'est pas nécessaire de nous étendre sur le mérite
de certains résumés historiques de l'économie, qui ne
s'élèvent pas au-dessus de la compilation mécanique et
vulgaire. Parmi les auteurs étrangers nous signalerons,
parce qu'ils contiennent certains renseignements,
d'ailleurs absolument incomplets, sur la littérature de
leur propre pays, les manuels des hollandais Molster et
De Rooy, du suédois Balchen, et celui, un peu supérieur, du professeur russe Vernadsky.

J. A. Molster, *De Geschicdenis der Staathuishoudkunde*.
Amsterdam, 1851.
E. W. de Rooy, *Geschicdenis der Staathuishoudkunde
in Europa*. Amsterdam, 1851.
Iwan Vernadsky, *Résumé historique de l'économie politique* (en russe). Saint-Pétersbourg, 1858.
Aléx. R. Balchen, *Grunddragen of den Politiska Eko-
nomiens historia*. Stockolm, 1869. (Très rapide
esquisse).

On peut tirer un plus grand profit de certains travaux sur l'histoire spéciale de l'économie politique dans les différents pays et dans les différents temps, et d'un nombre encore plus considérable de monographies, écrites d'après les sources, sur les différentes écoles et sur certains écrivains dignes, pour telle ou telle raison, d'être pris en plus grande considération. Les matériaux ainsi recueillis sont si abondants qu'il est très difficile de s'en rendre maître, mais ils permettent de résumer mieux qu'on ne l'a fait jusqu'ici les résultats les plus importants et les plus sûrs des recherches historiques particulières.

Ce qu'il nous faut le plus regretter, c'est l'absence d'une histoire de l'économie politique en France avant les physiocrates, et en Angleterre avant Smith. On peut y suppléer, mais en partie seulement, par quelques monographies et notamment par deux volumes, malheureusement écrits en russe, du professeur Janschull sur l'histoire du *free trade*, et par un remarquable *Essai* de Roscher, qui n'a cependant pas connu tous les auteurs, et qui n'a pas toujours pu les consulter de première main. Un élève distingué de Menger, le docteur Etienne Bauer, *privat dozent* à Vienne, auquel nous devons quelques bons Essais, prépare une histoire de l'économie politique avant Adam Smith, pour laquelle il a déjà, dans ses voyages à Londres et à Paris, recueilli de précieux matériaux.

Pour l'histoire de l'économie politique en Allemagne, il n'y a presque rien à glaner après le travail colossal de Roscher, qui est un modèle d'exactitude et pour le fond et pour la forme ; on ne peut faire que cette objection, c'est que l'importance du sujet est très inférieure aux soins infatigables qui ont été dépensés.

Il faut encore citer l'histoire de l'économie politique en Espagne de Colmeiro, et celle des Pays-Bas de Las-

peyres, qui a été l'occasion d'un autre travail plus profond du professeur van Rees, malheureusement resté
inachevé par suite de la mort de l'auteur. Colmeiro et
van Ress ont étudié avec grand soin le lien qu'il y a
entre les théories, les conditions de fait et les institutions. Il faut louer encore les Essais moins développés
d'Arnberg pour la Suède, et de Kautz pour la Hongrie.
Une histoire des théories économiques aux Etats-Unis,
et notamment pour les dernières décades, rendrait de
très grands services. Espérons que le jeune savant docteur Furber, de Chicago, pourra bientôt nous la donner;
sur les conseils de Menger, il nous a communiqué le
manuscrit de la première partie de son travail, qui nous
a paru remarquable par sa sobriété et sa clarté.

W. Roscher, *Geschichte der National-Œhonomih in
Deutschland.* München, 1874.

M. Colmeiro, *Historia de la economia politica en Espana.* Madrid, 1863. Deux volumes (elle s'arrête
au xviiie siècle). Elle se trouve complétée par
l'ouvrage suivant du même auteur : *Biblioteca
de los economistas espanoles de los siglos 16, 17
y 18.* Madrid 1861. Réimprimé en 1880.

Et. Laspeyres, *Geschichte der volkswirthschaftlichen
Anchauungen der Niederlander,* etc. Leipzig, 1863.
(Elle ne contient que le xviie et le xviiie siècles.)

O. van Rees, *Geschicdenis der Staathuishoudkunde in
Nederland,* etc. Utrecht, 1865-68. Deux volumes.

J. W. Arnberg, *Antechningar om frihetstidens politiska ehonomi.* I. Upsala, 1868. (Elle comprend la
période de 1719 à 1772.)

Jul. Kautz, *Entwickelungs-Geschichte der volkswirthschaftlichen Ideen in Ungarn,* etc. Budapest, 1876.
(Traduction abrégée de l'œuvre originale, en
hongrois, éditée en 1868.)

L'Italie a eu, grâce au baron P. Custodi, la première
collection, incomplète d'ailleurs, de ses économistes,

accompagnée de biographies. Elle doit à Joseph Pecchio
un essai historique sur ces auteurs, qui a été très répandu en Italie, grâce à la prohibition qu'en avait faite
la censure autrichienne, et à l'étranger, grâce à une
traduction française. C'est alors que naquit et s'accré-
dita pour longtemps l'opinion de la prééminence absolue
(Gioja et Mugnai ou de la prééminence temporaire (Romagnosi) des Italiens en économie. Cette thèse, encore aujourd'hui très répandue, a été attaquée avec vigueur par Ferrara (*Biblioteca dell'Economista*, série I,
vol. III. Torino, 1852), et après lui, avec autant d'acri-
monie, par un anonyme (dans l'*Economista*. Milano,
1858). Des recherches récentes et l'étude d'ouvrages
importants qui avaient échappé au baron Custodi, ont
permis de conclure que l'Italie, aux XIIIe, XVe, XVIe siècles
et dans la première moitié du XVIIe, a eu des écrivains de
premier ordre, notamment en ce qui concerne la mon-
naie, et que, dans la seconde moitié du XVIIIe, elle a
fourni sa contribution à la constitution de la' science.
La collection de Custodi a servi de base à deux es-
quisses historiques. La première, de Vernadsky, en
russe, et l'autre, plus savante et plus profonde, de l'illustre N. G. Pierson, en hollandais.

Scrittori classici di economia politica. Milano, 1802-
1816. 50 volumes.

Gius. Pecchio, *Storia dell' economia pubblica in Italia*.
Lugano, 1829. Plusieurs fois réimprimé ; la dernière réimpression est de 1852, Turin. Traduction française de L. Gallois. Paris, 1830.

Ivan Vernadsky, *Recherches historico-critiques sur les
économistes italiens*. Moscou, 1849. (Thèse de doctorat.)

N. G. Pierson, *Bijdrage tot de geschiedenis der econo-
mische studien in Italie*, etc. Amsterdam, 1866.
(Traduction allemande, sans le nom de l'auteur,
par un certain Schwarzkopf. Strasbourg, 1872.)

D'excellentes monographies sur l'histoire de l'économie politique en Italie ont été publiées dans ces vingt dernières années par Ricca-Salerno, Cusumano, Gobbi, Fornari, Morena, Supino, Graziani, Montanari, Balletti, Alberti, etc. Nous faisons des vœux pour que Toniolo, Conigliani, Graziani, Morena et Balletti terminent bientôt d'autres monographies depuis longtemps promises. Albergo a publié, avant l'impulsion donnée à ces études depuis 1870, une bonne étude sur la Sicile. Nous travaillons nous-mêmes à une bibliographie, si possible complète, des économistes italiens jusqu'à 1848 ; mais c'est là un travail ingrat que nous n'espérons guère pouvoir publier.

> Giulio Albergo, *Storia dell' Economia politica in Sicilia*. Palermo, 1855.

Notre présent travail n'étant qu'un résumé d'histoire externe des théories économiques, accompagné cependant des indications nécessaires pour des études plus larges et plus approfondies, nous les diviserons, pour faciliter l'exposition, dans les périodes suivantes :

1° La période que nous appelerons *fragmentaire*, qui comprend l'antiquité, le moyen âge et qui se prolonge, par quelques écrivains, jusqu'au xviie siècle;

2° La période que nous appellerons des *monographies* et des *systèmes empiriques*, qui va du xvie siècle jusqu'à la moitié du xviiie ;

3° La période des *systèmes scientifiques* (de Quesnay et de Smith), qui ont des précurseurs jusque dans le xviie, mais qui se développent et se perfectionnent dans la seconde moitié du siècle suivant et au commencement du nôtre ;

4° La période *critique contemporaine*, dans laquelle, du contraste des diverses écoles et de la discussion des bases mêmes de la science, se font jour de multiples tentatives pour éliminer les équivoques, perfectionner les méthodes, recueillir des matériaux plus nombreux et mieux élaborer les fruits de l'observation, pour rendre plus complètes et plus exactes les conclusions de l'économie rationnelle et formuler avec plus de prudence les règles de l'économie appliquée.

CHAPITRE II

L'ÉPOQUE FRAGMENTAIRE

————

Les opinions sont très diverses parmi les historiens au sujet des origines de l'économie politique ; pour les uns, c'est une science très ancienne, pour d'autres, elle est tout à fait moderne. De Villeneuve-Bargemont en trouve les origines dans le paradis terrestre, Kautz en Orient, Blanqui en Grèce, Bianchini commence son histoire à la chute de l'empire romain d'Occident, Twiss au xvie siècle, Eisenhart au système mercantile, que Dühring tient pour de la préhistoire. Dühring, avec beaucoup d'autres, commence par Quesnay, tandis que d'autres commencent par Smith. Il faut dire aussi que certains écrivains attribuent la paternité de l'économie politique à tels ou tels écrivains italiens, français, anglais du xvie ou du xviie siècle, par exemple à Davanzanti, à Scaruffi, à Botero, à Serra, à Bodin, à Montchrétien, à Boisguilbert, à Stafford, à Mun, à Petty, etc. Toute équivoque, en tant du moins qu'elle ne serait pas alimentée par des préjugés nationaux, serait bien vite dissipée, pour peu qu'on veille à ne pas confondre, d'une part, les opinions vulgaires sur les phénomènes économiques et, d'autre part, les concepts doctrinaux qui s'efforcent de les expliquer, soit incidemment dans des œuvres consacrées principalement à d'autres sciences, soit en s'en occupant *ex professo* dans des monographies, soit, enfin, en mêlant les règles de l'art et les vérités de la science dans un corps de doctrine

indépendant, formant un tout empirique (une collection
de monographies), ou un système vraiment scientifique
(c'est-à-dire logiquement coordonné).

Ceci posé, nous admettrons, que les systèmes autonomes d'économie politique, ayant un champ de recherche suffisamment déterminé susceptible d'être ex-
ploré avec des méthodes appropriées, ne remontent pas
au delà du siècle passé (Quesnay et Smith); mais nous
reconnaissons aussi, contrairement à Dühring, à Eisenhart, à Cohn, et à beaucoup d'autres, que d'importantes
notions scientifiques nous ont été transmises, sous forme
de fragments, dans les œuvres de philosophie appliquée,
de droit et de théologie, qui constituent la partie la
plus notable du patrimoine intellectuel de l'antiquité et
du moyen âge.

> Du Mesnil-Marigny, *Histoire de l'économie politique
> des anciens peuples.* Paris, 1872. 2 vol. (3e édit.,
> 1878. 3 volumes). (Apologie rétrospective du
> protectionnisme).
>
> Franc. Trinchera, *Storia critica dell'economia pubblica.*
> T. I. *Epoca antica.* Napoli, 1873. (Mauvaise com-
> pilation).
>
> Büchsenschütz, *Die Hauptstätten des Gewerbfleisses
> im klassischen Alterthum.* Leipzig, 1869.
>
> H. Wiskemann, *Die antike Landwirthschaft, etc.*
> Leipzig, 1859.
>
> A. Boeckh, *Die Staatshaushaltung der Athener.* Ber-
> lin, 1817, 2e édit., 1851. 3 volumes. Traduction
> française : *Economie politique des Athéniens,* par
> A. Laligant. Paris, 1828. 2 volumes.
>
> Dureau de la Malle, *Economie politique des Romains.*
> Paris, 1840. 2 volumes.

§ 1. — L'ÉCONOMIE POLITIQUE DANS L'ANTIQUITÉ

Les conditions sociales, le régime politique, les opinions religieuses et philosophiques, la persuasion que

toute l'activité des citoyens, y compris l'activité économique, doit être exercée dans l'État et par l'État, toujours omnipotent, quelques diverses qu'aient été les
formes de sa constitution, n'ont pas permis aux penseurs
de l'antiquité de s'élever à l'idée de lois rationnelles
de l'ordre social des richesses, idées qui sont la base
nécessaire de toute doctrine économique achevée, indépendante.

Notre science trouva comme obstacle à sa constitution, dans le monde ancien, le caractère même de l'organisation sociale, viciée par le régime de l'esclavage,
qui corrompait et avilissait la richesse dans ses sources ;
l'esprit de conquête et de guerre, qui ne permettait pas
aux peuples les plus forts et les plus puissants de se
livrer aux luttes pacifiques et fécondes de l'industrie ;
enfin la constitution politique elle-même. En fait, on
Grèce comme à Rome, tous les soins des citoyens étaient
tournés vers les affaires publiques. De la liberté si admi-
rée on n'avait pas une idée exacte ; on la croyait réalisée
par une large participation aux fonctions de l'État que
l'on voulait tout puissant et qui, par là même, était
appelé à étouffer toute autonomie de l'individu comme
des sociétés politiques inférieures. Comme obstacle à la
naissance de l'économie politique, nous trouvons enfin
les doctrines religieuses du paganisme, qui, d'accord
avec les théories des philosophes, condamnaient les
arts industriels, à l'exception de l'agriculture, parce
qu'ils les considéraient comme dangereux pour la
santé du corps, la culture de l'esprit et l'exercice des
vertus domestiques et civiles.

A) *Orient.* — Les idées économiques des peuples de
l'ancien Orient, telles qu'on les trouve dans leurs livres
sacrés, n'offrent qu'un faible intérêt si on les étudie à
la lumière de la science moderne. Elles peuvent se résu-

mer dans quelques préceptes moraux sur la vertu du travail, de la tempérance et de l'épargne, et sur le devoir de ne pas désirer les richesses, si ce n'est pour les employer à des objets de culte ou au secours des malades et des indigents. L'exercice des arts et du commerce est, en général, tenu pour vil, tandis que l'agriculture est très estimée ; celle-ci atteignit, notamment aux Indes et en Egypte, un haut degré de prospérité. La division du travail, au lieu de produire les miracles qu'elle doit à la liberté, se cristallisa dans le système des castes héréditaires qui ont imprimé à la civilisation orientale son caractère d'immobilité, et coupé les ailes à tout progrès raisonnable. Seuls quelques érudits et quelques hommes d'État de la Chine apprécièrent à peu près exactement la fonction du commerce et eurent une idée suffisamment exacte de la nature de la monnaie et de celle de ses substituts fiduciaires, devançant ainsi (comme le démontrent un fragment de Kwantsze, du septième siècle de l'ère vulgaire, et les œuvres de deux autres savants qui ont vécu au XIe siècle) par leurs préceptes beaucoup de pratiques, les unes recommandables, les autres mauvaises, de l'économie monétaire moderne.

. Eb. Kübel, *Die soziale und volkswirthschaftliche Gesetzgebung des Alten Testamentes*, etc, Wiesbaden, 1870.

Giac. Lumbroso, *Recherches sur l'économie politique de l'Egypte sous les Lagides*. Turin, 1870.

W. Wissering, *On chinese currency. Coin and paper money*. Leiden, 1877.

B) *Grèce*. — Plusieurs des Etats de la Grèce ancienne, favorisés par la nature et par leur excellente situation maritime, ont atteint un haut degré de puissance commerciale et politique ; et quelques-uns de leurs éminents

penseurs auraient dû être amenés à en rechercher les
causes. Cependant, et par les raisons déjà développées et
par la prédominance déjà signalée des intérêts strictement politiques, les recherches théoriques des Grecs sur
les phénomènes économiques furent toujours subordonnées aux études de la philosophie pratique (ou morale, au sens large), qui, pour les Grecs, se subdivisait en
trois branches : l'économie (domestique), l'éthique au
sens étroit, c'est-à-dire la doctrine des devoirs, la politique, c'est-à-dire l'art du gouvernement.

> K. H. Rau, *Ansichten der Volkswirthschaft.* Leipzig,
> 1821.
> W. Roscher, *Ueber das Verhältniss der National-Œ-
> komie zum klassischen Alterthum* (1849). Réim-
> primé dans les *Ansichten der Volkswirthschaft*
> Leipzig, 1861. pp. 3-46.
> J. C. Glaser, *Die Entwickelung der Wirthschaftsver-
> hältnisse bei den Griechen.* Berlin, 1865.
> L. Cossa, *Di alcuni studii storici sulle teorie economiche
> dei Greci*, in *Saggi di economia politica.* Milano,
> 1878, pp. 3-11. (Notes critico-bibliographiques.)

Parmi les historiens, on peut consulter *Hérodote*,
bien qu'il soit inférieur à *Thucydide*, lequel a su mettre
en évidence, avec une grande perspicacité, l'élément
économique et en particulier l'importance de l'échange
et son influence sur les faits politiques et sociaux, au
point de provoquer l'enthousiasme, peut-être excessif,
de Roscher, qui, dès 1842, lui avait consacré une savante biographie.

> G. Roscher, *Disputatio prima de doctrina œconomico-
> politicæ apud Græcos primordiis.* Lipsiæ, 1866

Avant Platon, plusieurs écrivains se sont occupés,
dans des œuvres spéciales, de l'économie domestique
et de quelques branches de la technologie, en particulier de la chasse, des mines et de l'agronomie. Nous

avons perdu, par exemple, les œuvres de Iéron et de Callicratides sur l'économie domestique, celles d'Apollodore de Lemnos sur les mines, et de Carete de Paros sur l'agriculture. Et si, peut-être, on disputa, comme l'a conjecturé Stein, sur certains points spéciaux de la chrématistique (science de la richesse, auxiliaire de l'éthique) et en particulier sur la distinction de la richesse et de la monnaie, il est hors de doute que la question économique et politique de l'esclavage fut l'objet de discussions dont nous retrouvons l'écho dans les œuvres d'Aristote.

Salv. Talamo, *Il concetto della schiavitù secondo Aristotile.* Roma, 1881. (In *Atti dell' Accad. di S. Tommaso d'Aquino.* Tomo I.)

L. Stein, *Die staatswissenschaftliche Theorie der Griechen vor Aristoteles und Platon.* (In *Zeitschr. für die ges. Staatswissenschaft*, 1853. Tubingen, pp. 115-182.)

On peut faire une moisson plus abondante de renseignements au sujet des vues économiques des Grecs sur les richesses sociales dans les œuvres des philosophes et particulièrement chez ceux de l'école de Socrate (m. 399. av. J. C.), qui donna une direction pratique aux recherches spéculatives. Cependant, ils n'ont considéré les biens économiques que comme un moyen pour atteindre les buts les plus élevés de la vie, de sorte qu'ils se sont occupés d'éthique économique et non d'économie politique, et ils se sont proposé surtout de démontrer que le bonheur véritable ne consiste pas dans la richesse. C'est, parmi beaucoup d'autres, la pensée de l'auteur, stoïque ou socratique, d'un dialogue intitulé *Eryxias*, que l'on trouve parmi les dialogues de Platon et qui fut pendant longtemps attribué à Eschine.

C. H. Hagen, *Observationum œconomico-politicarum in Œschinis Dialogum*, etc. Regiomonti, 1822.

La pensée économique des philosophes Grecs est plus largement et plus fidèlement reproduite dans les écrits de Platon, de Xénophon et en particulier dans ceux d'Aristote.

Platon (429-348. av. J. C.), dans sa *République*, esquisse le plan d'un État gouverné par des philosophes. Pour eux et pour la classe des guerriers existe le système de la communauté des biens et leur mariage est sévèrement réglementé. Le travail des esclaves et des étrangers pourvoit aux besoins de toute la population. Dans son ouvrage sur les *Lois*, Platon modère un peu son culte de l'idéal et il cherche à adapter son système politique et économique aux conditions réelles des temps. Il appelle riches ceux qui possèdent plus que les autres ; il distingue les biens humains (santé, force, beauté, richesse) des biens divins (sagesse, vertu, tempérance), et ceux qui servent à la jouissance et au luxe, des biens qui procurent un gain. Il avait su apprécier dans la *République* l'importance du travail et celle de sa division, sans en prévoir les développements postérieurs ; il analyse dans les *Lois* les usages de la monnaie, instrument et signe de l'échange, et aussi les avantages du commerce. Cependant, il pense que, dans l'intérêt de l'État, il convient de défendre l'usage de la monnaie et le prêt, d'exercer une surveillance étroite sur les manufactures, de restreindre le commerce, nuisible aux mœurs et à l'agriculture. Celle-ci a toutes ses préférences et il donne un grand nombre de préceptes pour arriver à une bonne exploitation. Bien qu'il ne méconnaisse pas les tendances des hommes à la propriété individuelle, il incline cependant vers le système de la plus grande égalité possible des biens, qui ne doivent pas dépasser un certain maximum; il propose un communisme tempéré. Le communisme absolu, qu'il considère comme l'idéal de la justice, avait trouvé

un critique spirituel dans l'*Assemblée des femmes*
d'Aristophane, et devait être plus tard complètement
réfuté dans le second livre de la *Politique* d'Aristote.

Rob. von Mohl, *Die Staatsromane.* In *Geschichte und
    Literatur der Staatswissenschaften*, vol. I. Erlangen,
    1855. pp. 171-176.
G. B. Salvioni, *Il Comunismo nella Grecia antica.* Pa-
    dova, 1883.
Rob. Pöhlmann, *Geschichte des antiken Kommunis-
    mus und Sozialismus.* München, 1893-94. 2 vol.

Xénophon (444-354. av. J. C.) est moins profond, mais
plus positif que Platon. Il est l'auteur de quelques
œuvres historiques et de petits traités sur l'économie
domestique, la chasse, les revenus de l'Attique, etc.
Pour lui, la richesse consiste dans l'excédant des biens
sur les besoins ; il appelle biens les choses utiles à la
vie, et il reconnaît comme éléments productifs la
nature, qui fournit les matériaux que le travail trans-
forme. Il apprécie, comme Platon, l'avantage qui
dérive de la division des professions, et il a des idées
plus exactes sur les arts manufacturiers et le commerce,
tout en accordant la première place à l'agriculture,
qui lui semble fournir l'occupation la plus propre à
fortifier le corps et l'âme, et à augmenter les richesses.
Il décrit, dans ce but, les conditions du sol et du climat,
et les méthodes d'organisation du travail qui lui pa-
raissent les plus propres au progrès de l'art agraire ; il
est, dans une certaine mesure, un précurseur éloigné
de la théorie moderne des limites de la production territoriale. Il croit à la nécessité de l'esclavage ; il recommande, toutefois, de traiter les esclaves avec humanité.
Il exprime, enfin, des idées originales sur la monnaie et
sur le prix, mais, en parlant de la valeur des métaux
précieux, il commet une grave erreur sur la valeur de

l'argent, qu'il croit constante et complètement indépendante des changements dans les quantités produites.

B. Hildebrand, *Xenophontis et Aristotelis de œconomia publica doctrinæ illustrantur*. Particula 1 (seule parue). Marburg, 1845.

Ad. Frout de Fontpertuis, *Filiation des idées économiques dans l'antiquité*, etc. (in *Journal des Economistes*, septembre 1871 et ss.)

Victor Brants, *Xénophon économiste* (in *Revue catholique de Louvain*, 1881).

Aristote (384-322. av. J. C.), le plus éminent des savants grecs, occupe également la première place en économie. Observateur patient, profond, pratique, il a non seulement poussé plus avant les recherches spéculatives sur la richesse, mais il a résumé tout le savoir économique de l'antiquité en traçant, en partie du moins, les limites des recherches faites sur ce sujet par les plus illustres penseurs du moyen âge. Ses théories économiques sont contenues dans l'*Ethique à Nicomaque* et dans la *Politique*; son *Economie* est une compilation d'écrivains postérieurs, basée cependant pour le second livre sur la *Politique* (d'après Zeller) et pour le premier (d'après Gottling) sur d'autres ouvrages d'Aristote.

Il comprend dans le patrimoine les biens destinés à la consommation et ceux qui sont destinés au gain ; en distinguant les biens qui servent directement au propriétaire de ceux qui servent à l'échange, il pose les premières bases de la distinction célèbre de la valeur d'usage et de la valeur d'échange, de l'économie naturelle et de l'économie monétaire, qui forment l'objet de différentes branches d'activité auxquelles correspondent des disciplines théoriques. Malgré ses préférences morales pour l'économie naturelle, il reconnaît que l'économie monétaire caractérise les peuples qui, par suite d'une large division des travaux, sont parvenus à un degré déjà élevé de civilisation. Il assigne à la monnaie les deux fonctions principales, d'être mesure commune des valeurs et instrument nécessaire pour faciliter l'échange. Il ne confond pas la monnaie avec la richesse, et démontre, au contraire, en rappelant la fable de Midas, qu'on peut mourir de faim au milieu de la plus grande abondance de métaux ; il ignore cependant que la monnaie peut aussi être un capital et il déduit de sa stérilité supposée la condamnation de l'intérêt. Il divise la population en quatre classes : les agriculteurs, les artisans, les commerçants et les professions libérales (prêtres, guerriers, magistrats, etc.) ; il exclut de la participation au gouvernement de la chose publique ceux qui se vouent aux arts tendant à augmenter le patrimoine et, partant, indignes d'hommes vraiment libres. Il admet l'esclavage, et même il le défend ; il affirme sa nécessité économique, qui correspond à l'infériorité des esclaves en intelligence, et il reconnaît seulement que cette nécessité disparaîtrait s'il arrivait jamais un temps où la cithare jouerait d'elle-même et où la navette courrait seule. Il veut que la population soit proportionnée au territoire, parce que, si elle était faible, elle compromettrait l'indépendance de l'État ; si elle était, au contraire, surabondante, la tranquilité, l'ordre, la sécurité feraient défaut.

J. C. Glaser, *De Aristotelis doctrina de divitiis.* Regiomonti, 1850 (Insuffisant).

W. Oncken, *Die Staatslehre des Aristoteles.* Leipzig, 1870-75. 2 volumes.

D. G. Ritchie, vº. *Aristotle,* in *Dictionary of political economy* de R. H. Inglis Palgrave, 1re partie, 1891.

C) *Rome.* — Les écrivains classiques romains, et en particulier les philosophes, ne se sont pas occupés des questions économiques avec le même soin que les Grecs, qui furent, en cette matière encore, les sources auxquelles ils puisèrent de préférence.

> F. B. G. Hermann, *Disserlatio exhibens sentenlias Romanorum ad æconomiam universam sive nationalém pertinentes.* Erlangœ, 1823 (superficiel).

Nous ne donnerons que quelques brèves indications sur Cicéron, Sénèque, Pline l'ancien, les écrivains d'agronomie et ceux de jurisprudence. Cicéron traduisit, dans sa jeunesse, l'*Économique* de Xénophon, et fit connaître, à plusieurs reprises (notamment dans le *De Officiis* I, 42), ses opinions favorables à l'agriculture et hostiles aux manufactures et au petit commerce. On trouve également, dans ses œuvres de rhétorique, de philosophie et de politique, d'autres observations économiques dignes d'être notées, qui ont été recueillies avec beaucoup de soin par l'érudit hollandais Calkoen.

> Calkoen, *Over eenige staathuishou lkundige gevoelens en stellingen in de geschriften van Cicero,* etc. (In *Bydragen tot. Regsgel en Wetgeving* de van Hall, 1831-32. Tome VI, pages 413 et suiv.)

Ennemi de l'avarice, comme de la dissipation et du luxe, des conquêtes et des guerres, adversaire de l'esclavage et favorable à la frugalité, à la tempérance et au travail, Sénèque a parlé de l'éthique économique en s'inspirant des idées de la philosophie stoïque.

Dans son histoire naturelle, Pline reconnaît la productivité plus forte de la grande culture ; il déplore les maux qui résultent des « latifundia » cultivés par des mains serviles ; il se montre même adversaire du luxe, comme aussi de l'exportation des monnaies et de l'importation des marchandises étrangères, et il donne aussi quelques indications sur la valeur, sur ses causes et sur ses mouvements.

Plus importantes encore sont les œuvres des agronomes *(scriptores rei rusticæ)*, qu'il ne faut pas confondre avec les *agrimensores (scriptores rei agrariæ)*, et notamment celles de Caton, Varron, Columelle. Vivant à une époque de décadence économique et morale, ils voudraient restaurer des conditions agraires plus saines et plus heureuses. Leurs préceptes techniques se proposent de rendre l'agriculture plus rationnelle, d'introduire les pratiques rurales d'autres peuples, et en particulier des Carthaginois; ils veulent, de plus, réveiller l'amour de la vie des champs, en excitant les propriétaires à cultiver eux-mêmes leurs terres, et en déconseillant la constitution de tenures trop vastes abandonnées au travail servile.

Les théories économiques des jurisconsultes, qui sont conservées notamment dans le Digeste, ont une empreinte romaine plus nette et plus originale. Il ne faut pas cependant rapprocher arbitrairement des fragments d'auteurs, qui ont écrit à des siècles de distance, pour en tirer, à grand' peine, une sorte de compendium d'économie politique, arrangé à la manière moderne, comme l'a fait le hollandais Tydeman, qu'a suivi, en cela, Kautz. D'autres écrivains plus récents, comme Scheel, Bruder, avec un sens historique plus exact, se sont proposé d'illustrer quelques passages remarquables du *Corpus juris* et ils ont indiqué le lien qui unit au droit romain classique un grand nombre de mesures économiques de la législation moderne. Il y a plus longtemps encore, certains fragments, et en particulier celui de Paul (loi I, *Dig. de contr. empt.*, XVIII, 1) sur l'origine et les fonctions de la monnaie, ont exercé l'esprit d'analyse de quelques écrivains, et notamment de quelques écrivains italiens. Certains économistes érudits (comme Carli et plus encore Néri) ont déduit, en s'appuyant sur des preuves parfois un peu faibles, que les idées romaines, au lieu d'être contraires (comme le soutenait entre autres Pagnini) aux théories monétaires des économistes modernes, y étaient entièrement conformes.

> P. Neri, *Osservazioni sul prezzo legale delle monete.* Milano, 1751, pages 105 et suiv.
>
> G. G. Tydeman. *Disquisitio de Æconomiæ Politicæ notionibus in Corpore Juris civilis Justinianeo.* Lugduni-Batavorum, 1838.
>
> H. von Scheel, *Die wirthschaftlichen Grundbegriffe im Corpore Juris civilis* (in *Jahrbucher fur nat. Oekon.* de B. Hildebrand. Jena, 1866).
>
> Ad. Bruder, *Zur œkonomischen Charakteristik des romischen Rechtes* (in *Zeitschrift fur die ges. Staatswissenschaft* de Tubingen ; année 32-35, 1876-1879.
>
> G. Alesio, *Alcune riflessioni intorno ai concetti del valore nell' antichità classica* (in *Archivio juridico.* Vol. XLII. Bologna, 1889).
>
> P. OErtmanr, *Die Volkswirthschaftslehre des Corpus Juris Civilis.* Berlin, 1891.

§ 2. — L'ÉCONOMIE POLITIQUE DES SCOLASTIQUES.

Le moyen âge est une période de lutte très ardente entre le monde ancien, où dominent les idées païennes, et le monde moderne, que le souffle régénérateur du christianisme a totalement transformé. Celui-ci proclame, en effet, l'unité de la race humaine et le principe de l'égalité, il condamne l'esclavage et le servage et en prépare l'abolition graduelle ; il reconstitue la famille, en élevant la situation morale et civile de la

femme, en adoucissant la rigueur de la puissance pater-
nelle et en réformant le système des successions ; il
créé et il généralise les établissements de bienfaisance ;
il prêche aux riches les devoirs de la justice et de la
charité, aux pauvres, ceux du travail et de la résigna-
tion, aux uns et aux autres la foi et le sacrifice. On
établit ainsi les bases d'une organisation meilleure de la
production et de la distribution des richesses et on diminue les souffrances économiques et morales des classes
les moins aisées.

Mais cette œuvre féconde et réparatrice rencontra
dans les idées, dans les préjugés, dans les mœurs et
dans les lois, tant et tant de résistances, qu'elles retar-
dèrent de plusieurs siècles le plein effet de ces réformes.
Et en effet, l'époque antérieure aux croisades, troublée
par des luttes incessantes entre le Saint-Siège et l'Empire, qui se disputent la suprématie politique de l'Europe chrétienne, et par les guerres, plus modestes mais
non moins incessantes et acharnées, des seigneurs féodaux, n'était point favorable au développement des manufactures et du commerce. Dans cette suite incessante
de batailles, de rapines et de violences de toute sorte, les
industries manquaient des garanties nécessaires d'ordre
et de liberté, et couraient de graves dangers, par suite de
l'absence de sécurité dans les moyens d'échange, de
transport et de communication, tandis que l'agriculture
languissait, chargée de poids insupportables et exténuée
par la condition misérable des colons, serfs de la glèbe
et opprimés par les exactions du système féodal.

L. Cibrario, *Della economia politica nel medio evo, libri
tre.* Torino, 1839. 2 volumes. 5ᵉ édit. 1861. Trad,
franç. par Barneaud, avec introduction par Wolowski, Paris, 1851.

J.-E. Th. Rogers, *A history of agriculture and prices
in England.* London, 1866 et suiv. 6 volumes.

K. V. Inama-Sternegg, *Deutsche Wirthschaftsge-schichte.* Vol. I et II. Leipzig, 1879, 1891.

K. Lamprecht, *Deutsches Wirthschaftsleben in Mittel-alter.* Leipsig, 1885-1886. 4 volumes.

W. Cunningham, *The growth of english industry and commerce.* Vol. I. Cambridge, 1890.

Ce n'est que dans la seconde partie du moyen âge que les manufactures et le commerce reçurent une impulsion vigoureuse par l'émancipation des communes, par la formation de la bourgeoisie et par les importantes routes nouvelles ouvertes au commerce par les Croisades. Organisées en un fort régime corporatif autonome, nécessaire pour résister à la toute puissance des barons féodaux, qui concentraient dans leurs mains la puissance territoriale, elles devinrent rapidement, notamment dans les florissantes républiques italiennes, et plus tard dans les Flandres et dans la Hanse teutonique, un puissant élément de prospérité matérielle et de progrès civil.

C'est vers l'an mille que naquirent en Italie ces nouvelles institutions économiques qui, de nos jours encore, éveillent notre admiration. Elles trouvèrent de solides appuis dans les statuts et dans les coutumes relatives au droit commercial, au droit maritime et au change, sanctionnées en grande partie par les ordonnances et par les lois des premiers siècles de l'époque moderne, qui ont préparé, pour notre siècle, les Codes en vigueur.

A. Lattes, *Il diritto commerciale nella legislazione statutaria delle città italiane.* Milano, 1883.

E. Bensa, *Il contratto di assicurazione nel medio evo.* Genova, 1884. Traduction française par J. Valery : *Histoire du Contrat d'assurance au moyen âge :* Paris, 1897.

V. E. Orlando, *Delle fratellanze artigiane in Italia.* Firenze, 1884.

Mais la renaissance des études économiques ne date

que du xiiie siècle ; elle est due notamment à l'étude de
l'*Éthique* et de la *Politique* d'Aristote, dont les doctrines sur la richesse furent paraphrasées par un grand
nombre de commentateurs des traductions latines de ces
deux œuvres. Avant cette époque, il n'y avait que des dissertations morales sur les dangers de la richesse, sur les
maux causés par l'avarice et par le luxe, sur le devoir
de charité, etc. Cela s'explique aisément si l'on songe à
l'influence, alors prépondérante, des idées religieuses,
à la réaction vigoureuse contre le matérialisme de l'antiquité païenne, à la prépondérance de l'économie naturelle, au peu d'importance du trafic, notamment du
trafic international, à la décadence des sciences profanes, aux tendances métaphysiques et mystiques des
penseurs les plus vigoureux. Lorsque, plus tard, les
conditions de l'industrie furent améliorées, que la
sécurité publique fut mieux assurée, que les communications furent rendues moins difficiles, que
l'amour du savoir eut augmenté, que la jurisprudence
fut renouvelée par l'œuvre d'écoles célèbres, que la scolastique fut arrivée à son apogée, les écrivains les plus
sagaces de la philosophie appliquée ne dédaignèrent
pas de s'occuper des phénomènes économiques, et ils en
étudièrent les relations avec la doctrine des devoirs et
avec celle du gouvernement de la chose publique.

Ceux qui connaissent l'histoire des sciences au moyen
âge ne seront pas étonnés que parmi les fragments
économiques, qui sont dispersés dans les œuvres des
théologiens, des philosophes, des jurisconsultes et des
politiques, ceux que nous devons aux théologiens
occupent la première place. Tandis que les philosophes, la plupart ecclésiastiques, commentent, plus ou
moins à la lettre, les théories économiques d'Aristote,
en les corrigeant à l'aide des principes du Christianisme, les écrivains de théologie morale, dans leurs

traités, dans leurs questions, dans leurs sommes, dans
leurs décisions, dans leurs réponses, dans leurs sermons, dans leurs monographies sur le sacrement de la
pénitence, ayant à s'occuper de la restitution de l'indu
et du thème plus général de la justice dans les contrats, se trouvent nécessairement amenés à rechercher
la nature du commerce, de ses formes et de ses opérations variées, afin de distinguer les contrats licites et
innocents des contrats illicites et criminels. Et c'est
ainsi qu'à la morale économique des Grecs, fondée sur
la philosophie, succède celle des scolastiques basée
sur la théologie, qui était à cette époque la science
souveraine, la science des sciences.

L'exposé des théories économiques du moyen âge,
complètement négligé ou puisé à des sources secondaires dans les histoires générales de l'économie politique, devient maintenant plus facile, grâce à quelques
bonnes monographies, dues soit à des compilateurs dili-
gents, soit à des spécialistes de la civilisation de cette
époque. Il n'y a pas jusqu'ici d'œuvre impartiale qui
expose les modifications graduelles des théories et qui
soit dégagée de toute tendance d'opposition systématique ou d'apologie extrême.

W. Endemann, *Die nationalökonomischen Grundsätze
der canonistischen Lehre.* Jena, 1863.

W. Endemann, *Studien in der romanisch-kanonis-
tischen Wirthschafts und Rechtslehre.* Berlin, 1874
1883. 2 volumes.

Ch. Jourdain, *Mémoire sur les commencements de l'é-
conomie politique dans les écoles du moyen-âge*
(1869), in *Mémoires de l'Acad. des Inscr. et Belles-
Lettres.* Tome XXVIII. Paris, 1874, p. p. 1-51.

H. Contzen, *Geschichte der volkswirthschaftlichen Literatur in der Mittelalter.* Leipzig, 1869. 2ᵉ édition
(augmentée), Berlin, 1872. (Œuvre un peu superficielle.)

V. Cusumano, *Dell' economia politica nel Medio Evo.* Bologna, 1876. Réimprimé dans les *Saggi di Economia politica,* etc. Palermo, 1887. (Il s'occupe spécialement des écrivains politiques).

V. Brants, *Coup d'œil sur les débuts de la science économique dans les écoles françaises,* etc. Louvain, 1881.

W. Roscher, *Geschichte der National-Oekonomik in Deutschland.* München, 1874, p. p. 1-31.

W. J. Ashley, *An introduction to english economic history and theory. The middle ages.* London, 1888. Chapitre III, pag. 124 et suiv., 2ᵉ partie, 1893. Chapitre VI, pag. 377 et suiv.

Les théories fondamentales de l'économie scolastique sont celles du juste prix et de l'usure; celle-ci est le fondement de la prohibition de l'intérêt dans le prêt d'argent et des autres choses fongibles.

La doctrine du juste prix, exposée dans les œuvres de théologie morale, dans les ouvrages sur l'usure, sur les contrats et dans quelques monographies, contient les germes des théories modernes sur la valeur, puisqu'on y donne, comme éléments du prix, les besoins, l'utilité, la rareté, le coût de production, comme l'ont remarqué les rares écrivains qui, comme Agazzini (dès 1834), Gobbi, Graziani, Montanari, sont remontés aux sources. On distinguait le prix légitime et indivisible, fixé par l'autorité, pour les denrées de première nécessité, et cela pour des motifs de fait faciles à comprendre, et un prix naturel, déterminé par les usages et par la concurrence. Celui-ci était variable et comportait, suivant les cas, trois degrés, minimum, moyen et maximum, avec une latitude plus grande pour les objets rares, et moindre pour les marchandises d'usage général, quoique non absolument nécessaires. Il faut remarquer cependant que le prix légitime devait être établi par l'autorité d'après des critères tirés du prix naturel, et qu'il perdait son efficacité et devait céder le pas au prix naturel, quand le changement des conditions de fait pouvait le rendre injuste.

Parmi les théologiens qui se sont occupés de la valeur et du prix, rappelons Venusti, Lupo, Filiucci, et en particulier Gasparino; les deux premiers appartiennent au XVIᵉ et les autres au XVIIᵉ.

> Bast. Gasparino, *De legitimo et naturali rerum venalium pretio*, etc., Forolivii, 1634.

Une grande importance pratique pour le développement de beaucoup d'institutions économiques et juridiques et de grand intérêt théorique pour les discussions qui en sont dérivées doit être attribuée à la doctrine canonique de l'usure et à la prohibition de l'intérêt. Pour avoir une idée exacte de ces controverses, il faut corriger les riches informations que Endemann a empruntées aux abrégés théoriques du XVIᵉ et du XVIIᵉ siècle, à l'aide d'autres renseignements fournis par Funk et par Böhm-Bawerk, qui ont consulté presque toujours les sources les plus directes.

> F. X. Funk, *Geschichte des kirchlichen Zinsverbotes*. Tubingen, 1876.
> E. v. Böhm-Bawerk. *Geschichte und Kritik der Kapitalzins-Theorieen*. Innsbruck, 1884.

La condamnation explicite et inconditionnée de l'usure, c'est-à-dire de l'intérêt (*quodcumque sorti accedit*) dans le prêt d'argent, est prononcée par les Pères de l'Église d'après des raisons déduites de passages connus de la Sainte Écriture et du précepte général de la charité. Elle amena la prohibition canonique de l'intérêt, circonscrite aux seuls ecclésiastiques dans les huit premiers siècles de l'Église (et pour l'Église grecque même plus tard), elle fut étendue ensuite dans l'Eglise latine même aux laïques par les prescriptions d'un grand nombre de conciles œcuméniques et nationaux. Ces prescriptions des lois ecclésiastiques, qui trouvèrent une incessante résistance dans les besoins du commerce, furent appuyées, à partir de Charlemagne, par des lois prohibitives analogues dues à l'autorité civile, avec quelques exceptions, partielles et temporaires, en faveur des banquiers juifs et des lombards, auxquels les princes laïques et ecclésiastiques eux-mêmes durent souvent recourir dans leurs moments de gêne. Ces prohibitions civiles furent ensuite, dans les États protestants d'abord, remplacées (depuis le milieu du XVI°siècle) par des fixations de maximum imposé à l'intérêt conventionnel. Il s'en suivit un adoucissement toujours plus grand dans l'application de la défense ecclésiastique, qui cessa en fait après que plusieurs décisions du Saint Office (de 1822 à 1838) ordonnèrent aux confesseurs de ne pas inquiéter leurs pénitents et d'attendre une solution définitive.

De grossières erreurs, répandues surtout par les écrivains protestants, sont répétées aujourd'hui encore sur la nature véritable de la prohition canonique de l'intérêt, sur les limites et les conditions de cette prohibition. Il n'est pas exact que les scolastiques aient tous cru, comme Aristote, à la stérilité de la monnaie, et qu'ils aient ignoré que l'argent pouvait être une occasion de gain pour l'emprunteur. Ils croyaient seulement que ce gain était dû au travail du débiteur, et que le créancier qui, sans aucun préjudice, prêtait de l'argent, n'avait pas droit à un dédommagement, en dehors de la restitution. Si nous consultons, en effet, les œuvres des grands scolastiques du XIIIᵉ siècle, qui se sont les premiers occupés de ce sujet au point de vue philosophico-juridique, nous voyons qu'ils soutiennent leur thèse avec des

arguments différents de ceux des théologiens qui les
ont précédés. Le franciscain Alexandre d'Hales
(m. 1245), le premier, Saint Bonaventure (m. 1274) et le
grand dominicain Albert le Grand (1193-1280), et
son disciple, plus illustre encore, S. Thomas d'Aquin
(1225-1274), invoquent l'autorité de la Bible, celle des
saints Pères et des Conciles, mais ils s'appuient surtout
sur ce fait, que, pour les choses fongibles et, partant,
pour l'argent, l'usage ne peut être indépendant de leur
propriété comme pour les choses non fongibles (terres,
maisons, outils); le prêteur ne peut donc pas, en plus de la
restitution pure et simple, prétendre à un dédommagement pour l'usage, qui appartient de droit à l'emprunteur, qui est devenu propriétaire; il ne peut pas non plus
prétendre à un dédommagement pour le temps écoulé
entre le moment du prêt et celui de la restitution,
parce que le temps appartient à Dieu et ne peut pas
être vendu. C'est donc le prêt, explicite ou déguisé (sous
les formes d'antichrèse, de vente à crédit, etc.), et non
pas l'argent, qui est essentiellement gratuit. Bien plus,
on peut tirer profit de l'argent de plus d'une manière,
et, dans les siècles qui suivirent, on admit successivement bien des exceptions qui soulevèrent, d'ailleurs,
de vives controverses entre les théologiens rigoristes,
amis de la logique, et les théologiens qui cherchaient à
satisfaire aux multiples besoins du commerce. La nécessité s'imposait d'une application moins rigide des
prescriptions qui étaient nées à une époque où l'économie naturelle et les prêts de consommation, consentis
souvent par des usuriers, étaient la règle, et qui devenaient insupportables avec la multiplication des emplois
productifs du capital, facilités par la multiplication des
établissements de crédit.

C'est pourquoi, tout en maintenant la prohibition de
l'intérêt *(lucrum ex mutuo)*, on reconnut successive-

11

ment certains titres qui donnaient le droit d'exiger une compensation ou un intérêt *(id quod interest)*. Ce furent, notamment, le *damnum emergens* (admis déjà par saint Thomas quand le dommage était prouvé); le *lucrum cessans*, combattu vigoureusement tout d'abord et graduellement admis ensuite sur des preuves toujours moins rigoureuses, et même plus tard sur de simples présomptions lorsqu'il s'agissait de commerçants ; la peine conventionnelle, etc. On admit également, comme réparation de certains risques particuliers (dans le change maritime, plus tard dans le triple contrat) et aussi pour d'autres motifs que nous ne pouvons rappeler ici, d'autres titres de profit dans les censives réelles et personnelles et dans d'autres formes de contrat qui, pour les canonistes les moins rigoureux, présentaient des différences substantielles avec le prêt, nécessairement gratuit.

Dans l'impossibilité de faire une revue complète de la littérature économique du moyen âge, nous nous bornerons à la simple énumération de quelques-uns des écrivains les plus remarquables. Des monographies ont été écrites sur un grand nombre d'entre eux; nous en avons parlé dans un travail spécial.

> L. Cossa, *Di alcuni studii recenti sulle teorie economiche nel Medio-Evo*, 1876. Et aussi dans les *Saggi di economia politica*. Milano, 1878, pp. 15-38.

A) XIIIe siècle :

Saint Thomas d'Aquin, l'ange de l'école, le prince des théologiens et des philosophes, est aussi l'écrivain le plus remarquable de son siècle sur les matières d'économie et de politique. Ses œuvres principales sont : la *Summa Theologica* (II, II); la *Summa philosofica adversus gentiles* ; les *Commenti ad Aristotile* et l'opuscule *De regimine Judeorum* ; le *De usuris* est apocryphe. Saint Thomas a également écrit le livre I et les 4 premiers chapitres du livre II du *De regimine principum*, qu'a continué son disciple, le moine Tholomée Fiadoni de Lucques, évêque de Torcello. Ses doctrines sur l'usure, ses opinions sur la richesse et ses sages maximes de politique monétaire et fiscale ont été reproduites par quelques biographes, critiques et historiens de l'économie politique, sans qu'ils aient toujours pris soin de séparer ses écrits véritables des ouvrages apocryphes. Le meilleur ouvrage à consulter :

J. J. Baumann, *Die Staatslehre des h. Thomas von Aquino.* Leipzig, 1893 (particulièrement pp. 190-203).

Parmi les écrivains scolastiques *minores*, Jourdain cite Henri de Gand, qui a, mieux que ses contemporains, dans une œuvre arrivée jusqu'à nous, *De mercimoniis et negotiationibus*, apprécié l'utilité et les fonctions du commerce.

B) XIV° siècle.

Parmi les nombreux auteurs d'ouvrages *De regimine, institutione, eruditione principum* (pour la plupart s'inspirant de saint Thomas), nous citerons :

1° Engelbert, abbé d'Admont en Styrie (m. 1331) qui a écrit un *De regimine principum* en 7 livres, mentionné par Contzen.

2° Le moine Paul Minorita (probablement de Venise) qui, entre 1313 et 1315, a écrit un *De regimine rectoris*, divisé en 3 livres, dans lequel il s'occupe du gouvernement moral, du gouvernement de la famille et du gouvernement de la cité, etc. L'élégance et la concision de son style et d'autres mérites encore ont amené l'illustre Adolphe Mussafia à le publier et à l'annoter (Vienne, 1868).

3° Egidio Colonna, augustin, élève de saint Thomas et précepteur peu influent de Philippe le Bel (1247-1316) a écrit également un *De regimine principum* (antérieur à celui du moine Paul) dans lequel, se séparant en cela du maître, il déclare le consentement du peuple nécessaire pour la levée d'impôts extraordinaires.

4° François Petrarca (1304-1374), dans son livre *De republica optime administranda*, réclame également la justice et la modération des impôts et la punition des abus des publicains ; dans ses lettres familières il donne de bons préceptes d'économie agraire.

Parmi les juriconsultes il faut faire mention du napolitain Andrea d'Isernia (1220-1316), cité par Fornari et commenté par Palumbo. Il faut surtout noter ses opinions sur l'aliénabilité du domaine public et sur les avantages de la ferme des impôts.

Cfr. L. Palumbo, *Andrea d'Isernia*. Napoli, 1886.

Plus important encore est un groupe de philosophes et d'hommes d'État français qui ont donné à leurs souverains d'excellents conseils de politique économique et financière. Il faut citer :

1° Philippe Dubois, qui, dans sa *Summa brevis* (1300) et dans son livre *De recuperatione sanctæ terræ* (1306), reprochait à Philippe le Bel ses altérations de la monnaie et lui en montrait les dangers (Cfr. A. Vuitry, in *Journal des Économistes*, décembre 1880, pp. 447-459).

2° Jean Buridan, recteur de l'Université de Paris en 1327, qui a donné dans ses *Questions sur l'éthique d'Aristote*, comme le remarque Jourdain, un court traité sur les rôles économiques de la monnaie.

3° Durand de Saint-Pourçain, dominicain, évêque de Meaux en 1326, et Philippe de Maizières, conseiller de Charles V le Sage, qui écrivit, en 1389, le *Songe du vieil pélerin*. Ils proposaient des banques de prêt sur gage, grâce auxquelles l'État pourrait venir au secours des pauvres et les soustraire aux fortes usures des juifs. (Voir V. Brants, *Philippe de Maizières*, in *Revue catholique de Louvain*, 1880). Mais la première place appartient à :

4° Nicolas Oresme, évêque de Lisieux (m. 1382), qui a écrit en latin et ensuite traduit en français, à l'usage de son élève Charles V, un petit traité *De origine, natura, jure et mutationibus monetarum*, dans lequel il résume méthodiquement dans un style simple et clair la théorie de la monnaie. Il est un adversaire vigoureux des altérations des monnaies. Les mérites de ce petit ouvrage, que tous les écrivains spécialistes des siècles suivants ont connu, ont été mis en lumière par Roscher; Wolowski a publié, en 1864, le texte latin et le texte français dans une très belle édition.

Francis Meunier, *Essai sur la vie et les ouvrages de Nicole Oresme*. Paris, 1857.

G Roscher, *Un grand économiste français du* XIV° *siècle* (In *Compte rendu de l'Académie des sciences morales et politiques*. Paris, 1862, pag. 435 et suiv.)

N. Oresme, *Traiclie de la prémière invention des monnoies*, etc., par M. L. Wolowski. Paris, 1864.

Sans parler d'autres écrivains scolastiques d'importance moindre, comme les professeurs de la faculté de théologie de Vienne, Henri de Langenstein *(Henricus de Assia)* et Henri de Hoyta, fort loués par Roscher, nous citerons le chancelier Jean Gerson, élève du premier de ces écrivains, qui, comme Buridan, s'est occupé, dans ses *tractatus diversi*, de la théorie du prix, mais

qui, seul parmi les théologiens, a soutenu que les lois
civiles pouvaient. afin d'éviter un plus grand mal,
tolérer l'intérêt *(usura*' que les lois ecclésiastiques
condamnent.

C) XVe siècle :

Parmi les scolastiques de la première moitié du XVe
siècle se sont illustrés par leur science et leur connais-
saissance des besoins du commerce le dominicain saint
Antonin, archevêque de Florence (1389-1455) et le franciscain saint Bernardin de Sienne. Ils se sont occupés,
au point de vue de la théologie morale, le premier dans
sa *Summa theologica (Opera omnia.* Firenze, 1741),
le second dans ses *Sermones (Opera omnia.* Venezia,
1745. 5 volumes), de quelques-unes des questions
concernant la théorie de la circulation et de la distribution des richesses et notamment de la valeur, du commerce, du crédit ; ils ont admis que quelquefois l'argent *habet quamdam seminalem rationem' lucrosi,
quam communiter capitale vocamus* (saint Bernardin), et justifié ainsi l'intérêt des emprunts de la ville
de Florence et le trafic des titres qui les représentaient
(saint Antonin).

R. H. Funk, *Ueber die okonomischen Anschauungen
der mittelalterlichen Theologen* (In *Zeitschr. f. die
Staatswiss.*, 1869, pp. 125-175).

En Allemagne, en dehors de Kuppener et de Sum-
menhart de Calw, il faut citer le philosophe et théologien Gabriel Biel (m. 1495), qu'on a appelé le dernier
des scolastiques, notamment pour le petit ouvrage (inspiré d'Oresme) qu'il a écrit sous le titre de :

De monetarum potestate simul et utilitate libellus (Ma-
gonza, 1541).

D) XVIe et XVIIe siècles :

Les profondes transformation. économiques qui s'accomplissent, modèrent la rigueur des doctrines scolastiques ; elles ne sont plus défendues dans leur forme primitive que par un très petit nombre d'écrivains ; on admet, avec une facilité toujours plus grande, les nouveaux établissements de crédit et les titres qui permettent de tirer un profit de l'emploi productif de la monnaie.

Les opinions relativement libérales sont représentées par les écrivains de droit commercial, par Stracca et mieux encore par Scaccia et par Della Torre ; elles sont également défendues par le jurisconsulte D. Gaito (1626) et par un autre gênois, le négociant G. Domenico Peri, et attaquées, au nom de la logique, par le professeur de Pavie, Antoine Merenda.

U. Gobbi, *L'economia politica negli scrittori italiani del secolo XVI-XVII.* Milano, 1889, pp. 52-57, 269-302.

Sig. Scaccia, *De commercîs et cambio.* Romœ, 1619.

Raph. de Turri, *De cambüs.* Genuœ, 1641.

Ant. Merenda, *De cambio nundinali.* Papiœ, 1645.

Giov. Dom. Peri, *Il negoziante,* etc. Venezia, 1672.

Nous citerons, à titre d'exemple, les controverses auxquelles ont donné lieu les emprunts publics, les monts de piété, les lettres de change et la répression du vagabondage.

Les emprunts de Venise, de Florence, de Gênes, la constitution des créanciers en sociétés (Monti), leur droit à un intérêt, notamment dans le cas de prêt forcé, la légitimité de la vente des titres *(luoghi di monte),* combattue d'abord énergiquement, notamment par les augustins (Guy de Bello Regaldo et Grégoire de Rimini), et admise avec plus ou moins de réticences par d'autres théologiens et jurisconsultes (Pierre de Anca-

rano, Jean Andrea, le cardinal Henri d'Ostie), trouvent enfin une pleine justification dars la multiplication des banques de dépôt à Venise, à Gênes, en Sicile
et à Naples. Dans les premières années du xviie siècle
on publie à Milan quelques ouvrages d'Alexandre de
Rho (1603), et des pères Ferrari (1623), Cantoni (1625),
et Dugnani (1627), qui ont pour but de démontrer la
légitimité de l'intérêt dans les emprunts faits par la
ville à la banque de saint Ambroise.

On a compilé sur les *luoghi di monte*, vacables et non
vacables, et sur les sociétés pour l'achat de charges à
la Curie Romaine *(societates ufficii)* de nombreux traités économico-juridiques dont n'ont pas tenu un compte
suffisant les historiens de l'économie.

> Franç. Castracane, *Tractatus de societatibus quæ fiunt
> super ufficiis Romanæ Curiæ*. Roma, 1609.
> Card. Joh. Bapt. De Luca, *De locis montium*, etc. (Dans
> son *Theatrum veritatis et justitiæ*). Roma, 1669.
> Fabr. Evangelista, *De locis montium cameralium non
> vacabilium*. Roma, 1707.

Beaucoup plus vives furent les controverses sur les
monts de piété, très répandus en Italie dans la seconde
moitié du xve siècle et introduits ensuite au siècle suivant dans les Pays-Bas (Scarini, Cobergher), pour faire
des prêts sur gage aux pauvres et les soustraire aux
lourdes usures des banques privées et, en particulier,
des juifs. Les donations des fidèles ne suffisant pas
à leur fournir les sommes nécessaires, ces établissements, qui prêtaient d'abord gratuitement, deman-
dèrent, sur les conseils de Bernadin de Feltre, un
intérêt pour couvrir les dépenses d'administration.
Cette pratique fut réprouvée par le moine augustin
Nicolas Barianno (*Tractatus de monte impietatis*. Cremona, 1496), par le dominicain Thomas De Vio, nommé

cardinal (Gaëtan) en 1498, et défendue par le franciscain
Bernardin de Busto (*Defensorium montis pietatis*. Milano, 1497), par De Rosellis et par d'autres, et obtint
ensuite l'approbation de Léon X, au cinquième concile
de Latran.

Ad. Blaise, *Des monts de piété*, 2° édit. Paris, 1856. 2
volumes.
F. X. Funk, *Op. cit.*, pp 51-53.

Les lettres de change furent l'objet de polémiques
non moins subtiles. Grâce à ces titres de crédit, on pouvait effectuer des paiements dans des lieux éloignés et
éviter les dépenses et les risques du transport de l'argent. Le profit du change était légitime, d'après les
canonistes, quand le change était réel et non fictif
ou *sec* (c'est-à-dire fait pour cacher un prêt) parce que
le profit provenait *non propter tempus, sed propter
loci distantiam*. Il y eut plus tard de nouvelles polémiques entre les partisans et les adversaires des lettres
de change créées pour faire des paiements dans les
foires et ceux qui discutaient la légitimité du change
de retour *(cambio colla ricorsa)*. Le premier traité
De cambiis est celui de Thomas De Vio (1499). Parmi
les nombreux traités publiés depuis, nous citerons
celui de Thomas Buoninsegni de Sienne, d'abord marchand, puis moine (*Dei cambii*. Firenze, 1573); le
traité plus complet du P. Fabien Clavario de Gênes
(*Tractatus de cambiis*. Genuæ, 1568); l'abrégé, remarquable par son ordre et sa clarté, du P. Romualdo
Coli (*Trattato dei cambii*. Lucca, 1612); les polémiques entre le P. Bernard Giustiniani (1610) et le
P. Ortensius Capellone (1621) qui combattent, et les
pères Ant. de S. Salvatore et Basile Alemanni (1623)
qui défendent le change de retour.

Plus connue des économistes, parce qu'elle est insérée dans le premier volume de la collection de Custodi, est la *Breve notizia dei cambii* (1581), dans laquelle Bernard Davanzati (1529-1606) décrit, avec une élégance, une simplicité et une clarté remarquables, le mécanisme de la lettre de change ; il signale aussi l'utilité de la spéculation et quelques-unes des causes des paiements internationaux.

La prohibition de la mendicité, décrétée au commencement du XVIe siècle par quelques villes des Pays-Bas et d'Espagne, donne matière à une intéressante polémique théologico-économique, à laquelle prirent part beaucoup d'écrivains, et notamment quelques franciscains, qui la justifiaient d'une façon plus ou moins explicite, et quelques dominicains, qui la combattaient ; on a ainsi discuté quelques-uns des problèmes de l'assistance. Parmi les nombreux travaux (rappelés par Colmeiro, par Rahola et plus complètement par De Bosch Kemper) consacrés à ce sujet il suffira de citer celui de Ludovic Vives (*De subventione pauperum.* Brugge, 1526), qui demande une forte organisation laïque de l'assistance publique, ceux du P. Dominique Soto (*De liberacion en la causa de los pobres.* Salamanca, 1545) et du moine augustin L. Villavicentius (*De oeconomia sacra circa pauperum curam*, etc. Antwerpiæ, 1564), adversaires énergiques de toute restriction au vagabondage ; ceux du jurisconsulte C. Cellaris (*Oratio contra mendicitatem.* Antwerpiæ, 1531), du franciscain Jean de Médine (*De la orden que en algunos pueblos de España se ha puesto en la limosna*, etc. Salamanca, 1545) et du chancelier de Bruges, Egidius Witsius (*De continendis et alendis domi pauperibus*, etc , 1562), qui préconisent des maisons de travail 'obligatoires, et' enfin, les ouvrages du P. Michel Giginta, qui défend une opinion moyenne, favorable à la fondation de maisons de travail facultatives (*Tratado de remedio de pobres*. Coimbra, 1575).

> M. Colmeiro, *Historia de la Econ. Polit. en Espana*. Vol I. Madrid, 1863.
>
> Fed. Rahola, *Economistas espanoles de los siglos XVI y XVII*. Barcelona, 1887
>
> J. de Bosch Kemper, *Overzigt van de letterkunde omtrent het Armwezen in da zestiende eeuw*. (In *Nederlandsche Jaarboeken voor Regsgeleerdheid*, etc. Deel XII, Stuk 3, 1850).
>
> F. Ehrle, *Beiträge zur Geschichte*, etc. *der Armenpflege*. Friburg im Br., 1881, pp. 27-59.

§ 3. — L'ÉCONOMIE POLITIQUE DES HUMANISTES

A l'époque de la Renaissance, l'étude des classiques grecs et latins; le culte de Platon, qui dominait notamment en Toscane sous l'influence de Marsilio Ficino ; l'apologie de la civilisation païenne et de ses institutions, qui s'opposent aux institutions sociales et économiques du moyen âge, arrivées à leur perfection au XV° et XVI° siècles grâce aux créations florissantes de l'économie monétaire et du crédit, qui a succédé à l'économie purement naturelle que les humanistes préféraient ; l'émancipation de la pensée des lisières de l'aristotélisme, en décadence d'ailleurs, exercèrent leur influence sur les philosophes, les historiens et les politiques même dans l'ordre des recherches économiques et de la législation. Les finances de Florence nous offrent un tableau de la pratique alternée des différents systèmes d'impôts : impôt sur les immeubles, l'idéal de Savonarole, le réformateur chrétien; décimes proportionnels ou en échelle, dont Guicciardini a fait une étude comparée : projet d'impôt unique de Ludovic Ghetti ; d'autre part les auteurs de ce temps ont demandé la formation de

trésors de guerre, ou condamné le trafic de la part du
Prince, la régie ou l'adjudication des impôts, et fait
une opposition persistante aux altérations monétaires.
Dans les monographies historiques déjà citées de Gobbi,
de Fornari, de Ricca-Salerno et dans un discours académique récent de Toniolo, on peut trouver un exposé du
développement de ces théories en Italie ; les ouvrages
de Schmoller et de Wiskemann (résumés dans l'*Histoire*
de Roscher) font connaitre le mouvement analogue des
doctrines des humanistes et des réformateurs en Allemagne. Il nous suffira d'indiquer quelques écrivains,
et notamment les écrivains italiens.

> G. Ricca-Salerno, *Storia delle dottrine finanziarie in
> Italia*. Roma, 1881, pag. 27 et suiv.
> T. Fornari, *Delle teorie economiche nelle Provincie Na-
> poletane*. Vol. I. Milano, 1882, pp. 117-194.
> G. Toniolo, *Scolastica ed Umanismo nelle dottrine eco-
> nomiche*, etc. Pisa, 1887.
> G. Schmoller, *Zur Geschichte der nationalökon. Ansich-
> ten in Deutschland, während der Reformations-Pe-
> riode* (in *Zeitschr. f. di ges. Staatswiss.* Tubingen,
> 1860).
> H. Wiskemann, *Darstellung der in Deutschland zur Zeit
> der Reformation herrschenden nationalökon. Ansich-
> ten*. Leipzig, 1861.
> W. Roscher, *Geschichte der Nat. Oeh. in Deutschland*.
> München, 1874, pag. 32 et suiv.

A) xv° siècle :

Trois publicistes et hommes d'Etat, Jean Gioviano
Pontano (né à Cerreto en Ombrie), Benoit Crotugli (né
à Raguse), Diomède Carafa comte de Maddaloni, le plus
illustre des trois, contribuèrent par leurs conseils et
par leurs actes, dans les charges qu'ils occupent auprès
des rois d'Aragon, à de sages réformes économiques et
financières dans le royaume de Naples.

Pontano (1426-1503) donne de bons preceptes fiscaux et d'excellents conseils de morale économique (*Opera omnia*. Napoli, 1505-1508. 2 volumes).

Cotrugli écrit vers le milieu du siècle son petit ouvrage *Della Mercatura e del Mercante perfetto* (édité à Venise en 1573, traduit en français en 1582 et réimprimé à Brescia en 1602) ; Genovesi et Zanon en ont fait de grands éloges. Il s'occupe spécialement de la valeur, du prix, de l'échange et des contrats commerciaux. (Voir l'article de A. Montanari dans l'*Italia Centrale*. Reggio, 25 décembre 1890).

Carafa (qu'ont étudié admirablement, d'abord Cusumano, puis Ricca, Fornari et Gobbi) est supérieur à tous ses contemporains qui ont écrit sur les finances. Son petit traité *De regis et boni principis officio* a été écrit en langue vulgaire entre 1469 et 1482 sur les instances d'Eléonore d'Aragon, duchesse de Favière, qui en commanda une traduction latine à J.-B. Guarini (publiée à Naples en 1668 et plus tard par Mansi, qui la crut inédite, en appendice à la *Biblioteca latina* de J. Alb. Fabricio. (Padova, 1754). Dans cet opuscule, Carafa (m. 1487) expose des idées en partie nouvelles sur l'utilité du commerce, sur l'harmonie entre les recettes et les dépenses publiques, sur les avantages de la ferme des impôts, et il énonce, le premier, l'idée des impôts sur les revenus certains, développée ensuite par Botero et devenue plus tard le fondement du système fiscal de Broggia.

V. Cusumano, *Diomede Carafa, economista e finanziere italiano*. (In *Archivio Giuridico*. Bologna, 1871. Vol. VI, et plus tard dans ses *Saggi di Econ. Pol.* Palermo, 1887, pp. 134-145.

On peut placer encore parmi les humanistes, François Patrizii (né à Sienne), évêque de Gaëte (1412-1494). Il a

écrit deux ouvrages : *De regno et regis institutione*
(Parisiis, 1567 et *De institutione reipublicæ* (ibidem,
1564), dans lesquels il demande la création de domaines fiscaux, dont l'administration doit être cependant placée sous le régime de la location perpétuelle.

Dans ce siècle, et en partie dans les deux siècles précédents, il faut signaler, à Florence, le littérateur Bru-
netto Latini et d'autres auteurs d'ouvrages encyclopé-
diques, Beato Dominici (m. 1420) et Léon Baptiste
Alberti, qui ont étudié le gouvernement économique de
la famille, les chroniqueurs Jean et Mathieu Villani,
Benoit Dei, le notaire Ser Lapo Mazzei, qui ont ouvert
la voie aux érudits historiens Segni, Nardi et Varchi,
le blatier Dominique Lenzi dans son *Specchio umano*
(1320-1335) s'occupe des disettes, et les deux banquiers
François Balducci-Pegolotti et Jean de Uzzano écrivent,
au XIVᵉ et au XVᵉ, des manuels pratiques à l'usage des
commerçants ; quelques-uns de ces ouvrages ont été
réimprimés par Pagnini (*Della decima*, etc. Firenze,
1765-66).

G. Toniolo, *Scolastica ed Umanismo*. Pisa, 1887.

B) XVIᵉ siècle :

Les fruits les plus mûrs de la Renaissance se trouvent
dans les œuvres historiques et politiques de Palmieri,
de Machiavel, de Guicciardini, et de quelques autres,
la plupart italiens, auxquels, du reste, on ne peut attribuer de notables progrès dans les recherches économiques.

Mathieu Palmieri (*Della vita civile*. Firenze, 1529)
s'occupe de politique économique ; il consacre la dernière partie de son livre à « l'utile, c'est-à-dire aux
questions de commodités, ornements, largeur, beauté
de notre vie, aux facultés, aux richesses, à l'abondance

de toutes les choses qui sont dans l'usage des hommes »
et il défend l'impôt proportionnel, que combattaient les
démagogues florentins.

Nicolas Machiavelli (1469-1527), le prince des politiques italiens, n'était pas porté à étudier à fond le coté
économique des problêmes politiques ; il reconnait lui-
même qu'il est peu au courant des questions « de laine
et de soie », et il ne possedait pas pour cette étude les
aptitudes nécessaires, parce qu'il était trop grand admirateur de la civilisation païenne et qu'il avait une prédilection pour l'économie naturelle, dont il constatait
les restes chez les populations germaniques et qu'il a
décrits avec une grande admiration. Ce fut donc une
tentative vaine, comme cela résulte aussi de l'œuvre
remarquable de Villari, que d'essayer de glâner les
idées économiques originales dans les écrits du secrétaire florentin, comme l'a fait Knies dans une œuvre
patiente et pleine d'érudition.

> Karl Knies, *Nic. Machiavelli, als volkswirthschaftlicher*
> *Schriftsteller* (in *Zeitschrift fur die ges. Staats-*
> *wiss.* Tübingen, 1852, vol. VIII).
> Pasquale Villari, *Nicolò Machiavelli e i suoi tempi.* Fi-
> renze, 1877-1882. Trois volumes.

Nous trouvons un plus grand nombre d'observations
économiques, sinon dans les œuvres historiques de
François Guicciardini (1480-1540) qui sont purement
politiques, du moins dans ses écrits *minores.*

> Franc. Guicciardini, *Opere inedite, illustrate da G.*
> *Canestrini.* Firenze, 1857-67. Deux volumes.

C) *Les utopistes du* XVI*e et du* XVII*e siècles :*

L'étude de Platon, un dégoût profond de la corrup-
tion des temps, la dépression économique, les guerres

et les révolutions politiques et religieuses continuelles etc., nous expliquent surabondamment l'apparition d'un grand nombre d'ouvrages dans lesquels la communauté des biens est considérée comme un type de réforme désirable (Frank, Münster); elle est défendue par les armes par quelques sectaires (Münzer). Cette reconstruction sociale est inspirée par des idées morales, comme dans l'*Utopie* de Thomas Morus, chancelier d'Angleterre (*De optimo reipublicæ statu deque nova insula Utopia*, 1516) et dans l'opuscule beaucoup moins connu du philantrope espagnol Ludovic Vives (*De comunione rerum*, 1635); elle est la conséquence d'une imagination déréglée chez le florentin Antoine François Doni dans ses *Mondi celesti, terrestri ed infernali*. Firenze, 1852-53. 2 volumes.

Il faut remarquer que dans l'*Utopie* de Morus, la communauté des biens se combine avec la monogamie tandis que dans la *Civitas solis* du dominicain calabrais Thomas Campanella (écrite avant 1607) et dans l'*Oceana* du républicain anglais Thomas Harrington (1656), l'ennemi farouche de la grande propriété foncière, on propose, comme Platon, la communauté des femmes, car on ne peut détruire rationnellement la propriété privée si on conserve la famille.

En dehors des ouvrages déjà cités de Mohl et de Kleinwächter, on peut consulter l'intéressant opuscule de :

> A. Gehrke, *Communistische Idealstaaten* (Plato, Morus, Campanella, Cabet). Bremen, 1878.

Les utopies ont provoqué, à ce moment comme toujours, des réfutations, c'est-à-dire des défenses de la propriété privée. Il nous suffira de citer l'ouvrage d'un célèbre politique, adversaire cependant d'une trop grande concentration des biens.

Paola Páruta, *Della perfettione della vita politica*. Venezia, 1599 (Cfr C. Supino, *La scienza economica
in Italia*, etc. Torino, 1888, pag. 89).

D) *La légitimité de l'intérêt :*

A côté des écrivains catholiques qui essayent de concilier les besoins du commerce avec la théorie canonique de l'illégitimité du prêt à intérêt, quelques écrivains, protestants ou suspects d'hérésie, s'élèvent, se
séparant en cela de leurs coréligionnaires (par exemple
de Luther), contre les doctrines théologiques et juridiques dominantes. Il faut rappeler au xvie siècle Calvin
et le jurisconsulte Charles Dumoulin (*Tractatus con-
tractuum et usurarum*, 1546) ; au xviie, Claude Sau-
maise, qui s'est occupé de ce sujet à plusieurs reprises
et avec profondeur (*De usuris*, 1638. — *De modo usurarum*, 1639. — *De fœnore trapezitico*, 1640) et après
lui, non sans réserves et sans contradictions, l'illustre
publiciste hollandais Ugo de Groot (Grotius) dans le
livre II, chap. XII, de son grand ouvrage *De jure pacis
ac belli.*

Tous ces écrivains, qui, d'après certains économistes,
auraient résolu toutes les questions soulevées par ce
sujet, n'ont pas réussi, au contraire, comme l'a montré
Bohm-Bawerk, à expliquer le fait économique de la
productivité du capital, et ils ne sont pas arrivés,
d'autre part, à trouver des arguments acceptables pour
étayer le principe juridique de la légitimité de l'intérêt, qui trouve encore de nos jours (sans parler des socialistes) des adversaires acharnés.

On peut lire, par exemple, le curieux ouvrage de
Victor Modeste, *Le prêt à intérêt, dernière forme de
l'esclavage*. Paris, 1889.

Au xviiie et au xixe siècles la controverse a été reprise
sans arguments nouveaux chez les théologiens, par

exemple par l'illustre polygraphe Scipion Maffei (*Dell' impiego del denaro.* Roma, 1744), qui a provoqué les critiques de Ballerini et de Concina et ensuite l'encyclique *Vix pervenit* de Benoit XIV (1745), et, enfin, par l'abbé Marc Mastrofini, dont l'ouvrage *Le usure* (Roma, 1831, plusieurs fois réimprimé) a été l'occasion d'une nouvelle polémique. Mais les économistes, comme tels, n'ont pas besoin des 4 petits volumes, d'ailleurs bien faits, du cardinal de la Luzerne (*Dissertation sur le prêt de commerce.* Dijon, 1823) pour savoir qu'on peut tirer un profit de l'emploi de l'argent (ce qu'aucun théologien n'a jamais contesté), et ils ne sont pas disposés à accorder à Mastrofini que la prohibition de l'intérêt ne s'adresse qu'aux débiteurs pauvres (ce qui est faux historiquement), et finalement ils n'apprennent rien des rigoristes, qui ne cessent de répéter que le prêt est par lui-même (c'est-à-dire dans des conditions qui ne se réalisent pas dans la vie moderne) essentiellement gratuit.

E. v. Böhm-Bawerk, *Geschichte und Kritik der Kapitalzins-Theorieen.* Innsbruck, 1884, pp. 27-46, 65-69 et *passim*.

CHAPITRE III

LES MONOGRAPHIES

Dans la seconde période historique de l'économie politique, qui comprend les xvi⁰ et xvii⁰ siècles et la
première moitié du xviii⁰, les modifications profondes
subies par le système de la production, de l'échange,
du transport, du crédit et des impôts, forment l'objet
d'un grand nombre de monographies théoriques et d'ouvrages de circonstance, dans lesquels l'examen de
chaque question est inspiré, timidement d'abord et plus
nettement ensuite, par des critères économiques, de plus
en plus indépendants de ceux que l'on empruntait aux
autres sciences, auxquelles l'économie politique était
subordonnée dans la période précédente.

Les ouvrages de polémique, inspirés par l'intérêt
exclusif des producteurs et des consommateurs, prennent petit à petit un caractère plus déterminé et plus
exclusif, et se transforment en systèmes empiriques de
politique économique et financière ; puis vers le milieu
du siècle passé on trouve quelques tentatives de conciliation pratique, dûes à des précurseurs et défenseurs
des réformes économiques et fiscales, et aussi quelques
essais de coordination théorique imparfaite dus à un certain nombre d'écrivains éclectiques, plus remarquables
par leur érudition que par leur puissance intellectuelle,
qui publient des traités ou font des leçons dans les
chaires qui ont été expressément créées ou transfor-
mées dans les différents pays de l'Europe.

Il nous paraît donc conforme au développement réel de l'économie politique de parler, dans ce chapitre et dans le chapitre suivant, des principales monographies, des systèmes de politique économique et financière, de l'éclectisme bureaucratique et de l'éclectisme de la chaire.

§ 1. — LA POPULATION ET L'ASSISTANCE.

On sait que le plus grand nombre des écrivains de politique et d'économie, convaincus de l'importance d'une population nombreuse au point de vue de la sécurité, de la puissance, de la richesse privée et de la richesse publique, se sont occupés presque exclusivement de rechercher les causes de son accroissement et de suggérer les moyens les plus propres à le faciliter. Bien plus, vers le milieu du xviii° siècle, des auteurs à bon droit estimés, comme le grand statisticien J. Pierre Süssmilch (1707-1767) et, après lui, les très érudits professeurs de sciences camérales, Justi et Sonnenfels, ont pensé que l'augmentation de la population était le but principal que l'État devait se proposer pour réaliser le bien-être du peuple.

> Rob. von Mohl, *Geschichte und Literatur der Staatswissenschaften*, 3° vol. (Erlangen, 1858), pag. 400 et suiv.
> Ach. Sinigaglia, *La teoria economica della popolazione in Italia*. Bologna, 1881. (Extrait de l'*Archivio Giuridico*).

C'est un des titres de gloire du meilleur des économistes italiens du xvi° siècle, Jean Botero, d'avoir étudié, presque *ex professo*, le sujet de la population avec une méthode vraiment scientifique dans son opuscule classique *Delle cause della grandezza e magnificenza delle città* (Roma, 1588. Trad. anglaise de R. Peter-son. Londres, 1606), supérieur en ceci à Machiavelli, qui avait entrevu (*Discorsi*, liv. I, ch. I) qu'il y avait une cause physique (la productivité du sol) à la limita-tion de l'augmentation indéfinie de l'espèce humaine, qui naturellement augmente là où les substances abon-dent ; supérieur à Chiaramonti, à Zecchi, à Zuccolo et à d'autres politiques du xviiᵉ siècle, qui avaient entrevu, sans l'approfondir, cette vérité que l'augmentation de la population dépend de celle des subsistances ; supé-rieur enfin à tous les écrivains qui, jusque vers le milieu du siècle passé, se sont occupés de ce sujet.

Tandis que le grand publiciste Jean Bodin, auquel Botero est redevable d'un grand nombre de maximes de politique économique et financière, enseignait (*La République*, 1576, liv. V, ch. II) que c'était une erreur de craindre une disette future par suite de l'augmenta-tion de la population, Botero, qui considérait cependant l'augmentation de la population comme un élément de la prospérité publique et qui suggérait (dans la *Ragione di Stato*, 1589) les moyens d'y pourvoir, énumère d'une façon vraiment magistrale les obstacles à l'accroisse-ment indéfini du nombre des hommes. Ce sont pour lui moins les disettes, les pestes et les guerres, que le défaut d'équilibre entre la vertu génératrice des hommes et la vertu nutritive des villes, c'est-à-dire la difficulté d'avoir tout près les subsistances nécessaires et la dif-ficulté de les faire venir de loin. Il est ainsi amené à se préoccuper des excès de population, et il consi-dère les colonies comme utiles quand elles servent à absorber la partie exubérante de la population, c'est-à-dire, quand elles enlèvent le sang superflu et corrompu, et non quand elles prennent la partie saine.

G. Jandelli, *Il precursore di Malthus.* (in *Filosofia delle*

Scuole italiane. Vol. XXIII. Roma, 1881, pp. 117-
160.)

Dans la série nombreuse des précurseurs de Malthus
(dont beaucoup, comme Hume, Steuart, Townsend, etc.,
ont été cités par lui dans la préface de ses Essais), il
faut signaler Franklin, Beccaria, Ortes et Ricci.

> B. Franklin, Observations concerning the increase of
> mankind. Philadelphia, 1751. (Cfr. Mac Culloch,
> The literature of pol. econ. London, 1844, pp. 253-
> 257.)
> C. Beccaria, Elementi di economia politica (1769). Im-
> primé dans les vol. XI et XII de la Collection de
> Custodi. Milano, 1803.
> G. Ortes, Riflessioni sulla popolazione delle nazioni per
> rapporto all' economia nazionale. 1790. (Cfr. l'ed.
> Lampertico, G. Ortes e la scienza economica al suo
> tempo. Venezia, 1865.)
> Lod. Ricci, Riforma degli istituti pii della città di Mo-
> dena. Modena, 1787.

Franklin indique, brièvement et clairement', les
causes qui déterminent l'augmentation et la diminution
de la population ; Beccaria consacre un des meilleurs
chapitres de ses Leçons à ce sujet, et il fait allusion à la
loi des revenus décroissants de la production territoriale.
Plus profonde est la monographie d'Ortes qui contient
en germe la partie substantielle de la théorie de la population ; mais on n'y trouve ni données historiques ni données statistiques, pour lesquelles il aurait pu utiliser
les indications précieuses fournies par le mémoire de
l'abbé Marc Lastri (Ricerche sull' antica e moderna
popolazione della città di Firenze, 1775), ni applications pratiques. Si l'illustre Ludovic Antoine Muratori
avait déjà discuté, incidemment et dans un livre ascé-
tique, quelques points de la théorie économique de l'assistance (Della carità cristiana, 1723), c'est à Ludovic

Ricci que revient la gloire d'avoir trouvé dans le principe de la population les prémisses d'où il déduit de
sages maximes sur l'organisation de la charité publique,
pour qu'elle serve à alléger et non à amener l'indigence et la misère.

A. Setti, *Lodovico Ricci e la benefirenza pubblica nel
secolo scorso* (*Nuova Antologia*, 1880).

Il nous est impossible de nous occuper des nombreux
travaux qui ont été écrits sur le côté économico-admi-
nistratif de l'assistance ; nous nous contenterons de
renvoyer aux œuvres suivantes qui donnent d'abondants renseignements historiques et bibliographiques.

C. I. Petitti, *Saggio sul buon governo della mendicità*,
etc. Torino, 1827. 2 volumes.
De Gerando, *De la bienfaisance publique*. Paris 1839.
4 volumes.
Grenier, *Essai de bibliographie charitable*. Paris, 1891.

§ 2. — LA MONNAIE

Les grands évènements qui séparent le moyen âge de
l'état moderne, c'est-à-dire la chute de l'empire romain
d'Orient, les grandes découvertes géographiques, l'invention de la poudre et celle de l'imprimerie, la renaissance des études classiques, la décadence de la féoda-
lité, la constitution des monarchies, le schisme religieux,
etc., etc., et les autres faits de caractère plus purement
économique, comme les nouvelles directions des routes
commerciales et les transformations des rapports commerciaux entre l'Occident et l'Orient, les altérations
monétaires continues et, en même temps, l'afflux en
Europe des métaux précieux venant des riches mines
découvertes en Amérique, la prépondérance toujours

plus grande de l'économie monétaire sur l'économie naturelle, qui caractérise le moyen âge, et la multiplication
des établissements de crédit ; la confiscation des biens des
corporations religieuses dans les pays protestants et
l'augmentation de l'indigence, l'excès de la population,
la fondation des colonies, l'émigration et les relations
économiques avec les pays d'origine qui en furent
la conséquence ; l'institution des armées permanentes,
l'augmentation progressive des dépenses publiques, et
le besoin toujours plus grand de nouvelles recettes fiscales, appellent, au xvie siècle et dans les siècles suivants, l'attention des penseurs sur les problèmes qui
concernent la circulation et les finances.

Les écrivains de minéralogie, dans leurs études sur
les métaux précieux, s'occupent aussi de la monnaie ;
ils effleurent souvent les questions économiques et quelquefois même, comme le célèbre Jules Agricola dans
son livre *De re metallica* (1535), il les approfondissent.
Les antiquaires et les numismates en parlent aussi dans
leurs études sur les monnaies anciennes (Budée, Alciat,
etc.), sur les monnaies modernes (Borghini, pour les
monnaies de Florence) ; c'est un objet d'étude pour quelques moralistes, comme l'aristotélicien Auguste Nifo, de
Sienne, dans son opuscule *De divitiis* (1531). Les jurisconsultes s'en occupent longuement, spécialement dans
le but de déterminer les conséquences légales des altérations, faites par les princes, du poids, du titre, et des
rapports de valeur des monnaies. Bartolo de Sassofe-
rato (1313-1359) et ses nombreux élèves parlent de la
monnaie dans des œuvres générales ; il existe aussi de
courts traités spéciaux par Martin Garrati (de Lodi)
(1438), François Corti (de Pavie, 1482), Albert Bruno
(d'Asti, 1506) et quelques autres dont les travaux ont été
réunis dans les collections *De monetis* faites par les
écrivains allemands Mathieu Boyss (1574), Reinero Bu-

delio (1591) et par le piémontais Gaspard Tesauro (1609).
Les ouvrages plus récents d'Antoine Sola (1541), d'Antoine Favre (1609) et plus encore, les ouvrages sur le
Changement des monnaies de Charles Dumoulin (*Opera
omnia*. Paris, 1638) et du jésuite espagnol Mariana,
(Toledo 1599), ont une valeur plus grande. Tous ces
écrivains, qui savaient en quoi consiste la *bonitas in-
trinseca* des monnaies et qui ont dépeint parfois avec de
vives couleurs les dangers économiques des altérations,
les ont déconseillées aux princes ; mais, partant de cette
maxime que la *valor impositus* constituait l'essence
de la monnaie, ils ont soutenu que les altérations des
monnaies étaient, dans certains cas, légitimes.

Giuseppe Salvioli, *Il diritto monetario italiano.* Milano,
1889 (in *Enciclopedia giuridica.* Vol. X. P^le III, ch.
X et XI.)
C. A. Conigliani, *Note storiche sulla questione giuridica
dei pagamenti monetari.* Modena, 1891.

Il faut attribuer une grande importance à quelques
écrivains qui étudient ce sujet sous son aspect purement
économique. Le plus ancien est le célèbre astronome
Nicolas Copernic, qui, vers 1526, écrivit, sur la demande de Sigismond Ier, roi de Pologne, un petit
traité *De monetae cudendae ratione,* resté inédit
jusqu'en 1816, réimprimé et traduit en français par
Wolowski (1864). Copernic expose clairement les fonctions de la monnaie, il critique les altérations et le sei-
gneuriage, dont il montre les dangers, il est partisan
de l'alliage, entrevoit le théorème de Gresham et préconise la concentration et la simplification du régime
monétaire; il a surtout en vue la condition des provinces prussiennes, alors sujettes de la Pologne.

A. Montanari, *Nicolò Copernico,* etc. Padova, 1873. (2°
édit. 1877.)

Presque à la même époque un anonyme (*Gemeine Stimmen von der Muntze*, 1530. — *Apologie*, etc., 1531), dans sa défense de la bonne politique monétaire des princes saxons de la branche albertine (contrecarrée par les partisans de la branche ernestine), expose des idées fort exactes sur le caractère de la richesse, du commerce et de la monnaie.

> W. Roscher, *Ueber die Blüthe deutscher Nationalö-konomik im Zeitalter der Reformation (Berichte der sächsischen Gesellschaft der Wiss. Phil. hist. Classe.* 1862, pag. 145 et suiv.)
>
> W. Lotz, *Die Drei Flugschriften uber den Munzstreit,* etc. Leipzig, 1893.

Dans la longue série des ouvrages français sur la monnaie, dont quelques-uns sont relativement anciens et n'ont pas encore été étudiés de près. comme, par exemple. ceux de Grimaudet, Garrault (1586), Poullain (1621), Boutteroue (1666), Le Blanc (1690), Boizard (1692), Dupré de Saint-Maur (1746), Bettange (1760) et Abbot de Bazinghen (1764), nous rappelons seulement celui de Jean Bodin (1530-1596) qui, dans son ouvrage *De la République* (1576), propose la suppression de l'alliage, la fixation de la valeur relative de l'or et de l'argent à 12 pour 1. la frappe de monnaies d'or et d'argent de poids égal et de valeur proportionnelle. l'unité des hôtels de monnaies, etc.

> C. A. Conigliani, *Le dottrine monetarie in Francia durante il medio evo.* Modena, 1890.

Les anglais possèdent aussi une série nombreuse d'écrivains monétaires remarquables, dont on trouvera la liste dans Jevons, *Investigations in Currency and Finance.* London, 1884, p. 363 et suiv. Parmi les plus importants il faut citer W. Petty (1682), J. Locke

(1682-95), N. Barbon (1606), le fameux *Report* (1717) d'Isaac Newton et, enfin, le traité de Joseph Harris (*An essay on money and coins*. London, 1757-58), récemment réimprimé.

Une place éminente, parmi les écrivains monétaires, appartient, sans aucun doute, aux italiens, comme cela est généralement reconnu par les écrivains étrangers. Et cela deviendrait plus évident encore si un de nos jeunes économistes s'occupait, avec le soin nécessaire, de ce sujet si intéressant.

Au XVI⁰ siècle, en dehors de la courte et très élégante *Lezione delle monete* (1588) de Bernard Davanzati (*Scrittori classici italiani di Economia politica*. Parte Antica. T. II. Milano, 1804, p. 17) qui résume les idées fondamentales, il faut signaler, avant tous les autres, Gaspard Scaruffi, de Reggio en Emilie (1519-1584), négociant, banquier, quelque temps essayeur et ensuite adjudicataire de l'Hôtel des monnaies l'auteur de l'*Alitinonfo* (c'est-à-dire la véritable lumière), écrit de 1575 a 1579, édité à Reggio en 1582, commenté par Pratisuoli avant 1587 (Reggio, 1604) et réimprimé dans un des volumes de la *Collection* de Custodi. Il expose avec beaucoup de profondeur et de compétence, mais avec une prolixité excessive, les fonctions de la monnaie; il en déplore les désordres et propose comme remède un système monétaire unique, basé sur le rapport fixe de valeur de 12 à 1, qu'il considère comme excellent et qui a été, d'ailleurs, conseillé par le divin Platon, et qui est à peu près conforme au rapport réel de cette époque ; il ajoute, enfin, que les dépenses de fabrication doivent être payées par celui qui fait frapper les monnaies, l'Etat devant d'ailleurs prendre sur lui une partie de ces dépenses.

Andrea Balletti, *G. Scaruffi e la questione monetaria nel secolo XVI*. Modena, 1882 (Bon travail, très

soigné dans sa partie biographique et dans son
exposition).

Au xviie siècle, il faut rappeler, en dehors des *Discorsi*
de Jean Donato Turboli, meilleur directeur d'Hôtel des
monnaies qu'économiste (1616-29), deux œuvres écrites
vers 1680 par le savant modénais Geminiano Montanari
(1633-1687), professeur à l'Université de Padoue,
imprimées soixante-dix ans après dans la *Raccolta di
opere sulle monete* d'Argelati (et ensuite reproduites
dans la *Collection* de Custodi), dans lesquelles on
retrouve, à chaque pas, l'influence de Bodin.

Enfin, au xviiie siècle, qui fournit le plus grand
nombre de monographies sur ce sujet, il faut citer en
dehors des volumes diffus et érudits du comte G. R.
Carli, de la traduction et des commentaires des œuvres
de Locke, dues au florentin Pagnini, des écrits de Broggia (1743) et de Vasco (1772), les opuscules populaires de Beccaria et ceux de Pierre et d'Alexandre
Verri :

> Joannes Ceva, *De re nummaria quoad fieri potuit geo-
> metrice pertractata*. Mantuae, 1711. (Opuscule que
> nous avons communiqué à Nicolini qui l'a com-
> menté dans le *Giornale degli Economisti*. Vol. VIII.
> Padova, 1878 — et signalé ensuite à Jevons, qui
> l'a cité dans sa *Bibliographie des économistes ma-
> thématiciens*).
>
> Ferdinando Galiani, *Della Moneta*. Napoli, 1750 (Pu-
> blié sans nom d'auteur dans sa jeunesse et réim-
> primé en 1780 sous son nom et avec de nom-
> breuses notes). — C'est le meilleur traité italien;
> sa forme est également remarquable.
>
> Pompeo Neri, *Osservazioni sul prezzo legale delle mo-
> nete*. Milano, 1751, in-4. (Œuvre extrêmement
> remarquable.)
>
> Cf. Ad. Soetbeer, *Literaturnachweis uber Geld und
> Munzwesen*. Berlin, 1892.

§ 3. — L'ENCHÉRISSEMENT DES PRIX

L'enchérissement des prix a été étudié incidemment
par les auteurs que nous venons de citer, parce que
c'est un sujet étroitement lié à celui de la monnaie. La
hausse des prix faisait sentir ses effets perturbateurs
tout particulièrement sur ceux qui avaient des revenus
fixes en argent ou des créances résultant de contrats à
longs termes. Si quelques écrivains, comme l'évêque
Ugo Latimer, dans ses *Sermons* (1549), attribuaient ce
fait à l'avarice des propriétaires qui haussaient arbitrairement la rente, et si d'autres (comme Frank, Zwingle,
Melanchton, Henckel) y voyaient l'effet des monopoles
des commerçants et des spéculations des usuriers, il ne
manque pas d'écrivains, en France et en Angleterre, qui
ont expliqué cette grande révolution économique d'une
façon moins exclusive et plus conforme à la vérité.

Tandis que le seigneur de Malestroit (*Paradoxes sur
le fait des monnaies*. Paris, 1566) affirmait que l'enchérissement des prix était seulement apparent, parce que
il avait pour cause les altérations des monnaies — si,
disait-il, contre une même quantité de marchandise,
il faut donner un plus grand nombre de pièces dimi-
nuées, c'est qu'il en faut ce nombre pour faire la même
quantité de métal fin que par le passé —, Jean Bodin
réfutait cette affirmation dans deux opuscules, qu'il a
ensuite résumés dans sa *République*.

J. Bodin, *Réponse aux Paradoxes de M. de Malestroit
    touchant l'enchérissement de toutes les choses*, etc.
    Paris, 1568.
— *Discours sur le rehaussement et la diminution des
    monnaies*. Paris, 1578.
L'anonyme, *Discours sur les causes de l'extrême cherté*,
    etc. Paris, 1574 (réimprimé dans les *Archives*

curieuses de l'histoire de France, etc. Vol VI,
série I. Paris, 1835), donne un résumé de Bodin
avec des notes sans valeur.

Bodin démontre que les causes principales de l'enchérissement des prix sont l'abondance de la monnaie,
résultat de l'augmentation de la production des métaux
précieux et en particulier de l'argent, de l'importance
acquise par le commerce extérieur et par les capitaux
qu'attirait la banque de Lyon. Il reconnaissait encore
comme causes importantes le luxe des riches, la libre
exportation du blé, les monopoles, le mauvais état des
monnaies. Il voulait porter remède à tout cela par des
réformes monétaires et fiscales qui tendraient à protéger
l'industrie nationale par des droits élevés d'importation, etc.

Une opinion contraire à celle de Malestroit et en
apparence seulement différente de celle de Bodin est
défendue par un autre économiste français, François
de Grammont, seigneur de Saint-Germain, secrétaire
de Louis XIII. Il est l'auteur d'un ouvrage curieux et
peu connu, écrit, semble-t-il, sur l'ordre de Richelieu.
Il cherche à prouver combien sont injustes les plaintes
des contribuables français sur l'augmentation des impôts, qu'il ne croit qu'apparente, puisque le trésor
royal ne peut pas avec l'argent reçu acquérir plus de
richesses qu'il ne le faisait avec les anciennes contributions nominalement plus faibles. Il soutenait (contre Malestroit) que la quantité de l'argent a augmenté effectivement, et qu'il faut en donner davantage pour obtenir la
même quantité de marchandises, mais il objecte à Bodin
que, bien que l'unité de valeur de la monnaie ait réellement diminué, sa valeur totale est demeurée la même.

Scip. de Grammont, *Le denier royal, traité curieux de
l'or et de l'argent*, etc. Paris, 1620 (XXII-200 pag.).

C. A. Conigliani, *L'aumento apparente delle spese pub bliche* e il *Denier royal*, etc. Milano, 1890 (in *Filangieri*, XVe année, lasc. V).

Nous devons citer encore un *Dialogue* anglais entre un propriétaire, un fermier, un commerçant, un fabricant de bonnets et un docteur en droit, qui dirige la discussion. Ce dialogue est remarquable par l'abondance des faits recueillis par une observation directe et par la vivacité avec laquelle est exposée la diversité des opinions sur les causes, les effets et les remèdes de la révolution des prix. Les plaintes, les explications et les propositions sont naturellement différentes et souvent contradictoires. Ce dialogue, édité en 1581, par W. S. (William Stafford, d'après Farmer), réimprimé en 1751 (et attribué à Shakspeare), puis de nouveau dans le volume IX de la *Harleian Miscellany*, a été finalement reproduit par l'excellente *Shakspeare Society*. Il résulte des recherches approfondies d'Elisabeth Lamond (*English Historical Review*, avril 1891) que ce dialogue, écrit dès 1549 et probablement par John Hales (mort en 1572), a été publié par Stafford avec quelques omissions (dont l'une expose nettement ce qu'on appelle la loi de Gresham) et quelques adjonctions, dont la plus remarquable est celle où Stafford (après Bodin) indique la *great store and plenty of treasure* comme une des causes de l'enchérissement des prix. Hales voit, au contraire, la cause du renchérissement dans les altérations monétaires et dans la transformation des terres cultivées en blé, en prairies pour l'élevage des brebis. Il croit pouvoir remédier aux dangers qui en résultent par quelques mesures douanières et en particulier par des droits élevés à l'exportation de la laine et par la libre exportation des céréales.

W. S., *A compendious or briefe examination of cer-*

layne ordinary complaints, etc. London, 1581 (réimprimé avec une *introduction* de J. D. Matthew et avec des *notes* de F. J. Furnivall. London, 1876).

E. Nasse, *Ueber eine volkswirthschaftliche Schrift aus der Zeit der Preisrevolution, etc.* (in *Zeitschr. für die ges. Staatswiss.* 1863, pp. 369-391).

Thomas Gresham, *Information touching the fall of the exchainge,* 1558 (réimprimé par E. de Laveleye dans les *Jahrb. f. Nat. Oek* de *B. Hildebrand,* 1882, vol. IV. pp. 117-119).

§ 4. — LES PAIEMENTS INTERNATIONAUX.

De tous les économistes de la première moitié du xvii° siècle, la première place appartient, à plus d'un titre, à Antoine Serra qui écrivit dans les prisons de la *Vicaria* où il était enfermé, non pas comme complice de Campanella (comme l'a imaginé Salfi), mais comme accusé de faux monnayage (comme l'a démontré Amabile), son *Breve trattato delle cause che possonb fare abbondare li regni d'oro e d'argento dove non sono miniere.* (Napoli, 1613).

Ce petit ouvrage eut une destinée curieuse. Oublié par les contemporains, trouvé par hasard par Intieri, qui en donna une copie à Galiani, il fut porté aux nues par celui-ci dans la seconde édition de son traité *Della moneta* (1780). Il fut ensuite réimprimé par Custodi et signalé avec des éloges hyperboliques par Pecchio, par Bianchini et par presque tous les historiens de l'économie politique, qui ne se sont pas souciés de le lire en entier, et c'est là ce qui explique comment Serra est, pour quelques-uns, le fondateur de l'économie, pour d'autres, le créateur ou un défenseur, et pour d'autres enfin un adversaire du système mercantile, dont on ne peut même pas avec certitude le déclarer partisan. Travers

Twiss (*View of the progress*, etc. London, 1847, pp. 8-10, 32-33, 51, 75, 163), Ferrara (*Biblioteca dell' Economista*, série I, vol. III, Torino, 1852, pp. xlviii-lv), et Pierson (*Bijdrage tot de geschiedenis*, etc. Amsterdam, 1866, pp. 8-13, 29-30), sont les seuls qui se soient efforcés, avec beaucoup de soin, sinon avec un plein succès, de porter un jugement exact sur cette œuvre si importante.

Depuis l'analyse très soignée de la polémique entre De Santis et Serra publiée par Fornari, Gobbi a étudié attentivement le *Breve trattato* et il a exposé, avec beaucoup de perspicacité, mais en partie seulement, son contenu. Enfin, De Viti, un éminent spécialiste en matière de monnaie et de change, nous a donné un excellent commentaire (auquel Benini a joint quelques gloses), qui pourra faciliter la comparaison du mérite de Serra avec celui de ses contemporains et de ses prédécesseurs.

> Tommaso Fornari, *Studii sopra Antonio Serra e Marc' Antonio De Santis*. Pavia, 1879.
> U. Gobbi, *La concorrenza estera*, etc. Milano, 1884, pag. 49 et suiv.
> — *L'economia politica negli scrittori italiani*. Milano, 1889, pag. 176 et suiv.
> A. De Viti De Marco, *Le teorie economiche d'Ant. Serra*. Milano, 1890 (In *Memorie del R. Instituto Lombardo di Scienze*, série III, vol. IX, pp. 103-130).

Comme cela résulte du titre du *Traité* et de ses affirmations souvent répétées, Serra, en discutant un sujet nouveau et de caractère scientifique, ne se préoccupe pas (comme l'avait fait Bottero) des causes de la richesse, mais seulement de celles qui amènent l'abondance de la monnaie. Il n'a pas étudié légèrement un problème trop vaste; il a étudié correctement et avec des idées larges un problème restreint et il l'a fait avec une méthodo excellento et sans digressions, mais cependant avec beaucoup do répétitions qui s'expliquent, en partie, par la circonstance qui l'avait amené à écrire. Sans discuter la question de l'échange international, étrangère à son sujet et pour laquelle il eût été d'ailleurs incompétent, car il ignorait la théorie quantitative de la valeur de la monnaie et celle du coût comparatif, et en s'abstenant aussi de parler du change réel, Serra donne une explication exacte du phénomène des paiements internationaux en monnaie. Il montre que l'abondance de la monnaie, dont l'importance est, pour lui, un axiome, dépend de causes naturelles (les mines) et de causes artificielles; ces dernières se subdivisent en accidents propres (qui ne peuvent pas être créés), ce sont l'excédent des produits de la terre sur les besoins de la consommation indigène et une position géographique favorable au commerce, et en accidents communs (que l'on peut chercher à réaliser), ce sont le nombre des industries (manufactures), la qualité de la population, le grand trafic et l'aide du gouvernement. On voit là grande analogie qu'il y a entre les causes de la richesse indiquées par Botero, que Serra avait sans doute consulté, et les causes de l'abondance de l'argent dont ce dernier donne une meilleure classification, supérieur ici encore à son prédécesseur en ce que, tout en préférant lui aussi les manufactures à l'agriculture, il parle (comme l'a remarqué le premier Nazzani dans son *Saggio sulla rendita fondiaria*, 1872) de la loi limitative de la prodúction agraire. Quant à la politique économique, Serra demande la liberté d'exportation de la monnaie et celle du change, que son adversaire Marc-Antoine De Santis de Nocera, dans ses *Discorsi* (1605), voulait empêcher et restreindre par des défenses d'exportation et par des tarifs légaux. Il croyait que ces expédients pouvaient faire entrer de la monnaie dans l'Etat, mais il se fondait sur une théorie absolument inexacte de la valeur de la monnaie et sur cette hypothèse fausse que le change défavorable est la cause et non l'effet de la rareté de la monnaie, tandis qu'il dépend de la faible importance de l'industrie manufacturière, de l'absentéisme d'un grand nombre de citoyens riches, et du grand nombre de négociants étrangers. Serra n'indique, d'une façon explicite, aucun remède, se réservant de parler « dès que le maitre l'aura ordonné ». Mais le gouvernement, qui accueillait les opinions des empiristes et qui édictait des *Pragmatiques* inspirées par De Santis, ayant fait interroger en 1617 Serra, le renvoya aussitôt en prison, parce que, d'après un chroniqueur cité par Fornari (pag. 262), il n'y avait dans ses conclusions que du verbiage.

Le mérite des travaux de Biblia (*Discorso sopra l'aggiustamento della moneta e cambri del Regno*, 1621) semble disparaitre à côté de celui de Serra. Il considère comme fixe le rapport de valeur entre l'or et l'argent et il veut, lui aussi, que la loi fixe le taux légal du change avec l'étranger. Il faut citer aussi les ouvrages de Victor Lunetti (*Politica mercantile*. Napoli, 1630; *Ristretto de' tesori*, etc., 1640), qui demande la prohibition de l'exportation de la monnaie et l'abolition des douanes.

Il est, au contraire, un autre ouvrage qui mériterait d'être l'objet de quelque travail (et De Viti nous l'a promis), c'est l'œuvre économico-juridique du bolognais Romeo Bocchi ; mettant à profit les fruits de ses lectures, de ses expériences et de ses nombreux voyages, il s'efforce d'expliquer le mécanisme des paiements et, en particulier, des paiements par compensation pendant les foires.

Romeo Bocchi, *Della giusta universale misura e suo tipo*. Tome I : *Anima della moneta*. Tome II : *Corpo della moneta*. Venezia, 1621. (Gobbi, *l'Economia politica*, etc. Milano, 1889, pp. 161-175, on a donné un bon extrait.)

§ 5. — LES BANQUES DE DÉPÔT ET DE CIRCULATION

Les banques publiques de dépôt sont nées au xv° siècle (Barcelone, Valence, Saragosse), au xvi° siècle (Trapani, Gênes, Palermo, Messine, Naples, Venise, Milan) et au xvii° siècle (Amsterdam, Rotterdam, Hambourg, Nuremberg) sur la ruine des banques privées, en général tombées en faillite. Elles avaient pour but de faire des prêts à un intérêt modéré (Naples), de simplifier les paiements entre commerçants en les remplaçant par de simples virements de compte (Gênes, Venise, Sicile), de créer une valeur idéale de banque ramenée à une quantité fixe d'argent, et partant soustraite aux périls de la multiplicité et de l'altération des monnaies (Amsterdam 1609, Hambourg 1619), et finalement aussi de consolider et d'amortir la dette de l'Etat (Gênes) ou celle de la commune (Milan) par le recouvrement d'impôts cédés à la Banque elle-même. On a écrit sur ces banques, non seulement des monographies historiques pour faire connaître (en attendant une histoire générale du crédit) chacun des établissements, mais aussi quelques ouvrages théoriques, qui sont les débuts de la littérature bancaire.

Parmi les nombreux ouvrages historiques sur les banques de Gênes (Serra, Lobero, Cuneo, Wisniowski), de Naples (Rocco, Nisco, Petroni, Ajello, Tortora), de Venise (Lattes, Ferrara), je n'indiquerai que les travaux récents et très remarquables de Cusumano, Piccolomini, Soresina, Dunbar, qui ont éclairci sur certains points l'histoire d'un grand nombre de banques italiennes.

V. Cusumano, *Storia dei banchi di Sicilia*. Vol. I:

I banchi privati. Roma, 1887. Vol. II: *I banchi
publici*, 1892.

Narc. Mengozzi, *Il monte dei Paschi*. Siena, 1891.

Nic. Piccolomini, *Il monte dei Paschi*, etc. Vol. I-IV.
Siena, 1891-93.

Am. Soresina, *Il banco giro di Venezia*. 1889.

Ch. Dunbar, *The bank of Venise* (In *Quarlely Journal
of economics*. Vol. VI. Boston, 1892).

La constitution du *Banco di Rialto* à Venise (1587) et
de celui de *Saint-Ambrogio*, à Milan (1598) ont été
l'occasion d'intéressants ouvrages théoriques ; le *Banco*
de Gênes et le *Banco Giro* (1619) de Venise ont suscité
des ouvrages purement descriptifs (Merello), des ouvrages d'histoire (Trevisan) et de comptabilité (Cavalà).

Elie Lattes a réimprimé deux célèbres discours, absolument contraires, attribués au sénateur Thomas Con-
tarini, et prononcés en 1584, au moment de la fondation du *Banco di Rialto*. Celui qui est favorable aux
banques publiques rappelle les abus multiples, les
opérations imprudentes, les faillites des banques privées. En sens contraire, le second discours fait remarquer que l'Etat ne doit pas de se faire marchand ; que
l'obligation de payer en valeur de banque pourrait être
dans certains cas très lourde ; que dans les moments de
crise financière, la tentation de se servir de l'argent
déposé deviendrait trop forte ; que, finalement, la faillite de la banque publique aurait des conséquences
beaucoup plus graves que celle des banques privées.

Le négociant milanais Jean Antoine Zerbi, qui avait
étudié, dans ses voyages, les banques espagnoles, sici-
liennes et en particulier celle de Saint-Georges, recommande fortement de fonder une banque semblable, en
recueillant l'argent nécessaire au moyen de *luoghi*
(actions), de dépôts de *cartulario* et de *molteplici*
(actions augmentées de l'intérêt composé) ; il décrit les

opérations de la banque et énumère les avantages
économiques et fiscaux qui en résulteraient. Les résultats furent bien différents de ceux qu'on avait prévus;
la banque, créancière et fermière des impôts de la ville,
fut sur le point de tomber en faillite en 1630, et, transformée plus tard en Monts-de-piété de Saint-Charles,
de Sainte-Thérèse, Napoléon et Lombardo-Vénitien,
elle devint une simple administration de la dette publique.

> E. Lattes, *La libertà delle banche a Venezia.* Milano,
> 1869, pp. 118-160.
> C. A. Zerbi, *Dialogo del banco di S. Ambrosio.* Milano,
> 1593. — *Del banco di S. Ambrosio,* 1597. — *Dis-
> corso in forma di dialogo intorno al banco di S.
> Ambrosio,* 1599 (Cfr. Em. Greppi, *Il banco di S.
> Ambrosio.* Milano, 1882).
> Mich. Morello, *Breve dichiarazione dell' instituzione
> della compera di S. Giorgio,* etc. Genova, 1607.
> Bern. Trevisan, *Informazione per il banco del Giro,*
> écrite après 1680 (Dans la traduction de la
> *Science du commerce* de J. Sonnleithner, faite en
> italien par F. Viganò. 3ᵉ édition, Milano, 1863,
> pp. 293-299,
> G. Cavalà Pasini, *La scuola in pratica del banco
> giro,* etc. Venezia, 1741.

Il faut ajouter que V. Lunetti (cité dans le § précédent) fit, en 1630, au gouvernement napolitain la proposition de créer une *Tavola della R. Corte,* privilé-
giée pour le paiement des commerçants, qui devait
céder une part de ses bénéfices au fisc (pour éteindre
ses dettes), et un *Officio dell' abondanza.* Il ne faut pas
oublier non plus un abbé Norbis (un italien), cité par le
professeur Bidermann (*Die Wiener Stadt-Bank.* Wien,
1859) qui émit l'idée de fonder à Vienne un *Banco-
giro,* qui eut une très courte durée.

La littérature anglaise sur les banques de circulation

est plus récente, plus abondante et plus intéressante.
Elle commence par une série ininterrompue de projets
et de polémiques, qui précédèrent et accompagnèrent
la fondation de l'éphémère *Land-Bank* et celle de la
Banque d'Angleterre, créée en 1694 par l'écossais Guillaume Patterson (*Conference on the public debts*, 1695)
et dirigée par Michel Godfroy (*A short account of the
Bank of England.* 1695), qui prêta à l'État son capital
et mit en circulation des billets qui rapportaient
d'abord environ 3 pour cent, et qui cessèrent d'être productifs d'intérêt après 1700.

> J. R. Mac Culloch, *The litterature of political eco-
> nomy.* London, 1845, pag. 155 et suiv. (Pas tou-
> jours exact ni impartial dans ses jugements).
> Lord Macaulay, *History of England*, vol. IV.
> Eug. v. Philippovich, *Die Bank von England.* Wien,
> 1885.
> J. E. Th. Rogers, *The first nine years of the bank of
> England.* Oxford, 1887.
> Ch. F. Dunbar, *Notes on early banking schemes* (in
> *Quarterly Journal of Economics*, vol. II. Boston,
> 1888, pp. 482-490.

Price (*Handbook of London Bankers*, pag. 142 et
145) raconte qu'un certain Hagenbuck, qui se disait
italien, fit, dès 1584, la proposition de créer une banque
publique à l'imitation de celle que l'on voulait fonder
à Venise et que, en 1622, une proposition semblable fut
faite par un certain Robert Heath. D'autres projets se
succédèrent sans interruption dans la seconde moitié
du xviie siècle et dans la première moitié du xviiie. Les
uns proposaient des banques de dépôt sur le type hollandais, comme Lambe, d'autres, sur le type vénitien,
comme Lewis. Pother et Cradocke proposèrent au Parlement anglais, comme plus tard Law au Parlement
écossais, l'institution d'une banque territoriale, qui,

prêtant son capital à l'Etat, ferait ensuite des prêts à la propriété, en se procurant les moyens nécessaires par l'émission de billets à vue et au porteur, munis d'une simple garantie hypothécaire. Le plus absurde de ces projets, celui d'Ugo Chamberlain et John Briscoe (1696) aboutit à la *Land-Bank*.

S. Lambe, *Seasonable observations*, etc., 1659.

M. Lewis, *Proposals to increase trade*, 1677. — *Proposals to the King*, 1678. — *A short model of bank*, etc.

W. Potter, *Key to wealth*, 1651. — *Humble proposals*, 1651. — *Tradesman's jewell*, 1661.

F. Cradocke, *An expedient to make away all impositions*, 1660. — *Wealth discovered*, 1659.

John Law, *Money and trade considered*, etc., 1705; traduit par l'auteur, sous le titre de : *Considérations sur le numéraire et le commerce*, 1720.

Du billet de banque garanti par la propriété foncière imaginé par Law, il est facile de passer au billet inconvertible, expérimenté sous la régence de Philippe d'Orléans. L'histoire critique du système de Law a été faite d'abord par Thiers (1826), qui a été un juge trop bienveillant, puis par Daire (1843), qui a été trop sévère; Cochut a fait connaitre les anecdotes et les satires de l'époque (1853); Horn (1858) et Alexi (1885) se sont également occupés de cette question. Il faut consulter de préférence :

Em. Lévasseur, *Recherches historiques sur le système de Law*. Paris, 1854. (Travail très soigné.)

J. Heymann, *Law und sein System*. München, 1853. (Examine spécialement les doctrines).

Au *système* se rattachent un grand nombre d'ouvrages d'auteurs contemporains, adversaires impla-

cables (Paris Duverney), partisans plus ou moins déclarés (Melon, Dutot), historiens impartiaux, comme
Forbonnais *(Recherches et considérations sur les
finances en France,* vol. V, Liège, 1758), sur lesquels
il n'est pas utile de donner des indications plus détaillées.

CHAPITRE IV

LES SYSTÈMES EMPIRIQUES

———

Les Etats modernes, issus des ruines du féodalisme, avaient besoin de revenus toujours plus grands pour subvenir aux dépenses de la nouvelle organisation militaire, politique et administrative, aux dépenses de guerre et au luxe des cours. Les anciens expédients financiers, revenus domaniaux, confiscations, contributions de guerre, ne pouvaient plus suffire, même en y joignant les expédients nouveaux, dons gratuits, régies fiscales, vente des charges, des monopoles industriels et commerciaux, concédés à des individus ou à de grandes compagnies. La transformation de l'ancienne économie, — reposant sur l'échange en nature, caractéristique de l'époque féodale, en économie monétaire, conséquence nécessaire de la naissance des manufactures et du commerce et aussi de l'importance toujours croissante de la richesse mobilière des villes, — attirait toujours davantage l'attention des gouvernements, qui commençaient à se persuader que la prospérité de l'Etat a son fondement principal dans le bien-être économique du peuple. Il en résulta une série de dispositions législatives qui vinrent confirmer, modifier ou changer les lois de la période précédente ; celles-ci s'inspiraient d'idées indéterminées et contradictoires. ou tendaient à procurer des revenus au fisc ou aux favoris du prince sans se soucier de l'utilité générale.

C'est ainsi que la législation économique de quelques États, tout en conservant son caractère empirique, gagne en unité et s'inspire de critères généraux. Ceux-ci varient nécessairement avec les conditions des différents pays, suivant qu'ils sont principalement agricoles, qu'ils possèdent déjà ou cherchent à posséder des manufactures, qu'ils cherchent à s'enrichir par la navigation et le commerce, spécialement par le commerce international. Nous ne devons donc pas nous étonner de la coexistence ou de la succession de systèmes absolument opposés, puisque tous aspirent à assurer l'autonomie et quelquefois la prépondérance aux États qui les adoptent et qu'ils partent de conceptions absolument différentes suivant qu'ils tendent à favoriser l'agriculture, les manufactures, le commerce dans l'intérêt des classes dominantes, ou qu'ils cherchent à préserver la nation de certains dangers moraux, réels ou supposés, par de rigoureuses lois somptuaires, des défenses absolues d'importation des marchandises étrangères, ou qu'ils veulent préserver les consommateurs des disettes et amener l'abondance de la monnaie. La lutte des différentes classes, représentant des intérêts opposés, et plus tard la louable intention des gouvernements d'assurer le bien-être de la nation en accueillant les demandes légitimes et en repoussant les prétentions injustes sont l'origine des systèmes empiriques de politique économique. Nous trouvons dans les œuvres auxquelles ils ont donné naissance des germes théoriques précieux qui deviennent, dans la période suivante, des éléments plus ou moins importants de systèmes vraiment scientifiques.

Avant de nous occuper des systèmes empiriques, dont les meilleurs représentants sont fournis par un nombre considérable d'écrivains du XVIIᵉ et de la première moitié du XVIIIᵉ siècle, nous devons mentionner quelques publicistes, dont quelques uns très anciens, qui ont écrit des ouvrages de politique générale ou de politique économique, où se trouvent résumées la pratique courante et les idées dominantes de leur temps.

Ce sont : au XIVe siècle, Jean Ser Cambi, historien et politique et, au XVe, un poème anonyme sur la politique anglaise (1436), qui défendent le système protecteur et sont ainsi en opposition nette avec les idées relativement libérales de Dioméde Carafa ; au XVIe et au commencement du XVIIe, Melchior Ossa et Georges Obrecht, dont les œuvres (résumées par Roscher) laissent dans l'ombre celles du plagiaire Gaspard Klock (*De contributionibus*, 1634 — *De aerario*, 1651), auquel Held et, il y a quelques années, Stein ont prodigué des éloges immérités.

Joannes Ser Cambii, *Monita Guinisiis* (in *Miscellanea* de Baluzio. Lucca, 1764, tome IV, pag. 81).
— *The Libell of English Policye* (1436), édité par R. Pauli. Lipsia, 1878.

Parmi les écrivains politiques qui se sont occupés plus spécialement de questions économiques et financières et en général des questions d'administration, la première place appartient sans conteste à Jean Bodin (1530-1596). Dans le sixième livre de son œuvre principale (*De la République*, 1576), développée dans la traduction latine (1584), il tient compte de l'influence du climat et du sol et donne un système complet de politique économique et financière ; il réclame la libre importation des denrées alimentaires et des matières premières, des droits élevés à l'importation des produits étrangers et la défense d'exportation des céréales et des matières premières. Cela ne l'empêche pas d'ailleurs de déclarer que le commerce doit être franc et libre.

H. Baudrillart, *Jean Bodin et son temps*. Paris, 1853.

La seconde place appartient à Jean Botero (1540-1617), qui reproduit les idées économiques de Bodin ; il préfère seulement la prohibition aux droits élevés sur les marchandises étrangères. Il est incompétent en matière de monnaie et de crédit, mais il développe et perfectionne dans certaines parties la théorie de l'impôt, qu'il considère comme la source ordinaire des revenus de l'État (*Della ragion di Stato*. Roma, 1589).

Parmi les politiques de moindre valeur il nous suffira de citer le jésuite espagnol Mariana (*De rege et regis institutione*, 1599), le compilateur érudit, mais indigeste, Grégoire de Toulouse (*De Republica*, 1597), Celso Mancini de Ravenne, auteur du livre *De juribus principatum* (1596), commenté par Rava (1888), Scipion Chiaramonti de Cesena (*Della ragione di Stato*, 1635), disciple de Botero, qui a sur le commerce des idées plus larges, et enfin Jacques Bornitz (*De nummis*, 1608 — *De rerum sufficientia in republica*, 1625), compilateur d'ouvrages spéciaux sur la politique économique. Tous ces écrivains sont d'ailleurs inférieurs par plus d'un point au hollandais Boxhorn qui a écrit des *Institutiones politicæ* (Amsterdolami, 1643) qui ont été très répandues même en Italie.

Le poète normand Antoine de Montchrétien, qui a été porté aux nues par Duval et plus encore par Funck-Brentano qui le proclame fondateur de l'économie politique, est un contemporain de Serra, mais il lui est inférieur et pour le fond et pour la forme. Il dédia au roi Louis XIII et à la reine régente Marie de Médicis un *Traité*, dans lequel il expose sans beaucoup d'ordre ses idées et ses propositions, de caractère restrictif sur les manufactures et le commerce terrestre et maritime, mêlant, comme l'a remarqué impartialement Baudrillart, à beaucoup d'erreurs de doctrine et de fait quelques bonnes observations sur le travail et la concurrence.

Nous ajoutons qu'il faut tenir compte à Montchrétien d'avoir demandé une protection égale pour les manufactures et pour l'agriculture ; on se rappelle le dissentiment qui existait sur ce point entre Henri IV (qui suivait les avis d'Olivier de Serres et de Laffemas) et Sully ; le roi introduisait en France la culture du mûrier et l'industrie de la soie, tandis que son austère ministre protégeait exclusivement l'agriculture.

Jules Duval, *Mémoire sur Antoine de Montchrétien*, etc. Paris, 1868.

Ant. de Montchrétien, *Traicté de l'Economie politique dédié en 1615 au Roy et à la Reyne mère du Roy*, avec une introduction et notes par Th. Funck-Brentano. Paris, 1889.

H. Baudrillart, v° *Montchrétien*, in *Nouveau Dictionnaire d'Economie politique*, vol. II, Paris, 1891, pp. 325-328.

L. Wolowski, *Henri IV économiste*. Paris, 1855.

E. Bonnal, *Sully économiste*. Paris, 1872.

§ 1. — LE SYSTÈME ANNONAIRE

V. Cusumano, *La teoria del commercio dei grani in Italia*. Bologna, 1877.

U. Gobbi, *La concorrenza estera e gli economisti italiani*. Milano, 1884.

La crainte des disettes, le peu de confiance que l'on avait dans les commerçants en blé que l'on tenait pour des spéculateurs malhonnêtes s'enrichissant au préjudice des agriculteurs et du peuple, et enfin des considérations juridiques et politiques sur l'importance des approvisionnements ont été les causes principales de l'ancienne législation annonaire, qui se proposait d'assurer aux consommateurs la quantité de blé nécessaire. Les gouvernements espéraient y pourvoir

par l'établissement de « greniers d'abondance » admi-
nistrés par des fonctionnaires publics ; par des défenses
d'exportation, des franchises et des primes à l'importation des blés étrangers ; par la fixation légale du prix
du pain, et par des obstacles de tous genres à la libre
circulation du blé à l'intérieur, consistant soit dans
l'obligation pour le propriétaire de déclarer la quantité
de blé produite excédant sa consommation, soit dans
l'obligation de porter son blé à la ville pour le vendre
sous la surveillance de l'autorité, soit dans la prohibition
de faire du pain chez soi, d'employer le blé à des usages
industriels, etc. On croyait par ces dispositions protéger
les consommateurs nationaux contre la concurrence des
consommateurs étrangers et contre les fraudes des acca-
pareurs, en soustrayant le commerce des denrées au
droit commun pour le soumettre à l'administration publique. C'est en Italie que l'on trouve les premiers théoriciens de ce système et les premiers adversaires des
exceptions temporaires que quelques gouvernements
faisaient à la rigueur des mesures annonaires en per-
mettant les « traites » lorsque le blé excédait les besoins
du pays ou lorsque les prix étaient tellement bas, qu'ils
portaient atteinte aux intérêts des propriétaires et des
agriculteurs. Au xvie siècle tous les politiques approuvent plus ou moins complètement ce système, et un
avocat romain, Casali, proteste même contre une constitution de Clément VII qui, suivant l'exemple de ce
qui se faisait à Florence depuis 1427, avait autorisé
les « traites ».

Bapt. Casali, *In legem agrariam.* Romae, 1524.

Vers la fin du xvie siècle et au commencement du
xviie un grand nombre de jurisconsultes s'occupent de
ce sujet et commentent les lois positives. Les causes

des disettes et les mesures par lesquelles on peut y
porter remède sont l'objet de deux monographies.
Celle de Segni, chanoine de Bologne, est une apologie
du système annonaire le plus rigoureux : elle invoque
surtout des considérations morales ; celle de Tapia,
magistrat napolitain, est plus modérée et s'inspire
davantage des besoins de la pratique.

> Gio. Batt. Segni, *Trattato sopra la carestia e fame.* Bolo-
> gna, 1602.
> Carlo Tapia march. di Belmonte, *Trattato dell'abbon-
> danza.* Napoli, 1638 (écrit longtemps avant).

Le changement des conditions du commerce, les
progrès théoriques, la réaction des classes agraires,
frappées dans leurs intérêts, les exigences du fisc, qui
ne veut pas renoncer au revenu des droits sur les céréales, amènent petit à petit la décadence du système.
En Italie De Luca ne l'accepte qu'avec beaucoup de tempéraments (1680), Broggia le défend faiblement (1743)
et Genovesi (1765) le repousse. En Allemagne il trouve
encore un partisan dans Unger, mais il est combattu
par Philippi, partisan du protectionnisme agraire et par
Reimarus, qui défend résolument le libre échange.

> F. Unger, *Von der Ordnung der Fruchtpreise,* etc. Got-
> tingen, 1752.
> L. A. Philippi, *Der vertheidigte Kornjude.* Berlin, 1765.
> H. Reimarus, *Die Freiheit des Getreidehandels.* 2e édit.
> Hamburg, 1790.

§ 2. — LE SYSTÈME MERCANTILE

> Ad. Held, *Carey's Socialwissenschaft und das Merkantil-
> system.* Würzburg, 1866. (Ne remonte pas toujours
> aux sources).

H. J. Bidermann, *Ueber den Merkantilismus*. Innsbruck, 1870.

W. Cunningham, *The growth of english industry and commerce*. Vol. II. London, 1892.

C. F. Bastable, *The theory of international trade*. Dublin, 1877.

S. Bauer, V° *Balance of trade*, in *Dictionary of Political Economy* de R. H. Inglis Palgrave. Part. I. London, 1891, pp 85-88 (court, mais très substantiel).

W. A. S. Hewins, *English trade and finance*, etc, 1892.

Le système mercantile a eu une importance plus grande encore. Il a pendant plusieurs siècles exercé une influence sur la législation et, par conséquent, sur les conditions économiques d'un grand nombre d'Etats; il a laissé des traces visibles dans les systèmes de protection douanière qui dominent encore aujourd'hui dans la plupart des pays d'Europe et d'Amérique. On l'a appelé quelquefois système restrictif, mais cette expression est trop générique; certains auteurs, sur les traces de Mengotti, l'ont dénommé le Colbertisme, lui donnant ainsi le nom de l'homme d'Etat qui, sans en être le créateur, en a fait l'expérience la plus large, la plus intelligente dans le gouvernement d'un grand pays.

Les mercantilistes partaient de cette idée, vérité d'évidence dans l'économie privée, que la possession de l'argent permet l'acquisition de toutes les autres richesses; ils voyaient, en outre, que la puissance commerciale et politique se concentrait chez les nations qui, occupant la première place pour leurs manufactures et leur commerce, spécialement pour le commerce maritime, facilité par la possession de grandes colonies, disposaient d'une grande quantité de métaux monnayés, qui provenaient de leurs mines de métaux précieux (Espagne, Portugal), ou qu'ils attiraient par leur commerce (Italie, Flandre, Hollande et, plus tard, Angleterre et France). De tout cela les mercantilistes concluaient que le bien-être économique d'une nation est proportionnel à la quantité de monnaie en circulation et ils en tiraient comme corollaire la règle fondamentale de leur politique économique : conserver et augmenter l'argent existant dans le pays. Il est absolument contraire à la vérité d'attribuer aux partisans de ce système cette opinion étrange que la monnaie est l'unique richesse, tandis qu'au contraire il n'est pas rare de rencontrer chez les partisans du mercantilisme cette erreur absolument opposée, que la monnaie a une valeur de pure convention, complètement indépendante de la matière dont elle est composée, erreur qui atteint son apogée avec Law et ses disciples, partisans du papier-monnaie. Ce jugement erronné sur le principe fondamental des mercantilistes vient en grande partie de ce qu'ils emploient parfois le mot monnaie (comme les Romains le mot « pecunia ») pour parler de la richesse. On ne peut pas nier d'ailleurs, comme l'a fort bien remarqué Smith, que beaucoup d'écrivains déclarent dès l'abord que la monnaie n'est pas l'unique richesse, mais leur argumentation laisse ensuite supposer qu'ils sont d'un avis opposé.

S'ils sont unanimes à croire à l'importance économique et fiscale d'une grande quantité de monnaie, ou, selon l'expression anglaise, d'un trésor (*treasure*), les opinions sont très divergentes au sujet des moyens propres à atteindre ce but. Tout en reconnaissant qu'il est tout à fait impossible, par suite de l'absence de recherches historiques exactes sur l'économie politique, notamment en Angleterre et en France, de classer correctement les différents écrivains, même en s'en tenant aux plus importants, il nous semble que nous avons trouvé un fil conducteur dans le labyrinthe de la littérature du système mercantile. Nous distinguons trois phases suffisamment caractérisées dans l'ensemble, bien que quelques écrivains ne puissent, par suite de l'incohérence de leurs principes ou du peu de clarté de leurs exposés, être assignés avec certitude à l'une d'entre elles.

A) *La prohibition de l'exportation de la monnaie.*

Les formes les plus anciennes du mercantilisme sont : la prohibition de l'exportation des monnaies, les altérations des monnaies désignées par l'étrange euphémisme d'augmentation, et la fixation légale du cours des changes. Par les défenses à l'exportation on appliquait aux monnaies le système adopté pour le blé, et on oubliait que la sortie de l'argent, qui, selon l'expression du poète, *per medios ire satellites amat,* est la conséquence nécessaire de conditions économiques déterminées. Par les altérations et par le tarif officiel du change on croyait pouvoir amener directement ou indirectement une augmentation de la monnaie en circulation.

Parmi les partisans de ces expédients, adoptés par un grand nombre de gouvernements, il suffira de signaler une série d'écrivains espagnols et portugais qui réclament la prohibition des marchandises étrangères ou des droits élevés comme un autre moyen efficace pour conserver l'or et l'argent qui venait des colonies d'outre-mer.

L. Ortiz, *Memorial al Rey para prohibir la salida de l'oro,* 1588.

Sancho de Moncada, *Restauracion politica de Espana.* Madrid, 1619.

Damian de Olivares, *Memorial para prohibir la entrada de los generos estrangeros.* Madrid, 1621.

Duarte Gomez, *Discursos sobre el commercio de las dos Indias.* Lisboa, 1622, p. 218.

Juan de Castanares, *Sistema sobre prohibir la entrada de los generos estrangeiros*. Lisboa, 1626.

Parmi les écrivains monétaires italiens dont nous avons parlé dans le chapitre précédent, De Santis et Lunetti sont des partisans décidés de la défense d'exportation des monnaies ; Biblia ne l'admet que pour les monnaies nationales ; Bocchi l'approuve mais ne la croit pas praticable ; Serra et Turbolo la repoussent absolument.

Nous pouvons constater un progrès notable, quoique relatif, chez quelques écrivains qui s'aperçoivent que ces expédients ne permettent pas de conserver la monnaie, parce qu'ils s'arrêtent à certains symptômes de la situation monétaire, mais ne tiennent pas compte des véritables causes qui seules peuvent amener l'abondance de l'or et de l'argent. Nous citerons Laffemas, contemporain de Serra et de Montchrétien, contrôleur général du commerce sous Henri IV, qui, dans un des nombreux opuscules cités par Laffitte, combat directement les défenses d'exportation de l'argent.

Barthélemy Laffemas, *Comme l'on doit permettre la liberté du transport de l'or et de l'argent hors du royaume, et par tel moyen conserver le nostre et attirer celui des estrangers.* Paris, 1602.
P. Laffitte, *Notice sur B. Laffemas.* Paris, 1876.

B) *La balance des contrats.*

La seconde phase du système mercantile mérite d'être étudiée de près. Elle s'est développée pratiquement en Angleterre depuis les derniers siècles du moyen âge et elle a eu de nombreux partisans ou adversaires théoriques vers la fin du XVIe et au commencement du XVIIe siècles, quand le changement des conditions du commerce rendirent la continuation du système impossible.

Nous rencontrons pour la première fois dans l'histoire de l'économie une polémique qui a provoqué de très nombreux ouvrages... Ils ont été négligés dans les meilleures histoires générales de l'économie (même par Kautz et par Ingram) et même par des écrivains qui, comme Roscher (*Zur Geschichte der englischen Volkswirthschaftslehre.* Leipzig, 1851-1852) et Ochen-kowsky (*Englands wirthschaftliche Entwickelung am Ausgange des Mittelalters.* Jena, 1879), se sont occupés avec beaucoup de soin des anciens économistes anglais.

Rich. Jones, *Primitive political Economy of England* (in *Edinburgh Review,* april 1847). Réimprimé dans ses *Literary Remains edited by W. Whewell.* London, 1859, pp. 291-335.

J. Janschull, *Le free-trade anglais.* Part. I. *La période du mercantilisme.* Moscou, 1876 (en russe).

Edm. v. Heyking, *Zur Geschichte der Handelsbilanztheorie.* Ir Theil. Berlin, 1880.

G. Schanz, *Englische Handelspolitik gegen Ende des Mittelalters.* Leipzig, 1881. Deux volumes.

Em. Leser, *Denkschrift uber die englische Wollenindustrie (1622).* 1887.

Alb. Hahl, *Zur Geschichte der Volkswirthschaftlichen Ideen in England,* etc. 1893.

Le système dont nous parlons a été appelé par Jones, d'une expression heureuse, le système de la balance des contrats (*balance of bargains*), parce que c'était, en effet, un ensemble de mesures tendant à surveiller les contrats entre commerçants anglais et commerçants étrangers, afin qu'il en résultât une augmentation de la monnaie en circulation dans l'Etat. En plus de la défense de l'exportation de l'or et de l'argent, les lois imposaient aux commerçants anglais, qui vendaient leurs marchandises dans les villes

(Bruges, Anvers et particulièrement Calais) qui avaient le monopole de l'exportation des objets manufacturés (*staple towns*), l'obligation de reporter dans leur patrie en espèces sonnantes une partie déterminée du prix reçu des étrangers. D'autres statuts (*Statutes of employment*) imposaient aux marchands étrangers, qui vendaient leurs marchandises en Angleterre, le devoir d'employer l'argent reçu en achats de produits anglais. Pour assurer l'exécution de ces prescriptions, les commerçants étaient soumis à une surveillance spéciale de la part des fonctionnaires (*customers*) chargés de la perception des droits dans les *staple towns*; ils devaient faire changer en monnaies anglaises, par l'intermédiaire d'un autre fonctionnaire public (*royal exchanger*), les monnaies étrangères dont ils étaient détenteurs.

Avec le temps, différentes circonstances, la reprise de Calais par les Français, les altérations monétaires d'Henri VIII et le fréquent usage des lettres de change dans les paiements des dettes commerciales, rendirent toujours plus difficile l'exécution rigoureuse de ces mesures. Finalement l'importance acquise dans le commerce international par la fameuse compagnie des *merchant adventurers*, qui luttaient avec succès contre le monopole des anciens centres du commerce d'exportation, contribua à ruiner presque totalement le système et à donner naissance à la dernière phase du mercantilisme.

Les ouvrages théoriques qui défendent le système de la balance des contrats sont très rares au XVIᵉ siècle, mais ils se multiplient dans les premières décades du siècle suivant.

Clement Armstong, *A treatise concerning the staple and the commodities of this realme*. Vers 1530. Édité par R. Pauli avec deux mémoires anonymes adressés au comte d'Essen, *Drci volkswu th-schaftliche Denkschriften aus der zeit Heinrichs VIII.* Göttingen, 1878.

Dans ses ouvrages de polémique Thomas Milles, employé aux douanes, exprime quelques idées générales sur les impôts, combat les compagnies privilégiées et propose le retour au système de la balance des contrats. Plus intéressante est la controverse (commentée par Janschull) entre le hollandais Gérard Malynes, qui déplore les ruses des banquiers, causes principales de la sortie de l'argent, et qui demande le rétablissement de l'office de changeur royal, et Edouard Misselden, qui se déclare l'ennemi des anciennes restrictions et le défenseur du *free-trade*, c'est-à-dire du commerce libre, débarrassé des monopoles des individus ou des villes et soumis aux seules restrictions nécessitées par l'intérêt général. Misselden est certainement (s'il n'est pas le premier comme le croit Janschull) un des meilleurs économistes de son temps.

> Th. Milles, *The customers apologie.* London, 1604. — *The customers replie,* 1604. — *The mistery of iniquity,* 1609. — *An abstract almost verbatim of the customers apologie,* 1622.
>
> G. Malynes, *A treatise of the canker of England's commonwealth,* mars 1601. — *St. George for England allegorically described,* mai 1601. — *Englands wiews in the unmasking of two paradoxes,* 1603. — *The maintenance of free trade,* 1622. — *The center of the circle of commerce,* 1623. — *Lex mercatoria,* 1622.
>
> Ed. Misselden, *Free trade or meanes to make trade flourish.* London, 1622, 2ᵉ édit. — *The circle of commerce or the balance of trade in defense of free trade.* London, 1623.

Dès cette époque le public anglais commence à prendre part aux controverses économiques, et les ouvrages deviennent si.nombreux que, vers le milieu du siècle passé, Massie avait recueilli près de mille cinq cents ouvrages ou opuscules dont on conserve le catalogue au Musée Britannique (Mss. Lansdowne 1049, cité par Cunningham, *The Economic Journal*, n° 1. London, 1891, pag. 81). Dans ces controverses chacun des intérêts de classe trouve des défenseurs. C'est ainsi, par exemple, que Keymor, Gentleman, Davies sont des défenseurs de la pêche, Wheeler, agent des *merchant adventurers* (combattu par Milles) défend, comme Misselden, les intérêts du commerce d'exportation, tandis que Raleigh, Verger, Digges etc., défendent le commerce colonial, et un anonyme les manufactures.

> J. Keymor, *On the dutch fishing*, 1601.
> T. Gentleman, *The way to win wealth*, 1614.
> W. John Wheeler, *A treatise of commerce*, 1601.
> W. Raleigh, *Observations touching trade and commerce*, 1614.
> Sir Dudley Digges, *The defence of trade*, 1615.
> *A true discovery of the decay of trade*, 1622 (Edité par Leser, *op. cit*).

C) *La balance du commerce.*

Un examen plus attentif des fonctions du commerce amène quelques écrivains, relativement libéraux, à se persuader toujours davantage du peu d'efficacité du système qui prétendait surveiller chaque contrat afin d'obtenir une augmentation de la circulation monétaire, système auprès duquel les ouvrages de Bodin (1576), d'Hales et de Stafford (1549 et 1581) et ceux de Botero (1589) marquent déjà un progrès notable. Nous citerons, parmi beaucoup d'autres, Lewis Robert (*The treasure of traffike*, 1641) et John Parker (*Of a free trade*, 1648).

Mais le négociant Thomas Mun est l'auteur qui donne aux idées nouvelles une forme vraiment systématique. Dans son *Discourse of trade*, publié en 1621 (et non en 1609 comme le dit Mac Culloch), et dans une *Pétition* au Parlement (1628) il défend lui aussi la Compagnie des Indes Orientales en démontrant, sans attaquer du reste les *statutes of employment*, qu'elle provoque par son commerce une importation de monnaie de beaucoup supérieure à l'exportation. Mais dans un autre de ses ouvrages, beaucoup plus important, écrit entre 1641 et 1651, publié après sa mort par son fils en 1664 sous le titre significatif de *England's treasure by forraign trade*, il fait un exposé complet de la théorie du commerce internationnal, mieux élaborée que celle de Misselden, sans tomber dans les exagérations de beaucoup de mercantilistes postérieurs. Ce livre a eu en Angleterre et à l'étranger une grande autorité. Il nous suffira de rappeler que Genovesi, en 1764, le fit traduire en appendice à l'édition napolitaine de Cary et qu'Adam Smith se réfère principalement à Locke et à Mun pour réfuter le mercantilisme.

Mun se propose de démontrer que l'unique moyen de s'enrichir consiste pour un Etat à diriger l'ensemble de ses opérations commerciales de telle sorte que la valeur des marchandises exportées dépasse celle des marchandises importées, et obtenir ainsi un « résidu» actif (*balance*) que l'on doit, sans vexations, faire payer en argent. Ce résidu permet seul au prince d'augmenter son « trésor ». Dans ce but il demande des lois somptuaires, la fondation de colonies, des encouragements à la marine et au commerce de transit, des droits d'entrée élevés (mais non prohibitifs) sur les marchandises étrangères, des facilités pour les exportations des nationaux et pour l'importation des matières premières que l'on peut travailler dans le pays et en particulier pour celles qui viennent des Indes. Pour montrer que cette importation de matières premières ne peut pas

être nuisible, il cite l'exemple du paysan auquel le sol
restitue au centuple les semences qu'on lui a confiées.
Mun n'ignore pas que le mouvement de la monnaie ne
dépend pas seulement de celui des marchandises, mais
qu'il dépend aussi d'autres causes. Il sait également
qu'une très grande quantité de monnaie renchérit nominalement la valeur des marchandises et empêche
leur exportation, il n'ignore pas enfin les imperfections
des tableaux de douane qui servent de base pour
calculer si la balance est ou non favorable.

T. M. *A discourse of trade from England into the East
Indies*. London, 1621.

Thomas Mun, *England's treasure by forraign trade, or
the ballance of our forraign trade is the rule of
our treasure*. London, 1664. (Réimprimé par Mac
Culloch dans la très rare *Select collection of early
english tracts on commerce*. London, 1856, pag. 1
et suiv., 116 et suiv.)

Parmi les partisans anglais de la balance du commerce, il y a deux tendances absolument opposées, au
point de vue pratique comme au point de vue spéculatif.
Les pessimistes se lamentent sur la décadence de l'Angleterre qu'ils attribuent au commerce « passif » avec
les Indes et avec la France et à la concurrence ruineuse
de l'Irlande pour l'industrie de la laine.

Sam. Fortrey, *England's interest and improvement*,
1629.

Roger Coke, *A discourse on trade*, 1670; et divers travaux écrits de 1671 à 1696.

(Anonyme) *Britannia languens*, 1680.

John Pollexfen, *England and East India inconsistent in
their manufactures*, 1697.

Ch. King, *British merchant or commerce preserved*,
1721.

Jos. Gee, *Trade and navigation of Great Britain*, 1729.

Les mercantilistes les plus modérés, admirateurs de la politique économique de la Hollande, portent un jugement bien différent sur les conditions économiques de l'Angleterre. Il nous faut mentionner, en dehors d'un anonyme fort libéral (*England's great happiness*, 1677), trois écrivains qui, au siècle passé, ont été fort appréciés, même en Italie, Temple, Child et Davenant.

On doit à Guillaume Temple, qui fut longtemps ambassadeur d'Angleterre dans les Pays-Bas, d'excellentes observations sur le travail, l'épargne, le luxe et les rapports de la production et de la consommation. Josias Child mérite davantage encore de retenir l'attention pour ses jugements exacts sur les caractères de la monnaie, pour ses idées modérées sur la population, pour son hostilité contre les monopoles et les autres entraves mises au commerce intérieur, et surtout parce qu'il considère la balance du commerce non comme une cause, mais comme un effet des bonnes conditions du commerce et en particulier du commerce maritime. Il a cependant des idées étroites sur les rapports de la mère patrie avec les colonies ; avec Culpeper il demande la réduction légale du taux de l'intérêt et il attribue à l'infériorité de son taux de l'intérêt la prospérité de la Hollande. Les œuvres économiques, financières et statistiques de Charles Davenant marquent un progrès encore plus important. Très peu convaincu (dans ses dernières œuvres) de l'exactitude des calculs basés sur l'importation et l'exportation, il est (comme l'a remarqué Pierson) plutôt mercantiliste de nom que de fait ; il demeure cependant partisan des compagnies privilégiées et du système colonial le plus rigoureux ; il admire l'acte de navigation de Cromwell, que Child (comme plus tard Smith) n'approuve que pour des raisons politiques ; il est enfin un adversaire déclaré des emprunts publics.

W. Temple, *Observations upon the united Provinces of Netherlands*, 1672. — *Essay on the trade of Ireland*, 1673.

Jos. Child, *Observations concerning trade and interest of money*, 1668. — *A new discourse on trade*, 1690, 2ᵉ édit., 1694.

(Sir Thomas Culpeper), *A tract against usurie*, 1640. *Useful remarks on high interest*, 1641.

Ch. Davenant, *Essay on the East India trade*, 1696-97. — *Essay on the probable means of making a people gainers in the balance of trade*, 1699. — *Discourses on the public revenues and on the trade of England*, 1698. — *Essay upon loans*, 1710.

Les mercantilistes allemands et espagnols de cette période, de même que les mercantilistes français et italiens, sont de beaucoup inférieurs aux mercantilistes anglais, bien qu'ils aient été beaucoup appréciés à leur époque.

J. J. Becher (*Politischer Discurs*, 1668, 6ᵉ édit. 1759), Ph. W. von Hornigk, son beau-frère, tout puissant dans le monde officiel (*Oesterreich über Alles*, 1684), et le baron Guillaume de Schröder (*Fürstliche Schatz-und Rentkammer*, 1686), l'un des plus anciens partisans des emprunts publics, demandent l'application à l'Autriche d'un système restrictif rigoureux. Une opinion plus modérée est représentée par Seckendorff, l'auteur d'un traité de politique spécialement financière, adapté aux conditions des petits états allemands (*Der deutsche Fürsterstaat*, 1655) et plus encore par l'illustre polygraphe Hermann Conring (1606-1681), célèbre dans l'histoire de la statistique, et l'auteur d'essais remarquables sur les impôts.

La série des mercantilistes *minores* se clôt en Espagne avec Jérôme Ustariz et Bernard Ulloa, tous deux admirateurs de Colbert. Leurs œuvres, traduites en plusieurs langues, exercèrent une notable influence sur plusieurs écrivains italiens et allemands du siècle passé

> G. Ustariz, *Teorica y practica de comercio y de marina* Madrid, 1724, 3ᵉ édit., 1757. Traduction libre par Forbonnais. Paris, 1753. Trad. italienne., Rome, 1793.
> B. Ulloa, *Restablecimiento de las fabricas y comercio espanol*. Madrid, 1740. Deux volumes. Trad. franc. Amsterdam, 1753.
> Cfr. A. Wirminghaus, *Zwei spanische Mercantilisten*. Jena, 1886.

L'ouvrage de Jean François Melon (*Essai politique sur le Commerce*. Amsterdam, 1734. Nouvelle édit., 1754) est le résumé le plus autorisé des doctrines professées sur l'économie ou, comme on le disait alors, sur le commerce. La célébrité et la diffusion de son livre ont été très grandes, moins pour son mérite théorique, qui est très faible, mais pour sa brièveté et sa clarté. Melon préconise la liberté du commerce, entendue, cependant, dans le sens d'un échange du superflu contre le nécessaire ; il admet de nombreuses restrictions à l'importation et à l'exportation ; il est favorable aux compagnies privilégiées, aux emprunts publics, qu'il appelle des dettes de la main droite à la main gauche et, dans certaines limites, même aux altérations monétaires. Sur ce dernier point il trouve un contradicteur dans Dutôt, le caissier de Law (*Réflexions politiques sur le commerce et les finances*. Amsterdam, 1738). L'écho de ces controverses est allé jusqu'en Italie, où elles ont été résumées par Gérôme Costantini (1754). Les doctrines de Melon ont fait école et elles ont été exposées par le banquier romain Gérôme Belloni dans un discours qui a eu un grand succès, et plus complètement par Joseph Antoine Costantini, par Ricci (1755) et par le père G. P. Pereira, d'origine por-

tugaise (1757). Broggia (*Dei tributi*, 1743) et Muratori
(*Della publica' felicità*. Modena, 1749) sont des disciples de Melon, mais leur doctrine sur le commerce
des blés est moins libérale.

> March. G. Belloni, *Del commercio*, dissertazione.
> Roma, 1750. 2e édit. 1757).
> Giov. Sappetti cosentino (Guiseppe Antonio Costan-
> tini, *Elementi di commercio*. Genova, 1762 (1re édit.
> 1749).

Dans la première moitié du siècle passé, le système
mercantile s'est, petit à petit, transformé en système
protecteur. La balance du commerce, le cours des
changes passent au second plan ; ils ne sont plus le but,
mais le symptôme de la prospérité économique. Ce qui
importe, avant tout, c'est l'augmentation de la densité
de la population, le développement du commerce, de la
navigation et, en particulier, des manufactures, qui
donnent les profits les plus élevés, occupent un plus
grand nombre de personnes, etc. Tandis que, à l'origine,
le système mercantile, comme l'a démontré Heyking
(*Op. cit.*, pag. 24-43) unissait l'idée de l'équilibre éco-
mique à celle de l'équilibre politique (ce que Justi considère comme une chimère), plus tard, son caractère
national devient plus marqué, et il cherche à donner à
l'État non seulement l'indépendance, mais la suprématie et, partant, il recherche la puissance politique
plus que l'augmentation de la richesse. C'est un point
que Cunningham a mis en lumière pour les économistes anglais et que beaucoup de critiques oublient
trop souvent.

> W. Cunningham, *Adam Smith und die Merkantilisten*
> (in *Zeitschr. für die ges. Staatswiss*, pp. 41-64). —
> *The progress of economic doctrine in England*, etc.
> (in *The Economic Journal*. Vol I. 1891, pp. 73-94).

Pour juger le système mercantile dans son ensemble, il faut le juger en se tenant également éloigné d'un rationalisme superficiel et des réhabilitions intempestives. Par ses manifestations pratiques les plus pures et les plus grandioses et en même temps les plus tempérées, c'est-à-dire dans l'acte de navigation de Cromwell (1651) et dans les réformes économiques et fiscales de Colbert (1661-1683), le mercantilisme a contribué à la création de la marine anglaise et à celle des manufactures françaises. Le génie de Colbert conçut une œuvre grandiose et il eut la volonté ferme de l'atteindre; il ne s'en tint pas aux expédients mesquins de ses prédécesseurs, que beaucoup de ses successeurs ont repris, et il n'aboutit pas, comme on l'a cru quelquefois, à des conséquences absurdes. Il supprima un grand nombre de restrictions au commerce intérieur, améliora les moyens de transport et de communication, unifia les poids et les mesures, etc. S'il multiplia, sans nécessité véritable, les règlements de fabrique, il établit en 1664 un tarif, qui a été élevé en 1667 par représailles contre la Hollande, mais qui est encore libéral, si on le compare à ceux du protectionisme moderne. Il ne faut pas oublier que Colbert a déclaré, à plusieurs reprises, que les mesures adoptées par lui avaient un caractère purement provisoire. Et il est facile de comprendre pourquoi Walpole et Pitt (senior) en Angleterre, Frédéric Guillaume Ier et Frédéric II de Prusse, Joseph II d'Autriche, Pierre le Grand en Russie, ont essayé, rarement avec la même habileté et par suite avec un succès varié, de suivre les traces de Colbert.

F. Joubleau, *Études sur Colbert*. Paris, 1856. Deux volumes.

P. Clément, *Histoire de Colbert et de son administration*. 2ᵉ édit. Paris, 1875. Deux volumes (Excellent ouvrage).

Neymarck, *Colbert et son temps*. Paris, 1877. Deux volumes.

G. Cohn, *Colbert vornehmlich in staatswirthschaftlicher Hinsicht*. In *Zeitschrift* de Tubingue. Vol. 25 et 26, 1869-1870, pp. 369-434, 390 454 (Monographie soignée avec une bonne indication des sources).

Considéré au point de vue théorique, le système mercantile, dans ses phases de la balance du commerce et de la protection douanière, se présente comme une première tentative d'explication des différents moments de la circulation des richesses. C'est un essai nécessairement imparfait, parce que le phénomène de la production n'était pas encore expliqué ; on n'avait pas une notion exacte du capital, que l'on confondait avec l'argent, dans lequel on voyait la forme de richesse la plus durable et la plus facile à être accumulée. Sans doute, les mercantilistes ont exagéré l'importance de la monnaie, parce qu'ils ne voyaient pas nettement qu'elle n'est essentiellement qu'un instrument ; tous ne s'apercevaient pas qu'il était impossible d'acheter sans vendre ; quelques-uns proposaient des moyens qui n'étaient nullement propres à atteindre les résultats cherchés. Ils avaient raison de voir dans l'argent une marchandise *sui generis* et de déplorer les inconvénients qu'entraine sa pénurie, mais ils ne s'apercevaient pas qu'une quantité excessive pouvait avoir des inconvénients, parce qu'elle élevait les prix et rendait toujours plus difficiles les exportations. Ils ignoraient que l'utilité de la monnaie dépendait, non seulement de sa masse, mais aussi de la rapidité de son cours ; ils ne comprenaient pas que la balance du commerce et la balance des créances et des dettes ne sont pas toujours la même chose, et qu'il était possible, pour une nation, d'importer des marchandises d'une valeur supérieure à celle des marchandises exportées, sans, pour cela, épuiser son stock métallique, parce que tous les paiements ne se font pas en monnaie et parce qu'il est possible de compenser l'excédent de valeur des produits venus de l'étranger par des créances sur l'étranger. Les mercantilistes croyaient, à tort également, qu'il était possible d'avoir une balance toujours favorable, et ils ne parvenaient pas à comprendre qu'un sophisme se cache dans le principe de la réciprocité, qui était l'idéal des traités de commerce, parce que refuser les marchandises étrangères à raison du refus que l'étranger fait de nos produits, c'est refuser un avantage parce que un autre se le refuse.

Au lieu de se persuader que les peuples comme les individus ne peuvent s'enrichir s'ils ne produisent plus qu'ils ne consomment, les mercantilistes, ne tenant compte que du commerce extérieur et des manufactures qui en formaient le principal aliment, enseignaient qu'il faut exporter plus que ce que l'on importe, et confondaient ainsi l'importation avec la consommation et l'exportation avec la production, par suite de cette fausse supposition que l'intérêt général de la nation s'identifie avec l'intérêt des commerçants. Cette erreur et les conséquences funestes qui résultèrent des rivalités et des guerres des Anglais, des Français et des Hollandais, qui se disputèrent à coups de tarif l'hégémonie économique, ne se trouvent certainement pas justifiées, mais elles s'expliquent et s'atténuent, si l'on pense à l'importance exceptionnelle du commerce et de la monnaie à cette époque et chez ces nations qui virent naître les premiers penseurs qui se préoccupèrent des causes et des mouvements de la richesse nationale.

CHAPITRE V

LA RÉACTION LIBÉRALE ET L'ÉCLECTISME

La décadence de l'agriculture, opprimée par les exactions féodales et par le poids d'impôts excessifs et mal répartis, le nombre croissant des pauvres, les tristes conséquences du régime de tutelle rigoureuse auquel étaient soumises les manufactures, enchaînées dans les corporations, perverties par l'esprit de monopole et devenues, sous les successeurs inhabiles de Colbert, des instruments dociles de fiscalité et de police, toutes ces causes firent naître dans l'esprit de certains philantropes et de certains magistrats, zélés pour le bien public et désireux de remédier aux maux qui opprimaient la classe la moins aisée et spécialement les cultivateurs, le désir de réformes éconqmiques et fiscales, qu'ils ont soigneusement indiquées et défendues avec fermeté. Ces projets concernent en particulier le commerce des grains, la réorganisation du système des impôts, les abus des corporations ; ils ont amené, vers la fin du xviie siècle et dans la première moitié du xviiie, d'importants changements dans la politique économique de beaucoup d'Etats, et ils ont fourni en même temps de nouveaux matériaux à la recherche scientifique.

§ I. — LE PROTECTIONISME AGRAIRE.

Les partisans de ce système devaient soutenir une double lutte, et contre les partisans des anciennes mesures annonaires, qui avaient pour objet de protéger le public contre les dangers des famines, spécialement par la défense d'exportation des grains, et contre les mercantilistes et les protectionnistes industriels, qui redoutaient l'exportation de la monnaie et désiraient que le prix des céréales fût peu élevé parce qu'ils espéraient obtenir ainsi la diminution des salaires et l'augmentation des profits. Ils répétaient, au contraire, après Sully, que l'agriculture et le pâturage sont les deux mamelles de l'Etat, et ils proposaient des mesures douanières qui avaient pour but de garantir aux cultivateurs et aux propriétaires des prix rémunérateurs, qui les amèneraient à ne pas négliger et même à améliorer leurs terres.

Le premier partisan du protectionisme agraire est un homme politique hollandais, Graswinkel (1651), dont la renommée ne dépassa pas les frontières de son pays. Boisguilbert eut, au contraire, une plus grande célébrité; il est l'auteur d'un grand nombre d'ouvrages, qui ont exercé une influence notable sur les italiens Pascoli et Bandini. Ces écrivains, et d'autres de moindre importance, pouvaient invoquer à l'appui de leurs opinions, l'exemple de la législation annonaire anglaise. Par deux actes célèbres elle avait introduit, en 1670, une échelle mobile qui réglait les droits à l'importation d'après les prix du blé à l'intérieur du royaume, et elle accordait par le *bounty act* de 1689 des primes à l'exportation des céréales.

Rich. Faber, *Die Entstehung des Agrarschutzes in England*. Strasburg, 1888.

Tandis que, quelques années auparavant, la plupart des économistes anglais recommandaient l'imitation du régime commercial de la Hollande, nous avons main-

tenant une série d'économistes français, d'écrivains
allemands et spécialement d'écrivains italiens, qui demandent l'adoption de la législation agraire de l'Angleterre. Le premier dans l'ordre des temps, et aussi par
sa pratique administrative, par la large base théorique
de ses arguments, par le zèle qu'il déploie en faveur
des classes rurales auxquelles il voudrait assurer un
sort meilleur, est un illustre magistrat normand, Pierre
le Pesant de Boisguilbert. C'est un adversaire éner-
gique du colbertisme, un ennemi des privilèges accordés
aux manufactures. Il demande de profondes réformes
fiscales, l'abolition des douanes intérieures et la liberté
absolue d'exportation des céréales; mais il est en même
temps persuadé de la nécessité d'empêcher par des droits
élevés à l'importation la concurrence ruineuse des marchandises étrangères. Il a exposé ses idées dans un certain nombre d'écrits, d'un style pénible, sans beaucoup
d'ordre et quelquefois peu clair. Le *Détail de la France*
(1697) et le *Factum de la France* (1707) ont un caractère
plus particulièrement statistique. Ses autres ouvrages
sont théorico-pratiques : le *Traité de la nature, culture, commerce et intérêt des grains* (1704), la *Dissertation sur la nature des richesses, de l'argent et des
tributs*, etc. Ces deux derniers ouvrages ont été réunis,
deux ans avant la mort de l'auteur, sous le titre inexact
de *Testament politique de M. de Vauban* (1712). Quelques biographes de Boisguilbert (Daire, Horn, Cadet),
s'appuyant sur certaines de ses phrases (*laissez faire la
nature et la liberté*) et sur l'emphase avec laquelle il
combat l'importance excessive donnée à la monnaie,
qui devrait être le « valet » et non le « tyran » du commerce, ont voulu faire de Boisguilbert un libre échangiste absolu, et ils ont qualifié de contradictions ses
propositions restrictives. On pourrait, par ce procédé,
porter sur Colbert le même jugement, puisqu'il répète

dans un grand nombre de documents officiels que le commerce doit être « extrêmement libre ».

J. C. Horn, *L'économie politique avant les Physiocrates*. Paris, 1867.

P. Cadet, *Pierre de Boisguilbert, précurseur des économistes*. Paris, 1870.

W. von Skarzynsky, *P. de Boisguilbert und seine Beziehungen zur neueren Volkswirthschaftslehre*. Berlin, 1873.

Gust. Cohn, *Boisguilbert*, (*Zeitschrift für die ges. Staatswiss*. Vol. XXV, 1869, pag. 369). Excellent essai.

Aug. Oncken, *Die Maxime laissez faire et laissez passer*, etc. Bern, 1886, p. 49-55.

Il nous suffira de mentionner parmi les autres protectionnistes agraires français, Claude Herbert, que Kautz rattache à tort à la physiocratie ; il est l'auteur d'un livre connu même en Italie, où il fut traduit par l'ordre du gouvernement napolitain, en 1764, et parut précédé d'une préface de Genovesi.

Cl. Herbert, *Essai sur la police générale des bleds*. Londres, 1754. — Nouv. édit. Berlin, 1757.

Boisguilbert a eu, en Italie, plus d'influence que Melon. Son école y est représentée par deux précurseurs notables des réformes qui furent tentées à Rome par Pie VI et réalisées à Florence par Pierre Léopold : l'abbé Léon Pascoli, de Pérouse, trop vite oublié, et l'archidiacre Sallusto Antonio Bandini, de Sienne, beaucoup plus connu, mais qui n'a pas toujours été jugé équitablement.

Léon Pascoli accepte les théories de Boisguilbert (il lui emprunte le titre de son principal ouvrage), mais il ne répudie cependant pas le mercantilisme. Il est partisan de l'abolition des douanes intérieures, de la libre

exportation des grains (sauf en temps de disette), mais il
demande au contraire la prohibition de l'exportation
des matières premières et de l'introduction des objets
manufacturés, comme cela se pratique en Angleterre.

> *Testamento politico d'un accademico fiorentino.* Colonia
> (Perugia) 1733 (écrit en 1728). — Voir aussi sa
> préface à son autre ouvrage (avec le nom de l'au-
> teur) *Il Tevere navigato e navigabile.* Roma,
> 1740.

Bandini (1677-1760) est un disciple plus résolu de
Boisguilbert, dont il a reproduit de nombreux passages
(comme l'a démontré Gobbi) ; il s'est aussi assimilé son
système et en partie aussi celui de Vauban, et il en a
fait application aux conditions des Maremmes de Sienne,
ruinées par le mauvais gouvernement des Médicis.
Dans son *Discorso* (1737), il proposait une réforme
économique complète : l'abolition des mesures an-
nonnaires, et une réforme fiscale, à savoir un système d'impôts qui, tout en conservant les droits
à l'importation, consistait essentiellement dans une
dîme sur les terres, d'après les déclarations des propriétaires, payée en argent, pour laquelle on tiendrait
compte des variations de prix des denrées et qui
serait perçue et répartie par les communes, qui en pren-
draient la ferme. C'est une erreur étrange (relevée
d'abord en 1819 par Gambini, et réfutée en 1852 par
Ferrara) de voir dans Bandini un libre échangiste
absolu (comme l'ont fait, après Gorani, presque tous
les historiens de l'économie politique) et même un
ancêtre de Cobden, comme le croient, avec Zobi, un
très grand nombre de spécialistes toscans, qui oublient
que Bandini non seulement admet les défenses d'importation des céréales, mais qu'il n'est pas toujours
débarassé de toute crainte au sujet de la sortie de la

monnaie et qu'il a encore quelques préjugés (que lui a
reprochés Paoletti) sur les « magasins d'abondance ».

> S. A. Bandini. *Discorso Economico*, etc. Firenze, 1775·
> Réimprimé en 1803 (in *Raccolta* de Custodi. P.
> Mod. Tom I) et plusieurs fois à Sienne. La meil-
> leure édition est celle de 1877. — (V. les très
> intéressants *Ricordi* de Bandini Piccolomini.
> Siena, 1880).

Pour conclure sur la valeur des protectionnistes
agraires, soit au point de vue théorique, soit au point
de vue pratique, nous remarquerons qu'ils ne furent ni
les fondateurs de la science économique, ni les précurseurs directs du système physiocratique, ni les inspirateurs immédiats des réformes économiques et fiscales.
D'autre part, il est certain que Boisguilbert, par sa critique du colbertisme, par sa théorie de la solidarité des
intérêts, en opposition complète avec le pessimisme de
Montaigne et de Bacon, mais spécialement par l'apologie du haut prix des denrées agricoles et par l'identifi-
cation de l'intérêt des classes rurales avec celui de la
nation, a suggéré à la physiocratie un de ses principes
fondamentaux. Quant à Bandini, qui ne peut aspirer à
aucune importance théorique, il a le mérite d'avoir
par ses sages conseils, méprisés des ignares ministres de Jean Gaston, préparé la voie aux réformes de
Léopold, beaucoup plus radicales comme on le sait,
mais qui (comme cela sera démontré par le savant
professeur Morena dans un volume qui contient ses articles publiés dans la *Rassegna nationale*) ne furent
pas seulement inspirées et défendues par des libres
échangistes absolus (Neri, Fabbroni, Fossombroni),
mais qui ont été soutenues par d'autres (Gianni, etc.)
qui n'allaient pas au delà des idées de Bandini, sans
parler de ceux qui demandaient, comme Biffi Tolo-

mei, la défense d'exportation des matières premières et faisaient rétrograder la science jusqu'à Pascoli.

Pompeo Neri, *Discorso sopra la materia frumentaria*, 1767 (Publié en appendice au livre de Fabbroni, *Dei provvedimenti annonarii.* Firenze, 1804).

Les œuvres de Gianni et de Fabbroni, incomplètes, forment la *Raccolta degli Economisti toscani.* (Firenze, 1847-49. Quatre volumes).

Les œuvres très intéressantes de Fossombroni, en grande partie inédites, seront prochainement publiées par Morena.

Aldobr. G. B. Paolini, *Della legittima libertà del commercio.* Vol·I et II. Firenze, 1785 et suiv.

Matteo Biffi Tolomei, *Sentimento imparziale per la Toscana*, 1791. — *Esame del commercio attivo toscano*, 1792. — *Confronto della ricchezza dei paesi che godono libertà nel commercio frumentario*, etc., 2° édit. 1795.

§ 2. — LA LIBERTÉ INDUSTRIELLE

De nombreux et vaillants écrivains anglais et spécialement des écrivains français, prédécesseurs ou contemporains des physiocrates, se sont efforcés de démolir la partie la plus vulnérable des mesures de Colbert, c'est-à-dire les obstacles mis à la liberté de l'industrie et du commerce intérieur par les corporations privilégiées et les règlements de fabrication.

Em. Levasseur, *Histoire des classes ouvrières en France jusqu'à la Révolution.* Paris, 1859. Deux volumes.

H. W. Farnam, *Die innere französische Gewerbepolitik von Colbert bis Turgot.* Leipzig, 1878.

Hubert Valleroux, *Les corporations d'arts et métiers.* Paris, 1885.

G. Alberti, *Le corporazione d'arti e mestieri e la libertà del commercio interno*, etc. Milano, 1888.

La guerre contre les corps de métier est, en vérité, beaucoup plus ancienne; dès le xviᵉ siècle, Bodin (1568 et 1576) et avant lui Hales, dans un ouvrage publié par Stafford en 1581, condamnaient leurs tendances au monopole et demandaient qu'elles fussent ouvertes à tous, y compris les étrangers. Au siècle suivant les maitrises trouvèrent des adversaires encore plus résolus dans le triumvirat, alors fameux, des mercantilistes autrichiens, Becher (1668), v. Hörnigk (1684) et Schröder (1686), en cela d'accord avec Seckendorff (*Additiones* à la troisième édition de son *Deutscher Fürstenstaat*, 1665). Mais ces adversaires n'avaient pas d'autre objet que de remplacer les règlements des corporations privilégiées et en partie encore autonomes par des règlements beaucoup plus rigoureux édictés par l'État, comme, par exemple, l'inspection officielle et la marque obligatoire des produits. On trouve aussi à cette époque des adversaires relativement plus libéraux, comme, par exemple, Child (*Observation concerning trade*, 1668), Coke (*England's improvement* 1675) et un écrivain plus éminent, Pierre De la Court (1618-1685), le plus illustre des anciens économistes hollandais, qui a étudié la structure intime des corporations dont il a fait une critique très vive et demandé, sans être écouté, la réforme radicale. Ses doctrines ont été exposées par Laspeyres et par van Rees dans leurs *Histoires* (citées au chapitre Iᵉʳ) et dans divers ouvrages spéciaux.

Het Welwaeren der Stad Leyden, 1659. — *Interest van Holland*, 1662 (trad. parue sous le titre : *Mémoires de Jean de Witt.* Ratisbonne, 1709). — *Aanwysing der heilsame politike Gronden, etc.* Leyden, 1669 (trad. allemande, 1672).

Et. Laspeyres, *Mittheilungen aus P. de la Court's Schriften* (in *Zeitschr. für die ges. Staatswissenschaft*, 1862, p. 330-371).

O. van Rees, *Het Welvaeren*, etc. Utrecht, 1851.

L'abolition des maitrises a été en vain suggérée en 1752 au Sénat de Venise par Dolfin (Ag. Sagredo, *Sulle consorterie delle arti edificative*. Venezia 1857, page 190) ; elle a été effectuée, en 1770, en Toscane par Pierre Léopold, avec la collaboration de Sarchiani (*Ragionamento sul commercio*, etc. 1781. — *Memorie economico-politiche* 1783), en France par Turgot et par la Constituante (1776, 1791) et en 1787 en Lombardie, grâce à Beccaria et à Verri, aux ouvrages de Decker (1744), de Tucker (1750) et de Plumart de Dangeul (*Remarques sur les avantages et les désavantages de la France et de la Grande-Bretagne*, 1754. Traduction italienne, Venezia, 1758). Plus explicite encore est l'excellente monographie de Simon Clicquot de Blervâche (1723-1796), inspecteur général des manufactures. En réponse à une demande de l'Académie d'Amiens, il exposait avec une grande compétence théorique et pratique les inconvénients du régime corporatif et il indiquait les moyens de les faire disparaitre ; il a étudié aussi le difficile problème du remboursement des dettes des corporations, que Turgot a négligé. Parmi les plus zélés inspirateurs des réformes tendant à émanciper le commerce intérieur de la France il faut rappeler aussi Jean Claude Marie Vincent (seigneur de Gournay), intendant du commerce (1712-1759), traducteur de Culpeper et de Child (1754), auquel on attribue la célèbre maxime *laissez passer*, et que l'on considère, depuis l'*Eloge* qu'en a fait Turgot, — et c'est une de ces fables convenues si fréquentes dans l'histoire de l'économie — comme le second fondateur du système physiocratique. Pour se convaincre du contraire on

pourra lire la monographie du professeur Auguste
Oncken qui, dans un autre ouvrage déjà cité (*Die
Maxime laissez faire*, etc., Bern, 1886, pag. 108
et suiv.) a déjà fourni des éclaircissements sur ce
sujet.

Cfr. l'article de G. Schelle, in *Nouveau Dictionnaire
d'Economie politique.* Vol. I. Paris, 1891. pag. 1105.

Anonyme (Clicquot). *Considérations sur le commerce
et en particulier sur les compagnies, sociétés et
maîtrises.* Amsterdam, 1758. Publié aussi à La
Haye (sous le pseudonyme de M. Delisle), 1758.
Trad. ital. (de A. N. Talier). Venezia, 1769.

Jules de Vroil, *Etude sur Clicquot-Blervâche*, Paris,
1870.

En Italie le sujet a été traité avec peu d'originalité et
relativement tard. Les élèves de Melon et ceux de Genovesi (à l'exception de Sergio) défendent, plus ou moins
complètement, les entraves au commerce intérieur.
Lorsque, vers la fin du siècle, l'Académie d'agriculture,
des arts et du commerce de Vérone mit au concours
le sujet des corporations, celles-ci trouvèrent un apologiste exagéré dans Marachio (1794) et des défenseurs
plus modérés dans Marogna (1791) et dans Torri (1793),
qui voulaient réformer les abus. Elles ont été combattues énergiquement par l'abbé Augustin Vivorio (1744-
1822) et, avec plus de compétence, par le laborieux économiste piémontais, abbé Jean-Baptiste Vasco (1733-
1796). Mais tous ces écrivains connaissaient et citaient
les œuvres de Turgot, de Condillac et de Smith !

Ag. Vidorio, *Sopra i corpi delle arti*, etc. Verona, 1792.
G. Vasco, *Delle Università delle Arti e Mestieri.* Milano,
1793. (Réimprimé dans la *Collection* de Custodi,
P. Mod. Vol. XXXIII).

§ 3. — LES THÉORIES ET LES RÉFORMES FINANCIÈRES

Les problèmes financiers ont attiré, après les problèmes monétaires et en même temps que les questions de commerce et de change, l'attention d'un grand nombre d'écrivains, qui ont mêlé plus ou moins heureusement des considérations théoriques à l'examen des conditions et des lois de leur pays et quelquefois à des propositions de réforme. D'abord se développèrent des doctrines qui remontent en partie à Aristote, qui (comme l'a excellement démontré Neumann) pense que la répartition des dépenses publiques selon les facultés est la seule qui corresponde à la justice distributive ; en partie elles viennent des canonistes, qui recherchent dans les impôts la cause juste, la forme convenable et l'autorité légitime ; en partie elles sont une suite de la théorie de Bodin et de Botero, qui distinguent les impôts personnels et les impôts réels, approuvent ces derniers et demandent qu'ils frappent plutôt les terres, sans exclure les impôts sur les objets de luxe et de consommation générale, mais bien les objets de première nécessité. Un bon nombre de politiques, comme par exemple Caputo *(De regimine reipublicae, 1621)* et, avant eux, un groupe de jurisconsultes, dont Verreti (1547), cité par Rava, dans leurs traités *de subsidiis, de collectis, de tributis, de vectigalibus,* s'efforcent d'établir avec une grande précision les principes d'équité qui doivent présider à la perception des impôts, que beaucoup considèrent encore au XVII⁰ s. comme des revenus extraordinaires de l'État, à côté des revenus domaniaux et des droits régaliens qui forment les revenus ordinaires. Le principe de la généralité de l'impôt s'affirme d'abord timidement, puis avec plus de fermeté, à l'encontre des privilèges de l'aristocratie et du clergé, dont le candide Bandini (1737) attend la renonciation volontaire. La raison géométrique de l'impôt, c'est-à-dire la proportionnalité, est admise par tous (en dehors du père Davilla, espagnol, qui demande une capitation progressive, 1651) ; quelques-uns cependant réclament l'exemption d'un revenu minimum, déjà exprimée par un jurisconsulte allemand, Mathieu Wesembeck (*Cynosura liturgica de subsidiis*, 1645), oublié par Roscher et commenté par Cusumano (*Archivio di Statistica*, Roma, 1880). C'est en Allemagne que les théories financières sont exposées dans des œuvres systématiques spéciales, dans des ouvrages d'érudition (Bornitz, Besold, Klock), ou pour préparer les fonctionnaires des magistratures financières (*Chambres*). L'ouvrage de Seckendorf, dont nous avons déjà parlé, devient le *vade mecum*, et, plus tard, il fournira le plan des leçons faites par quelques professeurs de droit, comme, par exemple, Thomasius et Ludwig à Halle (vers 1722), Franckenstein à Leipzig, etc.

> G. Ricca-Salerno, *Storia delle dottrine finanziarie in Italia*. Roma, 1881. (Travail très soigné, très justement loué par Stein et par Wagner.)

Les exigences toujours croissantes des gouvernements allemands, obligés de réparer les pertes occasionnées par des guerres prolongées et désastreuses, firent naître une vive controverse qui commença à la fin du xviiᵉ siècle et se prolongea jusqu'au milieu du xviiiᵉ. Les uns, comme Tenzel (*Entdeckte Goldgrube in der Accise*, 1685) montraient les avantages d'une accise générale, tandis que d'autres, comme Leib (1708) et Eulner (1721), voulaient la circonscrire aux villes, et d'autres enfin, la repoussaient parce qu'elle était contraire à l'équité, et inapplicable. La controverse se clôt avec un ouvrage modéré et judicieux de von der Lith (*Politische Betrachtungen über die verschiedenen Arten der Steuern*. Breslau, 1751), qui démontre la nécessité de combiner les impôts directs et les impôts indirects. Une discussion du même genre s'éleva en Angleterre quand, vers 1733, le tout puissant ministre Walpole essaya de faire voter par le Parlement une accise sur le vin et sur le tabac, extrêmement impopulaire, ce fut l'occasion d'une douzaine de libelles. Peu de temps après, Matteo Decker (*Serious considerations on the several high duties*, 1744), par son projet d'impôt unique sur les maisons, suscita des écrits favorables (Horsley), et d'autres défavorables, et en particulier ceux de G. Massie (1756-57), économiste récemment loué par Cunningham. On ne doit pas oublier les nombreux faiseurs de projets (*arbitristas*) espagnols, auxquels Colmeiro a consacré une monographie et un chapitre de son histoire.

K. Th. v. Inama-Sternegg, *Der Accisenstreit deutscher Finanztheoretiker*. (*Zeitschrift für die ges Staatswiss*. vol. 21. Tübingen, 1865, pp. 516-546).

Em. Leser, *Ein Accisenstreit in England*. Heidelberg, 1870.

G. Ricca-Salerno. *Le dottrine finanziarie in Inghilterra*, etc. (*Giornale degli economisti*. Bologna, 1888).

M. Colmeiro. *Historia de la Economia politica en España*. Vol. II. Madrid, 1863.

Plus que dans ces ouvrages de circonstance, la capacité financière des Anglais s'est révélée dans quelques œuvres scientifiques, dans lesquelles quelques écrivains de grande valeur, discutant sur les critères généraux de l'impôt, ont donné la préférence aux impôts indirects en invoquant principalement des raisons d'équité. Hobbes (1642) enseigne que l'impôt (*emtae pacis pre-*

tium) doit être proportionnel aux services reçus de l'Etat, dont la somme est, selon lui, mesurée par les consommations de chacun. Cette doctrine fut acceptée par Child, Davenant et d'autres écrivains anglais, et notamment par Petty (1662). Le Hollandais Jean De La Court arrive aux mêmes conclusions, tout en invoquant des raisons quelque peu différentes.

L'originalité des Anglais est, pour des raisons d'évidence, encore plus grande dans la théorie et dans la pratique du crédit public. Au xviiie siècle, ils possèdent déjà quelques ouvrages et quelques opuscules qui s'occupent des détails de ce sujet, à peine effleuré ailleurs. Archibald Hutcheson *(A collection of treatises relating to national debt*, 1721) propose la conversion de la dette publique en dette privée des propriétaires fonciers. Nataniel Gould (combattu par Pulteney) propose, longtemps avant Price, la création d'une caisse d'amortissement *(An essay on the national debt*, 1726), tandis que Barnard *(Considerations on the proposal for reducing the interest*, etc., 1750) propose la conversion et Hocke *(An essay*, etc., 1750) la transformation de la' dette perpétuelle en tontines de 99 ans. Plus tard, Mortimer *(Elements of commerce and finances*, 1774), non content de défendre les emprunts publics, combattus par Hume, en fait une apologie exagérée, et réclame la priorité à l'encontre du livre célèbre du Juif portugais Pinto *(Traité de la circulation et du crédit*, 1773).

J. R. Mac Culloch, *The litterature of political economy.*
London, 1845, pag. 318 et suiv.

Parmi les partisans des réformes dans le système de la répartition et de la perception des impôts, nous devons signaler dans cette période les écrivains français qui demandent l'abolition des privilèges de classe, la

suppression des lourds impôts de consommation, une
équitable réorganisation des impôts directs, la substitution de la régie à la ferme, etc. On trouve un certain
nombre de projets excentriques, comme celui de Jon-
chère (1720); d'autres, notamment ceux de l'abbé de
Saint-Pierre (1717-1723) et de Boulainvilliers (1727),
bien qu'ils soient inspirés par des vues philanthropiques,
ont spécialement en vue, comme on l'a trop oublié, les
intérêts des classes dominantes. Certains auteurs, enfin,
se font les défenseurs de la classe taillable et corvéable
à merci, qui faisait entendre, dès la fin du xvie siècle,
ses lamentations (Fromenteau, *le Secret des finances de
la France*, 1581), et s'occupent spécialement de la
misérable condition des paysans. Ainsi, par exemple,
Boisguilbert, et après lui, Pascoli et Bandini. Dans son
Projet d'une dîme royale (1707), Vauban ne s'est pas
débarrassé des théories des mercantilistes et il est partisan de la concentration et de l'ingérance gouvernementale. Il faut remarquer encore qu'aucun de ces
écrivains n'est partisan de l'impôt unique, au sens
physiocratique, bien que tous aient préféré les impôts
directs aux impôts indirects et qu'ils aient donné la
première place à l'impôt territorial. Nous ne devons pas
être étonné si, à côté des novateurs, nous trouvons des
défenseurs, plus ou moins modérés, des systèmes en
vigueur, comme Duval (*Eléments de finance*, 1736) et
Naveau (*le Financier citoyen*, 1757). Il y a aussi des
quiétistes qui, comme l'anonyme dont les *Mémoires de
Trévoux* font l'éloge (*l'Ami de la paix*, 1761), demandaient de laisser faire au Roi !

L'Italie peut se glorifier, dans cette période, de la
grande œuvre du recensement milanais, c'est-à-dire du
cadastre parcellaire géométrique commencé sous le
règne de Charles VI par une première commission
présidée par Miro (1718 à 1733) et continué et refait

16

par une seconde commission. Celle-ci a été présidée, sous
le règne de Marie-Thérèse, par l'illustre économiste florentin Pompeo Neri (1749-1758), qui a fait l'histoire de
ses travaux dans un volumineux *Rapport* (1750), résumé et complété par Jean Rinaldo Carli (1776).

> C. Lupi, *Storia de'principii, delle massime e regole
> seguite nella formazione del catasto prediale*, etc.
> Milano, 1825.

Dans l'ordre théorique, il faut reconnaître une grande
importance à l'ouvrage de Broggia. C'est le premier
traité méthodique des impôts ; il est de beaucoup supérieur aux travaux des caméralistes ses contemporains.
Cette importance a été pressentie par Galeani Napione,
signalée, en passant, par Rau ; elle a échappé à Pierson ;
nous l'avons démontrée en 1876, et elle a été mise en
pleine lumière par Ricca-Salerno *(Storia*, etc., pp. 105-
111), et elle ressort aussi du résumé exact qu'on a fait
Fornari.

Charles Antoine Broggia, négociant napolitain (ou
vénitien demeurant à Naples, comme le prétend Set-
tembrini) a, mieux que Bodin et Bottero, fait la théorie
des impôts réels. Il prend, comme point de départ, le
système fiscal napolitain et, en particulier, la réforme
de l'impôt territorial ordonnée par Charles III, en 1741,
et esquisse un système complet d'impôts. Il propose une
combinaison rationnelle des impôts directs et indirects,
et s'occupe aussi de quelques questions spéciales,
comme celle des ports francs, qu'il combat, et celle
de la taxation des maisons habitées par leurs propriétaires. Ennemi des privilèges, des adjudications, des
emprunts et de la taxation directe des industries
(admise par Vauban), Broggia fonde son système sur
deux bases, celle de l'impôt sur les terres, sur les maisons et sur les capitaux prêtés (dîmes sur les revenus

certains), à percevoir grâce à un cadastre (établi d'après les déclarations des contribuables) et celle des impôts sur la consommation intérieure (gabelles) et sur la consommation extérieure (droits de douanes). Ce n'est qu'en cas de besoins extraordinaires qu'il admet les contributions volontaires, l'augmentation des dimes et, dans certaines limites étroites, la capitation. La monographie de Broggia qui, comme on vient de le voir, accepte les théories des mercantilistes, s'occupait aussi (avec peu d'originalité) des monnaies, et faisait partie d'un grand ouvrage qu'il s'était proposé d'écrire sur la science de la vie civile économique.

C. A. Broggia, *Dei tributi, delle monete e del governo politico della sanità*. Napoli, 1743. (Réimprimé dans la *Collection* de Custodi. Part. antiq., vol. IV.)

Dans un ouvrage postérieur, qui le fit exiler, Broggia proposait à la Commission pour le rachat des fermes (cession de certains impôts aux créanciers de l'Etat) créée en 1751, le rachat de celles-ci du prix courant, inférieur au prix originaire. Cette opération, que nous appellerions aujourd'hui une conversion de rente, proposée quelques années auparavant en Toscane (Pompeo Neri), était combattue par les juristes de la vieille école, favorables aux cessionnaires, qui trouvèrent à Naples un savant défenseur dans l'avocat Charles Tranchi, l'auteur d'un *Mémoire* qui l'emporte, pour la forme, sur celui de Broggia.

C. A. Broggia, *Memoria ad oggetto di varie politiche ed economiche ragioni*, etc. Napoli, 1751.

§ 4. — CHAIRES, JOURNAUX, ACADÉMIES

Il est hors de doute que la création de chaires univer-

sitaires spéciales pour les sciences camérales, proposées par Morhof, Wolff et ensuite par Thomasius
(Roscher, *Geschichte*, etc., pag. 344 et suiv.) et effectuée en 1727 par le roi Frédéric Guillaume I de
Prusse, qui en confia l'enseignement à un jurisconsulte,
Gasser (Halle), et à un historien, Dithmar (Francfort sur
l'Oder), exerça une grande influence sur l'organisation
systématique des disciplines économiques (toujours suivie en Allemagne), et plus tard même sur les progrès des
théories financières. Les sciences camérales, destinées
aux futurs employés de l'État, formaient, sous le nom
d'économie et de commerce, un étrange mélange de
notions agronomiques, technologiques et d'économie
privée, dont on avait besoin pour l'administration des
terres, des bois, des mines, des industries fiscales, qui
formaient la partie principale des revenus de l'État.
Sous le nom de police, elles contenaient en germe les
théories qui forment maintenant la science de l'administration, notamment de l'administration économique;
sous le nom de science des'finances, elles s'occupaient
de théories qui différaient des théories modernes, notamment en ce qu'elles n'avaient pas la solide base de la
science économique actuelle, ne considéraient pas avec
une ampleur suffisante la matière des impôts et ne
disaient rien, ou peu de chose, de la répercussion des
impôts, et des emprunts publics.

Les chaires de sciences camérales se multiplièrent en
Allemagne, en Autriche, en Hongrie, etc. Le précis de
Darjes peut donner une idée des doctrines qu'on y
enseignait ; celui de Baumstark, qui appartient à
l'économie moderne, en donne une bibliographie complète.

J. G. Darjes, *Erste Gründe der Cameralwissenschaften.*
Jena, 1756. 2ᵉ édit., Leipzig, 1768.

Ed. Baumstark, *Kameralistische Encyclopadie*. Leipzig, 1835).

On créa également en Italie, peu de temps après, des
chaires spéciales dans lesquelles on enseignait uniquement l'économie politique. La première, celle de
Naples, fondée en 1754, par Barthélemy Intieri, pour
l'abbé Antoine Genovesi, qui l'occupa avec grand succès
jusqu'en 1769, porta d'abord le titre de chaire de mécanique et de commerce. César Beccaria occupa quelque
temps (1769-1770), à Milan, la chaire de sciences camérales, et Auguste Paradisi fit à Modène (1772-1780) des
leçons d'économie civile, restées inédites, auxquelles il
substitua, dans les dernières années, le livre de Condillac
(1776). A Palerme, Vincent Emanuel Sergio enseigna
les doctrines de Genovesi (1779-1806).

> L. Cossa, *Sulle prime cattedre di economia in Italia*
> (1873). (In *Saggi di economia politica*. Milano, 1878,
> pp. 65-95.

Vers le milieu du siècle, les journaux scientifiques et
littéraires qui rendaient compte des ouvrages nouveaux,
commé, par exemple le *Journal des Savants*, les *Acta
Eruditorum* de Leipzig, les *Novelle Letterarie* de
Venise et mieux celles de Florence (1740-1769), le
Magazzino toscano (1754 et suiv.), les *Giornali dei
Letterati* de Modène, de Florence et celui de Pise (1771-
1795) et plus tard le *Giornale Enciclopedico* et le
Giornale d'Italia (à Venise), la *Biblioteca Oltramon-
tana* et les *Ozii letterarii* de Turin, commencèrent à
renseigner leurs lecteurs sur les ouvrages d'économie,
de jour en jour plus nombreux. En Allemagne et en
France on sentit bientôt le besoin de publications spéciales, qui réuniront dans un mélange bizarre des
articles de technologie, d'économie privée et d'écono-

mie publique. La première revue française est le *Journal Œconomique* (Paris, 1751-1762, 49 volumes), puis parut le *Journal du Commerce* (Bruxelles, 1759-1762, 24 volumes) ; les premiers périodiques allemands sont : l'*Œkonomische Fama* (1729), le *Leipziger Sammlungen* de Zincke (1742) et d'autres, mentionnés par Roscher (*Geschichte*, pag. 430 et suiv.). Il y aurait quelque intérêt à étudier l'influence scientifique des revues économiques françaises et allemandes.

Les académies ou sociétés agricoles et quelques sociétés scientifiques et littéraires contribuèrent aussi à fixer l'attention sur les problèmes économiques. Elles publièrent des monographies de leurs membres, elles organisèrent des concours et donnèrent des prix sur des sujets intéressants et controversés. On doit citer les sociétés d'encouragement de Dublin (1736) et de Londres (1754), l'Académie d'Amiens, celles de Rennes (1756), de Bordeaux, de Vienne dans le Dauphiné, de Leipzig, de Saint-Pétersbourg, de Zurich, et plus particulièrement la célèbre Académie de Berne (1758). En Italie, où fut fondée la fameuse *Accademia dei Georgofili* (1753), il faut louer l'initiative prise par le gouvernement vénitien (1768), qui créa un grand nombre d'Académies agricoles (Udine, Vérone, Vicence, Belluno, Conegliano, Treviso). Les Académies scientifiques et littéraires de Mantoue, de Padoue, de Turin mirent plus d'une fois au concours, rivalisant avec celle des Georgophili, des questions concernant l'annone, l'assistance, les corps de métiers, la liberté du commerce, etc. Il ne faut pas oublier que les doctrines physiocratiques et même celle de Smith exercèrent leur influence sur le choix de ces sujets et sur l'esprit dans lequel ils furent traités.

A. Zanon, *Dell' utilità morale, economica e politica delle accademie d'agricoltura, arti e commercio*. Udine, 1771. (Et dans ses *Opere*. Udine, 1828-31.)

Aug. Oncken, *Der ältere Mirabeau und die œkonomische Gèsellschaft in Bern*, 1886.

Leon. Piemonte, *Antonio Zanon*. Padova, 1891, pp. 67-80.

A. Balletti, *L'economia politica nelle Accademie e nei Congressi degli scienziati* (1750-1850). Modena, 1891. (Monographie consciencieuse et intéressante).

§ 5. — L'ÉCLECTISME BUREAUCRATIQUE
ET L'ÉCLECTISME DE LA CHAIRE

A une époque où déjà on avait tant discuté sur la population, l'agriculture, les manufactures, le commerce, les monnaies, les banques, l'annone, les impôts, les emprunts, et après les travaux des publicistes et des philosophes, comme Locke, Hume, Montesquieu, il était bien naturel que beaucoup de savants eussent le désir de résumer, plus complètement que Melon, Ustariz, Ulloa, etc., la *communis opinio* sur la science du commerce, que l'on appela bientôt économie d'État, économie civile, économie publique, économie politique, économie nationale. Forbonnais en France, Steuart en Angleterre, Justi en Allemagne, Sonnenfels en Autriche, Genovesi en Italie, l'ont fait avec un certain succès. Ces œuvres ont été cependant, avec raison, oubliées, parce que, au moment même où paraissaient ces travaux de compilation, qui sont une preuve du talent et de l'érudition de leurs auteurs, des hommes d'un tout autre mérite, s'appuyant sur leurs propres observations et sur celles d'autrui, avaient créé un système scientifique qui, rectifié en certaines de ses parties, complété sur d'autres, appuyé sur des bases plus solides et dépouillé des éléments hétérogènes, a formé ensuite l'économie moderne.

Le premier dans l'ordre des temps, mais non du

mérite, est Forbonnais (1722-1800), l'historien des
finances françaises. Il laisse dans l'ombre Melon, mais
il est encore partisan de la balance du commerce, des
monopoles et des prohibitions qu'il défend, comme
intendant du commerce, dans la fameuse controverse
sur les toiles peintes, avec Vincent de Gournay, et qui
provoqua un brillant écrit de Morellet (1758). Il loue en
même temps le libre commerce et ne méconnait pas les
abus des corporations, mais il s'occupe, avant tout, de
l'importance économique du luxe, de la rapidité de la
circulation et de l'augmentation de la population.

> *Éléments du commerce.* 1754. Réimprimé plusieurs
> fois. Entièrement refondu dans les *Principes et
> observations économiques,* 1767.

L'écossais sir James Steuart lui est de beaucoup supérieur, et pour l'étendue de ses recherches, et pour son
érudition. Il expose en deux gros volumes les théories
du mercantilisme. L'œuvre de Steuart, d'abord bien
accueillie en Angleterre, fut complètement oubliée
après la publication de celle de Smith. Ce n'est que plus
tard qu'elle a été louée avec exagération par quelques
allemands (d'abord par Hufeland en 1807, et enfin par
Hasbach en 1891), qui ont fait de Steuart un précurseur de la nouvelle science, dont il est bien plutôt la
négation. Steuart a été plus exactement apprécié par
Say, Kautz, Ingram, et il a trouvé dans Feilbogen un
critique, pénétrant et impartial, qui nous permet de nous
dispenser de la lecture ingrate de son traité. Il a, il est
vrai, quelques bonnes idées sur la population, sur les
impôts, sur les machines, sur l'influence du marché,
sur la distribution des systèmes de culture, etc., mais
elles sont mêlées aux erreurs les plus étranges, et
délayées dans des dissertations fort ennuyeuses, comme
la dissertation d'une centaine de pages sur la fabrication

des monnaies. Quel étrange précurseur de Smith !
C'est un apologiste de l'omnipotence économique de
l'Etat ; il veut concilier la concurrence avec les corporations, et il est partisan de la liberté des banques
pourvu qu'elles émettent des billets inconvertibles. Il
faut une bonne dose de pédantisme pour comparer les
physiocrates et Smith avec un écrivain qui ne sait pas
distinguer l'argent du capital, la valeur du prix, le
salaire du profit.

> J. Steuart, *An inquiry into the principles of political
> economy,* etc. London, 1767. Deux volumes. Trad.
> en français (1789) et en allemand (1769-1772).
> S. Feilbogèn, *James Steuart und Adam Smith* (In
> *Zeitschr. für die ges. Staatswiss.,* 1889.).

L'abbé Antoine Genovesi (1712-1760) eut plus de
succès, parce que ses leçons lui firent en Italie un bon
nombre de disciples. D'une grande érudition, s'il est
inférieur à Steuart pour sa connaissance du système
monétaire et du système financier, il lui est supérieur
par la conciliation qu'il tenta entre les vieilles théories
de Child, de Temple, de Melon, d'Ustariz, d'Ulloa et
les théories plus récentes et plus libérales de Herbert et
de Hume. Les *Leçons* de Genovesi forment plutôt une
collection de monographies qu'un véritable traité, et les
sujets sont rapprochés par le voisinage des pages plus
que par celui des idées, comme l'a dit excellement
Ferrara. Ses opinons, ajoute cet auteur, étaient vieilles
dès leur naissance, et si c'est là un jugement un peu
sévère, il est plus proche de la vérité que celui de
Bianchini qui compare Genovesi à Smith. Il est vrai
cependant que Genovesi est le plus illustre et le plus
modéré des mercantilistes italiens. Il a su mieux que
les autres combiner le protectionisme industriel avec le
protectionisme agraire ; le commerce est pour lui, non

seulement un but, mais aussi un moyen, pour la vente des produits des autres industries ; il distingue le commerce utile (extraction des denrées et des objets manufacturés et introduction des matières premières), du commerce nuisible (exportation des matières premières et importation des marchandises étrangères) et il prouve que le premier a besoin de la liberté plus que de la protection et que le second doit être prohibé ou fortement enchainé.

> Ant. Genovesi, *Delle lezioni di commercio ossia d'economia civile.* Napoli, 1765. Deux volumes. 2ᵉ édit. 1768-1770. Traduit en allemand (1776) et en espagnol (1785). Résumé par Tomaso Gibellini, *Elementi di economia civile.* Torino, 1805). (Voir aussi G. Racioppi, *Antonio Genovesi.* Napoli, 1871).

A l'école de Genovesi (cfr. Gobbi, *La concorrenza estera*, 1884, pag. 139 et suiv.) appartiennent les napolitains Fortunato (1760), Strongoli (1783), Venturi (1798), Zanon d'Udine (*Lettere*, 1756-1767), Todeschi de Ferrare (*Opere*, 1784) et Marcello Marchesini, (*Saggio d'economia politica*. Napoli 1793).

Le plus important des caméralistes allemands, Jean Henri Justi (m. 1771), professeur au Theresœum de Vienne (1750-1752) et ensuite à Gœttingue, a enseigné, lui aussi, les doctrines du mercantilisme et, à ce point de vue, on doit le mettre un peu au-dessous de Genovesi et de Steuart. Son mérite principal est d'avoir groupé ses théories dans un ordre systématique, d'avoir distingué l'économie et le commerce de la science de la police (ou de l'administration), dont il est le père; il a fait des recherches personnelles et il a mieux élaboré les matériaux déjà recueillis en partie dans le *Dictionnaire de la police* de Delamare (1526). Il a composé le premier traité des finances qui contienne

une classification rationnelle des dépenses publiques,
une théorie des revenus (très complète pour les domaines
et les régies), absolument insuffisante pour les emprunts
publics, et un essai de coordination des principes fondamentaux des impôts, avec certains développements
sur les impôts directs (impôt territorial, industriel et
personnel par classes) et sur les impôts indirects, et en
particulier sur les droits de douanes, qui sont pour lui,
au point de vue économique, les brides dont se sert le
gouvernement pour guider les industries de la façon
la plus conforme au bonheur des peuples.

> Joh. H. G. von Justi, *Staatswirthschaft, oder systema-
> tische Abhandlung aller Oekonomischen und Came-
> ral-Wissenschaften.* Leipzig, 1755. Deux volumes.
> 2ᵉ édit. 1758. — *System des Finanzwesens.* Halle,
> 1766. — *Polizei-Wissenschaft*, 1765. (Cfr. Deutsch.
> *J. H. G. von Justi*, in *Zeitschr. fur die ges. Staats-
> wiss*, Tübingen, 1889 ; et en particulier G. Mar-
> chet, *Studien über die Entwickelung der Verwal-
> tungslehre in Deutschland*. München, 1885.

Le baron Joseph de Sonnenfels (1733-1817) occupe
en Autriche une position analogue à celle de Justi en
Allemagne. Il est, lui aussi, un mercantiliste ; il est
plus libéral que Justi dans ses attaques contre les entraves annonaires et féodales, mais il n'a pas su comme
lui présenter ses théories dans un ordre systématique.
Il a sur la question de la population une théorie originale ; il y voit le grand principe de la politique économique et financière, et ainsi l'ancienne règle de la
balance du commerce se trouve complètement modifiée, parce que Sonnenfels ne défend pas la balance
numérique (qui se règle en argent) mais la balance
des profits, qui permet d'occuper dans l'industrie le
plus grand nombre d'individus.

Vingt-cinq ans avant Sonnenfels, Jean Pierre Süss-

milch, qui avait, en se servant des travaux des arithmé-
ticiens politiques (Graunt, Petty, Halley, Kerseboom,
etc.) fondé la théorie statistique de la population, professait les mêmes principes sur la politique économique
(*Die göttliche Ordnung in den Veränderungen des
menschlichen Geschlechts*, 1742. 2ᵉ édit., 1761.) Le
livre de Sonnenfels fut prescrit comme ouvrage obligatoire dans les universités autrichiennes jusqu'en 1846,
et un professeur d'Agram a même considéré comme
nécessaire de réfuter en 1831 l'antique principe de la
population.

> Jos. v. Sonnenfels, *Grundsätze der Polizei, der Hand-
> lung und der Finanz.* Wien, 1765. Trois volumes.
> Huitième édition, 1819-1822.
> Joh. Henfner, *Introductio in œconomiam nationalem.*
> Agram, 1831.

CHAPITRE VI

LES PRÉCURSEURS DE LA SCIENCE

———

Les auteurs dont nous avons parlé dans le chapitre précédent ne s'élèvent pas au-dessus du niveau des opinions courantes; ils se contentent de les ordonner en sections et en chapitres dans des œuvres qui n'ont que l'apparence scientifique, et qui ne sont que l'expression de la législation économique et financière en vigueur. Cependant, d'autres auteurs contemporains, ou même plus anciens, ont déjà découvert les germes plus ou moins développés des théories nouvelles qui vont se fondre dans le système de Quesnay ou qui fourniront des matériaux précieux à la science de Smith.

Ces éléments, de valeur très inégale, sont dus à des économistes, à des jurisconsultes, à des politiques et à des philosophes, pour la plupart écossais, anglais et français. Ils se rapportent, en général, à la théorie de la production et de la distribution des richesses, mais ils se rattachent aussi parfois aux principes fondamentaux de la science et de l'art économiques. Les anciennes théories du commerce, de la circulation, de la politique agraire et industrielle, commerciale et financière, ont été ainsi augmentées, corrigées et en partie aussi démolies.

Nous allons essayer, *vestigia descrere ausi*, de les classer et de faire une critique sommaire des doctrines de ces précurseurs de la science; ils sont beaucoup

ignorés et souvent aussi appréciés avec peu d'impartialité et d'exactitude.

§ 1. — LA PRODUCTION ET LA DISTRIBUTION.

On discutait depuis des siècles sur l'importance absolue et relative des différentes industries, et on proposait des moyens pour les protéger toutes ou pour en
favoriser quelques-unes aux dépens des autres, mais
on ne s'élevait pas d'ordinaire, si ce n'est incidemment,
à l'idée de l'unité de l'industrie et on ne recherchait pas
les éléments de la production ; personne n'avait énuméré
les causes de ses progrès et tous ignoraient les formes
que revêt son organisme. On avait cependant quelquefois, mais de façon superficielle, parlé des avantages
de la concurrence, même les écrivains les plus résolument favorables aux restrictions de toute sorte les
avaient quelquefois signalés ; l'antiquité même avait
reconnu ceux de la division du travail ; la littérature
scolastique du xve siècle avait entrevu la théorie du
capital ; quelques écrivains du xvie et du xviie siècle
ont entrevu la loi des revenus décroissants ; enfin,
au xviiie siècle, on trouve des adversaires (Montesquieu,
Sonnenfels) et des partisans (Bielfeld, Steuart) de l'emploi des machines.

La recherche fondamentale des éléments de la production a ses premiers et ses meilleurs représentants en
Angleterre ; ce sont deux écrivains justement célèbres,
à ce titre et à d'autres plus importants encore (Petty et
Locke), et un écrivain plus obscur (Asgill), déterré pour
ainsi dire par Dugald Stewart et par quelques autres
érudits de notre époque.

William Petty (1623-1687) est un des plus illustres
précurseurs de la statistique investigatrice, et un adversaire de la plupart des doctrines des mercantilistes,

sinon de toutes. Il a été, avec Locke, un des premiers
partisans du type monétaire unique et un des plus anciens adversaires des lois restrictives de l'intérêt. Il a
professé que le travail est le père, c'est-à-dire le principe
actif, et la terre, la mère de la richesse; il a distingué
dans la population deux classes : la classe productive
et la classe improductive, selon qu'elles contribuent
ou non à la production des objets utiles et matériels;
il a défini, enfin, la rente comme l'excédent du prix
des denrées agricoles sur leur coût de production.

> *Quantulumcumque or a tract concerning money*, 1682. —
> *Political anatomy of Ireland*. 1691. — *A treatise on
> taxes and contributions*. 1662. Dernière édition,
> 1769. — *Several essays in political arithmetick*, 1699.
> Cfr. W. L. Bevan, *sir William Petty*. Canterbury, 1893.

Le célèbre philosophe et politique Jean Locke (1632-
1704) doit être considéré comme un mercantiliste; il a
même donné une forme systématique aux erreurs de
ce système, mais il a le mérite d'avoir perfectionné
quelques doctrines spéciales, comme celle de la propriété, qu'il fait dériver du travail, celle de la monnaie,
dont il combat (contre Lowndes et Barbon) les altérations, bien qu'il exagère l'importance de la quantité
de la monnaie et qu'il n'apprécie pas avec exactitude
les causes de sa valeur. Il insiste sur la puissance productive du travail, alors que Hobbes, longtemps auparavant, avait compté, parmi les éléments de la production même, la terre et l'épargne.

> John Locke, *Two treatises on government*. 1690.— *Some
> considerations of the consequences of the lowering
> of interest*, etc., 1691. — *Further considerations*, etc.
> 1698. Trad. ital. (de G. Fr. Pagnini). Firenze,
> 1751. Deux vol. — *Works*, 1835. Neuf volumes.
> Thom. Hobbes. *De cive*, 1642. — *Leviathan*, 1651.

Enfin le dernier des écrivains cités, qui est un partisan des banques territoriales, parle clairement de la terre comme de l'unique source de toute richesse.

John Asgill, *Several assertions proved in order to create another species of money*, etc. 1698.

Il faut noter que presque tous les écrivains considèrent que l'augmentation de la population est, dans tous les cas, désirable ; que les salaires tendent à se rapprocher du prix des denrées indispensables à l'entretien des ouvriers et qu'ils ne peuvent par conséquent supporter le poids des impôts directs ; que l'augmentation de la rente territoriale et la diminution du taux de l'intérêt sont des symptômes de progrès économique. Il existe cependant sur ce dernier point d'importantes divergences entre les écrivains, selon qu'ils confondent ou non l'argent avec le capital.

Le plus grand nombre des partisans du mercantilisme, et parmi eux quelques-uns des plus modérés, comme Culpeper (1641) et Child (1668), pensaient que le taux peu élevé de l'intérêt est la cause de l'abondance de la monnaie et ils en demandaient la réduction. Ils invoquaient surtout la prospérité de la Hollande. D'autres, au contraire, soutenaient (Petty, Locke et même Montesquieu et Vincent de Gournay), que le faible taux de l'intérêt est l'effet et non la cause de l'abondance de la monnaie ; aussi étaient-ils des adversaires de la fixation légale de l'intérêt. Le premier qui soutint cette opinion, c'est l'auteur anonyme d'un intéressant opuscule intitulé *Interest of money mistaken* (1668). D'autres écrivains enfin, après avoir réfuté l'opinion générale qui confondait le capital avec la monnaie, démontrèrent que le taux de l'intérêt est complètement indépendant de la quantité de la monnaie. Bauer a dé-

montré que le mérite de cette démonstration appartient,
à Nicolas Barbòn (*A discourse of trade*, 1690) et non
à Massie (*Essay on the governing causes of the natural rate of interest*, 1750) ni à Hume (1759), auxquels
on attribue d'ordinaire cette théorie.

Steph. Bauer, *Nicholas Barbon* (In *Jahrbucher fur Nat.
Oek*. N. F. Band XXI, 1890).

§ 2. — LA VALEUR ET L'IMPÔT.

La théorie de la valeur avait été étudiée par les scolastiques qui se proposaient de déterminer le juste prix,
et plus tard, incidemment, par tous les écrivains qui
se sont occupés de la monnaie. Vers le milieu du siècle
passé, elle était arrivée à un tel degré de développement que, dans les œuvres de quelques-uns des meilleurs économistes, nous trouvons déjà exposées, d'une
façon plus ou moins concise, les théories de l'utilité,
du coût de production, de l'offre et de la demande, et
leurs diverses modifications et combinaisons. Nous indiquerons quelques-uns des représentants de chacune
de ces théories et nous renverrons pour des renseignements plus complets aux excellentes monographies de
Loria, de Graziani, de Montanari et de Zuckerkandl.

Ach. Loria, *La teoria del valore negli economisti italiani.* (In *Archivio giuridico*, Bologna, 1882).

Aug. Graziani, *Storia critica della teoria del valore in
Italia*. Milano, 1889.

A. Montanari, *Contributo alla storia del valore negli
scrittori italiani*. Milano, 1889.

R. Zuckerkandl, *Zur Theorie des Preises*, etc. Leipzig,
1889.

L'influence de la rareté sur la valeur avait été notée

par Davanzati et mieux encore par Geminiano Montanari. Barbon (1690) en a fait une analyse plus correcte ;
on peut le considérer, avec Galiani (*Della moneta*, 1750),
qui est encore plus explicite, comme un précurseur de
la théorie moderne de l'utilité finale ou de l'utilité-
limite. Dans la même année, un anonyme toscan (Fab-
brini), qui a été commenté par Montanari et copié par
Franzi (1769), considérait comme éléments de la valeur
l'utilité des choses et la difficulté de se les procurer
(*Dell' indole e qualità naturali e civili della moneta*.
Rome, 1750). Petty, au contraire, enseignait dans son
traité des impôts (1662) que la valeur d'une chose dépend du travail dépensé dans sa production et qu'elle
est mesurée par la durée de ce travail, tandis que Locke
(1690), qui voit, lui aussi, dans le travail le fondement
de la valeur, le détermine en ayant égard plutôt à sa
quantité qu'à sa durée. Enfin Grotius, Puffendorf, Wolff,
Barbeirac, et quelques autres, estiment que les dépenses
de production sont le point auquel tend la valeur normale, vers lequel gravite la valeur courante qui subit
des oscillations continues d'après le changement des
conditions du marché.

L'étude des phénomènes de l'incidence et de la
répercussion des impôts, corollaires de la loi de la valeur,
mais aussi critérium essentiel d'un bon système d'impôts, a été un autre élément de progrès pour l'économie. Tout le mérite de ces recherches revient aux économistes anglais, c'est-à-dire à l'auteur anonyme de
l'opuscule intitulé : *Reasons for a limited exportation
of wool* (1677), que Mac Culloch a retrouvé, et plus encore à Locke (1691) et à Vanderlint, qui sont d'accord
pour penser que tous les impôts se répercutent sur la
rente territoriale.

Locke enseigne que, dans un état essentiellement
agricole, presque tout le poids des impôts pèse sur les

propriétaires et il en déduit la nécessité d'un impôt unique sur les terres, qui sera avantageux aux contribuables eux-mêmes en épargnant les dépenses de perception. Il est complètement inutile d'essayer de faire con-
courir aux charges de l'État les commerçants, qui
augmenteraient les prix, les locataires, qui diminue-
raient les loyers dûs au propriétaire, et les ouvriers,
qui obtiendraient une augmentation correspondante de
leurs salaires.

W. von Ochenkowski, *John Locke als Nationalœhonom.*
In *Jahrbucher fur National Oehonomie.* 18ᵉ année,
1880, pp. 131-176.

Une théorie identique a été exposée avec plus de
profondeur par Jacques Vanderlint (*Money answers all
things.* London, 1734), qui est partisan de l'impôt unique, parce que la terre est la source unique des
richesses.

G. Ricca-Salerno, *Le dottrine finanziarie in Inghilterra.*
Bologna, 1888, pag. 23 et suiv.

§ 3. — LA LIBERTÉ ABSOLUE DU COMMERCE

Les théories restrictives, qui ont dominé pendant
des siècles la politique économique, avaient déjà subi
de profondes modifications grâce à l'introduction d'un
régime de liberté partielle appliqué au commerce des
grains sous l'influence des idées de Boisguilbert, et à la
disparition graduelle des monopoles et des autres entraves au libre exercice des industries à l'intérieur.
D'autres écrivains portaient des coups plus décisifs
au système mercantile et au système protecteur, qui lui
avait succédé, en s'en prenant à leurs principes fonda-

mentaux et en proclamant la liberté absolue du commerce intérieur et du commerce extérieur.

Il ne s'agit ni des applications partielles des principes du libre échange, dont on a des exemples remarquables, quoique temporaires, dans la politique économique de Florence au cours de la dernière partie du moyen âge, ni des tentatives pour l'instaurer à Venise, ni du système relativement libéral des Pays-Bas, réformes qui trouvent au xvıᵉ et au xvııᵉ siècles des défenseurs théoriques dans Sassetti, Giogalli, Pierre de la Court (ch. V, § 2), qui tous s'inspirent de considérations fondées sur l'intérêt exclusif de la classe commerçante.

Pohlmann, *Die Wirthschaftspolitik der florentiner Renaissance, und das Princip der Verkehrsfreiheit.* Leipzig, 1878.

Filippo Sassetti, *Ragionamento sopra il commercio fra i Toscani e i Levantini*, 1577. (Publié dans ses *Lettere edite ed inedite.* Firenze, 1855.)

Scrittura inedita di Simone Giogalli, negoziante veneto del secolo XVII. Venezia, 1856

Il ne s'agit pas non plus des glorifications indéterminées du libre échange, comme celles de Emeric de Lacroix (*Le nouveau Cynée*, 1623), ni de propositions inspirées par l'intérêt de régions spéciales, comme celles de Albert Struzzi (*Dialogo sobre el comercio de estos reynos de Castilla*, 1622, page 17) et de Diego Joseph Dormer (*Discursos historicos politicos*, 1684) cités par Colmeiro, ni d'autres projets partiels, circonscrits, par exemple, à l'introduction de ports francs, demandés en Angleterre, comme l'atteste un écrit anonyme cité par Bauer (*Free ports, the nature and necessitie of them stated*, 1652).

L. Cossa, *La teoria del libero scambio nel secolo decimosettimo*, 1873. (Aussi in *Saggi di Economia politica.* Milano, 1878, pp. 39-64).

Les discussions qui eurent lieu au sujet de l'acte de navigation de 1651, combattu par quelques mercantilistes, et notamment par l'auteur anonyme de *Britannia languens* (1680), et défendu au contraire, pour des raisons politiques, par des écrivains très libéraux, comme l'était l'auteur des très importantes *Considerations on the East India trade* (1702), conduisirent à un examen plus approfondi de tout le système restrictif. Ce système fut réfuté dans ses bases théoriques par Nicolas Barbon (*A discourse of trade*, 1690), qui démontre que l'importation des marchandises étrangères provoque nécessairement l'exportation des produits nationaux, théorie qui étonne chez un auteur favorable non seulement aux droits compensateurs, mais même à la fixation légale de l'intérêt et aux altérations monétaires.

La démonstration explicite des avantages du libre échange est due à un économiste anglais et à un économiste français qui ont écrit à un demi siècle d'intervalle l'un de l'autre et qui ont étudié ce problème non plus à un point de vue particulier et national, mais au point de vue général et cosmopolite.

Sir Dudley North, dont l'importance a été signalée par Roscher et plus encore par Janschull (*Le libre échange anglais*, vol. I, Moscou, 1876, pp. 97-112), qualifie le mercantilisme d'aberration politique. Il part de cette idée que la monnaie est une marchandise qui se distribue naturellement entre les différentes nations selon leurs besoins respectifs, manifestés par le mouvement des prix, et il s'appuie en outre sur la solidarité des intérêts entre les différentes classes sociales, comme entre les différents États, pour proclamer que la liberté industrielle et commerciale absolue est l'unique moyen d'arriver à la richesse.

Sir Dudley North, *Discourses upon trade.* London, 1691.

(Réimprimé à un petit nombre d'exemplaires à
Edimbourg, 1822 et à Londres, 1846).

Une importance égale doit être attribuée au paladin
français de la liberté économique, le marquis René Voyer
d'Argenson (1694-1757). Il est l'auteur d'ouvrages politiques et d'écrits économiques, inédits pendant plus
d'un siècle, et d'un très important article publié en
1751 dans le *Journal Œconomique* pour réfuter la
Dissertazione sul commercio de Belloni, que défendaient les rédacteurs de ce journal. D'Argenson, dont
les doctrines ont été récemment exposées par Oncken
(*Die Maxime laissez faire*, etc. Bern, 1886, pp. 55-80)
est l'auteur de la maxime *ne pas trop gouverner* et
du fameux *laissez faire*, considéré comme le grand
principe de la politique économique. Pour lui le passage des marchandises d'un Etat dans un autre devrait
être libre, comme l'air et l'eau ; toute l'Europe ne devrait être qu'une seule foire ; la liberté constitue l'équation, la police, la balance du commerce ; *laissez faire,
morbleu, laissez faire !*

> Anonyme, *Lettre à l'auteur* (Belloni). In *Journal Œco-
> nomique*. Avril 1751. Réimprimé avec la réponse
> dans la *Collection* de Custodi. P. Nov. tom. II
> pp. 133-153).
> *Mémoires et Journal inédit du marquis d'Argenson*, etc.
> Paris, 1858,

§ 4. — L'ÉCOLE ÉCOSSAISE

Un autre groupe d'écrivains a contribué, d'une
façon différente et jusqu'ici peu remarquée, aux progrès de l'économie, moins par la qualité des doctrines
qu'ils ont professées que par la façon dont ils les ont
enchaînées, en les introduisant dans l'enseignement

d'une science, qui avait déjà plus d'un siècle d'existence. On doit à ces écrivains la première tentative de réduire en système les principes de la circulation et en partie aussi ceux de la distribution des richesses. C'est un point sur lequel nous avions appelé l'attention dès 1876 et qui a été éclairci par Hasbach dans deux excellentes et érudites monographies, et par Bonar dans un ouvrage magistral.

> W. Hasbach. *Die philosophischen Grundlagen der von F. Quesnay und Ad Smith begrundeten politischen Oekonomie.* Leipzig, 1890. — *Untersuchungen über Adam Smith und die Entwicklung der politischen Oekonomie.* Leipzig, 1891.
> James Bonar, *Philosophy and political economy,* etc, 1893.

Tandis que dans les écoles on maintenait la division de la philosophie pratique (faite par les anciens Grecs), en trois parties, l'éthique, la politique et l'économie, entendue dans le sens d'économie privée, (que Morhof, Thomasius et d'autres en Allemagne désiraient voir enseignée par des professeurs spéciaux), les créateurs de la nouvelle science du droit naturel, c'est-à-dire Grotius *(De jure belli ac paris,* 1638), Puffendorf (*De officio hominis et civis,* 1672. Trad. en français par Barbeyrac, 1728) et leur prolixe continuateur Wolff *(Jus naturæ,* 1741-49. — *Institutiones,* etc., 1750) développaient dans un ou deux chapitres de leurs œuvres les théories de la valeur, du prix, de la monnaie, des salaires et de l'intérêt, dont ils s'occupaient à l'occasion de la recherche des principes de l'égalité et de la justice dans les contrats. Il faut remarquer cependant que l'étude économico-juridique de la valeur, de la monnaie et des contrats, ce que Hasbach n'a pas formellement indiqué, commence avec les théologiens et les

canonistes du moyen-âge ; ils se sont occupés, en effet,
du juste prix et de l'équité contractuelle et ils ont distingué les pactes licites des pactes viciés par l'*usura-
ria pravitas*. Aussi serait-il fort intéressant de rechercher
dans les théologiens précurseurs de Grotius, que connaissent bien les historiens du droit, les modifications
que la doctrine de la justice absolue dans les contrats
devait subir en devenant une partie du droit naturel.

Ces théories encore imparfaites et professées (cela est
important à relever) par des écrivains allemands imbus
des maximes du système mercantile n'auraient pu être
d'aucune utilité pour notre science si elles n'avaient été
transportées dans l'atmosphère, économiquement plus
respirable, d'un pays, où, petit à petit, des hommes
d'une toute autre envergure que les caméralistes allemands avaient déjà développé et ordonné beaucoup
mieux ce système encore embryonnaire. Ce fut la tâche
de l'école de la philosophie écossaise dont le chef,
François Hutcheson, qui professa, de 1730 à 1746, la
philosophie morale à l'Université de Glasgow, eut pour
élève Adam Smith. Hutcheson utilisa pour son enseignement l'ouvrage de Puffendorf, qui avait été traduit
en anglais par son prédécesseur Carmichæl (1718). Il
conserve, mais en lui faisant une place plus large avec
des matériaux anglais, la partie économique, et il corrige la philosophie avec les principes de Schaftesbury,
et la politique avec les doctrines libérales de Locke,
qu'il substitue à l'absolutisme de Hobbes. Hutcheson
divisait son cours (comme plus tard Smith) en théologie
naturelle, éthique, jurisprudence (qui comprenait l'é-
conomie) et politique. Longtemps après, Adam Fer-
guson, professeur à Edimbourg, qui survécut à Smith,
modifia l'ordre des matières, en séparant l'économie
de la jurisprudence, et en subdivisant la politique en
political law, qui traite des *national institutions*, et

en *public œconomy*, qui s'occupe des *national re-
sources (people, wealth, revenue)*.

> F. Hulcheson, *Philosophiae moralis institutio compen-
> diaria*, etc. Rotterdam, 1745. — *System of moral
> philosophy*, 1755 (posthume).
> Ad. Ferguson, *Institutes of moral philosophy*. 2ᵉ édit.
> Edinburgh, 1773.— *Principles of political and mo-
> ral sciences*, 1792.

Hutcheson, malgré ses idées sur la liberté naturelle
et les droits innés, est un partisan décidé du mercantilisme. Ce qui est digne d'être noté, c'est la façon systématique dont il a traité des théories de la valeur, du
prix, du commerce, des monnaies et de l'intérêt, sans
parler de ses idées sur le travail comme principal
élément productif, et sur la mesure de la valeur; sur
ces derniers points il avait pour prédécesseurs Petty et
Locke. L'influence que Hutcheson a exercée sur
Smith a été devinée par Cousin, et il est facile de le
constater si l'on compare la façon dont tous deux commencent l'analyse des phénomènes économiques.

§ 3. — LES PRÉCURSEURS IMMÉDIATS

Les vérités fondamentales de la science et les règles
de l'art économique ont été très convenablement éla-
borées par deux écrivains dont le premier (Cantillon)
doit être étudié en relation avec Quesnay, et le second
(Hume) en relation avec Smith.

Richard Cantillon, dont se sont occupés récemment
Jevons et Higgs, fut un banquier très expert. Il est né
en Angleterre d'une famille irlandaise ; il a longtemps
vécu à Paris où il a été en relation d'affaires avec Law.
Il est mort assassiné à Londres en 1734. Son *Essai sur*

la nature du commerce a été composé après 1730 ; il
n'a été publié qu'en 1755. Il a circulé en manuscrit et il
a été connu par Mirabeau, qui s'en est servi largement
pour le premier volume de son *Ami des hommes* (1756).
Il a été loué par Quesnay, Smith, Condillac, copié
presque à la lettre par M. Postlethwayt *(Great Britain's true system*, etc., 1757) et suivi fidèlement dans
la première partie du livre de Harris (*Essay upon money and coins.* London, 1757-1758), qui ne le cite pas
davantage.

> *Essai sur la nature du commerce en général.* Traduit
> de l'anglais (traduction supposée). Londres (Pa-
> ris) 1755. Réimprimé dans le 3ᵉ volume de la
> traduction française des *Discours politiques* de
> Hume faite par De Mauvillon (Amsterdam, 1755).
> Traduit et mutilé, sous le faux nom de Philippe
> Cantillon, sous le titre *Analysis of trade* (London,
> 1759). Traduction italienne. Venise, 1767. (Le texte
> français a été réimprimé avec soin par le pro-
> fesseur Dunbar. Boston, 1892).

L'*Essai* de Cantillon, que Jevons considère comme le
premier traité systématique, le berceau véritable de l'é-
conomie politique, est divisé en trois parties. Dans la première il parle du travail et de la terre, comme éléments de
la production, et de leur proportion (d'après Petty) ; de
la théorie de la valeur normale et de la valeur courante, de la population, des métaux précieux, considérés comme la meilleure matière monétaire ; ses démonstrations sont faites avec une précision et une
clarté remarquables. Dans les chapitres VII et VIII on
trouve en germe la doctrine de Smith sur les causes de la
différence des salaires dans les différentes professions,
et dans le chapitre XII celle de Quesnay sur la dépendance qu'il y a entre les différentes classes sociales et
les propriétaires. Dans la seconde partie, qui est un

petit traité sur la monnaie, il faut signaler particulièrement son étude sur les causes de la différence des prix
dans les grandes villes et dans les campagnes, et son
étude des effets que produit sur les salaires et sur le prix
des marchandi... la découverte de nouvelles mines
d'or et d'argent '.. ujet a été étudié de nos jours par
Cairnes dans d. ... ..collents essais). La troisième contient une théorie des paiements internationaux et une
analyse des spéculations sur le cours des changes, qui,
au dire de Jevons, pourrait sembler être un extrait de
l'œuvre classique de Goschen.

W. S. Jevons, *R. Cantillon and the nationality of Political Economy* (In *Contemporary Review*. Janvier,
1881).

H. Higgs. *R. Cantillon* (*The Economic Journal*. Vol. I.
juin 1891).

St. Bauer, v° *Cantillon* (dans la 2e partie du *Dictionary
of political Economy* de R. H. Inglis Palgrave.
London, 1892).

H. Higgs, *Cantillon's place in economics* (In *Quarterly
Journal of economics*. Boston, juillet 1892).

Les questions économiques, étudiées d'ordinaire
dans des opuscules de circonstance ou da.is des ouvrages
sur les sciences philosophiques et juridiques, commencèrent, vers le milieu du XVIIIe siècle, à éveiller un intérêt beaucoup plus grand et plus général après que quelques écrivains les eurent considérées au point de vue
politique, comme le fit Montesquieu (*Esprit des lois*,
1748-49), qui étudia les institutions financières dans
leurs relations avec les formes de gouvernement, ou dans
leurs rapports avec le progrès de la civilisation. Bien
que ces écrivains ne soient pas tous dégagés de la théorie
mercantiliste, ils lui portèrent de rudes coups. Le préjugé
vulgaire de la suprématie de l'argent a été combattu par
le philosophe Berkeley (*The Querist*, 1735-1737), à l'aide

de quelques questions habilement posées, mais il est grand partisan du papier monnaie ; par Mathieu Decker (*An essay on the decline of the foreign trade*, 1744) et mieux encore par Josias Tucker (m. 1799) dans plusieurs écrits sur des sujets spéciaux *(Advantages and disadvantages of France and Great Britain* 1750. — *Four tracts*, 1754), dont un (*Reflections on the naturalisation of foreign protestants*, 1755) a été traduit par Turgot sous un autre titre. Mais c'est David Hume (1711-1756) qui attira plus que tous les autres, par sa célébrité comme historien et comme philosophe, par l'exquise élégance de son style, l'attention publique sur les controverses de l'économie politique. Il a été tenu en haute estime par Adam Smith qui, déjà initié aux recherches économiques par Hutcheson, dut subir l'influence des idées plus avancées de son ami lorsqu'il fut chargé de l'enseignement de la philosophie morale.

Il est assez difficile de porter un jugement exact sur la place qui revient à Hume. Certainement il n'a pas fondé l'économie politique, comme l'ont prétendu ses biographes Walckenaër et Burton. Quelques critiques peu impartiaux l'ont préféré à Smith (lord Brougham, Skarzinski), d'autres (Dühring) l'ont mis sur la même ligne ; Feilbogen a montré ses erreurs dans un excellent travail, le meilleur qui ait été écrit sur ce sujet. Si on les compare au petit ouvrage, systématique et techniquement profond, de Cantillon, les *Essais* de Hume, publiés sous le titre significatif de *Political Discourses* en 1752, et complétés en 1753, manquent évidemment d'unité et de cohérence ; ils parlent des théories de la population, du luxe, de la circulation (commerce, monnaie, intérêt, balance du commerce, jalousie dans le trafic) et des finances (impôts et dette publique), mais ils ne disent rien du capital, de la valeur, du salaire, etc. Ils sont inspirés par des principes libéraux, par un amour ardent du progrès, mais ils énoncent, souvent sous une forme dubitative et mêlées à quelques paradoxes, des vérités déjà démontrées par d'autres et d'une façon plus satisfaisante à l'aide d'arguments purement économiques, tandis que l'objet principal de Hume est évidemment de combattre les préjugés populaires et de démontrer l'influence du commerce sur la civilisation. Il faut noter que les *Essais* de Hume, connus et exaltés même par les économistes de profession, ne suffirent pas à les persuader de leurs erreurs, qui ne leur parurent pas réfutées par des arguments assez persuasifs. L'allemand Darjes, l'italien Genovesi, l'écossais Steuart, étudient Hume et restent mercantilistes. Turgot, lui-même, admire Hume, mais il croit le commerce stérile.

D. Hume, *Political discourses*. London, 1752. — *Essays and treatises on several subjects*. 1753. (Traduits à plusieurs reprises en français, en italien, en allemand, etc.).

S. Feilbogen, *Smith und Hume* (In *Zeitschrift für die ges. Staatswiss.* 26ᵉ année. 1890. pp. 695-716).

CHAPITRE VII

LE SYSTÈME PHYSIOCRATIQUE

Le mérite insigne d'avoir créé un système scientifique d'économie politique, ou mieux de droit philosophique social, considéré principalement au point de vue économique, c'est-à-dire un système déduit d'un petit nombre de principes et parfaitement homogène, qui embrasse l'économie pure et la politique économique et financière, appartient, sans doute aucun, à un homme de génie, François Quesnay, le chef de l'école qui s'est appelée d'abord, par autonomase, l'école des économistes et qui, après 1768, prit le nom de physiocratique parcequ'elle croyait à l'empire des lois naturelles. Ce système, bien qu'il ait été esquissé en partie par Cantillon et qu'il soit composé d'éléments fournis par Boisguilbert, Petty, Locke, Vanderlint, doit être considéré comme nouveau, parce que son auteur a éliminé de nombreuses contradictions et l'a enrichi d'analyses originales sur le capital, le produit brut et le produit net, et sur les rapports entre la population et les subsistances. L'histoire de la physiocratie, et celle des nombreux ouvrages dans lesquels ce système se trouve exposé, commenté, combattu et défendu, présente par conséquent un grand intérêt. Elle a été faite, pour partie, dans plusieurs monographies, qui ne sont pas toujours impartiales et qui ne donnent pas une connaissance suffisantes des sources, dont beaucoup sont encore inédites.

Notice abrégée des différents écrits modernes sur la science de l'économie politique. In *Ephémérides du citoyen*, etc. Paris, 1769 (Matériaux abondants, mais pas toujours sûrs).

Un choix des meilleurs ouvrages de l'école physiocratique a été fait par E. Daire dans la *Collection des principaux économistes* (Paris, 1846, 2 volumes), et par F. Ferrara dans la *Biblioteca dell' Economista* (vol. I. Torino, 1850), avec de bonnes notes biographiques et critiques. Daire est toutefois un juge trop bienveillant, et Ferrara un juge trop sévère.

> G. Kellner, *Zur Geschichte des Physiocratismus.* Göttingen, 1847.
> Jos. Garnier, v° *Physiocrates*, dans le vol. II. (1853) du *Dictionnaire de l'Economie politique* de Coquelin.
> L. de Lavergne, *Les économistes français du* XVIIIᵉ *siècle.* Paris, 1870 (Élégantes biographies).
> G. Schelle, *Du Pont de Nemours et l'école physiocratique.* Paris, 1888. (Contient beaucoup de notices intéressantes sur l'histoire externe du système).

§ 1. — L'ÉCOLE DE QUESNAY.

François Quesnay (1694-1774) était le fils d'un avocat propriétaire foncier, et il fut lui-même un agriculteur passionné. Il exerça la médecine et écrivit une œuvre remarquée sur la physiologie ; appelé à Versailles, il devint le médecin de Louis XV et de madame de Pompadour, qui le protégea particulièrement. Etranger aux intrigues de cour et tout entier à l'étude, il écrivit pour l'*Encyclopédie* de Diderot et d'Alembert les deux articles *fermiers* (1756) et *grains* (1757), qui contiennent les germes de son système, et il en composa d'autres, *hommes* (récemment découvert par Bauer), *intérêt de l'argent* et *impôt*, jusqu'ici inédits, qu'il avait repris lorsque l'*Encyclopédie*, prohibée par le gouvernement, était devenue une publication clandestine. Le fameux *Tableau économique* a été imprimé mais non publié en 1758. Dans sa première comme dans sa seconde édition, fort modifiée, de trois exemplaires seulement (dont un a été découvert également par Bauer), il contient un tableau numérique qui décrit la circulation et la distribution des richesses entre les différentes classes sociales, accompagné de quelques commentaires (*Extrait des Economies royales de M. de Sully*), qui ont été ensuite développés sous le titre de *Maximes générales du gouvernement économique d'un royaume agricole* et insérés dans la *Philosophie rurale* de Mirabeau (1763). Il écrivit aussi d'autres opuscules, le *Problème économique* et le *Second problème économique*, le *Droit naturel* (1768), qui fait connaître ses idées philosophico-juridiques, et enfin les *Dialogues sur le commerce et les travaux des artisans*, dans lesquels il défend ses doctrines et fait mieux connaître sa méthode.

> *Physiocratie, etc, recueil publié par Du Pont.* Leyde et Paris, 1767-1768. 2 volumes. (Réimprimé à Yverdon, 1768. 6 volumes.)
>
> Fr. Quesnay. *Œuvres économiques et philosophiques avec une introduction et des notes* par Auguste Oncken. Frankfurt a M., 1888 (Edition préférable à celles de Du Pont et de Daire et enrichie de notes). — D'autres ouvrages et des lettres de Quesnay seront prochainement publiées par Bauer, qui en a publié un compte rendu dans les *Jahrbücher für Nat. Oekonomie.* N. F. vol. XXI. août 1890.

Le plus ancien et le plus fervent disciple de Quesnay a été le marquis Victor de Mirabeau, auteur de nombreux ouvrages, écrits dans un style prolixe et déclamatoire. Dans les premières parties de son *Ami des hommes ou traité de la population* (Avignon, 1756), il soutenait l'ancienne doctrine sur la population et faisait l'apologie de la petite culture, qui occupe un plus grand nombre de paysans. Converti à la physiocratie, il publia d'autres volumes, commenta le sybillin *Tableau économique* (1760), dont Baudeau (1770) donna plus tard une meilleure explication ; il écrivit ensuite la *Théorie de l'impôt* (1760), qui fournit, avec un mémoire de Saint-Péravy (*Mémoires sur les effets de l'impôt indirect*, 1768), un bon résumé des doctrines financières du maître ; plus tard les *Économiques* (1769) et enfin la *Philosophie rurale ou économie générale et politique de l'agriculture* (1763), qui est son meilleur ouvrage.

Après lui, par l'ancienneté et par son zèle à faire connaitre le système, vient Pierre Samuel Du Pont (1739-1817), le dernier survivant de l'école, qu'il défendit contre Say qui, comme Smith et beaucoup d'autres (y compris Turgot), l'appelait une secte à cause de l'inflexibilité avec laquelle les élèves défendaient les opinions du maître. Du Pont a le mérite d'avoir combattu, (il y fallait un certain courage), les assignats et d'avoir contribué aux sages réformes financières de l'Assemblée constituante, dans laquelle on lui donna le nom de Nemours pour le distinguer d'un homonyme. Ami de Turgot, il l'a soutenu dans ses réformes ; il fut collaborateur et directeur des deux revues physiocratiques, le *Journal de l'agriculture, du commerce et des finances* (1765-1766), et les *Éphémérides du citoyen* (1766 et suiv.), dans lesquelles il publia un très grand nombre d'articles, écrits parfois un peu à la légère. Schelle a parlé de ses œuvres dans la monographie que nous avons citée plus haut.

Les meilleurs interprètes de la physiocratie ont été,

sans aucun doute, Mercier de la Rivière, Baudeau et Letrosne, sans parler des disciples de moindre importance, Abeille, Condorcet, Bosnier de l'Orme, Bigot de Sainte-Croix, Chastellux, l'abbé Morellet, qui (avec Mercier et Baudeau) défendit contre Galiani la liberté absolue du commerce des blés, etc., etc.

Mercier de la Rivière, intendant à la Martinique, est l'auteur d'un ouvrage que Smith (il est inexact que ce soit, comme il le dit, un petit ouvrage), considère comme le meilleur exposé de la physiocratie. En réalité, si on le lit en entier dans ses quarante-quatre chapitres (et non dans les dix-huit reproduits par Daire) on y trouve une analyse fidèle de la partie philosophique du système et un exposé des idées politiques de ceux de ses partisans qui créèrent la fameuse doctrine du despotisme légal, que d'autres (comme Turgot et Du Pont) ont nettement repoussée .

> Mercier de la Rivière. *L'ordre naturel et essentiel des sociétés politiques*, Paris, 1767. A été l'occasion de la fameuse satire de Voltaire (qui d'ailleurs avait beaucoup de respect pour Quesnay et admirait Turgot) intitulée : *L'homme aux quarante écus*.

Nous devons à l'abbé Baudeau, d'abord adversaire, puis un partisan ardent de la physiocratie, beaucoup d'articles intéressants dans les *Ephémérides du citoyen* et un résumé des doctrines de Quesnay, préférable à ceux de Mirabeau, de Du Pont et de Mercier, pour sa clarté, sa méthode et quelques développements originaux.

> Abbé N. Baudeau, *Première introduction à la philosophie économique ou analyse des états policés*. Paris, 1771.

Il faut citer encore Letrosne, l'auteur d'une réponse

quelquefois peu heureuse, à l'œuvre mémorable (1776)
dans laquelle Condillac réfutait la doctrine de l'improductivité des manufactures et du commerce. Dans le livre
de Letrosne (*De l'ordre social*, 1777), il faut signaler la
seconde partie (*De l'intérêt social*), qui contient quelques
bonnes observations sur la monnaie et sur la circulation.

§ 2. — TURGOT

Anne-Robert-Jacques Turgot, baron de l'Aulne,
(1727-1781), longtemps intendant à Limoges et, pendant près de deux ans (1774-1776), ministre de
Louis XVI, est aussi célèbre pour ses ouvrages que pour
ses sages réformes. Il s'efforça de réorganiser les finances et de débarrasser l'agriculture, les manufactures
et le commerce des entraves séculaires qui les opprimaient ; ces réformes furent bientôt après rapportées.
Le ministre tomba, victime de la faiblesse du roi, des
intrigues de la cour, de l'opposition des classes privilégiées et en partie aussi parce qu'il s'était trop hâté et
qu'il avait imprudemment négligé les tempéraments
nécessaires à l'introduction sans secousses d'un nouvel
ordre de choses (Foncin, *Essai sur le ministère de
Turgot*. Paris, 1887).

Comme économiste, Turgot mérite une place à part
pour la variété et la solidité de ses connaissances et
pour la multiplicité des sujets qu'il a discutés dans ses
œuvres et dans ses mémoires officiels. Ses œuvres ont
été recueillis par Du Pont (*Œuvres de Turgot* 1809-
1811, 9 volumes) et par Eug. Daire (1844, 2 volumes). La
sobriété, l'ordre et la clarté de son exposition, l'excellence de sa méthode, sa répugnance à suivre en tout
et pour tout les opinions du maitre, ne permettent pas
de ne voir dans Turgot qu'un disciple de Quesnay,

bien qu'il professe au fond les mêmes doctrines, et qu'il
ne se soit pas dégagé (comme on l'a parfois prétendu à
tort) des erreurs de l'école, dont il ne voulait pas être
considéré comme un partisan. L'étude de ses œuvres
est facilitée par de nombreuses monographies, de valeur différente, écrites parfois dans des vues apologétiques.

> A. Batbie, *Turgot philosophe, économiste et administra-
> teur*. Paris, 1861.
>
> A. Mastier, *Turgot, sa vie et sa doctrine*. Paris, 1861.
>
> Tissot, *Turgot, sa vie, son administration et ses ou-
> vrages*. Paris, 1862.
>
> H. v. Scheel, *Turgot als Nationalœkonom* (In *Zeitchr.
> fur die ges. Staatswiss.* de Tübingen, 21° année.
> 1868, pp. 243-270).
>
> Fr. v. Sivers, *Turgot's Stellung in der Gesch... der
> Nationalokonomie* (In *Jahrb. fur Nat. Œk.* d. Hilde-
> debrand. Jena, 1874, pp. 145-208).
>
> A. Neymarck, *Turgot et ses doctrines*. Paris, 1885. 2
> volumes.
>
> L. Say, *Turgot*. Paris, 1887.
>
> P. Feilbogen, *Smith und Turgot*. Wien, 1893.

Parmi ses travaux sur des sujets spéciaux, il faut
citer sa lettre à l'abbé Cicé sur le papier monnaie (1749)
dans laquelle, à peine âgé de 20 ans, il combat les
sophismes de Terrasson, disciple de Law ; le fragment
valeur et monnaies (1770), destiné au *Dictionnaire du
commerce* de son ami Morellet ; le très célèbre mémoire
sur les *prêts d'argent* (1769) ; son mémoire sur les
mines et carrières (1770) ; ses lettres brillantes sur
la *liberté du commerce des grains* (1770), qui sont
un véritable chef d'œuvre ; enfin ses nombreux écrits
sur l'*impôt*, et ses *rapports officiels* sur la perception
de la taille, qui lui donnèrent l'occasion de parler du
capital, des salaires, de la rente, des emprunts
publics, etc.

Les *Réflexions sur la formation et la distribution des richesses,* écrites en 1766, et publiées à la fin de l'année 1769, dans les *Ephémérides du citoyen* avec des modifications arbitraires de Du Pont, supprimées seulement dans quelques unes des éditions postérieures, doivent être considérées comme une explication claire et élégante des doctrines des physiocrates, mais elles marquent aussi un progrès notable dans l'histoire de la science, parce que Turgot a su séparer l'étude de l'économie de celle du droit, séparation qui n'existe pas dans les ouvrages de Mirabeau, de Mercier, de Beau deau, etc. ; il a ainsi composé le premier traité scientifique d'économie sociale et il a adopté, comme l'indique le titre, la classification qui a été plus tard adoptée.

Il recherche la genèse historique et rationnelle des faits économiques, et il voit dans la distribution inégale de la propriété foncière la cause principale du progrès économique. En mettant en contact par l'échange les diverses économies individuelles, elle oblige ceux qui ne possèdent pas de terre à vendre des produits et à rendre des services aux propriétaires dont ils cultivent les fonds, et cela en parcourant les cinq stades de l'esclavage, de la servitude, du vasselage, du colonat et du fermage. La nécessité de l'échange est l'origine de la valeur estimative et objective, mesurée par la monnaie, c'est-à-dire par la forme la plus commune du capital, dont il examine les diverses fonctions dans leurs rapports avec l'industrie. Il explique les rapports économiques entre les propriétaires, les cultivateurs, les artisans, les commerçants et les professions libérales, en appréciant leurs services, directs et indirects, et en déterminant les parts qu'ils reçoivent dans la distribution. Il s'arrête spécialement à rechercher la nature de l'intérêt du capital ; il est partisan de la liberté de l'intérêt et il la justifie par cette raison que l'emprunteur, avec la

somme prêtée, peut acheter un fond qui peut lui donner
un profit, qu'il doit partager avec le prêteur. Ces fines
analyses purement économiques et leur enchaînement
savant marquent le passage de Quesnay à Smith et
constituent le mérite principal de Turgot qui, cependant, est inférieur à l'un et à l'autre en originalité.

§ 3. — LES BASES DU SYSTÈME

Les théories des physiocrates forment un système de
droit public économique, combiné avec une analyse de
la production et de la distribution des richesses, d'où ils
déduisent, avec une logique parfaite, quelques préceptes de politique économique et financière.

Le droit économique de Quesnay a son fondement
dans le concept d'un ordre naturel, qui se rattache,
bien que d'une façon un peu extrinsèque, à la philosophie de Malebranche (*Traité de la morale*, 1684), cité
comme une autorité dans la préface de la *Philosophie
rurale* de Mirabeau, et il est en pleine harmonie avec
les théories alors courantes sur la félicité de l'état de
nature, plus tard vicié par les institutions humaines.
Par là, Quesnay donne la main à Rousseau, sans accepter cependant la doctrine du contrat social et celle
de la souveraineté du peuple. D'ailleurs, le système de
Quesnay diffère de celui de Grotius, Puffendorf et Hutcheson, qui développent leurs idées économiques dans
un ou deux chapitres de la théorie des contrats synal-
lagmatiques, comprise dans le droit privé, tandis que les
physiocrates étudient le droit de propriété et la liberté
du travail et du commerce presque toujours dans leurs
rapports avec le droit public. L'ordre naturel est, pour
l'école de Quesnay, un complexus de lois (au sens juridique du mot) qui, par la volonté divine, gouvernent

le monde et forment une espèce de code éternel et universel, dont les dispositions sont gravées, d'une façon
évidente, dans la conscience de chacun, et doivent
être respectées par les lois positives qui, selon Du Pont,
ne sont que de simples actes déclaratifs des lois naturelles, conséquences nécessaires des besoins de
l'homme, de la diversité de leurs aptitudes et de la nécessité d'appliquer les capitaux à la terre.

L'analyse de la production (territoriale) qui se rattache à la théorie de la distribution du produit net
(expliquée avec des chiffres hypothétiques dans le
Tableau économique), débute par une classification
originale des capitaux, qui comprennent les « avances
primitives », c'est-à-dire le capital fixe (outils, bestiaux),
et les « avances annuelles », c'est-à-dire le capital circulant (semences, engrais) du cultivateur. Le résidu
qu'on obtient en déduisant du produit brut les dépenses
de culture (reprises), qui comprennent aussi les gains
des producteurs (fermiers, métayers, salariés), constitue
le « produit net », c'est-à-dire l'augmentation annuelle
de la richesse nationale, qui sert aux besoins de l'Etat et
à l'augmentation du capital. Au point de vue économique, la société se compose de trois classes, celle des
producteurs, qui exercent, pour leur compte ou celui
d'autrui, l'industrie territoriale (agraire ou extractive);
la classe stérile (que Turgot appelle la classe stipendiée),
constituée par les commerçants qui transportent, et par
les artisans qui transforment la richesse, mais n'en augmentent pas la quantité (Letrosne), et par les professions
libérales, qui rendent elles aussi des services utiles et
quelquefois nécessaires, mais n'accroissent pas le produit net (Quesnay et Turgot), parce que la valeur
ajoutée aux matières premières correspond à celle qui
est consommée (outils, matières auxiliaires, salaires)
dans la production; enfin la classe des propriétaires

(appelée la classe disponible par Turgot), qui vit sans travailler et reçoit le produit net comme compensation des capitaux incorporés dans le sol.

La politique économique des physiocrates est très simple et de caractère négatif, parce qu'elle se résume dans l'aphorisme *laissez faire, laissez passer*, c'est-à-dire dans la liberté illimitée, qui est conforme à l'ordre naturel ; grâce à elle chaque producteur, guidé par son intérêt personnel, contribue à la prospérité générale sans qu'il soit besoin d'aucune ingérence gouvernementale. Mais l'école de Quesnay, quand elle veut montrer les avantages économiques de la liberté industrielle et commerciale, se sert d'arguments bien différents de ceux des libre-échangistes modernes. Elle invoque la liberté parce qu'elle espère que, grâce à la concurrence, les dépenses de la classe productive diminueront et que le produit net augmentera : elle désire le bon marché des marchandises, mais cependant le haut prix des denrées agricoles. L'action de l'Etat étant réduite uniquement à la défense sociale, on comprend que la question de la forme du gouvernement fût secondaire pour les physiocrates, et on comprend aussi pourquoi beaucoup d'entre eux ont préféré le gouvernement puissant d'un seul à celui d'une assemblée, parce qu'ils le croyaient plus indépendant et plus porté aux réformes nécessaires pour émanciper l'industrie des entraves qui l'enserraient.

Ils ont accepté et développé les doctrines de Locke et de Vanderlint quant à l'incidence finale des impôts sur la rente foncière, ou comme ils disaient sur le produit net, parce qu'ils croyaient que la concurrence avait pour effet nécessaire la réduction des salaires et des profits à un minimum non imposable. De ce point de départ ils concluaient logiquement que la substitution d'un impôt unique et direct sur le produit net aux impôts multiples était conforme à l'intérêt général et à l'intérêt

des contribuables eux-mêmes. On aurait pu ainsi
diminuer les dépenses de perception et même supprimer les inconvénients de répercussions onéreuses et
inévitables.

Le système physiocratique, considéré par rapport aux
théories empiriques auxquelles il succédait, présente
un tel mélange d'erreurs et de vérités, de mérites et de
défauts, qu'il a rendu malaisé un jugement équitable,
même pour ceux qui l'ont examiné objectivement. Il a,
d'ailleurs, été condamné quelquefois comme une utopie absurde ; on l'a aussi identifié en tout et pour tout
avec le système de Smith, qui n'y aurait apporté que
des modifications sans importance.

Il nous semble qu'on ne peut refuser à l'école de
Quesnay le mérite d'une analyse ingénieuse, quoique
pour partie fausse, des phénomènes de la production et
de la distribution en général, et des fonctions du capital, bien distinctes de celles de la monnaie, en particulier, et aussi celui d'avoir mis en lumière l'importance
fondamentale de l'agriculture et d'avoir porté le dernier coup à la théorie de la toute puissance économique
de l'État, en demandant la liberté du travail et du commerce et la réforme radicale des mauvais systèmes d'impôts alors en vigueur. Il est vrai cependant que le système, irréprochable au point de vue logique, est fondé
sur des bases juridiques et économiques en partie
fausses et en partie inexactes, et sur un petit reste du
mercantilisme qu'il combat si vigoureusement. L'idée
d'un ordre de nature, en dehors duquel aucune économie
scientifique n'est possible, était transformée par les
physiocrates dans l'hypothèse, aussi arbitraire qu'absurde, de l'existence de lois applicables à tous les temps
et à tous les lieux, sans tenir compte des précédents
historiques et du degré de civilisation. L'origine du
produit net était attribuée à la libéralité de la nature,

alors qu'elle est un effet de la limitation et des inégalités
dans la fertilité et dans la situation des terres. La distinction en travail productif et travail improductif, et
entre la rente originaire et la rente dérivée aurait fait
grand honneur à l'ecole de Quesnay, si elle ne
l'avait mal appliquée dans sa théorie de la stérilité des
manufactures et du commerce. Cette dernière théorie
était, pour quelques-uns, une suite de cette erreur physique qui leur faisait croire que la terre est productive
d'objets nouveaux, et, pour d'autres, de cette erreur économique de l'identité, affirmée mais non démontrée,
des valeurs produites et des valeurs consommées dans
la production, pour d'autres enfin de cette idée, juste en
elle-même, de la dépendance de l'industrie manufacturière et commerciale vis-à-vis de l'industrie agricole, mais
viciée par l'ignorance de la réciprocité de cette dépendance. La cause principale, et insuffisamment remarquée,
de leur erreur fondamentale consiste à avoir identifié
l'intérêt général avec l'intérêt particulier des différentes
classes, et à avoir par conséquent étudié les phénomènes
économiques au point de vue des intérêts des producteurs (réduits pour eux aux cultivateurs) et non à celui
des consommateurs, sans s'apercevoir, par exemple,
que le bon marché des denrées agricoles est tout aussi
désirable que celui des autres marchandises et qu'il
ne fallait pas comprendre dans les dépenses de production (au point de vue social) les salaires, les profits, les
intérêts, qui sont au contraire une partie de la rente,
d'où peut dériver, non moins que de la rente foncière,
le produit net, parce que la réduction supposée au
minimum indispensable à l'entretien des travailleurs ne
ne se fait pas toujours. Les disciples de Quesnay se
trompent gravement quand ils font du laisser faire un
dogme scientifique, tandis que ce n'est qu'une règle
pratique, sujette à de nombreuses exceptions, néces-

saires pour éliminer les collisions très fréquentes entre les intérêts particuliers et l'intérêt général. Les physio-crates se trompent enfin, même en faisant abstraction de son impossibilité d'application, lorsqu'ils demandent l'impôt territorial unique, corollaire légitime de leur théorie de' la répercussion des impôts, fondée sur l'hypothèse fausse de l'impossibilité de frapper les salaires et les profits. Pour conclure, nous fero. s remarquer que l'école de Quesnay, qui a bien mérité de la science et de la pratique pour la guerre qu'elle a soutenue contre les sophismes du mercantilisme et les excès du despotisme économique, est tombée dans un grand nombre d'erreurs, que professent de nos jours encore les optimistes, et que l'on s'obstine parfois à considérer comme indissolublement unies aux théories de l'école de Quesnay.

Et. Laspeyres, *Quesnay, Turgot und die Physiokraten* (In *Deutsches Staatsworterbuch* de Bluntschli et Brater. Volume VIII, 1864, pp. 445-455).

N. G. Pierson, *Het Physiocrati ne* (In *De Economist*, 1880). Excellent essai critique.

H. Denis, *Des origines et de l'évolution du droit économique. La Physiocratie.* (In *Philosophie positive* de Littré, 1880).

§ 4. — LA PHYSIOCRATIE A L'ÉTRANGER

Le système de Quesnay, qui eut en France ses derniers représentants dans le marquis Germain Garnier (*Abrégé élémentaire des principes de l'économie politique*, 1796) et dans Dutens (*Philosophie de l'économie politique*, 1835), contemporains de Théodore Schmalz (1760-1841) et de Charles Arnd (*Die naturgemässe Volkswirthschaft*, 1845. 2ᵉ édit., 1851), c'est-à-dire des derniers physiocrates allemands, n'a pas trouvé de partisans en Angleterre. Il en a eu quelques-uns de second ordre dans d'autres pays : Strojnowski en Pologne, le prince Galitzin en Russie (1796) et un nombre un peu plus considérable en Allemagne et en Italie.

Parmi les physiocrates allemands, nous devons signaler, en dehors de Fürstenau et de Springer, le suisse Isaac Iselin, le fondateur du périodique *Ephemeriden der Menscheit* (1776-1782), le laborieux J. Aug. Schlettwein (1731-1802), auteur d'un résumé (*Grundfeste der Staaten oder politische Oekonomie*, 1779), Jacques Mauvillon (1743-1794), qui le dépasse en profondeur *(Sammlung von Aufsätzen*, etc., 1776. 2 volumes), et enfin le margrave Charles-Frédéric de Bade (1728-1811), l'auteur d'une espèce de table synoptique *(Analyse abrégée des principes de l'économie politique)* insérée dans les *Ephémérides du citoyen* (1772) et qu'on a souvent attribuée (par exemple Daire) à Du Pont, qui l'a reniée tout en l'améliorant trois ans plus tard *(Table raisonnée des principes de l'économie politique*, Carlsruhe, 1775). Ce prince fit l'expérience de l'impôt unique dans les villages de Theningen et de Balingen (1770-1776), et de Dietlingen (1770-1792). Mais comme l'a démontré Emminghaus, l'insuccès d'un système mal inauguré (Schlettwein) et exécuté à regret (par J.-J. Schlosser) sur un petit territoire et pendant si peu de temps, ne peut pas fournir des éléments certains pour un jugement fondé sur sa bonté relative ou absolue.

A. Emminghaus, *Karl Friedrich's von Baden Physiocratische Verbindungen, Bestrebungen und Versuche* (In *Jahrbücher für Nat. Oekon.* 10e année 1872, pag. 1 et suiv.)

W. Roscher, *Geschichte der Nat. Oekonomik in Deutschland*, München, 1874, pp. 480-500.

Cfr. F. von Sivers, dans les *Jahrbucher*, 13ᵉ année, 1875, pp. 1-15.

K. Knies, *C. Fr. v. Baden brieflicher Verkehr mit Mirabeau und Du Pont*. Heidelberg, 1892. Deux volumes.

Il est certain que la physiocratie a exercé une influence sur les ministres toscans, promoteurs des réformes de Léopold (Tavanti, Neri, Gianni), qui firent même traduire quelques livres et quelques opuscules français (Coyer, Baudeau, Bosnier de l'Orme, etc.), dans le but de rendre populaire les idées qu'ils défendaient, comme cela résulte des travaux de Zobi (*Manuale storico delle massime e degli ordinamenti economici vigenti in Toscana*, 1847), de ceux de Montgomery Stuart (*Storia del libero scambio in Toscana*, 1876), et mieux encore de la consciencieuse monographie d'Abel Morena (*Le riforme e le dottrine economiche in Toscana. In Rassegna nazionale.* Firenze, 1886 et suiv.). Un petit nombre d'écrivains ont accepté, sans notables changements, les doctrines de l'école de Quesnay. Parmi eux nous mentionnerons Melchior Delfico (1788) et Nicolas Fiorentino (1794) ; parmi les écrivains annonaires, en dehors de Negri déjà cité (1767), Scottoni (1781), Mario Pagano (1789), De Gennaro (*Annona, ossia piano economico di publica sussistenza*, 1783), Scrofani (*Memorie di economia politica*, 1826) ; parmi les écrivains de finance, Adam Fabbroni, rappelé par Balletti (1778), Joseph Gorani (1771), Jean Paradisi (1789) et particulièrement le toscan Joseph Sarchiani (*Intorno al sistema delle pubbliche imposizioni*, 1791). Beaucoup d'autres, au contraire, acceptent les nouvelles théories sans abandonner les anciennes, par exemple, Paoletti (*Veri mezzi di rendere felici le società*, 1772) qui est favorable aux lois somptuaires ; Filangieri (1752-1788), partisan du libre échange et de l'impôt unique, mais

fidèle à la théorie de la balance mercantile ; Briganti,
qui admet les droits compensateurs et insiste sur l'utilité
du commerce ; D'Arco, d'abord mercantiliste (1771),
plus tard (1775) partisan d'une doctrine éclectique en ce
qui concerne le blé, et qui finit par admettre, sous l'influence des idées d'Ortes, la pleine liberté du commerce
(1788) ; enfin Mengotti (*Il Colbertismo.* Firenze, 1792),
qui indique les précautions nécessaires à prendre pour
préparer le libre échange.

> Gaet. Filangieri, *Delle leggi politiche ed economiche,*
> 1780. Et le second livre de la *Scienza della legis-
> lazione* (Réimprimé dans la *Collection* de Custodi,
> Part. Mod. Vol. 32).
> Filippo Briganti, *Esame economico del sistema civile.*
> Napoli, 1780. (Et dans Custodi, Part. Mod. Vol.
> 28 et 29).
> Conte Giov. Batt. Gherardo D'Arco. *Opere,* Cremona,
> 1785. Vol. I et III.

§ 5. — LES CRITIQUES DE LA PHYSIOCRATIE

Il serait absolument inutile d'énumérer les nombreux
écrivains du siècle dernier qui ont combattu, en tout ou
en partie, les théories physiocratiques sans être d'aucun secours aux progrès de la science. Quelques-uns
veulent ressusciter le mercantilisme ; il semble possible
à d'autres de combiner les principes de l'ancien système
avec ceux du nouveau ; d'autres s'essayent à réfuter
certaines propositions exactes des physiocrates et les
remplacent par des propositions fausses, ou bien ils acceptent les prémisses (incidence de l'impôt sur le produit
net), et repoussent, pour de simples considérations pratiques, leurs conséquences nécessaires (impôt unique),
ou enfin ils réfutent les doctrines erronées de la stérité
de l'industrie et du commerce, de l'absolue identité

de l'intérêt particulier avec l'intérêt général, et de la répercussion des impôts, et ils y substituent d'autres erreurs manifestes ou tout au moins des assertions non démontrées. C'est à ces catégories de critiques qu'appartiennent quelques uns des éclectiques déjà cités, Forbonnais, Steuart, Justi et beaucoup d'autres écrivains, en particulier des écrivains allemands, cités par Kautz et plus complètement par Roscher (*Geschichte*, etc., pp. 494-592). Parmi ceux-ci, il en est un, hautement apprécié en Allemagne, Justinus Moser (1720-1794), qui, dans une série d'écrits politiques (*Patriotische Phantasien*, 1774), combat la division du travail, la grande industrie, le libre échange, demande des restrictions féodales à la propriété et défend les corporations; c'est en même temps un ennemi des mesures propres à favoriser l'augmentation de la population; il est partisan des hauts salaires, de la liberté illimitée du commerce des blés et du développement du crédit agraire. Nous devons parler encore de deux autres écrivains éclectiques plus connus, même hors de l'Allemagne, Büsh et Herrenschwand. Ils font grand cas des doctrines de Quesnay et de Smith, mais ils conservent, en grande partie, les préjugés du mercantilisme et, en particulier, celui de l'importance suprême de la quantité de la monnaie et des phénomènes de la circulation. J. Georges Büsch (1728-1800), directeur de l'Académie commerciale de Hambourg, s'est occupé, dans ses nombreux écrits, de la partie technique des théories monétaires, bancaires, et en général, des théories commerciales, énonçant çà et là des idées saines et originales en matière de rente, de systèmes agraires, de crises écomiques et de population. Herrenschwand a particulièrement insisté sur ce dernier sujet; on le considère en général comme un des nombreux précurseurs de Malthus.

L. Rupprecht, *Justus Mosers sociale und volkswirthschaftliche Anschauungen*. Stuttgart, 1892.

J. G. Büsch, *Kleine Schriften uber die Handlung*, 1772.
— *Abhandlung von Geldumlauf*, 1780. Deux vol. —
Theoretisch-praktische Darstellung der Handlung,
1792. Deux volumes.— *Sämmtliche Schriften*. Wien,
1813-1818. Seize volumes.

Herrenschwand, *De l'économie politique moderne*.
Londres, 1786 — *De l'écon. pol. et morale de
l'espèce humaine*, 1796. Deux volumes. — *Du
vrai principe actif de l'écon. pol.*, 1797.

6   Nous devons nous arrêter plus longtemps sur Galiani,
Condillac, Beccaria, Verri, Ortes, qui ont étudié avec
originalité les problèmes fondamentaux de la science et
préparé la voie à ses progrès ultérieurs.

Il faut être reconnaissant à un écrivain contemporain
(Macleod) d'avoir rappelé l'attention sur l'importance
théorique de Condillac, qui a réfuté l'erreur des physiocrates sur la stérilité des manufactures et du commerce, et donné une théorie de la valeur. Nous
ne pouvons cependant concéder à Macleod qu'avec
Condillac commence une ère nouvelle; d'autres écrivains (Galiani, Turgot, Letrosne) avaient déjà, en effet,
discuté avec talent et avec autant d'ampleur le même
sujet. Condillac voit dans l'utilité de quantités déterminées de biens le fondement de la valeur; il montre les
avantages réciproques que les échangistes retirent de
l'échange, parce qu'ils obtiennent des richesses auxquelles ils attribuent une valeur supérieure à celle des
valeurs qu'ils cèdent.

Condillac, *Le Commerce et le gouvernement*, etc. Vol. 1
(volume unique). Amsterdam et Paris, 1776.

§ 6. — GALIANI, BECCARIA, VERRI, ORIES.

L'abbé Ferdinand Galiani est né à Naples (1728 1787). C'est à la fois un économiste et un jurisconsulte, et toujours un écrivain élégant. Il traduisit, à l'âge de vingt ans, les ouvrages de Locke sur la monnaie, qu'il utilisa partiellement pour composer son traité classique (1750), dont nous avons déjà parlé (chap. III, § 2): il publia plus tard, alors qu'il était secrétaire d'ambassade à Paris, ses *Dialogues sur le commerce des blés*, qui le firent connaître dans toute l'Europe et lui attirèrent de vives réponses. Dans son livre sur la monnaie, bien qu'il s'inspire des principes du mercantilisme et qu'il soit favorable, dans certaines circonstances (sur les traces de Melon), aux altérations de valeur de la monnaie, ses doctrines sont généralement saines et toujours exposées avec beaucoup de clarté. Il faut surtout louer sa défense de la liberté de l'intérêt, le chapitre sur le cours des changes, et spécialement la théorie de la valeur. Cette dernière théorie a été commentée avec beaucoup de pénétration par Graziani (*Storia critica*, etc., 1889, pp. 99-107), qui a montré que Galiani est un des précurseurs les plus importants de la doctrine qui fonde la valeur sur l'utilité concrète de chaque quantité de richesses considérée à part, utilité déterminée selon lui par l'intensité différente des besoins, sans oublier l'influence du temps sur la valeur et les influences réciproques de la demande sur la valeur et de la valeur sur la demande. Dans ses *Dialogues*, où il montre l'impossibilité d'établir un système unique, libéral ou restrictif, de politique annonaire. l'auteur se montre non seulement dialecticien puissant, mais il devance, en un certain sens, l'école

historique moderne en combattant les théories trop
absolues de la physiocratie et en mettant en lumière,
sauf quelques erreurs dans les applications, le caractère relatif des institutions économiques et la nécessité
de les adapter aux diverses conditions de temps, de lieu
et de civilisation.

> *Dialogue sur le commerce des blés.* Londres (Paris),
> 1770. — Nouvelle édition augmentée. Berlin, 1795.
> Deux volumes. Traduits en allemand par Bar-
> khausen (1777), par un anonyme (1778), et par
> Beicht (1802).
> Cfr. L. Diodati, *Vita dell' abate F. Galiani* Napoli,
> 1788. — C. Ugoni, *La letteratura italiana*, etc.
> Vol. I (Milano, 1856), pp. 191-357. — F. Fornari,
> *Delle teorie economiche nelle provincie napole-
> tane*, etc. Milano, 1888.

Le marquis César Beccaria (1738-1794), l'illustre auteur du livre *Des délits et des peines* (1764), a publié
une *Prolusione* (1769), écrit des *lezioni di economia*
(1769-1770) restées inédites jusqu'en 1804, et contribué
(avec Verri et Carli) à d'importantes réformes dans
l'administration de la Lombardie, notamment de l'an-
nonne, des monnaies, des poids et des mesures, et à
l'abolition des corps de métiers et de la ferme des impôts.
Ses *Elementi d'economia pubblica*, trop défavorable-
ment jugés par Pascal Duprat (*Revue moderne*, 1865),
sont remarquables pour la précision, la clarté et la
rigueur des déductions, qui dénotent un auteur familier
avec les mathématiques comme le prouve son *Tenta-
tivo analitico sui contrabbandi* (In *Caffè*. Vol. 1,
Brescia, 1765), qui inspira au sicilien Guillaume Silio
(1792) un ouvrage analogue. Bien qu'il accepte les
doctrines des physiocrates (avec lesquels il entra en
relation pendant le court voyage qu'il fit à Paris en
1766), il ne repousse pas cependant tous les préceptes

du mercantilisme. Il attaque les corporations et n'admet pas les prohibitions; il est éclectique comme Galiani, partisan décidé de la liberté annonaire, mais cependant il défend les primes à l'exportation (repoussées par Carli) et il est grand partisan des droits protecteurs. Au point de vue théorique, si on ne peut lui reconnaitre l'originalité que lui attribuait Say dans l'analyse de la fonction des capitaux (qu'il emprunte à la physiocratie), ni celle que voulait lui reconnaitre, avec beaucoup d'autres, Pecchio au sujet de la division du travail, ni même celle dont parle Ingram, dans l'analyse des causes déterminantes de la diversité des salaires dans les différents métiers (énumérées longtemps auparavant par Cantillon), il doit être loué pour ses idées exactes sur la population (chap. III, § 1) et plus encore, comme le remarque Graziani (*op. cit.* pp. 72-76) pour sa belle analyse de la loi de la valeur normale, dans les cas de libre concurrence et dans les cas de monopole.

> C. Beccaria, *Elementi di economia pubblica* (1769)..
> Dans les volumes XI et XII. Part. Mod. (1804) de
> la *Collection* de Custodi et vol III ,Torino, 1852)
> de la *Biblioteca dell' Economista* de Ferrara.
> Trad. française. Paris, 1852.
> Cfr. les notices biographiques données par C. Cantù,
> *Beccaria e il diritto penale.* Firenze, 1862; et par
> A. Amati (et A. Buccellati), *C. Beccaria e l'abo-
> lizione della pena di morte.* Milano, 1872.

Son ami et collègue, le comte Pierre Verri, né à Milan (1728-1797), n'a ni son talent ni sa culture scientifique et littéraire, mais il lui est de beaucoup supérieur comme économiste pour la quantité et pour la valeur de ses écrits, dans lesquels il s'émancipe presque complètement de l'erreur physiocratique sur la non productivité des industries. Bien qu'il partage encore quelques-uns des préjugés du mercantilisme, notamment dans ses *Elementi del commercio* (1765), il professe des idées nettement libérales dans ses *Riflessioni sulle legi vincolanti, principalmente nel commercio dei grani*, écrites en 1769 et publiées en 1796 ; il a, également, remarquablement analysé les causes de la décadence de l'industrie et du commerce de la Lombardie sous la domination espagnole dans ses *Memorie sull' economia pubblica dello Stato di Milano* (1768), publiées dans la *Collection* de Custodi (vol. XVII).

Les *Meditazioni sull' economia politica* (1771), plus complètes et plus claires que les *Elementi* de Beccaria, sont le meilleur précis publié en Italie au siècle passé et elles seraient même supérieures aux abrégés étrangers si les *Réflexions* de Turgot ne lui étaient pas antérieures. Il est vrai cependant que Verri le dépasse tout au moins pour avoir fait une analyse plus exacte et plus compréhensive de la production, parce qu'il a montré que, dans l'agriculture comme dans les manufactures, l'homme ne peut que rapprocher et séparer, mais qu'il ne peut jamais créer de nouveaux objets (section 3e) ; il se trompe cependant sur un point, car il considère les commerçants comme de simples intermédiaires entre les producteurs et les consommateurs. Les *Meditazioni* forment un système, parcequ'elles sont un examen des différentes causes qui permettent ou empêchent qu'un pays s'enrichisse par un excédant de la production sur la consommation, et qu'on obtienne ainsi le produit maximum d'où dépend l'augmentation continue de la population. C'est pour cela que Verri (contrairement à Beccaria) préfère la petite à la grande culture et combat la concentration excessive des propriétés, comme les entraves directes à la liberté industrielle et commerciale. Il admet cependant (dans l'impossibilité du libre échange universel) des droits protecteurs, précurseur en cela

(comme le remarque Pierson) de la théorie du *fair-trade*;
il les accepte aussi parce que, combinés avec les impôts
directs, ils sont nécessaires au point de vue fiscal,
le système de l'impôt territorial unique étant pratiquement impossible et scientifiquement faux. Enfin
la théorie de la valeur de Verri est très importante,
parce que le premier il s'occupe presque uniquement
de la valeur courante, déterminée par la loi de l'offre
et de la demande, qu'il expose cependant en termes peu
heureux, parlant toujours du nombre des acheteurs et
de celui des vendeurs; il a proposé une formule qui a
été ensuite discutée, modifiée, défendue par Frisi, Gioja,
Valeriani et Rossi (Cfr. Graziani, *op. cit.*, pp. 113-131).
Une faute d'impression dans le *Cours d'économie politique* de Pellegrini Rossi, dont personne ne s'est jusqu'ici aperçu, a introduit dans beaucoup d'ouvrages
italiens et étrangers un certain Ferry (Verri), auquel on
attribue la formule de l'offre et de la demande!. .

(P. Verri) *Meditazioni sull' economia politica.* Li-
vorno, 1771. Réimprimé plusieurs fois avec des adjonctions de l'auteur (et quelquefois avec des notes sans intérêt
et peu bienveillantes de G. R. Carli), par exemple, dans
la *Collection* de Custodi (vol. XV) et dans celle de Ferrara (vol. III), et en même temps que ses œuvres philosophiques. On en a fait trois traductions françaises, une
anonyme (1800), l'autre par Mingard (1773) et une troisième par Neale (1823); deux allemandes, par un anonyme (1774), et par L. B. M. Schmidt (1785); une hollandaise (1801).

Voir aussi, en dehors du recueil des lettres et des
œuvres inédites publié par Casati : Isid. Bianchi, *Elogio
storico di P. Verri.* Cremona, 1803. — C. Ugoni, *La
letteratura italiana*, etc. Vol. II (1856), pp. 35-128. —
Eug. Bouvy, *Le comte P. Verri.* Paris, 1889.

Le prêtre Jean-Marie Ortes (1713-1790), le plus illus-

tro des économistes vénitiens du siècle passé, dont nous
avons déjà signalé les idées exactes sur la question de
la population (ch. III*, § 1), est un esprit original,
mais son style est faible ; parfois paradoxal, il est un peu
étranger, mais moins qu'il ne voudrait le faire croire,
au mouvement général des études économiques de
son temps. Il est l'auteur d'ouvrages anonymes, imprimés à un petit nombre d'exemplaires, recueillis
et commentés avec grand soin par Custodi, Cicogna et
Lampertico. Il combat le mercantilisme sans adopter
les théories de la physiocratie, et il défend le libre
échange universel, en se déclarant en même temps
partisan des biens de mainmorte, des fidéicommis et
de beaucoup d'autres restrictions médiévales au droit
de propriété. Son système part d'un principe évidemment faux, à savoir que la richesse des différents
peuples constitue une quantité fixe, rigoureusement
proportionnelle au nombre des habitants ; c'est donc
une tentative vaine que d'essayer de l'accroitre, parce
qu'il ne faut pas confondre la distribution des richesses
entre les individus avec celle qui se fait dans l'économie
nationale.

> Dell' economia nazionale. Part. I. 1774. — Errori popo-
> lari intorno all' economia nazionale. 1771. — Dei
> fidecommessi, etc. — V. la Collection de Custodi,
> vol. XXI-XVII et XLII. — Bibliot. dell' Econom.,
> vol. III (1852).
>
> Fed. Lampertico, Giammaria Ortes e la scienza eco-
> nomica al suo tempo. Venezia, 1865. (Excellente
> monographie).
>
> Pour les économistes vénitiens, contemporains
> d'Ortes, on peut consulter, en dehors de l'ou-
> vrage déjà cité d'Alberti sur les corporations :
> Alb. Errera, Storia dell' econ. pol. negli Stati
> della Repubblica Veneta. Venezia, 1877 ; et J. Facen,
> Mengotti e le sue opere. (In Rivista Veneta. III* an-
> née, 1875).

Nous ajouterons, en terminant, que les autres économistes italiens du siècle passé se sont occupés de
l'annone (Carli, Caraccioli, Cacherano, Alcandri), des
impôts (Palmieri, Gianni, Vergani, Scola, Marchesini,
Foscarini) et des monnaies. Il est parlé de leurs ouvrages
dans les livres, déjà cités, de Cusumano, de Gobbi, de
Ricca-Salerno et dans un de nos essais bibliographiques.

> L. Cossa, *Saggio di bibliografia delle opere econo-*
> *miche italiane sulla moneta e sul credito anteriori*
> *al 1849.* (In *Giornale degli Economisti.* Bologne,
> juillet 1892).

CHAPITRE VIII

ADAM SMITH ET SES SUCCESSEURS IMMÉDIATS

L'économie politique qui formait, grâce à Quesnay, un système achevé de droit économique, dont Turgot avait dégagé un système d'économie sociale, prend, peu après, dans l'œuvre immortelle d'Adam Smith, le caractère et l'importance d'une science, au sens le plus large du mot, qui embrasse non-seulement l'économie rationnelle, mais aussi l'économie appliquée, c'est-à-dire la politique économique et financière. Cette œuvre est aujourd'hui encore le fondement le plus sûr des recherches ultérieures parce que, comme l'a excellemment remarqué Roscher, ce qui a été écrit sur ce sujet avant Adam Smith peut être considéré comme une préparation à ses théories, et tout ce qu'on a écrit depuis comme leur complément.

C'est peut-être pour cela que nous ne possédons pas jusqu'ici un bon travail critique qui établisse, d'une façon exacte et impartiale, le mérite de Smith à l'égard des économistes ses prédécesseurs et ses successeurs.

On ne peut pas, en effet, considérer comme répondant à cette fin les courts essais de Blanqui (1843), de Cousin (1850), de Kautz (1851), de Lavergne (1859), de Du Puynode (1865), d'Oncken (1874), de Chevalier (1874), de Weisz (1877), de Stöpel (1878), de Walcker (1890), ni même les travaux plus étendus et plus complets de Laspeyres (1865), de Held (1867), de Cliffe

Leslie (1870), de Bagehot, d'Inama-Sternegg, de Nasse,
de Luzzatti et de Ricca-Salerno (1876), de Helferich
(1877), de Neurath (1884), et de Courcelle-Seneuil (1888).

Les dix monographies suivantes ne remplissent pas
non plus cet objet, soit qu'elles manquent d'impartialité
(Rössler, Skarzynski), soit qu'elles ne constituent pas
une critique approfondie (Delatour et Haldane), soit
parce qu'elles s'occupent seulement d'une partie du sujet (Leser, Oncken, Hasbach, Zeyss, Feilbogen et Jäger).

J. F. B. Baert, *Adam Smith en zijn onderzoek naar
den rijkdom der volken.* Leiden, 1858. (Quoique
d'une critique insuffisante, c'est encore, à certains points de vue, le meilleur travail sur ce
sujet).

H. Rössler, *Ueber die Grundlehren der von Ad. Smith
begründeten Volkswirthschaftstheorie.* Erlangen,
1863. 2ᵉ edit., 1871.

Em. Leser, *Der Begriff des Reichthums bei Ad. Smith.*
Heidelberg, 1874.

Aug. Oncken, *Ad. Smith und Immanuel Kant,*, etc.
Leipzig, 1877.

W. von Skarzynski, *Ad. Smith als Moralphilosoph
und Schöpfer der Nationalœkonomie.* Berlin, 1878.

Alb. Delacour, *Ad. Smith, sa vie, ses travaux et ses
doctrines.* Paris, 1886

R. B. Haldane, *Life of Adam Smith.* Londres, 1887.
(Contient aussi une riche mais incomplète bibliographie).

R. Zeyss, *Ad. Smith und der Eigennutz.* Tübingen,
1889.

W. Hasbach, *Untersuchungen über Adam Smith, etc.*
Leipzig, 1891

O. Jäger, *Den moderne Statsökonomie Grundlæggelse
ved Ad. Smith.* Kristiania, 1893.

§ 1. — LA VIE ET LES TRAVAUX DE SMITH.

La meilleure biographie de Smith est celle de Dugald-

Stewart, *Account of the life and writings of Ad. Smith* (in *Transactions of the R. Society of Edinburgh*, vol. III, part. I, 1793, pp. 55-537. Réimprimée et augmentée dans le second volume des œuvres de Stewart, éditées par William Hamilton, 1858). On trouve quelques détails complémentaires intéressants dans l'esquisse biographique de J. R. Mac Culloch, *Treatises and Essays*, etc. Edinburgh, 1853, pp. 443-462, et aussi dans Em. Leser, *Untersuchungen zur Geschichte der Nationalœkonomie*. Jena, 1881, pp. 3-46.

Adam Smith est né à Kirkaldy, en Ecosse, le 5 juin 1723. C'est là qu'il fit ses premières études ; il les continua à Glasgow (1737-1740), où il eut pour maître Hutcheson, et les termina à Oxford (1740-1746). Il apprit les langues classiques et les langues modernes, les sciences mathématiques, naturelles et philosophiques ; il se rendit, vers 1748, à Edimbourg ; c'est là qu'il fit, sous le patronage de lord Kames, des leçons de rhétorique et de belles-lettres, et qu'il se lia d'amitié avec son célèbre compatriote David Hume. En 1751, il fut nommé professeur de logique ; et, cette même année, il obtint la chaire de philosophie morale. Comme ses prédécesseurs, il comprenait dans la philosophie morale la théologie naturelle, l'éthique, la jurisprudence, les institutions politiques, et, dans celles-ci, l'économie politique. Sa grande mémoire, ses tendances naturelles, ses relations avec des commerçants experts, la publication des *Essais* de Hume (1752), de Cantillon (1755), de Harris (1757), et d'autres écrivains anglais et français, et même la réimpression, faite en Ecosse, d'un grand nombre d'ouvrages des meilleurs économistes anglais du xviie siècle, contribuèrent à tourner l'attention de Smith vers les problèmes économiques, et en particulier vers ceux du commerce international. Il lut, en effet, dans la *Select Society* d'Edimbourg, une étude sur les effets des primes à l'exportation des blés (1754) et, dans un manuscrit de l'année suivante, signalé par Dugald Stewart, il défendit (avant les physiocrates) les principes du libre échange. En 1759, il publia sa théorie des sentiments moraux, qui est un excellent traité de morale, assez faible dans sa partie métaphysique, et fondé sur les principes psychologiques de l'école écossaise, dont Hutcheson fut le chef, et dont Reid et Smith ont été, avec quelques autres, les plus illustres continuateurs.

> Ad. Smith, *The theory of moral sentiments*. London, 1759. Sixième édition (augmentée) 1790. Deux volumes. Plusieurs traductions françaises : 1764 ; 1830. (Cfr. J. A. Farrer, *Adam Smith.* London, 1881).

Sur la demande, qui lui fut faite, par l'intermédiaire de Charles Townsend, d'accompagner dans son voyage le tout jeune duc de Buccleugh, il quitta sa chaire en 1764, visita la France et la Suisse, s'arrêta quelques mois à Toulouse, et presque une année (1766) à Paris, où il fit la connaissance de beaucoup de philosophes (Diderot, d'Alembert) et d'économistes, notamment de Quesnay et de Turgot, les plus vaillants champions du système, qu'il combattit plus tard en le considérant cependant comme le plus proche de la vérité. Dans les dix années qui suivirent, Smith vécut retiré dans sa patrie, faisant cependant, comme l'a démontré Leser, de fréquents voyages à Londres, tout occupé à rédiger son livre sur la *Richesse des Nations*, terminé en 1775, et publié dans les premiers mois de 1776.

Ad. Smith, *An inquiry into the nature and causes of the wealth of nations*. London, 1776. Deux volumes in-4 ; troisième édition augmentée, 1784. Parmi les éditions avec commentaires, citons celles de Playfair (1805), de Buchanam (1814), de Wakefield (1835-1839), et tout particulièrement colle de Mac Culloch (Edimbourg, 1828, quatre volumes), réimprimée plusieurs fois avec des corrections ultérieures, en 1839, 1850, 1855, 1863, 1870, et celle de Rogers (1869, 1880). Parmi les éditions courantes les plus récentes, il faut signaler celles de J. S. Nicholson (1884 et 1887), accompagnée d'une bonne introduction et de notes bibliographiques.

La *Richesse des Nations* a été traduite dans les principales langues de l'Europe, par exemple en danois (1779), en espagnol (1794), en hollandais (1796), en russe (1802), en polonais (1812). Parmi les nombreuses traductions françaises, la meilleure est celle de Germain Garnier (1805 ; cinquième édition, 1880); parmi les éditions allemandes, celle de C. W. Asher (1861). On doit préférer à la première édition italienne (Napoli, 1790), celle qui a été insérée dans la *Biblioteca dell' Economista* (vol. II, Torino, 1851).

De nombreux extraits ont été publiés ; rappelons ceux de Jérémie Joyce (Cambridge, 1797 ; 3º édition, 1821), de W. P. Emerton (*An abridgement*, etc., Oxford, 1881), et de F. A. B. De Wilson (*Analysis of Ad Smith's Wealth of Nations Books 1 and 2.* Oxford, 1885).

La renommée acquise par Smith le fit nommer commissaire pour les douanes à Edimbourg, où il se rendit avec sa mère et sa cousine en 1778 ; on lui donna le titre de recteur de l'Université de Glascow (1787). Il mourut le 17 juillet 1790.

§ 2. — LA RICHESSE DES NATIONS

De tout ce qui précède, il résulte qu'Adam Smith ne peut être considéré ni comme le créateur des différentes doctrines économiques, ni comme le créateur du pre-

mier, ni même d'un traité parfait de cette science.
Mais s'il a trouvé dans les œuvres des économistes
anglais, des philosophes écossais et des physiocrates
français, de précieux matériaux, des doctrines en partie
déjà démontrées et quelques essais de coordination; s'il a
trouvé, de plus, dans les progrès des industries et dans
les inconvénients de l'ancienne législation restrictive,
une bonne occasion pour méditer sur la nature et sur
les causes de la richesse et sur les réformes nécessaires
à son accroissement, il n'en est pas moins vrai, d'autre
part, que lui seul avec son génie, vivant dans un milieu
et travaillant avec des matériaux qui ont été accessibles non seulement à des bureaucrates et à des hommes
d'affaires, comme Melon et Forbonnais, et à des érudits
de la valeur de Genovesi, de Steuart, de Justi, mais
aussi à des personnes d'un esprit et d'une culture peu
communs comme Quesnay et Turgot, posa les bases
solides d'une science nouvelle et de ses principales
applications, et laissa à une grande distance non seulement les inventeurs de recettes empiriques d'économie politique ou de combinaisons mécaniques de doctrines hétérogènes et souvent contradictoires entre elles,
mais même les fondateurs du système physiocratique,
dans lequel se mélangeaient, avec une logique irréfu-
table, des vérités admirablement pressenties, des erreurs théoriques très graves et des règles qu'on suppo-
sait être d'une application générale et qu'il était au
contraire impossible de mettre en pratique.

L'œuvre de Smith est un véritable chef-d'œuvre,
parce qu'elle a été écrite par un homme qui possédait
un remarquable esprit philosophique, une instruction
riche et variée, une profonde érudition historique et un
remarquable sens pratique, qui lui permirent d'étudier
les différents côtés des problèmes qu'il a développés
dans leurs détails, en appliquant alternativement le rai-

sonnement déductif et le raisonnement inductif; de
plus, son style est élégant et accessible à tout lecteur
cultivé et attentif. La richesse de ses illustrations
historiques, l'évidence des preuves de fait, et même
les digressions dans le domaine administratif (justice,
instruction, armée), que quelques écrivains ont si vivement blâmées, et qui rappellent son dessein primitif
d'écrire une encyclopédie juridico-politique, expliquent
en grande partie la popularité de l'œuvre et son
influence sur les réformes législatives des principaux
États modernes.

On a souvent fait cette remarque, et il était facile de
la faire, que le livre de Smith n'est pas un traité au
sens étroit du mot, comme le prouvent le peu de soin
donné aux définitions, et souvent leur absence voulue,
et le manque de proportion entre les différentes parties
de l'œuvre; d'autres ont ajouté, et c'est une opinion encore dominante (comme on peut le voir dans
Sidgwick), que Smith, comme Steuart, considérait
l'économie politique comme un art, et que la science
n'était pour lui qu'un accessoire ou tout au plus une
simple propédeutique, et enfin que toute son œuvre est
un recueil de monographies sans lien systématique.
Mais, tout en souscrivant à la précieuse critique de Bastable (*Hermathena*, n° 12, Dublin, 1886), nous remarquons que Smith lui-même, dans un passage oublié
par ses critiques (livre IV, ch. IX), a défini d'une manière expresse l'économie par la formule qui se trouve
au frontispice de ses *Recherches*, et qu'il s'est préoccupé de l'ordre des matières; il a étudié l'économie
comme science dans les deux premiers livres, l'histoire économique dans le troisième, les systèmes de politique économique dans le quatrième, et la politique
financière dans le cinquième; il a donc, et c'est notre
conclusion, adopté une classification qui ne diffère pas

en substance de celle qui est encore souvent adoptée dans la science et dans l'enseignement.

Dans le livre premier, Smith, partant de ce que le travail est la source principale de la richesse nationale, recherche les causes qui en augmentent l'efficacité productive, et il s'arrête en particulier sur l'analyse de la division du travail, dont il indique l'origine, les effets, les avantages et les conditions d'application, c'est-à-dire l'accumulation antérieure du capital et l'extension du marché. Mais comme la division a pour conséquence nécessaire l'échange, et que celui-ci suppose la valeur, Smith est amené à parler des deux formes de la valeur, de la valeur d'usage, fondée sur l'utilité des choses, et de la valeur d'échange, constituée par leur puissance d'achat. Il recherche les causes, la mesure, la loi de la valeur d'échange ; cette loi est différente suivant qu'il s'agit de la valeur naturelle ou de la valeur de marché. L'analyse des éléments de la valeur naturelle l'amène à la théorie de la distribution, qui contient ses célèbres recherches sur les causes de la diversité des salaires et des profits, et ses recherches incomplètes sur la nature de la rente et sur les relations entre les différentes espèces de rente, et il arrive à cette conclusion que le progrès des richesses fait augmenter la rente et les salaires et diminuer les profits. Il tire de là cette conséquence que l'intérêt des propriétaires et celui des ouvriers coïncide avec l'intérêt général, beaucoup plus que l'intérêt des capitalistes. Pour Smith donc, le travail humain est le principe générateur de la richesse, qui consiste dans l'ensemble des objets matériels qui servent aux nécessités, aux commodités et aux plaisirs de la vie. La production des richesses se réduit en effet à ajouter de l'utilité et de la valeur aux objets échangeables et matériels. Tous les travaux, utiles ou nécessaires, ne sont pas pour cela productifs

au point de vue économique. Et par exemple, les services des ecclésiastiques, des magistrats, des médecins,
des domestiques ne le sont pas, parce qu'ils n'ont pour
résultat direct aucun objet matériel. Le système de
Smith a été appelé souvent et pendant longtemps un
système industriel, parce qu'il part du concept du travail, tandis que les mercantilistes partaient de celui
de la monnaie et les physiocrates de celui de la terre,
et qu'ainsi ils ne reconnaissaient pas la productivité de
toutes les industries matérielles.

Dans le livre second, où l'influence physiocratique
est la plus notable, Adam Smith distingue le fonds de
consommation et le capital, dont il énumère les différentes espèces, en insistant sur la distinction entre le
capital fixe et le capital circulant, entre le produit brut
et le produit net; il indique l'importance de l'épargne,
qui crée le capital et alimente le travail productif, tandis
que la consommation improductive sert d'aliment à
de purs services qui n'augmentent pas la richesse.
L'examen des différentes formes du capital l'amène à
parler de la monnaie, de ses fonctions, de ses substituts fiduciaires, et de la confusion, déjà critiquée par
d'autres, entre la quantité de la monnaie et le taux de
l'intérêt, qu'il voudrait voir fixer par la loi un peu
au-dessus du taux courant, pour empêcher que le capital ne soit prêté de préférence aux prodigues et aux
spéculateurs, toujours prêts à payer un intérêt plus
élevé. Smith pense que l'emploi du capital dans l'agriculture est plus productif que dans les autres industries,
parce que le concours gratuit des forces naturelles permet de payer la rente au propriétaire.

Après avoir, dans le troisième livre, esquissé une
histoire de l'industrie et étudié plus particulièrement
les causes qui ont fait prospérer en divers temps et en
différents lieux l'industrie des campagnes et celle des

villes, Smith fait, dans le quatrième livre, un examen
détaillé du système mercantile, qu'il combat dans son
principe fondamental comme dans ses différentes applications ; et il passe ensuite à l'examen plus rapide et
moins approfondi du système physiocratique, dont il
met en évidence les erreurs, mais en laissant un peu
dans l'ombre ses mérites. La critique de ces deux systèmes lui fournit l'occasion d'exposer les préceptes de
sa politique économique. Smith admet, lui aussi, comme
principe supérieur d'un bon gouvernement, la plus
grande liberté dans la production et dans la circulation ;
il combat, comme Quesnay, les différents expédients des
anciens systèmes restrictifs, c'est-à-dire l'esclavage,
le servage, les entraves féodales et les fidéicommis, les
monopoles, les corporations, les réglements, la fixation
légale des prix et des salaires, le système colonial, les
primes, les prohibitions et les droits protecteurs élevés,
etc. Il faut remarquer cependant que, bien qu'elle soit
fondée sur le principe du « laissez faire » et du « laissez passer », la politique économique de Smith se distingue notablement de celle des physiocrates. Avant
tout, la démonstration de Smith est essentiellement déduite de raisons d'opportunité, tandis que l'argument
principal de Quesnay et de Turgot est dans le concept
juridique du droit de travailler. De plus, le principe de
l'identité de l'intérêt individuel et de l'intérêt général
n'est pas professé d'une façon absolue par Smith, bien
qu'il pense que, d'ordinaire, le bien-être général résulte
de la lutte des intérêts particuliers, modérée par la
concurrence. Mais ce qu'il importe le plus de remarquer, c'est que Smith défend la liberté économique en
se préoccupant surtout de l'intérêt des consommateurs
et non de l'intérêt exclusif des différentes catégories
de producteurs, et qu'il considère par conséquent le bon
marché de tous les produits comme l'idéal du progrès

économique. Enfin, qu'on remarque que, guidé en cela
par un sens pratique sûr, Smith ne croit ni à la possibilité ni à l'utilité d'une application immédiate et universelle de la liberté industrielle et commerciale, et que,
étant donné même un stade de civilisation très avancé,
ne s'oppose pas à ce que, pour des raisons d'hygiène, de
moralité, d'ordre public il soit fait quelques exceptions
à la règle. C'est ce que prouvent notamment les restrictions qu'il admet à la circulation des billets de
banque, et à la liberté du commerce, soit en temps de
guerre, soit pour des raisons politiques en cas de représailles avec probabilité de succès, et enfin le droit protecteur à l'exportation de la laine et les monopoles
temporaires à des compagnies qui font des entreprises
aventureuses, dont on peut espérer des avantages considérables dans l'avenir ; ces restrictions sont mentionnées pour la première fois dans l'édition de 1784.

Dans le cinquième livre, il étudie l'action de l'Etat.
Smith ne lui attribue pas seulement les fonctions négatives de la défense des personnes et des propriétés et du
maintien de la sécurité intérieure et extérieure, mais il
lui assigne aussi de larges pouvoirs en matière d'éducation, d'instruction, notamment d'instruction élémentaire, et il pense enfin qu'il doit faire toutes les œuvres
de grande utilité publique qui ne peuvent pas donner
une rémunération suffisante à l'industrie privée. Smith
s'occupe enfin des moyens pécuniaires indispensables
pour satisfaire aux besoins de la vie sociale, et il expose
les règles principales de l'établissement des impôts.
Utilisant ce qui avait été écrit avant lui sur les finances,
considérées spécialement au point de vue politique et
fiscal, il fonde le système des impôts sur la base solide de
la théorie économique de la distribution des biens ; il
réfute l'ancienne doctrine domaniale, préconise un mélange rationnel d'impôts sur la consommation et sur les

différentes catégories de revenu, et met en lumière les inconvénients auxquels donne lieu l'abus du crédit public.

Telle est, dans ses lignes générales, l'œuvre de Smith. Elle a déterminé le contenu, les limites, le caractère et la méthode de la science moderne ; elle renferme des germes précieux pour le développement ultérieur de certaines théories insuffisantes, comme celles de la population, des salaires, des profits, et pour la correction de quelques autres, comme celles de la rente et du capital, qui contiennent des erreurs et des contradictions, ou d'autres enfin qui, comme celles du travail productif et du travail improductif, et du concours gratuit de la nature dans l'industrie territoriale, se ressentent encore de l'erreur fondamentale du système physiocratique que Smith avait réfutée.

Si Smith a subi, sur certains points, l'influence de la philosophie dominante à son époque, s'il a une idée un peu inexacte sur l'harmonie de l'intérêt public et de l'intérêt privé, s'il restreint d'une façon trop exclusive les attributions économiques de l'Etat par une réaction excessive contre la politique économique de son temps, s'il ne reconnaît pas suffisamment le caractère essentiellement relatif des institutions sociales en général, et du problème de l'ingérence gouvernementale en particulier, on ne peut pas souscrire cependant dans toute leur étendue aux accusations d'individualisme, de matérialisme, d'absolutisme, et moins encore à l'accusation d'idéalisme excessif, qui ont été produites contre lui par l'école économique maintenant dominante en Allemagne.

§ 3. — ADVERSAIRES, DISCIPLES ET CRITIQUES

L'œuvre de Smith, dans les années qui ont suivi immédiatement sa publication, a suscité une grande

quantité d'ouvrages qui avaient pour but d'éclaircir,
d'ordonner, de résumer, de répandre la nouvelle doctrine, et de la défendre contre les objections, empruntées le plus souvent aux théories du mercantilisme, et
quelquefois aussi de la corriger et d'exposer d'une
façon plus satisfaisante certains points plus ou moins
importants.

Au nombre des adversaires, ceux qui se présentent à
nous avec des traits caractéristiques, quoique différents,
appartiennent au groupe des mercantilistes, anglais et
français, et au groupe des romantiques, allemands pour la
plupart. Dans le premier il faut citer Pownall (*Letter to
Adam Smith*, 1776), Crawfurd (*Doctrine of equiva-
lents*, 1794), Gray (*The essential principles of wealth*,
1797) et Wakefield (*An essay upon political economy*,
1804) ; Cotteril (1831), et plus récemment Alison (1842)
et en partie aussi G. Atkinson (*Principles of social
and political economy*, 1858). En France, Ferrier (*Du
gouvernement dans ses rapports avec le commerce*,
1802) essaye de réhabiliter le système mercantile, qui
est présenté d'une façon modérée par deux protectionnistes ingénieux, l'érudit Ganilh (*Des systèmes d'économie politique*, 1809. — *Traité de l'économie poli
tique*, 1815. — *Dictionnaire*, etc., 1826) et Louis Say
Principales causes de la richesse, 1818. — *Traité de la
richesse*, 1827. — *Etudes*, etc., 1836), et porté aux conséquences les plus absurdes par Saint-Chamans (*Nouvel
essai sur la richesse*, etc., 1824) ; on trouve des idées
analogues dans l'œuvre célèbre de J. G. Fichte *Der
geschlossene Handelsstaat*, 1800), sans parler des ouvrages de Kaufmann (1827 et suiv.) et de ceux du ministre
russe Cancrin (1845) et d'un protectionniste moins
extrême, l'autrichien Fränzl (1834). L'école que Roscher
a appelée l'école romantique, parce qu'elle voudrait
ressusciter avec le moyen-âge politique le moyen-âge

économique, a son précurseur dans Möser, ses plus célèbres partisans sont Gentz, ami de Metternich et traducteur de Burke, mais elle reconnait pour chef Adam Müller (1779-1829), dont les théories ont été adoptées plus ou moins complètement par Haller, Bodz-Raymond, Kosegarten, etc. Dans ses différentes œuvres, Müller (*Elemente der Staatskunst*, 1809, 3 volumes. — *Versuch einer neuen Geldtheorie*, 1816. — *Nothwendigkeit einer theologischen Grundlage der Staatswissenschaften*, 1819), se déclare l'adversaire de l'économie de Smith, qu'il trouve infectée d'individualisme, et de sa politique économique, libérale et cosmopolite. Il y oppose une théorie qu'il fonde sur la morale ; il tient un grand compte des conditions historiques, complète l'analyse de la division par celle de l'association des travaux, étudie l'influence du capital intellectuel, et défend une politique nationale et restrictive, tendant à rétablir les entraves féodales à la propriété, et les corporations d'arts et métiers. Dans les œuvres de Müller, on trouve (comme l'a démontré Hildebrand) quelques-uns des germes des théories développées plus tard par l'école de List. Le vicomte Alban de Villeneuve-Bargemont (*Économie politique chrétienne*, Paris, 1834, 3 volumes) est le chef d'une école d'économistes français qui ont quelque affinité avec les théories, ou plutôt avec les tendances, des romantiques allemands.

L'adhésion du chef de l'école utilitaire, le jurisconsulte et politique radical Jérémie Bentham (1749-1832), aux théories de Smith, contribua à la répandre en Angleterre. Bentham a écrit un *Manuel d'économie politique,* publié après sa mort par Dumont, plusieurs monographies sur le libre échange et sur la dette publique et, en particulier, une *Defense of usury* (1787) dans laquelle il demande, comme Turgot (1769), la pleine liberté de l'intérêt des capitaux; il s'y attaque à une exception admise par Smith qui se déclara convaincu. Il ne faut pas oublier que l'application générale du principe de l'intérêt personnel, acceptée par beaucoup d'économistes (en particulier par les deux Mill), contrariant les règles de la saine morale, a provoqué des critiques, souvent fondées, même au point de vue purement économique.

Lord James Lauderdale (1759-1839) a soumis à une critique minutieuse les nouvelles doctrines. Il a fait des observations exactes sur les différences entre la richesse publique et la richesse privée, sur l'importance de l'utilité comme fondement de la valeur, sur l'impossibilité de la mesurer d'une façon absolue, sur les influences que la distribution exerce sur la production ; mais il est souvent pédant et quelquefois injuste, comme lorsqu'il met en doute l'importance de l'épargne et de la division du travail, et lorsqu'il pense que le commerce n'est productif que médiatement.

J. Lauderdale, *An inquiry into the nature and origin of the public wealth*. Edinburgh, 1804. 2ᵉ édit. 1819, trad. franç., 1808; trad. all., 1808.

En Allemagne, les doctrines de Smith, dont se sont inspirés beaucoup d'hommes d'Etat, comme Stein, Hardenberg, et d'autres auteurs des réformes administratives, effectuées notamment en Prusse, durent nécessairement transformer entièrement, sinon dans la distribution des matières, du moins dans leur contenu, l'ancienne encyclopédie économique des caméralistes. Parmi les meilleurs auteurs d'ouvrages de vulgarisation, nous citerons Weber qui importa en Allemagne la locution d'économie politique *(Lehrbuch der politischen Oekonomie*, 1813), Kraus, Sartorius, Lüder, qui, sans s'éloigner trop de leur maître, mettent mieux en

évidence les facteurs naturels de la production, les
biens immatériels, la valeur d'usage et l'action économique de l'Etat. Christian Jacques Kraus (*Staatswirthschaft*, 1808-11) insiste sur la distinction entre l'économie pure et l'économie appliquée ; Georges Sartorius
(*Handbuch*, 1796.)*Von den Elementen des National-
reichtums*, 1806-8) abonde en illustrations historiques,
tandis que Auguste Ferdinand Lüder (*Ueber National-
industrie*, 1800-04) se sert plutôt de la statistique, et plus
tard (*Die Nationalökonomie*, 1820) il étudie longuement le prétendu concours gratuit de la nature dans la
production. Le comte Jules Soden s'est consacré, avec
plus d'originalité, à la détermination plus exacte des
concepts fondamentaux de la science. C'est un auteur
(*Die Nationalökonomie*. Leipzig, 1805-24, 9 volumes)
obscur, prolixe, enclin aux discussions purement verbales ; G. Hufeland (*Neue Grundlegung der Staats-
wirthschaftskunst*. Giessen, 1807-13) a exposé, au
contraire, avec beaucoup de pénétration les fonctions de
l'entrepreneur et les notions de la valeur, du prix, du
capital, de la monnaie, mais il est inférieur en clarté et
en profondeur à Jean Frédéric Eusèbe Lotz (*Revision
der Grundbegriffe der Nationalwirthschaftslehre*.
Coburg, 1811-14), qui a composé également un excellent
manuel, dans lequel il défend le libre échange et expose
d'une manière diffuse la science des finances (*Handbuch
der Staatswirthschaftslehre*. Erlangen, 1821-22, 3 vol.
— 2ᵉ édit. 1837-38). Mais c'est le manuel plus court de
Louis Henri von Jakob (*Grundsätze der Nationalökonomie*. Halle, 1805, 3ᵉ édit., 1825) qui a été surtout
répandu dans les écoles. Jakob a traduit Say et il est
l'auteur d'un manuel très bien fait de science financière (*Die Staatsfinanzwissenschaft*. Halle, 1821. 2
vol. - 2ᵉ édit., 1837. - Trad. franç. de Jouffroy, 1846).

§. 4. — Malthus et le principe de la population

Une place importante dans l'histoire de la science appartient au pasteur protestant Thomas Robert Malthus (1766-1834), professeur d'histoire et d'économie au collège de Haileybury. Il a étudié d'une façon vraiment magistrale la théorie économique de la population, dont il a recherché le principe fondamental dans ses applications diverses ; il a posé les bases d'une doctrine qui, dépouillée de son enveloppe pseudo-mathématique, et formulée avec plus de précision au point de vue psychologique et au point de vue statistique, résiste encore victorieusement aux objections, qui reposent en grande partie sur des équivoques, et aux fausses conséquences qu'en ont tirées quelques disciples incompétents, partisans des restrictions légales au mariage, sans parler des partisans du système immoral du *preventive intercourse*, que l'on désigne d'ordinaire inexactement du nom de néo-malthusiens.

Malthus a été élevé par son père, ami et correspondant de Rousseau, qui croyait à la théorie du progrès indéfini (de Condorcet), et à celle du bonheur illimité qu'aurait donné au genre humain le communisme défendu par William Godwin (*Enquiry concerning political justice*, 1793 — *The enquirer*, 1797). Le jeune Malthus avait sur tous ces points des opinions différentes. Il publia, sous le voile de l'anonyme (*An essay on the principle of population, as it affects the future improvement of society*, 1798), un opuscule dans lequel il essayait de démontrer, mais avec trop d'emphase, qu'aucune réforme économique et politique ne pourrait paralyser les maux sociaux, parce qu'ils sont une conséquence de la tendance générale et constante de la race humaine à dépasser les moyens de

subsistance, nécessairement limités ; ce sont ces maux,
la souffrance, la misère et le vice qui rétablissent, en
fait, l'équilibre entre le nombre des hommes et la quantité des éléments nécessaires à leur conservation. Le
pessimisme du premier *Essai* de Malthus, d'un caractère
nettement polémique, ne se justifie pas, mais il s'explique, si l'on songe qu'il écrivait à une époque dans laquelle la succession des disettes, les maux causés par les
guerres, la concentration des entreprises, le relâchement
dans l'application des lois sur les pauvres, la conces-
sion faite par les paroisses de suppléments de salaires
(allowances), l'augmentation des impôts et de la dette
publique, contribuaient à rendre plus nuisible et plus
dangereux le contraste entre l'augmentation croissante
de la population et la rareté des subsistances. Après de
nouvelles études, mettant à profit son expérience et les
renseignements recueillis dans ses voyages en France,
en Suisse, en Russie et dans les Etats scandinaves,
Malthus refit complètement son premier travail, l'enrichit d'abondantes illustrations historiques et statistiques, et le publia sous son nom. Il l'a d'ailleurs
corrigé dans les éditions ultérieures, et il y a joint
des appendices qui ont spécialement pour but de
répondre aux principales objections de ses adversaires.

> Th. Rob. Malthus, *An essay on the principle of popu-
> lation, or a view of it past and present effects on
> human happiness,* etc. 1803. 2 vol. — 6ª édition
> (de l'auteur), 1826. — Vª *Population* dans le Sup-
> plément à l'*Encyclopaedia Britannica* de Macvey
> Napier (1824).
> Cfr. James Bonar, *Malthus and his work.* London
> 1885, et. Soetbeer, *Die Stellung der Sozialisten
> zur Malthus' schen Bevölkerungslehre.* Berlin, 1886.

Dans sa forme nouvelle, l'œuvre de Malthus a le caractère, le contenu, les proportions d'une œuvre vrai-

ment scientifique et originale. Il a modéré son pessimisme primitif, et supprimé quelques propositions
risquées ; il a ajouté une analyse ingénieuse et profonde
des effets divers qu'exercent et que peuvent exercer, dans
les différents stades de civilisation, les obstacles positifs et préventifs à l'augmentation de la population.
Parmi ceux-ci il comprend le *moral restraint*, qu'il
considère comme le seul moyen par lequel la raison
humaine, victorieuse de l'instinct, peut arrêter l'excès de
population. Il enrichit enfin son livre de la critique
minutieuse des effets de l'émigration et des systèmes
de charité légale et de communisme, dans lesquels il
voit des excitants à l'augmentation des naissances en
dehors des limites inexorablement marquées par la
quantité des aliments. L'*Essai* de Malthus est l'œuvre
fondamentale sur le sujet économique de la population ;
elle n'a pas été jusqu'ici dépassée, malgré ses défauts
réels, souvent signalés, parfois avec trop de subtilité.
Il est certain que Malthus n'a pas méconnu, mais
qu'il a un peu atténué (étant donné les conditions de
son temps), l'influence du progrès économique et en particulier celle des nouveaux systèmes de culture, d'amélioration des communications, du libre échange, sur
l'augmentation des subsistances, et celle du progrès
intellectuel sur l'augmentation des naissances.   .

Parmi les œuvres moins importantes de Malthus, en
dehors de son ouvrage sur la rente, nous devons mentionner ses *Definitions in political economy* (London, 1827), trop oubliées maintenant. Il a été moins
heureux dans ses polémiques avec Say sur le *general
glut* et avec Ricardo sur la valeur et les droits à l'importation des céréales. Chose étrange, le professeur
Malthus, esprit pratique, observateur diligent des effets
immédiats des institutions économiques, croyait à la
possibilité d'un excès absolu de population et il ad-

mettait le protectionnisme agraire, contrairement à l'industriel Say et au banquier Ricardo, qui négligeaient, comme l'avoue Ricardo dans ses lettres, les conséquences transitoires pour rechercher les conséquences définitives.

> Th. Rob. Malthus, *The high price of provisions*, 1800.
> — *Observations on the effects of the corn laws*, 1814.
> — *Grounds of an opinion on the policy of restricting importation of foreign corn*, 1815. — *Principles of political economy*, 1820.-2ᵉ édit., 1836. — *The measure of value*, 1823. (Voir Bonar, *op. cit.*).

§ 5. — J.-B. SAY ET LA THÉORIE DES DÉBOUCHÉS

Parmi les contemporains français de Malthus et de Ricardo, quelques-uns se sont proposés d'éclaircir, de résumer et de répandre les principes de Smith, sans aspirer à être originaux. Sans parler du livre prolixe, et un peu antérieur, d'Isnard (*Traité des richesses*, 1781) qui s'arrête encore à réfuter les physiocrates, — ce que Mill (*Commerce defended*, 1808) et Torrens (*Economists refuted*) firent plus tard contre Spence (1807), — ni de celui de Canard (*Principes d'Economie politique*, 1802), l'auteur d'une théorie excentrique de la répercussion des impôts, ni des deux volumes de Sismondi (*De la richesse commerciale*, 1803), certainement préférables mais bientôt oubliés, il faut mentionner le petit ouvrage du philosophe comte Destutt de Tracy (*Traité d'économie politique*, 1815), clair et précis, et celui de Joseph Droz (*Economie politique*, 1829, 3ᵉ édit., 1854), qui s'inspire de considérations morales. Mais ces écrivains ne s'éloignent pas, au fond, des doctrines de Say, le plus illustre des économistes français de cette période.

Jean-Baptiste Say (1767-1832) est né à Lyon. Il a été commis de magasin, journaliste, puis membre du tribunat, plus tard directeur d'une filature de coton et enfin professeur d'économie industrielle au Conservatoire des arts et métiers, et, dans la dernière partie de sa vie, professeur au Collège de France. Ayant reçu, par hasard, de Clavière, qui devint plus tard ministre, un exemplaire du livre de Smith, il s'enthousiasma pour l'étude de l'économie politique, et devint, comme on l'admet généralement, le plus grand et le plus heureux des vulgarisateurs ; il a aussi, ce qu'on n'admet pas toujours à tort, développé avec bonheur l'œuvre de l'illustre écossais. Dès la première édition de son *Traité* (1803), qu'il a résumé dans son *Catéchisme* (1817), et enrichi de développements sur l'économie industrielle dans son *Cours complet* (1828), qui reproduit les leçons faites au Conservatoire des arts et métiers, Say donne des preuves de ses éminentes qualités dans l'exposition claire et élégante des doctrines purement économiques, dont il a donné de bonnes définitions et qu'il a illustrées d'excellents exemples pratiques. Il a ordonné ses matières selon sa célèbre division tripartite, et il les a rendues intelligibles à la généralité des lecteurs, qui n'auraient pu aborder les digressions historico-politiques de Smith. Le *Traité* de Say a été complètement modifié à sa seconde édition (1814), qu'il ne put publier sous l'Empire ; il a été notablement corrigé et complété dans les trois éditions postérieures. Traduit dans presque toutes les langues, il est devenu un livre populaire, qui a permis à beaucoup de gens de connaître des doctrines qui ne leur étaient pas accessibles dans leurs sources originales. Mais l'ambition qu'avait l'auteur d'être considéré comme le premier des économistes de son temps, et son manque de connaissances historiques et juridiques, lui firent commettre de grosses erreurs sur l'ingérence de l'Etat, qu'il veut restreindre beaucoup plus que ne le faisait Smith, sur l'improductivité des dépenses publiques, et sur la libre frappe des monnaies, et ne lui permirent pas de tenir un compte suffisant de tous les progrès que la science avait faits, notamment en Angleterre et grâce à Ricardo. C'est pour cela qu'il n'a pas accepté les doctrines de ce dernier sur la valeur, la monnaie, la distribution et l'incidence des impôts, et qu'il a ajouté un grand nombre de notes critiques à la traduction française des *Principes* de Ricardo (1818) faite par Constancio. Il considère comme identiques au point de vue social les concepts de produit brut et de produit net, et il tombe dans de nombreuses contradictions dans la théorie des produits immatériels, (Voir ses notes à une réimpression non autorisée du *Cours* de Storch, 1823): il discute sans succès contre Gioja sur l'utilité de la statistique, dont il n'apprécie pas le caractère scientifique. Il a été plus habile dans les développements qu'il a donnés à une partie de la doctrine des consommations privées et dans l'analyse des effets de l'épargne et de la consommation improductive ; il a enfin admirablement exposé la théorie des débouchés, qu'il n'a certes pas créée de toutes pièces, parce que, comme l'indique Mac Culloch, juge d'ailleurs trop sévère, elle avait été déjà entrevue par Tucker, par Mengotti, et mieux par un anonyme (*Sketch of the advance and decline of nations*, 1795) mais il l'a largement développée, notamment dans ses applications à la doctrine du libre échange et à celle des crises. Au sujet de celle-ci il soutint, d'accord en cela avec Ricardo, une polémique heureuse contre Malthus et Sismondi, qui croyaient possible un encombrement général et permanent des marchandises, sans songer que, tant que les besoins de tous ne sont pas satisfaits (ce qui est impossible), les encombrements ne

peuvent être que partiels, parce que, au point de vue
général, l'offre et la demande se font nécessairement
équilibre. Dans ses controverses avec Sismondi, au
sujet du régime des industries en général et des machines en particulier, Say ne sut pas réfuter avec des arguments pleinement persuasifs l' « économie à rebours »
de son contradicteur qui avait mis à nu des plaies sociales, en grande partie transitoires, mais dignes cependant d'être prises en considération.

> J. B. Say, *Traité d'économie politique*. Paris, 1803.
> 2 vol., 5ᵉ édit., 1826. - 8ᵉ édit. (par A. Clément),
> 1876. — *Catéchisme d'économie politique*, 1817. —
> *Cours complet d'économie politique pratique*. Paris,
> 1828-30. 6 vol. — *Œuvres complètes*, publiées par
> H. Say, dans les vol. IX-XII de la *Collection des
> principaux économistes*. Paris, 1841.

Dans l'attente d'une monographie tout à fait satisfaisante sur les travaux de Say, on peut consulter l'étude
excellente, mais un peu apologétique, de Franc. Ferrara,
publiée dans la *Biblioteca dell' Economista*, série I,
vol. VII, (Torino, 1885), pp. V-CX ; et aussi G. Du
Puynode, *Etudes sur les principaux économistes*,
Paris, 1868, pp. 336-410, et mieux encore Et. Laspeyres,
vᵒ *Say* dans le *Deutsches Staatswörterbuch* de Bluntschli et Brater, vol. IX (Stuttgart), 1865), pp. 116-123.
Au nom de Say se rattache celui de son gendre,
Charles Comte (m. 1837), l'auteur d'un bon livre sur la
Propriété (1834, 2 vol.) et d'un *Traité de législation* (Paris, 1827, 4 vol.) resté inachevé, dans lequel il
examine à fond le sujet de l'esclavage. Il faut citer
aussi l'allemand Henri Storch, né à Riga (m. 1835),
auteur de plusieurs ouvrages, dont le plus connu,
le *Cours d'économie politique* (Saint-Pétersbourg,
1815, 6 vol.) écrit pour les deux grands ducs Nicolas

et Michel de Russie, ses élèves, est peu original dans
sa partie théorique, mais très riche au contraire de
documents sur le cours forcé, l'histoire des prix, les
banques, etc. Dans son ouvrage le plus important, les
Considérations sur la nature du revenu national
(Paris, 1824), qu'il a lui-même traduit en allemand
(Halle, 1825), il corrige et complète, devançant Dunoyer, la théorie des produits immatériels de Say, et
celle de la rente, développée avec plus de profondeur
par Hermann (1832).

§ 6. — Ricardo et la théorie de la distribution.

La science a fait des progrès bien plus considérables
grâce aux travaux de Ricardo, le plus grand des économistes de ce siècle. Comme Malthus, il a eu la male-
chance d'être mal apprécié, et par beaucoup d'admirateurs enthousiastes, et par un nombre plus grand encore
d'adversaires, anciens ou récents, parmi lesquels nous
regrettons de rencontrer deux écrivains de grande valeur, Jevons et Ferrara.

David Ricardo est né en 1772 ; il est le fils d'un négociant juif, d'origine hollandaise, qui le destina, dès
l'adolescence, aux affaires, mais qui l'abandonna bientôt
parce qu'il désapprouva sa conversion au christianisme.
Ricardo devint banquier et il exerça cette profession
avec une rare intelligence et un rare succès : en peu
d'années il acquit une grande fortune ; il compléta son
instruction en étudiant les sciences naturelles ; ayant
trouvé, par hasard, le livre de Smith, il se donna tout
entier à l'économie politique. Il fut élu, en 1819, membre du Parlement, où on fit grand cas de ses opinions dans les questions commerciales et financières ; il
fut l'un des fondateurs du *Political Economy Club*

(1821) et l'ami des plus illustres publicistes de son temps, en particulier de Bentham, de Mill et aussi de Malthus et de Say, avec lesquels il eut des polémiques ardentes, mais courtoises. Il mourut en 1823, universellement regretté, et pour les qualités de son intelligence, et pour celles de son caractère, loyal, indépendant, généreux.

Pendant sa courte carrière scientifique (1809-23), Ricardo publia quelques ouvrages peu volumineux, mais de grande valeur, dans lesquels il discute la question monétaire, et surtout, avec des réserves et des tempéraments souvent oubliés par ses disciples, la fameuse théorie quantitative de la monnaie, acceptée par le *Bullion Committee* de 1810, combattue par Bosanquet, soutenue par la *Currency school*, inspiratrice des *Actes bancaires* (1844-45) de Robert Peel ; il se fit le promoteur d'une banque nationale de circulation émettant des billets convertibles en lingots d'or ; il combattit le système d'amortissement de la dette publique alors en vigueur (*sinking fund*) ; il soutint à plusieurs reprises (contre Malthus) la libre importation des céréales, avec une grande profondeur de vue et une pleine connaissance des faits, notamment dans l'opuscule magistral sur la *Protection de l'agriculture*.

D. Ricardo, *The high price of bullion a proof of the depreciation of bank notes*, 1810.-4ᵉ édition, 1811. — *Reply to M. Bosanquet*, 1811. — *Proposals for an economical and secure currency*, 1816. — *Plan for the establishment of a national bank*, 1824 (Posthume). — Vᵒ *Funding system*, dans la 6ᵉ édition de l'*Encyclopaedia Britannica*, 1820. — *An essay on the influence of a low price of corn on the profits of stock*, 1815. — *On protection to agriculture*, 1822. Quatre éditions.

The works of D. Ricardo, par J. R. Mac Culloch. London, 1846 (réimprimées en 1881). - Trad. franç. par A. Fonteyraud. Paris, 1847. — On doit y joindre les lettres publiées dans les *Mélanges et correspondances* de J. B. Say. Paris, 1833 (et dans les *Œuvres*. Paris, 1844) et les 88 lettres plus intéressantes encore adressées à Malthus : *Letters of D. Ricardo*, etc., éditées par James Bonar. Oxford, 1887.

Sa grande renommée lui vient surtout de ses *Principes d'économie politique* (1817). C'est une œuvre originale et profonde qui fait époque dans l'histoire de la science, bien qu'elle n'ait pas tous les mérites que lui accordent ses partisans enthousiastes (comme Mac Culloch et De Quincey), et qu'elle présente de très graves défauts qui ne peuvent échapper aux critiques consciencieux, mais on n'y trouve pas les fautes signalées, de mauvaise foi ou d'une manière équivoque, par des juges légers ou incompétents. Ricardo ne s'est jamais proposé d'écrire un traité complet, parce que, comme cela résulte de nombreux passages de ses lettres, il connaissait, et même il exagérait par modestie, son incapacité à écrire ; il était, de plus, très sceptique sur la possibilité et l'utilité d'une théorie scientifique de la production des richesses. Ses *Principes*, qui n'étaient pas, à l'origine, destinés à la publicité et qui n'ont été imprimés que sur les vives instances de ses amis, et spécialement de James Mill (comme cela est indiqué dans l'*Autobiographie* de son fils, J. St. Mill), sont comme un appendice à l'œuvre de Smith, dans lequel Ricardo, utilisant les recherches de quelques écrivains contemporains, en particulier de Malthus, Say et West, qu'il accepte, rectifie ou combat, s'est proposé de donner une nouvelle théorie de la distribution des richesses. C'est là pour lui le véritable objet de l'économie politique ; il a déduit cette théorie de la théorie de la valeur, et il y a rattaché ses théories non moins originales et profondes sur les échanges internationaux et sur l'incidence des im-

pôts. Tel est le but qu'il se propose et qu'il a rempli
en substance, quoique en partie seulement, pour des
raisons qui se découvrent facilement, si on veut bien
le lire avant de le juger. C'est, d'abord, parce que
Ricardo, comme cela était son droit, ne s'est occupé que
de science pure, laissant de côté les applications; il a
cherché, comme il le dit (dans ses lettres à Malthus), la
vérité et non l'utilité de ses principes; il s'est borné,
même dans la science pure, aux déductions tirées d'un
petit nombre de prémisses générales, construisant des
cas simples ou, selon son expression, des *strong cases*,
parce qu'il voulait déterminer les effets derniers des
lois économiques, étudiées chacune d'une façon indépendante, et qu'il a négligé complètement, comme on
le lui a reproché, les effets prochains et transitoires,
dont son émule, observateur plus prudent, plus savant, mais moins subtil et moins profond, se préoccu-
pait, de son côté, d'une façon trop exclusive.

Etudiant, par exemple, la valeur, Ricardo n'ignore
pas, mais il n'apprécie pas à sa juste valeur, l'importance de la demande, mais il exagère celle de l'offre,
représentée par le coût, tandis qu'une école contemporaine donne trop d'importance à la demande, représentée par l'utilité; étudiant d'une façon magistrale la
rente, il accentue trop l'influence des degrés différents
de fertilité, et il atténue celle de la distance du marché;
il ne songe pas assez à l'influence du progrès, qui
neutralise la hausse progressive des prix des denrées
agricoles, et, fidèle à son but théorique et général, il ne
tient pas compte de la coutume, de la sympathie et de
l'ambition politique, qui modifient l'action de la concurrence et ne permettent pas au propriétaire d'exiger
dans beaucoup de cas, toute la rente du fermier auquel
il est personnellement attaché ou qui est un électeur influent. Ricardo n'a pas voulu s'occuper de toutes les

théories de la distribution, et son étude mérite plus d'un reproche, par suite des très grands défauts de son exposition. Ce sont eux qui sont la cause principale des équivoques auxquelles son œuvre a donné lieu, des déductions fausses qu'on en a tirées (les novateurs pessimistes) et des réfutations erronées qu'on en a faites (les conservateurs optimistes). Il a ainsi laissé une tâche difficile aux savants impartiaux qui se proposent de formuler ses théories avec plus de précision et de clarté, de les corriger, de les compléter, et d'en déduire des applications plus intéressantes et moins éloignées de la pratique. Ricardo, qu'on accuse à tort de doctrinarisme, parce qu'il s'est servi de la seule méthode possible pour la nature des problèmes qu'il étudiait, ne l'a pas toujours appliquée d'une façon absolue, ainsi que le reconnaissent la plupart de ses partisans et de ses adversaires, unanimes sur ce point. Ses connaissances historiques et philosophiques sont moindres que celles de Smith et même de Malthus, mais il a comme eux et comme Say la même connaissance des affaires ; si son exposition est moins systématique que celle de Say, et s'il a accordé à ses définitions et à sa terminologie moins de soin que Malthus, Ricardo les dépasse tous en profondeur et en clarté. Il n'eut pas la précaution d'indiquer d'une façon explicite les prémisses de ses argumentations, de bien déterminer les limites de leur champ d'application et les circonstances principales qui peuvent en modifier les résultats. C'est pour cela que, tout en n'ignorant pas que l'utilité est le fondement, mais non la mesure de la valeur, il formula la théorie classique du coût de production et celle du coût comparatif dans les échanges internationaux, mais, s'étant servi du concept, mal déterminé, de la quantité de travail, qui s'identifiait pour lui avec les dépenses de production (y compris l'influence du capital), on en a tiré la théorie socialiste

pseudo-ricardienne du travail cause unique de la
valeur ; il a réfuté la théorie de l'utilité que Say opposait à celle du coût, mais il ne s'aperçut pas qu'une
détermination différente et plus concrète du concept
générique de l'utilité pouvait conduire à la théorie
de l'utilité finale, qu'on a l'habitude d'opposer à la
théorie qui pourrait être appelée du coût final, dont elle
est, au contraire, le complément. Qu'on n'oublie pas
que tout ce qu'il y a d'incomplet ou de mal formulé
dans l'œuvre de Ricardo, ne peut pas lui enlever le
mérite insigne d'avoir enrichi la science d'une théorie
originale de la distribution des richesses, qui reste la
base la plus sûre des corrections et des adjonctions qui
ont été déjà faites et que l'on fera dans l'avenir. Nous
devons, par conséquent, repousser d'une façon nette
les affirmations de ces érudits qui, avec des citations
exactes seulement en apparence, ont mis en doute le
mérite inventif de Ricardo. Il est plus original encore
que Smith, et pour des raisons à peu près identiques.
Presque tous les éléments de sa théorie se trouvent
dans des ouvrages antérieurs, mais ils y sont énoncés
incidemment, ils y sont isolés, sans lien entre eux
et mêlés à de très graves erreurs. Ricardo doit à
Smith, par exemple, quelques-unes de ses propositions fondamentales sur la valeur, mais elles étaient
chez Smith exprimées d'une façon obscure et accompagnées d'autres propositions absolument contradictoires.
La théorie des débouchés (Say) devance, sur certains
points, la théorie beaucoup plus importante des échanges internationaux, dont Bastable mettait récemment
en lumière la profonde simplicité et l'élégance. La
théorie des salaires et en particulier celle des profits,
que Ricardo rattache admirablement à la théorie des
prix, est également originale, et il ne faut accuser que
la négligence de l'exposé, si beaucoup de lecteurs,

inattentifs ou incapables, ont méconnu le sens véritable de la dépendance du taux relatif du profit et du coût
du travail (et non du salaire) et si les socialistes,
comprenant mal la notion de salaire naturel, déterminé par le *Standard of life*, qui est, pour Ricardo,
essentiellement changeant, lui ont attribué la loi d'airain du salaire irréductible au minimum des subsistances nécessaires pour faire vivre les ouvriers et leur
famille. Même en ce qui concerne la rente, l'originalité
de Ricardo est pour nous hors de contestation. Nous
savons qu'un protectionniste agraire écossais, James Anderson, contemporain de Smith (m. 1808), dans quelques-uns de ses écrits de circonstance, cités par Tedder
(v° *Anderson* dans le *Dictionary of. Pol. Econ*, de
Palgrave. Part. I, 1891, p. 39), mais notamment dans
le livre *An inquiry into the nature of the corn laws*
(Edinburgh, 1777), découvert par Mac Culloch (*Literature of Pol. Econ.*, pp. 68-70), expose d'une façon
claire, dans une note, le principe de la rente, qu'il déduit
de la seule considération de l'inégale fertilité des terres
et que, plus tard, deux autres écrivains, indépendamment d'Anderson, ont exposé, en même temps et
expressément, la doctrine de la rente d'une façon analogue, mais avec des différences fondamentales, qu'on
n'a pas assez remarquées. L'un d'eux, Malthus (*An
inquiry into the nature and progress of rent*, 1815)
pour lequel Bonar et plus fortement Leser (*Untersuchungen zur Geschichte der Nationalœkonomie*. Jena,
1881, p. 47 et suiv.) revendiquent la priorité, demeure
encore incertain entre la vieille théorie de la rente
(produit net) professée par les physiocrates et accueillie
partiellement par Smith (en faisant seulement une exception pour les mines) et la nouvelle. Il admet, en effet,
la diversité de fécondité des terres et la loi des revenus
décroissants comme cause de la rente, mais il croit

qu'elle dépend, en outre, de l'aptitude de la terre à donner un produit supérieur aux dépenses de culture et de ce caractère particulier des céréales, dont la demande ne peut jamais diminuer ; et, ce qui importe davantage, il insiste sur ces deux causes supposées dans ses *Principes d'économie politique*, postérieurs à ceux de Ricardo. L'autre théoricien de la rente, sir Edward West (*An essay on the application of capital to land*, 1815) a des idées plus exactes ; il est complètement débarrassé de l'erreur physiocratique qui voit dans la rente un effet de la libéralité de la nature et non un effet de la faible production de la terre. Il faut remarquer, après Gonner, que Ricardo qui, dans son *Essai* de 1815, attribue uniquement à Malthus le mérite de la nouvelle théorie, après avoir lu l'opuscule de West, cite également cet écrivain dans la préface de son *Economie* (1817), dont le dernier chapitre est consacré à la réfutation des erreurs de Malthus. Malgré cela, la supériorité de Ricardo, même sur ce sujet de la rente, consiste à avoir fait des propositions qui s'y rapportent une des bases de la théorie de la distribution et à en avoir éliminé pour toujours les restes du système de Quesnay. Il n'est pas nécessaire, enfin, étant donné l'honnêteté inattaquable de Malthus et de Ricardo de réfuter l'accusation, démentie par les faits, mais répétée en Allemagne par Held (repoussée, il est vrai, par Wagner et par Cohn), et en Angleterre par Ingram d'après laquelle Ricardo, par sa théorie libérale sur les céréales, soutenait, dans des vues égoïstes, le *money'd interest* contre le *landed interest*, que défendait le protectionniste agrarien Malthus, sans songer que Malthus, dont on fait le patron des grands propriétaires, était un ecclésiastique qui professait dans un Collège entretenu par la Compagnie des Indes, tandis que le banquier Ricardo était un grand propriétaire foncier !

D. Ricardo, *Principles of political economy and taxation*. London, 1817. - 3ᵉ édit. (très augmentée), 1821. - Trad. franç. de F. S. Constancio (avec des notes critiques de Say), 1818. Deux volumes. — La meilleure édition est celle de E. C. K Gonner, avec une introduction, des notes et des appendices. London, 1891.

La meilleure biographie est celle de Mac Culloch (*Ricardo's Works*, pp. 15-33). Parmi les travaux critiques on peut consulter, en dehors du long commentaire de Ed. Baumstark (Leipzig, 1838 ; réimprimé, 1877) maintenant un peu vieilli, l'article de Et. Laspeyres dans le volume III (Stuttgart, 1864), pp. 619-634, du *Deutsches Staatswörterbuch* ; celui de Em. Leser, dans les *Jahrbücher für Nat. Oek*, de Conrad, 1887 ; celui de N. S. Patten, *Malthus and Ricardo*, Baltimore, 1889, et l'*Introduction* de P. Beauregard à l'édition des chapitres sur la valeur, la rente, les salaires et les profits, qui forment un des volumes (1890) de la *Petite Bibliothèque Économique* de Guillaumin.

Ricardo, Malthus et Say forment la première période classique de la nouvelle économie, dont les résultats se trouvent résumés dans une forme rigoureusement scientifique, mais un peu aride, par le publiciste radical, élève de Bentham, ami intime de Ricardo, James Mill (1773- 1838), l'illustre historien de l'*India Britannica* (181,-1819), qui, le premier, a formulé d'une façon explicite la théorie du fonds des salaires. Ces résultats ont été également résumés, sous forme de dialogue et de roman, par Mistress Marcett, Miss Martineau et Mistress Fawcett.

James Mill, *Elements of political economy*. London, 3ᵉ édit., 1826. - Trad. franç. de Parisot, 1824.

M. Marcet, *Conversations on political economy*, 1817. - Trâd. franç., 1824.

H. Martineau, *Illustrations of political economy*, 1832-1834. Neuf volumes. Trad. franç. de G. de Molinari, 1880. 2 vol.

M. G. Fawcett, *Tales in political economy*, 1874.

———

CHAPITRE IX

L'ÉCONOMIE POLITIQUE EN ANGLETERRE

———

Les progrès de l'économie politique dans notre siècle sont dus à l'influence toujours plus grande qu'elle a exercée sur les réformes législatives, à la diffusion et à l'amélioration des moyens d'échange, de transport, de publicité et de communication, aux modifications fréquentes du système monétaire, à la multiplication des établissements de crédit, à l'émancipation de l'agriculture et de la propriété foncière des derniers vestiges des entraves féodales, à la liberté de l'industrie manufacturière et du commerce intérieur, à la lutte incessante entre les partisans de la protection et ceux du libre échange, et, en même temps, à la succession rapide des crises commerciales, monétaires, bancaires, et à la nécessité toujours plus grande d'une législation tendant à défendre les intérêts des classes ouvrières, insuffisamment protégées par les caisses d'épargne, les sociétés de prévoyance, les coopératives, et par le patronage des classes aisées.

D'un autre côté, la consolidation du système représentatif et la liberté de la presse, d'association, de réunion, qui en sont les conséquences, augmentent toujours davantage le cercle des personnes qui participent plus ou moins directement à l'administration des affaires publiques, et qui ont ainsi des raisons spéciales pour s'intéresser tout particulièrement aux

"sciplines qui étudient les phénomènes qui sont en
relation étroite avec la prospérité générale.

Mais toutes ces causes, qui donnent une poussée salutaire aux études économiques, n'agissent pas partout
avec la même intensité et elles n'ont pas partout des
résultats également importants. L'Angleterre a conservé
pendant longtemps la première place, mais cette
position éminente lui est de plus en plus contestée, en
particulier par l'Allemagne, qui se pose depuis une
vingtaine d'années en réformatrice orgueilleuse de la
science. L'Allemagne a certainement enrichi la science
par ses nombreuses recherches historiques et statistiques et elle y contribue maintenant par de très importants travaux, dans lesquels elle associe à la puissance
de l'abstraction et à son exquis sens pratique la connaissance des résultats des travaux étrangers, qui lui a
autrefois manqué. La France, au contraire, qui jadis
rivalisait avec l'Angleterre et qui l'emportait sur
l'Allemagne, perd de son importance théorique par
l'esprit d'exclusivisme de l'école qui y domine, tandis
que l'Autriche, l'Italie et les Pays-Bas, et plus récemment les Etats-Unis et la Russie, ont utilisé les progrès
réalisés par les doctrines anglaises et allemandes tout
en évitant, en partie, quelques uns des défauts de
l'école actuelle de l'économie politique allemande, et
elles font des progrès marqués qui laissent à une distance notable les petites nationalités d'origine latine,
scandinave et slave.

J. Kautz, *Die geschichtliche Entwickelung der Nationalökonomie und ihrer Literatur.* Wien, 1860, pag. 488
et suiv.
J. K. Ingram, *History of political economy.* Edinburgh, 1888, pag. 138 et suiv.

En Angleterre l'économie politique, après les grandes

œuvres de Smith, de Malthus et de Ricardo, devient pendant longtemps une science presque populaire, enseignée dans les établissements d'instruction supérieure aux futurs hommes d'Etat et même dans quelques écoles élémentaires comme un antidote salutaire contre les progrès des doctrines socialistes, qui n'ont pas trouvé à cause de cela en Angleterre cet accueil facile qu'elles ont rencontré en France et dans quelques uns des pays d'Europe et d'Amérique. La vivacité de l'opposition faite à l'économie dans ces vingt dernières années ne lui a pas été dommageable parce qu'elle a obligé les savants à faire une révision des théories professées jusque-là, et préparé sans doute à la science une période de nouveaux triomphes, dont on peut signaler déjà des présages significatifs. En Allemagne et en Italie, ce sont les chaires d'économie politique qui ont une influence prépondérante ; en Angleterre l'instruction économique se fait par les nombreuses revues qui appliquent les principes de la science à la discussion des questions d'actualité pratique. Nous signalons principalement la *Quarterly* et l'*Edinburgh Review*, anciens organes des tories et des whigs, la *Westminster Review*, organe des vieux radicaux, la *Fortnightly*, la *Contemporary*, la *National Review*, le *Nineteenth Century*, qui représentent les nouvelles tendances libérales ou qui occupent une position neutre et indépendante. Parmi les publications spéciales, très peu nombreuses jusqu'ici, les périodiques les plus célèbres et les plus anciens sont le journal hebdomadaire d'économie polique, *The Economist*, fondé en 1843 et qui s'occupe des questions commerciales, monétaires et bancaires, et la revue trimestrielle *Journal of the statistical Society* de Londres, qui a célébré en 1885 le cinquantième anniversaire de sa fondation.

La ligue de Manchester, fondée par Cobden et Bright, grâce à la persévérance de son agitation législative et au patronage puissant du ministre Peel et de ses successeurs Russell et Gladstone, a réussi à faire aboutir les réformes économiques et financières, commencées depuis longtemps par Huskisson. Elle a obtenu l'abolition des *corn-laws*, de l'acte de navigation, des droits protecteurs de l'industrie manufacturière, et l'abolition ou la réduction notable de nombreuses accises. D'autres mesures ont amélioré d'une façon certaine la condition des classes ouvrières; ce sont principalement: la liberté de coalition, la reconnaissance légale des « trades-unions », les nombreux « factories acts », les lois sur les « friendly » et sur les « building societies », sur les magasins coopératifs, etc. On a aboli aussi, à la satisfaction générale, un grand nombre de formes d'ingérence gouvernementale, vieillies et vexatoires; mais on a aussi, sans trop se préoccuper des objections exagérées de quelques doctrinaires partisans du « laissez faire », petit à petit rendu l'instruction élémentaire obligatoire, augmenté les pouvoirs de l'Etat sur les banques, d'émission et sur les chemins de fer, créé des caisses d'épargne postale et des caisses publiques d'assurance sur la vie, racheté les télégraphes et réformé beaucoup d'autres services publics plus ou moins liés au bien-être économique du pays, qui, malgré la violence de nombreuses crises funestes, est allé en augmentant graduellement, comme le démontrent les excellents travaux statistiques de Levi, de Giffen, etc.

Arch. Prentice, *History of the anti-corn-law league.* Manchester, 1883. Deux volumes.

Leone Levi, *The history of commerce and of the economic progress of the british nation (1863-1878).* London, 1880.

Aug. Mongredien, *History of the free-trade movement in England.* London, 1881.

L. L. Price, *A short history of political economy in England from Ad. Smith to A. Toynbee.* London, 1891. (Bon résumé historico-critique des théories des principaux économistes anglais, non compris les économistes actuels).

E. Cannan, *A history of the theories of production and distribution in english political economy from 1776 to 1848.* London, 1893 (Excellente monographie).

§ 1. — LE DÉVELOPPEMENT ULTÉRIEUR DE L'ÉCONOMIE CLASSIQUE

L'écossais Jean Ramsay Mac Culloch (1789-1864), est un écrivain érudit mais parfois inexact, ingénieux mais quelquefois superficiel; il est l'auteur d'un grand nombre d'ouvrages économiques et financiers. Il a contribué à vulgariser les doctrines de Smith, de Malthus et de Ricardo par ses abrégés, remarquables par leur clarté, et il a inauguré, par ses travaux biographiques, ses collections d'anciens économistes, et notamment par sa bibliographie, les recherches historiques sur la science économique, qu'avant lui et longtemps encore après lui on a complètement négligées ; en Angleterre, son *Dictionnaire du commerce* (9ᵉ édition en 1880) est un répertoire utile de renseignements techniques et statistiques.

J. R. Mac Culloch, *Principles of political economy.* Edinburgh, 1825.-7ᵉ édit., 1885, trad. franç. sur la 4ᵉ édit. de A. Planche, 2ᵉ édit. 2 vol. — *A treatise on the principles and practical influence of taxation and the funding system.* Edinburgh, 1846. 3ᵉ édition, 1863. — *The literature of political economy.* London, 1845.

Le colonel Robert Torrens (1780-1864) lui est supérieur par sa pénétration et il l'a égalé par son activité. Il est l'auteur de nombreux ouvrages sur la production

des richesses, sur les salaires et les coalitions, mais il
est surtout connu par sa théorie des échanges internationaux et par d'autres opuscules dans lesquels il
défend les réformes commerciales, bancaires et financières de Robert Peel.

> Rob. Torrens, *An essay on the production of wealth*,
> 1821. — *On wages and combinations*. 1834. — *An
> essay on the influence of the external corn trade.*
> 4ᵉ édit., 1827 (fort apprécié par Ricardo). — *The
> budget*, 1844.

L'archevêque anglican de Dublin, Richard Whately
(m. 1863), professeur à Oxford, est l'auteur de bonnes
leçons d'introduction à l'économie (1831) ; il a fondé
une chaire à *Trinity College*, qui a été honorablement
occupée par Longfield, par Lawson, et plus tard brillamment par Cairnes, et maintenant par Bastable.

Mais, de tous les économistes anglais qui ont écrit
après Ricardo et avant Stuart Mill, la première place
appartient sans conteste à Nassau Guillaume Senior
(1790-1864). Il a été professeur à Oxford de 1826 à 1831,
et plus tard en 1847. C'est un économiste sagace, d'une
large et solide culture ; il a écrit, dans un style élégant,
de bonnes monographies sur la distribution internationale des métaux préci   (1827-1828), sur la population (1828-1829), sur la valeur de la monnaie (1829),
sur la mesure des salaires (1830) et sur la législation
des fabriques (1837). Il a publié également des leçons
propédeutiques (1826 et 1852) et un précis d'économie
(*An outline of the science of political economy*, 1836),
inséré d'abord dans l'*Encyclopaedia Metropolitana*,
et réimprimé (6ᵉ édit, 1872) séparément. Nous devons
à Senior une analyse ingénieuse du coût de production,
dans lequel il fait entrer la rétribution pour la formation
du capital, appelée par lui abstinence, qui a soulevé

des objections fondées en grande partie sur une équivoque. Il a fait également des recherches intéressantes sur les relations entre le taux des salaires et celui des profits ; il a été un des premiers en Angleterre à s'occuper de la terminologie économique, qu'il a cherché à rendre plus correcte et plus précise. Senior a, en outre, le mérite d'avoir insisté sur le caractère scientifique de l'économie sociale et sur son caractère de neutralité à l'égard des différents systèmes de politique économique, qu'ils soient inspirés par le principe du « laissez faire » ou par celui de l'ingérence gouvernementale.

C'est une grave erreur, répandue notamment en Allemagne, d'identifier l'école classique anglaise avec l'école de l'optimisme, qui est représentée par Carey et par Bastiat, et de la désigner sous le nom d'école de Manchester. Il n'y a qu'un petit nombre d'écrivains de second ordre, comme Banfield (*Organisation of industrie* 1844, - 2e édit. 1854) et Rickards (*Population and capital*, 1854), qui défendent ces opinions en Angleterre. Elles ont été résumées dans le *Manuel* de Rogers (*Manuel of political economy*, 1868) ; mais on n'en fait pas même mention dans d'autres traités qui ont cependant une certaine valeur, et que nous citons ci-dessous, bien que quelques-uns soient de date plus récente.

Th. Chalmers, *The christian and civic economy*, 1821. Deux volumes. — *On political economy*, 2e édit. 1832. Il donne beaucoup d'importance au principe moral ; c'est un pur disciple de Malthus, combattu au contraire par Elsdell (*On the industry of nations*, 1833). — J. P. Stirling, *The philosophy of trade*, 1846, a fait de bonnes observations sur la théorie de la valeur. — W. L. Sargant, *The science of social opulence*, 1856. Sa méthode présente quelque analogie éloignée avec celle de Thünen. — W. E. Hearn, *Plutology*, 1864.

Réimprimé en 1889 ; il contient d'intéressants développements sur la production. — John Macdonell, *Survey
of political economy*, 1871. — John L. Sâhadwell,
System of political economy, 1877.

§ 2. — JOHN STUART MILL

Les *Principes d'économie politique* de cet illustre
philosophe, publiciste et économiste, dont les idées ont
exercé une influence si notable sur l'opinion des classes
cultivées en Angleterre, et en partie aussi sur celle de
l'étranger, nous présentent principalement le résumé,
l'achèvement et l'exposé le meilleur des doctrines de
l'école classique dans leur forme la plus exacte ; à un
autre point de vue, au contraire, c'est à eux que se rattachent les théories de nombreux adversaires de l'économie, notamment des socialistes, et ils ouvrent la voie
aux perfectionnements ultérieurs de l'école critique
contemporaine. Pour bien comprendre le caractère, et
il faut bien le dire, les contradict'ons nombreuses de ce
livre vraiment singulier, il faut pénétrer dans l'histoire
intime de la vie intellectuelle et morale de Mill, qu'il a
lui-même racontée avec une admirable sincérité.

John Stuart Mill, *Autobiography*. London, 1873. Trad.
franç. par Cazelles, Paris.

W. L. Courtney, *Life of John Stuart Mill*. London,
1889.

F. Faure, vº *J. S. Mill* (in *Nouveau Dictionnaire d'économie politique*. Paris, 1891. Vol. II pp. 273-280).

Minto, *J. S. Mill* (in *Encyclop. Brit.* Vol. XVI. 1883).

Stuart Mill est né à Londres en 1806. Son père le sou-
mit à un régime d'instruction très rigoureux, soustrait à
tout principe religieux. A quatorze ans il connaissait
admirablement les langues et les littératures classiques.

Après quelques mois passés en France (1820), où il fit la connaissance de Say et de Saint-Simon, il retourna dans sa patrie, étudia la philosophie et le droit, et se lia alors d'amitié avec Bentham, Austin, Grote, Macaulay. Il obtint en 1823, sous l'autorité immédiate de son père, une place dans l'administration de la compagnie des Indes, qu'il occupa jusqu'en 1858. Il fut député de Westminster (1865), mais il ne fut pas réélu en 1868 à cause de l'indépendance de son caractère et de l'excentricité de quelques unes de ses opinions. Il se retira à Avignon, où il mourut en 1873.

Il se rattacha d'abord à l'école des philosophes radicaux, dirigée par Bentham et représentée par la *Westminster Review* ; mais, dès 1826, des sentiments plus nobles et plus généreux furent éveillés en lui par les lettres de quelques uns de ses amis (Marmontel, Condorcet, Saint-Simon) et renforcés par l'amitié d'une femme de grand cœur et d'un esprit remarquable (1831), devenue plus tard sa femme (1851), dont il a fortement dépeint les vertus, et à laquelle il a dédié sa belle monographie sur la liberté (*On liberty*, 1859). Depuis, disciple dissident de Bentham (voir un article de 1838 dans la revue précitée), il apporte d'importantes modifications à la doctrine de l'utilité (*Utilitarism*, 1863) ; il subit plus tard, au moins partiellement, l'influence de Comte (*Auguste Comte and positivism*, 1865), avec lequel il a été pendant longtemps en correspondance (1841-1846). Il défendit avec beaucoup d'ardeur les réformes agraires de l'Irlande (*England and Irland*, 1868), la représentation des minorités par le système de Hare (*On representative government*, 1861) et les droits politiques des femmes (*On the subjection of Women*, 1869).

· Ses théories économiques sont exposées dans ses *Essais* (1844), dans son *Système de logique* (1843), dans ses *Principes d'économie politique* (1848), dans quelques écrits insérés dans le recueil de ses petits traités (1867-1875) et dans ses fragments posthumes sur le socialisme (1879).

> John Stuart Mill, *Essays on some unsettled question of political economy.* London, 1844.-2ᵉ édit. 1871. — *System of logic raciocinative and inductive.* 1843. Deux volumes. 7ᵉ édit., 1875. Trad. franç., par Peisse, sur la 6ᵉ édit (plusieurs éditions). — *Principles of political economy, with some of their applications to social philosophy.* London, 1848 2 vol. - 7ᵉ édit., 1871. Trad. franç. par H. Dussaud et Courcelle-Seneuil (plusieurs éditions).— *Dissertations and discussions.* 2ᵉ édit., 1867-1875. Quatre volumes. — *Chapters on socialism.* (in *Fortnightly Review*, 1879) Trad. franç., in *Revue philosophique.*

Les *Essais* ont été écrits en 1827 et 1830, mais ils sont restés inédits (sauf le dernier) jusqu'en 1844. Ils contiennent presque toutes les contributions vraiment originales de Mill en matière d'économie sociale. Dans le premier, il développe la théorie du commerce international de Ricardo et formule clairement la fameuse doctrine des valeurs internationales, qui est la base la plus solide des argumentations en faveur du libre échange, et qu'il a enrichie plus tard de nombreux exemples, dans son traité, sous l'appellation d'équation de la demande internationale. Dans le second essai, il étudie l'influence de la consommation sur la production, et il cherche à prouver que l'*absenteism* est un mal purement local, et que, si un encombrement général et permanent des produits est impossible, un encombrement général et temporaire est possible, mais qu'il dépend du manque de confiance et non d'un excès de production. Dans le troisième, il argumente sur l'emploi

des mots productif et improductif, soit au point de vue
du travail, soit au point de vue de la consommation.
Dans le quatrième, consacré au profit et à l'intérêt,
Mill défend et explique la théorie de Ricardo sur les
rapports entre les salaires et les profits, et il démontre
que ceux-ci dépendent du coût du travail, et que, par
conséquent, une amélioration dans la production des
objets consommés par les ouvriers fait augmenter leur
salaire réel, sans cependant diminuer les profits des
entrepreneurs. Le cinquième et dernier essai donne
quelques règles de méthodologie économique, qu'il a
développées plus complètement et avec plus de maturité
dans le sixième livre du *Système de logique*. Dans
cette œuvre, il admet, avec Comte, une sociologie générale, science concrète et nécessairement inductive, et il
soutient, d'un façon non moins explicite, la nécessité
d'une science économique séparée quoique non indépendante, qu'il distingue magistralement de l'art. Il insiste sur son caractère abstrait et hypothétique, qui
nécessite, par conséquent, non pas une soi-disant méthode métaphysique et intuitive qu'il repousse, mais
la méthode de la déduction, qu'appliquent également
les sciences physiques les plus avancées ; celles-ci ont
aussi à leurs secours l'aide précieuse de l'observation
expérimentale, qui est, dans sa signification rigoureuse,
presque complètement inaccessible aux sciences sociau-
les. C'est là, comme on l'a vu dans la première partie,
la théorie de la méthode qui, grâce aux excellents commentaires de Cairnes et aux récentes rectifications de
Menger et de Keynes, constitue la base la plus sûre de
l'économie moderne.

Mill s'est proposé dans ses *Principes d'économie
politique*, qui ont été considérés sans conteste pendant
longtemps, et à certains points de vue de nos jours
encore, comme le meilleur traité anglais sur la matière,

d'exposer avec une ampleur suffisante les doctrines de
l'économie politique, telle qu'elle a été constituée par
Ad. Smith et complétée·par Malthus et par Ricardo,
en tenant compte des progrès partiels ultérieurs dus à
Wakefield, à Babbage, à Rae, à Chalmers, etc.; de
joindre aux résultats de la science pure leurs applications les plus importantes, et de substituer ainsi, en
utilisant les travaux de Jones, de Laing, de Thornton,
aux digressions, parfois trop longues et vieillies de
Smith, des considérations conformes à l'état actuel de la
science et de la pratique, et pouvant fournir en même
temps un exemple de l'emploi correct de la méthode
qu'il avait proposée. Ce but, Mill l'a pleinement atteint,
parce que son livre, malgré de nombreux défauts, est
devenu, grâce aussi à ses mérites particuliers d'exposition claire, ordonnée et attrayante, la source principale
à laquelle ont puisé les économistes contemporains,
dont beaucoup ne se sont plus occupés des œuvres des
grands maîtres, et en particulier de celles de Ricardo et
de Malthus, parce que leurs principes étaient exposés
avec plus de précision par Mill, qui s'est préoccupé d'en
rendre l'intelligence plus facile.

Il faut notamment prendre en considération, dans
les *Principes* de Mill, son analyse de l'influence du
progrès sur la population, sur les prix et sur la distribution, ses observations sur la tendance des profits à
un minimum, sur l'état stationnaire, et l'antithèse qu'il
établit entre le caractère physique des lois scientifiques
de la production et le caractère social de celles de la distribution, sa meilleure contribution, selon lui, à l'économie politique. La critique moderne pense, au contraire,
que son mérite principal consiste dans l'exposition
lumineuse qu'il a faite de la théorie de la valeur et de
celle de la distribution, et dans la correction de quelques
unes des erreurs de Ricardo, bien que ces corrections

restent loin de la perfection qu'il croyait avoir atteinte.
Il s'est occupé, en effet, de la valeur courante et de la
valeur normale, mais plutôt de celle-ci que de celle-là,
sans rechercher d'une manière approfondie leur
influence réciproque. Dans son étude de la valeur
normale, il a considéré, comme Ricardo, le phénomène
par rapport au vendeur, et il a un peu trop insisté
sur le coût de production ; il y a plus d'une ambiguité,
comme l'a relevé Cairnes, dans sa détermination de ce
coût. Il a bien indiqué que la demande, représentée
par l'utilité, influe sur l'offre et par conséquent indirectement sur le coût, mais il n'a pas su mesurer l'intensité de cette influence, parce qu'il se réfère au concept
vague de l'utilité totale du produit (valeur d'usage) et
non au concept précis de l'utilité finale (ou marginale) en
fonction d'une quantité déterminée ; il a négligé la
notion de valeur normale considérée au point de vue
de l'acheteur, qui, dans certains cas, modifie, et, dans
d'autres, exprime la valeur normale effective. Il a
développé d'une façon remarquable la théorie des
valeurs internationales, mais il ne s'est pas aperçu
que celle-ci n'est pas complètement séparée ni différente
de celle des valeurs nationales, mais qu'elle a avec
elle de nombreux points de contact, tandis que quelques
unes des différences apparentes dépendent de l'explication incomplète et inexacte qu'il a donnée de la
valeur en général. Enfin, Stuart Mill ne s'est pas
préoccupé d'appliquer la théorie de la valeur, qu'il
considère cependant comme fondamentale, à l'explication des lois de la distribution, soit parce que, par
erreur de système, il en parle (livre 2) avant l'échange
(livre 3), soit parce qu'il a été trop préoccupé de la
différence qu'il y a entre le caractère social de la distribution (c'est-à-dire de l'échange des produits contre
des services productifs) et le caractère pour ainsi dire

mécanique de la circulation (c'est-à-dire de l'échange
des produits contre d'autres produits).

Les phases de la vie intellectuelle et morale de Mill
nous expliquent les nombreuses contradictions qu'il y
a entre les différentes parties de son œuvre capitale,
c'est-à-dire ses plus grands défauts. Nous voulons
parler des contradictions réelles, et non des contradictions imaginées par quelques critiques, qui lui ont
attribué des incohérences de méthode dont il n'y a pas
trace dans ses ouvrages, ou des discordances entre
les doctrines qu'il enseigne dans le domaine de la science
et les critères dont il fait usage dans les applications,
nécessairement changeants avec les variations de temps
et de lieux et les conditions sociales.

Plus encore que l'influence des idées philanthropiques,
qui lui font, dans les éditions ultérieures de ses *Principes* et notamment dans la troisième, faire des prévisions toujours plus favorables à l'avenir de la classe
ouvrière, et avouer qu'il croit à la possibilité d'une
réalisation éloignée du socialisme, influence qui atteint
son apogée dans les *Chapitres posthumes* consacrés à ce
sujet; plus que sa proposition de restreindre le droit de
succession en ligne collatérale; plus que ses sympathies
pour les impôts sur les transferts de propriété à titre
onéreux, qui dans les dernières années de sa vie abou-
tissent au fameux projet de confiscation de la rente
future des terres, on doit passer sous silence, au point
de vue scientifique, comme contradictoires entre elles,
la combinaison des aspirations socialistes et de l'adhésion
aux théories de Malthus; il va même jusqu'à proposer
des restrictions légales au mariage. Sa sympathie
pour l'état stationnaire, qui est un principe de décadence, est en contradiction avec sa foi inébranlable au
progrès indéfini ; il y a contradiction aussi entre la glo-
rification du système des petites propriétés paysannes,

qu'il admire avec Laing, et spécialement avec Thornton
(*A plea for peasant proprietors*, 1848, - 2ᵉ édit. 1874), et
l'apologie de la grande propriété collective dont Mill se
fit le promoteur, après 1870, comme président de la
Land tenure reform association (*Dissertations and
discussions*, vol. IV, 1875. *Papers on land tenure*) ;
il y a contradiction enfin entre les idéals du véritable socialisme, ennemi de toute concurrence, et l'apologie des sociétés coopératives de production, qui ne
font que substituer la concurrence des entreprises collectives d'ouvriers à la concurrence des entreprises
individuelles.

A la gloire de Stuart Mill se rattache la renommée
moindre d'Henri Fawcett (1833-1884), qui a été professeur à Cambridge, membre très actif de la Chambre des
Communes, où il soutint avec beaucoup de chaleur la
réforme financière des Indes et la cause de la coopération, sans demander cependant une ingérence excessive
de l'Etat, et qui devint, en 1880, *Postmaster-general*.
En dehors des recueils d'un grand nombre de ses articles et de ses discours, on peut citer ses monographies
remarquables, bien que peu originales, sur la condition
des ouvriers et sur le libre échange, et enfin son résumé
des *Principes* de Mill, enrichi de renseignements exacts
et de développements intéressants sur les questions
d'application, en particulier sur l'esclavage, sur les
impôts locaux, sur les découvertes des nouvelles mines
d'or, sur les lois des pauvres, sur l'expropriation des
terres, sur les « trades-unions », sur les sociétés coopératives, etc., etc.

H. Fawcett, *The economic position of the british la-
bourer*. London, 1865. — *Pauperism*, 1871. — *Free
trade and protection*, 1878. - 6ᵉ édit., 1885. — *Manual of political economy*, 1863. - 6ᵉ édit. 1883. —
Essays and lectures on social and political subjects,

1872. (Cfr. Leslie Stephen, *Life of H. Fawcett*, 1885).

§ 3. — LES MONOGRAPHIES.

L'économie politique a fait également des progrès en Angleterre grâce à de nombreux travaux qui se sont proposé d'apprécier certains phénomènes, d'en rechercher les causes, d'en prévoir les conséquences, de défendre ou de combattre l'introduction ou l'abolition de lois et d'institutions nouvelles. C'est ainsi, par exemple, que la réforme du système de production, due principalement à l'introduction des machines, provoqua des travaux, les uns descriptifs, les autres théoriques, comme celui du mathématicien Charles Babbage (*On the economy of machinery and manufactures*, 1832) qui complètent l'analyse de Smith sur les avantages de la division du travail, ou des écrits techniques apologétiques, comme celui de Ure (*Philosophy of manufactures*, 1835. Trad. franç., Paris, 2 vol., 1836), ou critico-philanthropiques comme ceux de Gaskell (*Artisans and machinery*, 1836), de Kay (*Social condition of the people*, 1852.) et de Morrison (*An essay on the relations between labour and capital*, 1854). La question coloniale fut, elle aussi, l'objet de nombreuses études ; il faut citer notamment les leçons de H. Merivale (*Lectures on colonisation*, 1841-42), et les projets hardis de E. G. Wakefield (*England and America*, 1843. — *A view of the art colonisation*, 1849). Sir James Caird (*English agriculture*. 2ᵉ édit. 1852. — *The landest interest*. 4ᵉ édit. 1880) a écrit avec une grande compétence sur l'économie agraire ; sur les lois agraires récentes, il faut signaler particulièrement les monographies de Brodrick (*English land and english landlords*, 1881), de Schaw-Lefevre (*Freedom of land*,

1881. — *Agrarian tenures*, 1893), de Kay (*Free-trade in land*. 9e édit. 1885) et de R. M. Garnier (*History of the english landed interest*, 1893. 2 volumes). L'apologie du libre échange a été faite par Dunckley (*The charter of nations*, 1854) et par Farrer (*Free-trade versus fair trade*, 1885) ; il a été vivement combattu par Byles (*Sophisms of free-trade*) et par Alison (*Free-trade and protection*, 1842).

La question monétaire a été étudiée par un groupe de bons écrivains : Lord Liverpool (*A treatise on the coins of the realm*. Oxford, 1805, réimprimé en 1880), W. Stanley Jevons (*Money and the mecanism of exchange*. 1875. 4e 'édit. 1878. Trad. franç. Paris, 1876), J. Sh. Nicholson (*A treatise on money*. Edinburgh, 1888), les deux premiers partisans du monométallisme, le dernier du bimétallisme, qui a trouvé récemment de nouveaux apologistes dans Seyd, Barbour, Hucks-Gibbs, etc. Plus nombreuses et, dans l'ensemble, plus importantes sont les monographies sur la question des banques; elle a été traitée largement dans la classique *Histoire des prix* de Thomas Tooke, continuée par Guillaume Newmarch (*A history of prices and the state of circulation from 1792-1856*. London, 1838-57. Six volumes. Bonne traduction allemande, un peu abrégée, par C. W. Asher. Dresde, 1858-59. Deux volumes) et dans l'ouvrage ingénieux, mais souvent paradoxal, de H. D. Macleod (*The theory and practice of banking*. 5e édit. 1892. Deux volumes); elle a été récemment résumée par Courtey dans l'article *Banking* de la 9e édition de l'*Encyclopaedia Britannica*. Sur les questions pratiques, méritent d'être signalés les ouvrages de Gilbart, de Crump, d'Hankey *The principles of banking*. 1867) et celui de R.-H. Inglis Palgrave (*Bankrate in England, France and Germany. 1844-78*. London, 1880), en grande partie statistique. Mais l'œuvre qui présente le plus grand intérêt théorique est celle de Goschen (*The theory of foreign exchanges*. 1861. 14ᵉ édit. 1890. Trad. franç. par L. Say, Paris, 4ᵉ édit., 1896) sur la théorie des paiements internationaux, et l'ouvrage élégant de Bagehot (*Lombard-Street*, *a description of the money market*, 1873. - 7ᵉ édit. 1878. Trad. franç. Paris, 1874), qui contient un résumé très clair du système bancaire de la Grande-Bretagne. Ont enfin une non moindre importance les ouvrages de polémique, par lesquels les partisans du *currency principle*, rattaché aux théories monétaires de Ricardo, ont préparé et soutenu la nouvelle législation bancaire de Robert Peel. Les partisans du *banking principle*, qui professaient des idées plus libérales sur l'émission des billets, qu'ils considéraient comme essentiellement identiques aux autres titres fiduciaires (lettres de changes, chèques, etc.), tandis que leurs adversaires les assimilaient à la monnaie métallique, ont violemment combattu cette législation. Le chef de la première école, à laquelle appartiennent Torrens et Mac Culloch, fut le fameux banquier S. Jones Loyd (plus tard Lord Overstone), auteur de nombreux travaux réunis sous le titre de : *Tracts and other publications on metallic and paper currency*, 1858. Le chef de la seconde fut Tooke, qui groupe autour de lui Stuart Mill, Jacques Wilson, gendre de Bagehot et son prédécesseur à la direction de l'*Economist* (*Capital currency and banking*, 1847), et notamment le très pénétrant John Fullarton (*On the regulation of currency*, 1844. - 2ᵉ édit. 1845).

Les réformes financières proposées, effectuées ou combattues, ont été discutées longuement dans des ouvrages de circonstance, dont quelques-uns sont remarquables même au point de vue scientifique. Je citerai, parmi les plus anciens, ceux de Sir John Sinclair (*His-*

tory of the public revenue. 3ᵉ édit. 1803-4. Trois vol.),
de Robert Hamilton (*The rise and progress, the re-
demption, etc. of the national debt.* 3ᵉ édit. 1818), de
Sir Henri Parnell (*On financial reform.* 4ᵉ édit. 1882);
les ouvrages historiques de Tayler (*History of taxation
of England,* 1853), d'Hubert Hall (*History of the cus-
tom revenue,* 1885), et l'œuvre grandiose de Stephan
Dowell (*A history of taxation in England,* 1884-85.
Quatre vol. 2ᵉ édit. 1888); les ouvrages sur les impôts,
de Sayer (*On the income tax,* 1831), et de Buchanan
(*Inquiry into the taxation,* 1844) : les ouvrages
plus récents de Baxter (*Taxation on the United King-
dom,* 1869), de Noble (*The Queen taxes,* 1870), de
Morton Peto, de Giffen (*Essay on finances.* 2ᵉ édit.
1880), de Wilson (*The national budget,* 1882); ceux
de Palgrave (1871), Goschen (1872) et de Probyn (1875.
2ᵉ édit. 1885) sur les impôts locaux; le recueil des exposés
financiers de Gladstone (*Financial statements,* 1863-70.
Trois vol.) et les belles monographies sur la dette publique de Newmarch (*On the loans raised by M. Pitt,*
1855), de Capps (*The national debt financially considered,* 1859) et de Baxter (*National debts,* 1871).

Il nous faudrait encore mentionner, si la place ne
nous manquait, les publications les plus importantes
sur la question ouvrière en général et en particulier sur
les *trades unions,* notamment l'ouvrage de Howell (*The
conflicts of capital and labour.* 2ᵉ édit. 1890), les travaux sur les *sliding scales* des salaires, dont se sont
occupés spécialement Munro et Price (*Industrial peace,*
1887), sur l'arbitrage, de Crompton (*Industrial conciliation,* 1876), et sur les institutions de prévoyance et
les coopératives. Il suffira de dire que les salaires en
général et les conditions réelles des ouvriers ont été
étudiés à plusieurs reprises par Rogers, Brassey, Giffen, etc.; que les caisses d'épargne et les sociétés de se-

cours mutuels l'ont été par des spécialistes compétents,
Ansell (1835), Neison (1845), Tidd Pratt (1830 et suiv.),
Scratchley (1849 et suiv.), Lewins (1866); les sociétés
coopératives de consommation, par Holyoake (*The history of cooperation in England*, 1875-79. Deux vol.),
les sociétés coopératives rurales, par Pare (1860), et
Stubbs (1884); les coopératives de construction, par
Jones (1863;) les caisses ouvrières en général, par Hole
(*The homes of the working classes*, 1866); la participation aux bénéfices, par Taylor (*Profit sharing*,
1884), et dernièrement par Lowry Whittle, et par
Rawson (*Profit Sharing precedents*, 1891); la rémunération du travail en général, par Schloss (*Methods
of industrial remuneration*, 1892).

§ 4. — CRITIQUES ET ADVERSAIRES

Dans les vingt années qui ont suivi la publication des
Principes de Stuart Mill, les doctrines de l'école classique n'eurent que de rares adversaires, et ceux-ci
même ne furent que peu écoutés dans le camp des économistes. Les violentes attaques de Carlyle, de Dillon,
et en particulier celles de Lalor (*Money and moral*,
1854), de John Ruskin (*Works*, 1871-87), dont Geddes
a fait récemment l'apologie (*John Ruskin economist*,
Edinburgh, 1884), ont trouvé un écho plutôt parmi les
littérateurs qu'auprès des économistes. Même les ouvrages des nouveaux protectionnistes, qui ont formé la
ligue du *fair-trade*, dirigée par Eckroyd, parmi lesquels il faut citer Sullivan, ont trouvé un certain appui
auprès de quelques intéressés, mais ils n'ont pas réussi
à persuader les hommes d'étude. On peut en dire autant
des articles du positiviste Frédéric Harrison et de
quelques autres apologistes, plus ou moins exagérés,

des trades-unjons. Les ouvrages de quelques éminents philanthrophes, Kingsley, Denison Maurice, Hughes, ont eu un peu plus d'influence. C'est inexactement qu'on les a qualifiés de socialistes chrétiens, parce que, s'ils combattent la concurrence individuelle qu'ils voudraient remplacer par la coopération, sur laquelle ils fondent trop d'espérances, ils ne sont pas, comme les socialistes autoritaires, des partisans de l'ingérence excessive de l'État, pas plus que ne l'ont été Lord Ashley (plus tard Lord Shaftesbury) et beaucoup d'autres qui ont soutenu au Parlement les *factory acts* et d'autres lois protectrices des intérêts de la classe ouvrière.

Cfr. L. Brentano, *Die christlich sociale Bewegung in England*. Leipzig, 1883.
Th. Kirkup, *An inquiry into socialism*. London, 1887.
G. Cohn, *Lord Shaftesbury* (in *Deutsche Rundschau*. 3e fasc , 1889).

La véritable crise de l'économie classique anglaise, que l'on a cru quelquefois avant-coureuse de son naufrage et quelquefois de son remplacement par une science nouvelle, tandis qu'elle a conduit au contraire à d'importantes corrections et à de nouvelles adjonctions à la science ancienne, date de l'année 1869. Pour des commodités d'exposition, nous réduirons à trois groupes, dont le premier est représenté par Thornton et par Toynbee, le second, par Cliffe Leslie et Ingram, et le troisième, par Cairnes et par Jevons, tous les écrivains de ce mouvement.

On peut consulter sur ce sujet, en dehors des histoires déjà citées d'Ingram et de Price, deux articles de Foxwell et de Cohn, jugés trop sévères d'ailleurs des économistes classiques.

H. S. Foxwell, *The economic movement in England*.

(in *Quarterly Journal of Economics*. Boston, octobre 1887).

 G. Cohn. *Die heulige Nationalokonomie in Englan l, etc.*
(ın *Jahrbuch für Gesetzgebung, Verwaltung, etc.*,
de G. Schmoller. Leipzig, 1889. 1ᵉʳ fasc. pp. 1-16).

Nous avons de Guillaume Thornton (1813-1880) une
monographie sur la population (*Overpopulation and
its remedy*, 1846), une autre sur les paysans-proprié-
taires, déjà citée, et une autre moins connue (*Indian
public works*, 1875). Dans un ouvrage, dans lequel il
se fait le défenseur des trades unions (*On labour, its
wrongful claims and rightful dues*, 1869. - 2ᵉ édition,
1870. — Trad. ital., Firenze, 1875), il dirige des
objections très nettes contre la théorie de la valeur et
contre celle du fonds de rétribution des salaires (*wage
fund*), qui était exposée dans les traités de Mill et de
Fawcett d'une façon explicite mais très prudente, tandis que d'autres écrivains en avaient déduit le corollaire de la stérilité absolue des coalitions et des grèves.
Devant les arguments de Thornton, qui sont, en réalité,
en partie faux et le résultat d'équivoques sur la loi de
l'offre et de la demande, Stuart Mill, qui ne s'était pas
arrêté aux objections dirigées contre la théorie du
fonds des salaires par le jurisconsulte Longe (*A refu-
tation of the wage-fund theory*, 1866) et par Cliffe
Leslie (*Fraser's Magazine*, juillet 1868), publia, avec
une singulière précipitation, dans la *Fortnightly
Review* (mars 1869), un article, réimprimé dans ses
Dissertations and discussions (vol. IV, pag. 43 et
suiv.), dans lequel il répudiait cette doctrine, en relation très étroite avec cette proposition que la demande
de produits n'est pas demande de travail. Cette
condescendance irraisonnable a été alors, et elle est
encore aujourd'hui, considérée par quelques ennemis de
l'économie comme une condamnation de la science

économique, et les nombreuses polémiques, nées en 1876 à l'occasion du centenaire de la *Richesse des nations*, citées par Laurence Laughlin, dans son édition résumée des *Principes* de Mill (New-York, 1888, pp 36-37), montrent à merveille leurs prévisions peu favorables à l'avenir de l'économie politique.

> Voir sur la théorie des salaires en général, et sur celle du « wage-fund » en particulier (en attendant le mémoire annoncé de Stephan Bauer), l'opuscule de W. D. Mac Donnall, *A history and criticism of the various theories of wages*, Dublin, 1888, plus remarquable par sa clarté que par sa profondeur.

On cite d'ordinaire, notamment en Allemagne, parmi les adversaires les plus récents de l'école classique en Angleterre, un jeune homme de grand talent, Arnold Toynbee (1852-1883). Sa fin tragique et prématurée, son amour sincère et désintéressé pour les classes ouvrières, et les magnifiques œuvres de charité et de patronage qu'il a fondées, et que continuent sous son nom un groupe choisi d'amis et de disciples, méritent de retenir l'attention plus que ses travaux scientifiques, à peine commencés. En effet, dans ses leçons posthumes, fort exactement appréciées par Marshall dans sa belle préface à l'*Industrial peace* de Price (1887), on trouve des jugements souvent sensés, quelquefois téméraires, sur la science économique, des recherches historiques intéressantes et de sages projets de législation sociale, qui, considérés dans leur ensemble, ne sont rien moins que favorables à une excessive ingérence gouvernementale, et qui sont par suite en contradiction flagrante avec son étrange prophétie, selon laquelle à l'ère de la liberté des échanges succèdera celle de l'administration. Toynbee se déclare radical et socialiste,

mais il demande la réalisation de la justice, il exalte le
self help, la coopération, l'initiative individuelle, le
respect de la propriété privée, il répudie le matérialisme, etc. Ces contradictions dans le domaine de l'art
économique ne doivent pas nous surprendre chez un
auteur qui appelle, dans une de ses leçons, l'école de
Ricardo une imposture intellectuelle, alors que, dans
une autre, il déclare qu'elle a besoin seulement de
quelques corrections et d'une forme plus rigoureusement scientifique.

> A. Toynbee, *Lectures on the industrial revolution in
> England*. London, 1884. - 2ᵉ édit., 1887.

L'école classique a trouvé un adversaire beaucoup
plus compétent dans l'avocat irlandais Thomas Edouard
Cliffe Leslie (1827-1882). Il a été professeur à Belfast,
mais il résidait en Angleterre. C'est un écrivain savant
et érudit, auquel on doit des monographies sur l'économie appliquée, dans lesquelles il se déclare partisan
de profondes réformes financières, notamment de la réforme des impôts indirects, et de l'émancipation de la
propriété foncière des entraves féodales. A l'école de Sumner Maine et dans ses fréquents voyages, Leslie se livra
à des recherches historico-économiques, et il fut le plus
chaud et, pendant quelque temps, le seul partisan
du courant suivi en Allemagne par Roscher et par
Knies. Il ne reste de lui que des *Essais*, publiés dans
plusieurs revues, le manuscrit d'une œuvre historique
de longue haleine ayant été perdu en 1872. Parmi ces
essais, nous devons rappeler ceux qu'il a consacrés à
des questions agraires, dans lesquels, comme Mill et
Thornton, il défend la petite propriété et même la petite
culture, et ceux qui sont consacrés à l'étude de la distribution des métaux précieux, de l'histoire des prix et

des variations des salaires et des profits. Les théories
générales de Leslie, indiquées dans quelques courts
travaux critiques sur les œuvres de Smith, Mill, Cairnes, Bagehot, sont développées dans ses *Essais* sur les
relations de l'économie et de la statistique, et en particulier dans celui qui est consacré à la méthode philosophique dans l'économie politique, publié d'abord
dans le périodique irlandais *Hermathena* (vol. II, 1876,
réimprimé dans les *Essays* de 1888, pp. 163-193). Ce
mémoire a spécialement pour but de combattre la méthode déductive, c'est-à-dire l'étude distincte du côté
économique des problèmes sociaux, de nier l'existence
des lois générales de l'intérêt et du profit, et finalement
de combattre, comme trop indéterminé et trop exclusif,
le concept du désir de la richesse, fondement principal
des déductions de l'école classique. Des objections très
analogues, non moins absolues et exagérées, contre la
méthode déductive, avaient déjà été faites par le protectionniste David Syme, auteur d'un livre très fortement
loué par Cohn (*Outline of an industrial science*, 1874),
dans un article inséré dans la *Westminster Review*,
(vol. 96, 1871); Lowe (Lord Sherbrooke), dans la
Nineteenth Century (novembre 1878), et mieux Sidgwick, dans la *Fortnightly Review* (vol. 31, 1879), ont
répondu à ces deux attaques.

Des opinions très analogues à celles de Leslie sont en
ce moment défendues par un autre éminent économiste
anglais, John Kells Ingram, qui professe, comme Harrison et Geddes, les doctrines philosophiques et sociales
d'Auguste Comte, qu'il considère comme le précurseur
de l'école historique allemande. Il a reproché à la théorie
classique d'être trop abstraite et trop absolue, dans un
discours célèbre, et dans son *Histoire de l'économie
politique*, déjà plusieurs fois citée, qui constituent
avec d'autres excellents articles insérés dans la 9ᵉ édi-

tion de l'*Encyclopaedia Britannica*, ses principaux
titres scientifiques.

> Th. Ed. Cliffe Leslie, *Land systems and industrial
> economy of Ireland, England and continental coun-
> tries*, 1870. — *Essays in political economy and
> moral philosophy*. Dublin, 1879.- 2ᵉ édit. (avec sept
> nouveaux essais économiques substitués aux
> essais purement politiques), 1888.
>
> J. K. Ingram, *The present position and prospects of
> political economy*. Londres, 1878. (Cfr. E Naz-
> zani, *Saggi di economia politica*. Milano, 1881,
> pp. 17-21.)

Mais l'économie politique a fait beaucoup plus de
progrès grâce aux travaux de deux hommes éminents,
qui ne se sont pas contentés de la critique purement négative et qui ont apporté des corrections essentielles et
d'utiles compléments aux doctrines de Stuart Mill,
dont ils ont été les continuateurs les plus illustres en
Angleterre. Cairnes et Jevons. bien que leurs méthodes et leurs buts soient différents, le premier se
déclarant disciple de Stuart Mill, qu'il combat avec.
énergie sur plusieurs points, tandis que le second a cru
substituer des doctrines absolument nouvelles aux doctrines de Ricardo, qu'il appelle *able but wong-headed*,
et de son admirateur Mill, alors qu'en réalité sa critique, ne conduit pas à des conséquences aussi étranges
et aussi désastreuses.

John Elliot Cairnes (1824-1875), irlandais lui aussi,
condisciple de Cliffe Leslie, professeur à Dublin en 1861,
puis, pendant quelque temps (1866-1872) à l'*University College* de Londres, a déployé une extraordinaire
activité scientifique, notamment dans les dix dernières
années de sa vie, que troublait une très douloureuse
maladie. En dehors de son ouvrage sur la méthode
(1857), plusieurs fois cité, et qui a été pendant plus de

vingt ans le meilleur sur ce sujet, Cairnes, qui avait
une aptitude singulière à suivre l'action de certaines
causes économiques générales à travers un ensemble
très compliqué de faits, a publié un important travail
sur l'esclavage aux Etats-Unis (*The slave power, its
character, career and probable designs*, 1862, - 2º édit.,
1863) dans lequel il a montré les principaux inconvénients économiques du travail servile, fait de mauvaise
grâce, maladroit et uniforme. Il a publié en outre, dans
différentes revues, quelques essais remarquables; les uns
critiques, comme ceux sur Comte et Bastiat ; d'autres
économico-historiques, parmi lesquels il faut en
signaler quelques uns de très importants sur les effets
probables de l'augmentation de la production de l'or,
qu'il développe admirablement en analysant le processus de renchérissement des prix, variable selon que
les pays sont plus ou moins directement en communication d'affaires avec les régions métallifères, et selon la
nature des produits, matières premières ou objets manufacturés; d'autres, enfin, d'économie appliquée, et
particulièrement l'essai sur le véritable caractère de
la maxime « laissez-faire ».

A la veille de sa mort Cairnes publia son œuvre
principale, sur quelques principes fondamentaux de
l'économie, qu'il expose avec une certaine nouveauté
de vues. Elle comprend trois parties : la valeur, le travail
et le capital, le commerce international. Dans la
première, utilisant le traité de Cherbuliez, qu'il a fait
connaître aux anglais, il précise mieux la distinction
entre les lois de la valeur courante et les lois de la
valeur normale, il relève quelques inexactitudes de
Stuart Mill sur le coût et les dépenses nominales de
production, en excluant du premier (comme l'avait déjà
fait Senior) les salaires et les profits. Par sa célèbre
théorie des groupes non concurrents, il chercha à

démontrer que, même dans l'industrie intérieure, la concurrence et le coût n'expriment pas toujours la loi de la
valeur, qui est déterminée par la demande réciproque.
Il eut cependant le tort de donner une importance
exagérée à cette théorie, qui modifie la loi de Ricardo
et de Stuart Mill, mais ne la détruit pas, et il ne saisit
pas le véritable sens de la théorie du degré final
d'utilité, qu'il critiqua trop à la légère. Dans la seconde
partie il faut surtout relever la doctrine du fonds de
rétribution des salaires, répudiée par Mill, comme nous
l'avons dit, et que Cairnes a formulée avec plus de
précision, mais avec des observations qui en atténuent l'importane. Il ramène à de justes proportions l'influence des trades unions sur le taux des
salaires et il se montre très confiant dans l'avenir de la
coopération ; il réfute d'une façon persuasive la loi de
Brassey (On work and wages, 1878) sur l'uniformité
générale du coût du travail. La troisième partie n'est
pas moins importante ; elle contient une révision minutieuse de la théorie du commerce et des valeurs
internationales de Ricardo et de Mill ; il substitue à
l'idée de la balance des importations et des exportations
l'idée plus compréhensive et plus exacte de la balance
des dettes et des créances ; sur ce point (comme le
remarque Bastable) il avait été précédé par J. L. Forster
(An essay on the principle of commercial exchanges,
1804), que Mac Culloch a loué pour ses idées sur
l'absentéisme. Descendant aux applications, Cairnes
combat les principaux arguments des protectionnistes,
notamment des protectionnistes américains ; il est très
heureux, comme le remarque Ingram, dans sa réfutation de l'argument qui s'appuie sur la concurrence
que le *high-payed labour* de ce pays fait au *pauper
labour* de l'Europe, il est moins convaincant au con-

traire dans, sa critique de la doctrine de Carey sur
l'utilité de la multiplicité des industries, et de celle de Mill
sur la protection des industries naissantes, théoriquement admissible, comme le remarque Sidgwick, mais
pratiquement inopportune, comme l'a démontré en quelques lignes Bastable (*Hermathena*, n. 12. Dublin, 1886).

> J. E. Cairnes, *Essays on political economy, theoretica·
> and applied*. London, 1873. — *Some leading prin-
> 'ciples of political economy newly expounded*, 1874.
> — Trad. ital. Firenze, 1877. (Cfr. sur Cairnes l'ar-
> ticle de Fawcett dans la *Fortnightly Review*,
> 1ᵉʳ août 1875.)

Guillaume Stanley Jevons est né à Liverpool en 1835.
Essayeur à l'hôtel des monnaies de Sidney de 1854 à
1859, il étudia de retour en Angleterre les sciences
philosophiques et morales; il avait antérieurement
étudié les sciences physiques et mathématiques. Il a été
professeur de logique et d'économie à Manchester
(1863-1878), puis à l'*University College* de Londres
(1876-1881); il s'est noyé à Boxhill en 1882. Il a laissé
des travaux importants sur des sujets très divers, mais
il n'a pu produire tout ce qu'il aurait pu donner sans
cette mort prématurée. Il fut un logicien éminent, un
pénétrant économiste, un bon mathématicien, et il
avait une aptitude extraordinaire pour les travaux
statistiques. Il exposait alternativement les résultats
de ses études, dans une forme populaire, comme dans
le *Primer of political economy* (1878) et dans son
volume sur la monnaie (1875), ou dans le langage le
plus élevé de la science comme dans ses *Principles of
science* (1874, deux vol.), non sans associer quelquefois
à la rigueur de l'argumentation les élans de la fantaisie,
auxquels il n'a pas résisté dans son étude sur les crises
commerciales, dont il rattache la périodicité à celle des

récoltes du blé et indirectement à celle des taches solaires (*The periodicity of commercial crises*, 1878-79. Réimprimé dans ses *Investigations*, pag. 221 et suiv.).

Le premier travail de Jevons qui attira l'attention des savants concernait la dépréciation de l'or (*A serious fall in the value of gold*, 1863, réimprimé dans ses *Investigations*, pag. 13-118), qu'il a étudiée avec une méthode très différente de celle de Cairnes; il publia ensuite une monographie, dans laquelle il se préoccupe d'un épuisement possible, quoique éloigné, de la houille (*The coal question*, 1865). Parmi ses nombreux travaux économico-statistiques, dans lesquels il fit grand usage des représentations graphiques et des moyennes géométriques, dont il se sert plutôt que des *index numbers* de Newmarch, souvent employés dans l'*Economist*, il faut signaler tout particulièrement ses recherches sur les variations des prix, ses tentatives ingénieuses pour trouver les lois des oscillations du taux de l'escompte, de la circulation et des réserves métalliques de la Banque d'Angleterre, etc. Dans le domaine de l'économie appliquée, Jevons a étudié à plusieurs reprises les questions de la lutte des types monétaires : il a toujours été un défenseur convaincu mais modéré du monométallisme ; sur la question ouvrière, il est favorable à la coopération et à la participation aux bénéfices, et il a affirmé la nécessité d'une sage législation sociale (*The State in relation to labour*, 1882).

Au point de vue de l'économie rationnelle, Jevons, qui s'était posé en réformateur radical, a donné des essais, remarquables sans aucun doute, mais qui n'ont pas restauré la science *ab imis fundamentis*. Un peu sceptique sur l'unité future de l'économie politique, comme cela résulte d'une de ses leçons d'ouverture (*Fortnightly Review*, vol. 20, décembre 1876), il a déclaré, dès 1862, que l'économie comme science doit être étudiée avec la méthode mathématique, qu'il croyait capable de donner des mesures exactes des données psychologiques sur le plaisir et la douleur, selon lui le point cardinal des recherches économiques ; c'est ce qu'il a essayé de faire dans un fragment encore inédit consacré à la consommation. En précisant le concept de l'utilité finale, Jevons, qui n'avait pas connu les travaux de Gossen (1854), a apporté une contribution utile à la théorie de la valeur et complété les théories de Ricardo. tandis qu'au contraire son adhésion aux idées très indéterminées des économistes français sur les lois du salaire n'a point aidé aux progrès de la science.

> W. Stanley Jevons, *The theory of political economy.* Londres, 1871. - 2ᵉ édit., 1879. - Réimprimé en 1888. (Trad. ital. dans la série III, vol. II, 1875, de la *Biblioteca dell' Economista*). — *Methods of social reform*, 1883. — *Investigations in currency and finance*, 1884, publiées avec une intéressante introduction par le professeur Foxvell (pag. XIX et suiv.)
>
> Voir aussi : *Letters and Journal of W. S. Jevons*, 1886 (avec une bibliographie complète), et W. Boehmert, *W. S. Jevons und seine Bedeutung für die Theorie der Volkswirthschaftslehre* (in Schmoller, *Jahrb. für Gesetzgebung, Verwaltung, etc.* Leipzig, 1891. 3ᵉ fasc., pp. 76-124).

§ 5. — L'ÉTAT ACTUEL

Les faits ont démenti solennellement les pronostics des sceptiques et les craintes des pusillanimes qui, il y a quinze ans, croyaient imminente la ruine de la science économique en Angleterre. Malgré les pertes importantes occasionnées par la mort de Cairnes, de

Bagehot, de Cliffe Leslie, de Jevons, il est resté encore
un solide noyau d'excellents maîtres et un groupe
nombreux de disciples zélés qui, mettant à profit les
progrès réalisés à l'étranger, ont contribué puissamment
à en préparer de nouveaux et de non moins signalés
dans la terre classique de ses gloire les plus grandes.

Le courant historique a reçu une vigoureuse impulsion grâce aux travaux et à l'enseignement de James
Thorold Rogers, professeur à Oxford (m. 1890), qui a
écrit l'histoire de l'agriculture et des prix au moyen âge
et dans les premiers siècles des temps modernes. Il a
exposé et résumé les résultats de ses travaux dans d'autres ouvrages sur les salaires, en y joignant des recherches patientes et originales, que l'on peut apprécier aussi
dans la monographie, déjà citée, sur les premières années de la Banque d'Angleterre. Il a été moins heureux
dans les critiques qu'il a faites à Ricardo et, en général,
aux grands maîtres de la science dans ses leçons sur l'*interprétation économique de l'histoire*. Son élève W. J.
Ashley, professeur à *Haward University* suit là même
voie et avec succès; il a commencé de bons travaux sur
l'histoire économique de l'Angleterre.

> James. E. Thorold Rogers, *History of agriculture and
> prices* (de 1259 à 1702). London, 1866-1887. Six
> volumes. — *Six centuries of work and labour.*
> 1884. Deux volumes. — *The industrial and com-
> mercial history of England*, 1891.
>
> W. J. Ashley, *The early history of the english woollen
> industry.* Philadelphia, 1887. — *An introduction to
> english economic history and theory.* London 1888;
> II° Part. 1893.

La première place dans le champ des recherches historico-économiques appartient au très érudit professeur
Guillaume Cunningham, qui a publié une histoire universelle du commerce et de l'industrie anglaises dans

leurs relations avec les institutions et les doctrines, qui
pourra remplacer les compilations utiles mais vieillies
d'Anderson (1790, 6 vol.) et de Macpherson (1805, 4 vol.).
Tout comme Ashley et Foxwell, Cunningham adhère,
en grande partie, aux idées théoriques de l'école historique allemande.

> W. Cunningham, *Politics and economics*. London,
> 1885. — *The growth of english industry and com-
> merce*. Vol. I et II. Cambridge, 1890-1892.

Parmi les travaux historiques spéciaux, il en est quelques-uns de remarquables sur les anciennes Guildes et,
en particulier, sur les corporations des commerçants,
qui complètent ou rectifient, sur plusieurs points, les
etudes du professeur Brentano. Le principal est le livre
de Charles Gross (*The Gild-Merchant*, 1890), qui a
publié depuis d'autres travaux intéressants.

On peut, à certains points de vue, considérer comme
un complément des œuvres historiques les recherches
statistiques et, en particulier, les recherches sur les
conditions des classes ouvrières, publiées récemment
dans des monographies séparées ou dans le célèbre périodique de la Société royale de statistique de Londres,
notamment par Levi, Brassey, Giffen, Chisholm, etc.

Un autre indice certain des progrès que les études
économiques font en Angleterre nous est fourni par les
importants travaux sur l'histoire de la science, qui avait
été autrefois fort négligée. Tandis que le professeur
Foxwell, qui a dignement succédé à la chaire de Jevons, dont il publie des œuvres posthumes, s'occupe d'un
travail considérable sur la bibliographie de l'économie
politique, spécialement en Angleterre, destiné à remplacer l'imparfaite *Littérature* de Mac Culloch, l'érudit
James Bonar a commenté les doctrines de la nouvelle
école autrichienne sur la valeur, publié un important

travail biographique et critique sur Malthus, édité des
lettres de Malthus; Gonner a commenté avec talent
Ricardo, et Smart a traduit le *Capital* de Böhm-Bawerk.
Les monographies historico-littéraires de H. Higgs, et
celles de D. G. Ritchie, dans le *Dictionnaire* de Palgrave, méritent aussi d'être mentionnées.

Dans la sphère plus élevée des investigations économiques par la méthode mathématique, appliquée également aux études statistiques (poursuivies avec succès
par Rawson, Mouat, Hendriks, Inglis Palgrave, News-
holme, Wynnard Hooper, etc.), il faut faire une place à
part pour F. Y. Edgeworth, l'illustre successeur de
Rogers à la chaire d'Oxford. Il faut citer aussi Wicksteed, qui a exposé, d'une façon claire et élégante, les
théories de la valeur de Jevons. Bonar a fort bien
montré le lien qu'il y a entre les théories économiques
et les théories philosophiques.

> F. G. Edgeworth, *Mathematical Psychics*, 1885. —
> Ph. II. Wicksteed, *The alphabet of economic science*.
> Part. I, 1888. — J. Bonar, *Philosophy and political
> economy, etc.* 1893

Mais la première place parmi les économistes anglais
contemporains appartient sans conteste au professeur
Alfred Marshall, qui a succédé, en 1885, à Fawcett à
l'Université de Cambridge. Par son enseignement et
par ses travaux, il a donné des preuves éclatantes de
son esprit pénétrant, de ses connaissances variées et
approfondies, de ses idées larges et exactes sur la méthode, de son appréciation exacte des théories de l'école
classique, qu'il continue dans le sens de Smith, en
combinant, mais avec plus de modération, l'usage des
mathématiques, comme Jevons, aux recherches historiques, comme Rogers et Cliffe Leslie, et à l'induction
statistique, comme Giffen, parce que comme il l'a si-

gnalé, les faits bruts sont muets et ne dispensent pas
des déductions théoriques. Il a particulièrement étudié
la théorie de la valeur, sur laquelle il a écrit d'intéressants mémoires analytiques, non publiés. Ce n'est qu'en
1879 qu'il s'est décidé à résumer le résultat de ses
etudes dans un livre élémentaire, mais très remarquable,
écrit en collaboration avec sa femme, Maria Paley, qui
a remplacé, presque complètement, l'autre précis classique, plus facile mais moins profond, rédigé par Mistress M. G. Fawcett (*Political economy for beginners*,
1870) d'après le *Manuel* de son mari. Après avoir
exposé ses idées sur les caractères et la méthode de la
science dans sa leçon d'ouverture du 24 février 1885
(*The present position of economics*), il a publié,
l'année suivante, le premier volume de son œuvre
principale. On a également de lui quelques monographies, parmi lesquelles il nous suffira de citer la dernière, très importante, sur le sujet si controversé maintenant de la concurrence (*Some aspects of competi-
tion*, 1890).

> Alfr. Marshall, *The economics of industry*. London,
> 1879. - 2ᵉ édit. 1882. — *Principles of economics*.
> Vol. I, 1890 - 2ᵉ édit., 1891. (Cfr. l'article de N.
> G. Pierson dans la revue *De Economist*, mars
> 1891, pp. 177-207, et celui de A. Wagner, dans le
> *Quarterly Journal of Economics*. Boston, avril
> 1891).

Le but que Marshall se propose dans ses *Principes*
est à peu près le même que celui de Stuart Mill. Il a
exposé les théories de l'école classique, revues et corrigées d'après les derniers progrès de la recherche scientifique, et enrichies d'applications correspondant aux
conditions et aux besoins actuels. Il serait inopportun
de vouloir juger, avant l'achèvement de l'œuvre, si
Marshall a, ou n'a pas, pleinement atteint son but.

Il est cependant certain que le livre de l'illustre professeur de Cambridge, supérieur, à certains points de vue, à celui de Mill par la richesse des détails, la pleine connaissance de l'état actuel de la science, pourra difficilement le remplacer comme œuvre didactique, parce que la forme de l'exposition et la subtilité des recherches le rendent accessible à un plus petit nombre de lecteurs, et parce que l'ordre qu'il suit, excellent pour la recherche, l'est moins pour la communication des résultats. Ce n'est pas là cependant un défaut pour une œuvre qui est en grande partie originale, bien que l'auteur déclare modestement qu'il veut présenter seulement a *modern version of old doctrines*. La vérité est qu'il expose, d'une façon magistrale, les doctrines reçues, qu'il les corrige, qu'il en limite, quand cela est nécessaire, les applications, et qu'il continue les recherches de ses prédécesseurs, souvent interrompues au moment où croissait avec la difficulté l'intérêt pratique de solutions plus concrètes. Marshall a mis à profit les travaux antérieurs, mais il n'est pas tombé dans les mêmes erreurs. Il apprend, par exemple, de Cournot à apprécier le principe de la continuité dans les phénomènes économiques, sans accepter ses déductions erronées sur le commerce international ; il adopte la théorie de Walker sur les salaires, mais sur beaucoup de points il la corrige ; il analyse les effets du principe de l'intérêt personnel, mais il ne néglige pas les modifications qu'il subit en pratique sous l'influence du sentiment moral ; il admet et il explique la loi des revenus décroissants dans la production territoriale, mais il ne se borne pas à de simples considérations générales, il descend dans l'examen des effets qu'elle produit sur les différents systèmes et sur les différentes formes de culture et sur les autres emplois du sol. Il éclaircit, en particulier, la loi de la valeur en montrant qu'elle est la résultante de phénomènes qui doivent être étudiés séparément, et par rapport à l'offre, qu'il identifie avec la production, étudiée par lui avec beaucoup de soin et de notables progrès sur Hearn (le meilleur spécialiste sur ce sujet), et par rapport à la demande, c'est-à-dire aux conditions du marché, dont il donne une analyse qui ajoute à l'analyse déjà si remarquable de Jevons. Il emprunte à celui-ci la théorie du degré final d'utilité, ou, comme il préfère s'exprimer, de l'utilité marginale, mais il s'empresse de démontrer qu'elle éclaire et qu'elle complète en partie mais qu'elle ne remplace pas celle du coût de production Au sujet de la valeur, Marshall, dépassant les limites des recherches de Mill, démontre que l'échange des produits avec les services productifs (distribution) est gouverné par la même loi que l'échange des produits avec les produits (circulation). L'idée de la continuité des phénomènes économiques a diminué pour l'auteur l intérêt des bonnes définitions ; il n'y a point donné le soin qu'elles réclament (livre second) et c'est pour cela peut-être qu'il n'a pas réussi à se débarrasser de certaines erreurs traditionnelles chez les économistes anglais, et notamment il considère comme capital les provisions nécessaires à l'entretien des ouvriers et de leur famille, et il commet cette erreur plus grave encore de comprendre dans les dépenses de production non seulement le remplacement du capital et la compensation des efforts, des sacrifices et des risques inhérents a la production même, mais aussi le revenu de la classe ouvrière, confondant ainsi le point de vue de l'entrepreneur, qui est celui de l'économie privée, avec celui de la société, qui est propre à l'économie politique. Marshall a le mérite d'avoir ajouté à la loi des revenus décroissants une loi des revenus croissants (*law of increasing return*), non remarquée par Ricardo, par Malthus et par Stuart Mill, qui se vérifie dans les cas où l'augmentation de la demande provoque une intensité plus grande dans les systèmes de production, qui rend possible une plus large division du travail et conduit (ce qui semble à première vue paradoxal) à une diminution du coût et du prix. Mais Marshall exagère beaucoup, comme le remarque finement Pierson, le champ d'application de cette loi, et il en tire des conséquences très optimistes en matière d'augmentation de la population, lorsqu'il affirme que la loi des revenus croissants est toujours applicable à l'augmentation de capital et de travail dans la production, tandis que la nature reste soumise à l'influence de la loi des revenus décroissants. L'optimisme de Marshall n'a d'ailleurs rien de commun ni avec celui des physiocrates, ni avec celui de Bastiat. Ses vues sur la question ouvrière, sur la diversité des causes qui règlent la demande de travail et la demande de produits, et sur les conditions et les limites de l'intervention de l'Etat pour protéger les intérêts des classes moins aisées, sont, à tous les points de vue, recommandables et également éloignées des exagérations du socialisme et de celles de l'individualisme. Ce n'est certes pas chez Mill, Cairnes, Jevons et Marshall qu'on retrouve les caractéristiques de convention de l'école de Manchester, souvent supposées, pour des besoins de la polémique, là où elles n'existent pas.

Un seul écrivain, éminent à beaucoup d'égards mais excentrique souvent, Spencer, représente en Angleterre les théories des individualistes doctrinaires ; mais il ne faut pas oublier que Spencer (*The man versus the state*, 1885) appuie sa protestation (*vox clamantis in deserto* dit spirituellement Cohn) sur des arguments que le plus grand nombre des libéraux absolus ne voudraient certes pas s'approprier, notamment sur un argument donné dans sa *Social statics* (1850), avant Darwin par conséquent, exprimant la crainte que l'intervention de l'Etat en faveur des faibles ne trouble la loi du progrès qui veut le triomphe des plus habiles, c'est-à-dire des plus forts ! Il faut ajouter qu'un illustre savant naturaliste, Huxley, a répondu à Spencer ; il a rectifié l'idée de la lutte pour l'existence et noblement protesté contre la barbare application littérale qui en est faite aux phénomènes sociaux (*The Nineteenth Century*, Février 1888).

L'université de Cambridge compte encore parmi ses professeurs un éminent philosophe, Henri Sidgwick. Il est l'auteur d'une critique très appréciée des différents systèmes de morale (*The methods of ethics*, 1874.- 4° édit., 1890) et d'un traité d'économie politique, précédé d'une belle introduction qui contient des observations très fines sur les méthodes ; les deux premiers livres sont consacrés à la science et le dernier à l'art. La valeur des deux parties de l'œuvre de Sidgwick, insuffisamment appréciée par Ingram et par Cohn, est en vérité un peu différente. La première partie contient un exposé, souvent abstrus, de l'économie théorique ; l'auteur y soumet à des critiques, dont l'importance n'égale pas toujours la subtilité, les théories communément acceptées. Ainsi, par exemple, ses chapitres sur la valeur et les échanges internationaux sont obscurs, et l'idée qu'il se fait de la richesse et en particulier de la monnaie, qu'il étend aux titres de banque, est trop large ; il a fait quelques observations ingénieuses sur les monopoles et consacré un bon chapitre aux variations temporaires et locales de la répartition ; il a distingué avec raison, mais cela n'a pas grande importance, la coutume de l'habitude. La partie la meilleure du traité de Sidgwick est celle qui concerne l'économie appliquée (III° livre). Il examine, au point de vue moral et juridique, avec une grande hauteur de vues, une méthode rigoureuse et une sereine impartialité, les questions d'intervention de l'Etat dans la production et dans la distribution des richesses. On y trouve une critique impartiale du communisme et du socialisme contemporain et un bon chapitre sur les rapports de l'économie et de la morale. Sidgwick a repris ces sujets dans le savant ouvrage qu'il a récemment publié sur la théorie de la politique; il a répété, abrégé ou corrigé ce qu'il avait écrit antérieurement sur ce sujet.

II. Sidgwick, *The principles of political economy.* London, 1883.-2ᵉ édit., 1887. — *The elements of politics*, 1891.

Les récents progrès de l'économie politique ont trouvé des vulgarisateurs habiles qui ont assumé la tâche difficile et ingrate d'en exposer les principaux résultats dans des œuvres élémentaires. C'est ce qu'ont fait E. Cannan (*Elementary political economy*, 1888), J. E. Symes (*A short text-book of political economy*, 1888), et E. C. K. Gonner (*Political economy*, 1888).

Les deux jeunes professeurs, Joseph Shield Nicholson, de l'Université d'Edimbourg, et François Bastable, de l'Université de Dublin, collaborateurs de la neuvième édition de l'*Encyclopaedia Britannica*, ont publié, en dehors des ouvrages déjà cités, quelques monographies qui montrent leurs aptitudes scientifiques et, en particulier, la bonté de la méthode, la sûreté de la doctrine et la netteté de leur style. Bastable est spécialement connu par la révision soignée qu'il a faite de la théorie des changes internationaux et par sa savante *Science des finances*; Nicholson, par ses études sur l'influence des machines sur les salaires, par un élégant petit ouvrage sur la question agraire, remarquable par ses sagaces observations sur les limites d'application de la théorie de la rente, et enfin par un grand traité d'économie, riche de développements historiques.

C. F. Bastable, *The theory of international trade*. Dublin, 1887. — *Public finance*, 1892.
J. S. Nicholson, *The effects of machinery on wages*. Cambridge, 1878.-2ᵉ édit., 1892. — *Tenant's gain not landlord's loss*. Edinburgh, 1883. — *Principles of political economy*, 1893-94. Deux volumes.

Ce que nous avons dit suffit à démontrer que, dans ces dernières années, les économistes anglais ont donné de nouvelles preuves de leur valeur theorique, de leur exquis sens pratique, et de leur sage aversion pour les questions purement verbales, et qu'ils ont également cessé de ne pas tenir compte, selon la tradition, des ouvrages étrangers ; par l'étude des meilleurs auteurs étrangers, ils ont élargi leur horizon, par des recherches historiques et statistiques, ils se sont habitués au maniement des méthodes les plus propres aux diverses parties de l'économie, et ils ont montré que, pour les écrivains vraiment originaux, la diversité des opinions est plus apparente que réelle, comme cela résulte de la méthodologie de Keynes.

Pour prouver que les Anglais, non seulement conservent mais accroissent l'ancienne renommée de leur primauté économique, nous rappellerons que, dans l'année 1891, de laborieux savants ont commencé la publication de deux revues spéciales et d'un excellent dictionnaire. Les revues générales déjà citées ne suffisaient plus, et il fallait un autre *Dictionnaire* à côté de celui de Macleod (Vol. I, London, 1863), resté inachevé et consacré presque exclusivement aux questions de crédit, que ce savant et ingénieux auteur, comme on le sait, a traitées dans de volumineux ouvrages et résumées dans son *Economics for beginners*, 1878.-2° édit., 1880.

> The *Economic Review*, 1891. — *The Economic Journal* (Dirigé par Edgeworth), 1891. — R. H. Inglis Palgrave, *Dictionary of political economy*, 1891 et suiv.

———

CHAPITRE X

L'ÉCONOMIE POLITIQUE EN FRANCE

La France peut, même dans ce siècle, se glorifier d'avoir eu dans Sismondi, Cournot, Dupuit, Dunoyer, Bastiat, Chevalier, Cherbuliez, Le Play, Courcelle-Seneuil, d'illustres représentants de tous les courants théoriques et pratiques de l'économie politique. Elle a encore en De Parieu, Block, Levasseur, Léon Say, Leroy-Beaulieu, de Molinari, Frédéric Passy, de Foville, Gide, Périn, Brants, Cheysson, Jannet, des économistes dignes, à plus d'un titre, d'être pris en grande considération. Cependant on ne peut pas nier que l'économie politique, particulièrement la science pure, qui a toujours été impopulaire en France et tenue tout au plus pour une « littérature ennuyeuse », n'a plus depuis longtemps l'estime des savants, et qu'elle se trouve dans des conditions peu favorables, si on la compare à la position élevée qu'elle conserve en Angleterre et même aux progrès qu'elle a faits en Allemagne, et qu'elle fait en Autriche, en Italie et aux Etats-Unis.

Plusieurs causes ont contribué à cette décadence intellectuelle, et, en premier lieu, le petit nombre de chaires d'économie politique. Elle n'est enseignée, en effet, que dans quelques écoles spéciales, au Conservatoire des Arts-et-Métiers, à l'école des Ponts-et-Chaussées, et plus récemment à l'école des hautes études commerciales, à l'école libre des sciences politiques, ou, comme matière de pur luxe, dans un établissement

comme le Collège de France qui ne confère pas de
grades académiques et n'a pas d'auditoire régulier et
constant, mais où, cependant, ont professé des hommes
de grand mérite, comme Say, Rossi, Chevalier, Baudrillart, actuellement Levasseur et Leroy-Beaulieu. Ce
n'est que tout dernièrement que l'économie est devenue une matière, d'abord libre, puis obligatoire, dans
les Facultés de droit (et même dans les Instituts professionnels) et qu'elle a été l'occasion de la publication de
cours et de résumés par Batbie, Cauwès, Beauregard,
professeurs à la Faculté de droit de Paris, Alfred Jourdan, professeur à Aix et à Marseille, et par Villey, Rozy,
Worms, Rambaud, etc.

A. Batbie, *Nouveau cours d'économie politique*. Paris,
1866. 2 vol. — P. Cauwès, *Cours d'économie politique*, 3ᵉ édit., 1892-1893, 4 vol. — P. Beauregard,
Eléments d'économie politique, 1890. — A. Jourdan,
Cours analytique d'économie politique, 1885 -2ᵉ édit.,
1893. — J. Rambaud, *Traité élémentaire et raisonné d'économie politique*, 1892.

Le progrès et la diffusion de l'économie ont été également empêchés par la guerre que lui firent d'une façon
continue les industriels protectionnistes, appuyés par
l'opinion publique, les sphères gouvernementales et les
majorités des assemblées délibérantes, et même par
beaucoup d'écrivains, dont quelques-uns sont des hommes de valeur comme Cauwès, Gouraud (*Essai sur la
liberté du commerce*, 1854), Richelot, traducteur de
List et admirateur de Macleod (*Une Révolution en économie politique*), Dumesnil-Marigny (*Les libre-échangistes et les protectionistes conciliés*, 1860), etc. Les
libre-échangistes français, il faut bien le dire, s'appuient
sur des arguments trop génériques et ils n'ont aucun
souci des précédents historiques et des conditions locales,

dont tiennent justement compte leurs principaux adversaires.

Mais la cause principale de la décadence des études
économiques, dont se plaint éloquemment Léon Say
(*Le socialisme d'état*, 1884, p. 208), est dans le dé-
bordement des doctrines socialistes, qui trouvent un
accueil facile auprès de la classe ouvrière et un terrain
tout préparé par les tendances usurpatrices de la
bureaucratie ; l'opposition qu'elles rencontrent dans
l'individualisme extrême et dans l'optimisme intransigeant de l'école officielle, qui oppose des erreurs théoriques aux propositions inconsidérées de ses adversaires,
ne suffit pas à en empêcher la diffusion. Et, en effet,
l'école française s'est éloignée, sauf de rares exceptions,
de l'école anglaise, et elle a sacrifié la science à l'art ;
elle a repoussé les théories de Malthus et de Ricardo
qui, en Angleterre, avaient été corrigées et mieux formulées, et considéré le « laissez-faire » comme un
dogme rationnel et non pas, ce qu'il est réellement,
comme une règle d'art ; elle a fait de la science la gar-
dienne intéressée de l'organisation économique exis-
tante, et s'est opposée non seulement à l'ingérence
bienfaisante ou dangereuse de l'Etat, mais même aux
plus légitimes manifestations de la liberté, lorsque
celle-ci, par la formation de groupes sociaux spontanés
et autonomes, vient en aide à la faiblesse de l'ouvrier
isolé et sans ressources devant la force débordante de
l'entrepreneur capitaliste. L'exclusivisme de cette école,
maitresse du *Journal des économistes* (1842), dirigé
par de Molinari, de l'*Economiste français*, dirigé par
Leroy-Beaulieu (1873), et du *Monde économique*, dirigé
par Beauregard (1881), largement dotée grâce aux
abondantes ressources que l'*Académie des sciences
morales et politiques* peut consacrer aux prix qu'elle
distribue (les sujets étant toujours traités d'après les

opinions bien connues des juges), et soutenue aussi
par les réunions mensuelles de la *Société d'économie
politique* et par les publications de la maison Guillaumin, a été décrit par le meilleur des économistes
dissidents, Gide, avec des couleurs peut-être trop
vives (comme le remarque le professeur hollandais
D'Aulnis), mais ne s'éloignant pas, en somme, de la
vérité. Nous trouvons donc en France ce type d'économiste orthodoxe, dont l'école aujourd'hui dominante en Allemagne nous esquisse continuellement
les traits, en les appliquant à tort aux écrivains anglais
et en oubliant qu'elle est elle-même d'un exclusivisme
non moindre, mais dans une autre direction.

> A. de Foville, *The economic movement in France* (in
> *Quarterly Journal of Economics.* Boston, janvier
> 1890, pag. 222-232). — Ch. Gide, *The economic
> schools, etc., in France* (in *Political Science Quar-
> terly.* New-York, 1890. Vol. V, pag. 603-635).

§ 1. — L'ECOLE CLASSIQUE

Les remarques précédentes sur la tendance générale
des recherches économiques ne sont pas contredites
par ce fait que nous trouvons en France quelques écono·
mistes d'un rare mérite, qui ont suivi complètement ou
ne se sont que peu écartés des doctrines et de la méthode
des économistes anglais ; ils constituent une minorité
notable, mais rien de plus. A cette minorité appartiennent Pellegrino Rossi, Michel Chevalier, Antoine
Elisée Cherbuliez, Joseph Garnier, et, en partie seulement, Courcelle-Seneuil et Block ; trois de ces auteurs
seulement sont Français de naissance.

Pellegrino Rossi, né à Carrara en 1787 et assassiné à
Rome en 1848, se fit connaître, pendant son exil en

Suisse, comme criminaliste ; appelé en France en 1833, il succéda à Say dans la chaire d'économie politique, qu'il occupa très brillamment, pour entrer quelques années plus tard dans la carrière diplomatique. Rossi contribua, par ses leçons, publiées en grande partie après sa mort, à faire connaître les doctrines de Malthus et de Ricardo, qu'il exposa avec beaucoup de compétence et de clarté, mais avec peu d'originalité ; il a cependant mis en lumière l'importance de la valeur d'usage, que les anglais avaient un peu négligée, et la distinction entre la science et l'art, qu'il avait empruntée à Senior.

Michel Chevalier .(1806-1879) lui succéda dans sa chaire en 1840. Ancien Saint-Simonien, directeur du *Globe*, ingénieur de mérite, brillant écrivain, très habile dans le maniement des chiffres, il suivit une direction différente de Rossi, parce qu'il s'occupa beaucoup plus de l'économie appliquée, que des théorèmes de l'économie rationnelle ; il a étudié dans son cours les moyens de transport, et, en particulier, les chemins de fer (vol. I et II), dont il a été le promoteur très zélé, et mieux encore la monnaie. Il a d'ailleurs consacré à ce dernier sujet d'autres monographies ; il avait soutenu contre Léon Faucher que la baisse de la valeur de l'or, provenant de la découverte des mines de la Californie et des placers de l'Australie, aurait des conséquences beaucoup plus graves que celles qui ont eu lieu en réalité (*De la baisse probable de l'or*, 1858). Partisan ardent du libre échange, il le défendit dans son *Examen du système commercial connu sous le nom de système protecteur* (2ᵉ édit., 1853), et il fut, avec Cobden, le négociateur heureux du traité de commerce de 1860. Il a parlé impartialement en 1848 des questions ouvrières, tout en attaquant, dans le *Journal des Débats*, le socialisme par ses *Lettres sur l'organisation du travail*; il soutint contre son émule Louis Wolowski (1810-1876), d'origine polonaise, beau-frère de Faucher, et vaillant défenseur du bimétallisme (*L'or et l'argent*, 1870) et de l'unité d'émission (*La question des banques*, 1864), l'étalon unique d'or, avec De Parieu et avec Levasseur (*La question de l'or*, 1858); il défendit également les théories bancaires de l'école de Tooke et de Fullarton. Partisan des expositions internationales, il a essayé de créer, mais sans résultats notables, à l'occasion de celle de Londres de 1862, une agitation contre les brevets d'invention; plus tard il a résumé ses arguments dans un opuscule intitulé *Les brevets d'invention* (1878). Il a écrit pour l'exposition de 1867 une classique introduction aux rapports des jurys, et, presque en même temps, un mémoire contre l'octroi (*L'industrie et l octroi de Paris*, 1867).

> P. Rossi, *Cours d'économie politique*. Vol. I-II. Paris, 1840-41. Vol. III-IV (*posthumes*) 1851-54. — *Mélanges d'économié politique*, 1857. 2 vol. — *OEuvres complètes*, 1865 et suiv. Dix volumes. — Cfr. L. Reybaud, *Economistes modernes*, 1862, pp. 371-439.
> M. Chevalier, *Cours d'économie politique*. Vol. I-III. 1842-1850. 3 vol. - 2ᵉ édit., 1855-1866. — V. l'article de P. Leroy-Beaulieu dans le *Nouveau Dictionnaire d'économie politique*. Vol. I, 1890, pp. 410-416.

C'est sous l'influence presque exclusive de Say, de Rossi et de Chevalier que Joseph Garnier (1813-1881) a écrit en 1845 ses *Éléments* d'économie politique. Il est un des fondateurs, et il a été pendant longtemps le rédacteur en chef du *Journal des Économistes*, de l'*Annuaire de l'économie politique*; il est l'auteur de très nombreux travaux, énumérés avec soin par Lippert. Dans les éditions ultérieures et sous le nouveau titre de *Traité*, les « Éléments ».de Garnier, aux-

quels se joignirent d'autres volumes complémentaires
sur les finances et sur la population, devinrent un répertoire très érudit, mais peu profond, des études économiques, que l'on peut mettre en parallèle avec le *Dictionnaire d'économie politique* (1851-1853, 2 vol.), édité par
Guillaumin et dirigé par Charles Coquelin (m. 1853),
l'auteur du brillant ouvrage *Du crédit et des banques*
(1848, - 3e édit., 1875), avec la collaboration d'un grand
nombre de spécialistes, dictionnaire qui a été pendant
longtemps un modèle incomparable d'encyclopédie économique.

> Jos. Garnier, *Traité d'économie politique*, 1860.-9e édit.,
> 1889. — *Du Principe de population*, 1857.-2e édit.,
> 1885. — *Notes et petits traités*, 1858.-2e édit., 1865.
> — *Eléments de finances*, 1862. Puis sous le titre
> de *Traité*, 4e édit., 1882. — Cfr. J. J. Garnier, *Bio-
> graphie de l'économiste Jos. Garnier*. Turin, 1881,
> et l'article de Lippert dans le *Handwörterbuch
> der Staatswissenschaften*. Vol. III. Jena, 1891, pp.
> 699-702.

Le plus illustre parmi ceux qui ont étudié la science
pure, fidèle aux doctrines de l'école classique, a été le
génevois Antoine Élisée Cherbuliez (1797-1869), professeur de droit à Genève en 1833, d'économie en 1835,
puis membre du Grand Conseil jusqu'en 1848. Il émi-
gra en France et y resta jusqu'au coup d'État; revenu
dans sa patrie, il fut professeur en 1853 à l'Académie de
Lausanne, puis, dans les dernières années de sa vie,
au Politechnicon de Zurich. Républicain conservateur,
il est l'auteur de deux ouvrages politiques célèbres; il
a écrit plusieurs articles dans la *Bibliothèque universelle*, dans le *Journal des Economistes* et dans le *Dictionnaire* de Coquelin, sur des questions théoriques et
contre le socialisme, une monographie sur les causes de
la misère, dans laquelle il défend chaleureusement le

patronage, et enfin un traité d'économie qui présente beaucoup de points de contact avec les *Principes* de Mill, auxquels il est supérieur, sous certains rapports, pour la cohérence des principes, pour la distinction rigoureuse des vérités de la science et des règles de l'art, pour l'harmonie des différentes parties et pour la connaissance plus large de la littérature économique. Il faut remarquer, comme signe des temps, que le nom de Cherbuliez et celui de Cournot ne figurent pas dans le *Nouveau dictionnaire d'économie politique* dirigé par L. Say et Joseph Chailley (Paris, 1890-1892, 2 vol.), et que le traité de Cherbuliez, que nous avons signalé en 1876 comme le meilleur de tous ceux qui ont été écrits en français, n'a eu qu'une seule édition et n'a été traduit qu'en italien !

> A. E. Cherbuliez. *Théorie des garanties constitutionnelles.* Paris, 1838, 2 vol. — *De la démocratie en Suisse,* 1843. 2 vol. — *Simples notions de l'ordre social,* 1848.-2ᵉ édit., 1884. — *Etudes sur les causes de la misère,* 1853. — *Précis de la science économique et de ses principales applications.* Paris, 1862. 2 vol. — Cfr. E. Rambert, *A. E. Cherbuliez* (*Bibliothèque universelle.* Genève, 1870. Tomes 38 et 39).

Parmi les économistes qui forment pour ainsi dire le passage entre l'école classique et celle des optimistes, il faut signaler, pour leur talent et leur merveilleuse activité scientifique, Courcelle-Seneuil et Block. Léon Say jouit également d'une grande autorité, et parce qu'il porte dignement un nom illustre, et parce qu'il a dirigé avec habileté et prudence une des plus ardues opérations de change de notre temps, le payement de l'indemnité de cinq milliards, et aussi parce qu'il est l'auteur d'ouvrages modérés dans le fond et élégants dans la forme. Il a traduit la *Théorie des changes étrangers* de Goschen (2ᵉ édit. franç. 1875); nous mentionnerons uniquement, en dehors de son volume déjà cité sur le *Socialisme d'Etat*, *Les solutions démocratiques de la question des impôts* (1866) et le grandiose *Dictionnaire des finances* (1887 et suiv.), dont il dirige la publication.

Jean Gustave Courcelle-Seneuil (1813-1892), négociant, journaliste, professeur d'économie à Santiago (Chili), de 1853 à 1863, conseiller d'Etat en 1879, a écrit de nombreux ouvrages de philosophie, de droit, de politique, de comptabilité, de mérite divers, mais il s'est occupé plus spécialement d'économie industrielle et d'économie politique, et en particulier des banques et du socialisme. Il a traduit avec Dussard les *Principes* de Stuart Mill, et publié, en suivant en grande partie cet ouvrage, un traité qui est digne de beaucoup d'éloges par la bonté de sa méthode, la distinction suffisamment exacte entre la science et l'art, le parallèle très soigné entre les deux systèmes économiques de la concurrence et de l'autorité, par ses comparaisons entre les institutions juridiques et les phénomènes économiques, et pour quelques développements intéressants sur l'émigration et les colonies, considérées spécialement dans leurs relations avec les conditions des sociétés hispano-américaines.

J. G. Courcelle-Seneuil, *Traité théorique et pratique des opérations de banque.* 1853. - 6ᵉ édit., 1876. — *La banque libre*, 1867. — *Liberté et socialisme*, 1868. — *Traité théorique et pratique d'économie politique*, 1858-1859. 2 vol. - 3ᵉ édit., 1891. — *Traité sommaire d'économie politique*, 1865.

Maurice Block (né en 1816 de parents allemands) est l'auteur de nombreux ouvrages de statistique théorique et appliquée, directeur du *Dictionnaire général de la*

politique (1862-64), du *Dictionnaire de l'administration française* (1855-1856,-3ᵉ édit., 1891), collaborateur
d'un grand nombre de revues, même de revues allemandes et anglaises ; familier avec presque toutes les
langues de l'Europe et la littérature économique universelle, dont il fait des compte-rendus, depuis plus de
quarante ans, dans le *Journal des Economistes,* avec
beaucoup de soin et avec beaucoup de brio, il a ainsi
préparé les matériaux qui lui ont servi pour son œuvre
historico-critique sur les *Progrès de la science économique depuis Smith*, dans laquelle il a eu de multiples
occasions de critiquer l'école allemande moderne et de
faire l'éloge de l'école autrichienne.

> M. Block. *Les progrès de la science économique depuis
> Ad. Smith.* Paris, 1890 ; - 2ᵉ édit., 1897. 2 vol. — *Petit
> manuel d'économie politique,* 1873.-8ᵉ édit., 1880. —
> *Les théoriciens du socialisme en Allemagne,* 1873.

§ 2. — LES OPTIMISTES.

Bien qu'elle ne soit pas en contradiction ouverte avec
les auteurs indiqués ci-dessus, la nombreuse phalange
des écrivains qui suit les idées défendues dans l'enseignement, dans les académies, et dans les principales
revues, professe d'une façon plus marquée les théories
de l'optimisme en matière d'économie sociale, celles de
l'individualisme à l'égard de la politique économique, et
celles du quiétisme au sujet de la question ouvrière. Elle
a son précurseur dans Dunoyer, son chef dans Bastiat, et elle compte. parmi les auteurs vivants, un partisan brillant et batailleur dans De Molinari, et un représentant savant, judicieux et modéré dans P. Leroy-
Beaulieu ; il faut mentionner encore Levasseur, Frédéric Passy et un petit nombre d'autres économistes.

Charles Dunoyer (1786-1862), journaliste courageux pendant la Restauration, préfet et plus tard conseiller d'État sous Louis-Philippe, est un disciple fidèle, mais un interprète quelquefois inexact de la théorie de Malthus. Il commença en 1825 et il termina en 1830, sous le titre de *Nouveau traité d'économie sociale*, une œuvre dont les exemplaires ont été détruits par un incendie, qu'il a refaite pour la troisième fois, avec de plus grands développements, en 1845, et dont il a résumé les principes fondamentaux dans l'article *Production* inséré dans le *Dictionnaire* de Coquelin (vol. II, pp. 439-450). Dunoyer s'est occupé avec beaucoup d'originalité de la liberté économique, non seulement dans ses applications les plus variées, mais aussi dans ses relations avec tous les autres facteurs du progrès économique, intellectuel et moral. Sa classification des industries, acceptée par beaucoup d'économistes, et sa théorie des industries personnelles, dans laquelle il a résumé toute la théorie des produits immatériels, déjà exposée en partie par Say et par Storch, a servi, plutôt par les polémiques auxquelles elle a donné lieu que par son contenu positif, à rectifier quelques points de la théorie de la production. Dunoyer a été moins heureux avec sa conception du travail comme unique facteur productif, et avec sa théorie du concours gratuit des éléments naturels, qui l'ont amené à nier la rente territoriale, devançant ainsi les théories soutenues par Carey en Amérique et plus tard par Bastiat, qui s'est reconnu plus ou moins explicitement leur élève.

Ch. Dunoyer, *De la liberté du travail*, 1845. 3 vol. — *Notices d'économie sociale*, 1870. — *Œuvres*, 1885-1886. 4 vol. — Cfr. F. Ferrara, dans le vol. VII, série 2ᵉ de la *Biblioteca dell' economista*. Turin, 1859. pp. V-XLIX.

Frédéric Bastiat est né à Bayonne en 1801 ; propriétaire foncier à Mugron, il s'est occupé, dans le silence de son domaine, de littérature, de beaux-arts et d'économie politique, en lisant les ouvrages de Smith, Say, et en particulier ceux de Charles Comte, de Dunoyer et de Carey. Sa carrière scientifique n'a duré que de 1844 à 1850 ; il est mort de consomption à Rome en 1850. Bastiat a été un philanthrope sincère et un ferme champion de la liberté économique, qu'il a défendue contre les assauts des protectionnistes et, spécialement après 1848, contre ceux des socialistes, notamment dans ses deux célèbres brochures *Capital et rente* (1849) et *Gratuité du crédit* (1850), dirigées contre Proudhon et Chevé, qui défendaient le crédit gratuit. Ses *Sophismes économiques* (1845-1847) sont un chef d'œuvre de bon sens et de logique ; il y réduit à l'absurde, (par exemple, par la fameuse pétition des marchands de chandelles), les principaux arguments des protectionnistes ; il montre que leurs théories, demandant la spoliation en faveur des riches, se rattachent à celles des socialistes qui la demandent à l'avantage des pauvres (*Protectionnisme et communisme*, 1849). Sa démonstration serait inattaquable, si elle ne ressuscitait la doctrine physiocratique du droit absolu à la liberté des échanges et, partant, la négation des fonctions économiques de l'Etat (*L'Etat*, etc. 1847) et s'il n'oubliait pas complètement d'examiner les arguments favorables à la protection temporaire des industries naissantes. Bastiat a traduit les principaux discours de Cobden, de Bright, de Fox et des autres chefs de la Ligue de Manchester, qu'il a publiés en y joignant une magistrale introduction (*Cobden et la ligue, ou l'agitation anglaise pour la liberté des échanges*, 1845). Il a été moins heureux sur le terrain de la science pure, qu'il a étudiée sur la fin de sa vie, dans le but de briser dans les mains des socialistes les armes qui leur étaient fournies par les « funestes théories » de Ricardo et de Malthus. Ses idés sur la valeur, la rente, la population *(Propriété et spoliation*, 1848. — *Harmonies économiques*, 1850, - 2e édit. 1851) sont déduites de l idée physiocratique de l'ordre naturel, c'est-à-dire de l'idée préconçue d'une harmonie fatale entre l'intérêt privé, pourvu qu'il soit libre, et l'intérêt public, qu'il identifie avec celui du consommateur, et qui conduit inévitablement au progrès indéfini, c'est-à-dire à l'augmentation continue du bien-être général et à la diminution graduelle des différences entre les diverses classes sociales. Les principales bases de son fragile édifice théorique sont: l'explication de la valeur comme le rapport de deux services échangés, en prenant par une étrange équivoque (signalée par A. Clément, Ferrara et Cairnes) le mot service, tantôt comme équivalent de travail effectué, tantôt comme synonyme d'utilité, ou de travail épargné; la théorie (analogue à celle de Dunoyer et de Carey) du concours gratuit de la nature dans la production, et partant la négation de la rente, qui se confond avec l'intérêt du capital employé à préparer et à améliorer la terre ; enfin l'hypothétique loi de la distribution (elle aussi énoncée par Carey), en vertu de laquelle, avec le progrès de l'industrie, la part de produit qui va à l'ouvrier augmente d'une façon absolue et d'une façon relative, tandis que celle qui reste à l'entrepreneur capitaliste augmente bien dans sa quantité totale, mais diminue par rapport au salaire ; enfin ses étranges contradictions sur la population, par lesquelles il combat à plusieurs reprises la théorie de Malthus, qu'il accepte dans d'autres parties de son volume sur les *Harmonies*. Il est évident que la hâte extrême avec laquelle Bastiat a compilé ses *Harmonies*, l'a empêché de faire l'analyse de certains phénomènes économiques avec la pro-

25

fondeur dont il a donné des preuves dans son opuscule célèbre *Ce que l'on voit et ce que l'on ne voit pas* (1850).

> Fréd. Bastiat, *Œuvres complètes*, 2ᵉ édit., 1862-1864 (réimprimées plusieurs fois). 7 vol.
> Voir les travaux de De Fontenay, Paillottet, F. Passy, De Foville, etc., mais spécialement l'essai de François Ferrara dans le vol. XII de la *Biblioteca dell' Economista* (1851), pp. v-cLx, et celui de J. E. Cairnes dans la *Fortnightly Review*, Octobre 1860, réimprimé dans ses *Essays* (1873).

L'influence que Bastiat a exercée par la partie saine de ses œuvres, qui contient la réfutation des sophismes des protectionnistes et des socialistes, comme par la partie évidemment inexacte sur la valeur et la distribution des richesses, se manifeste moins dans les ouvrages de ses élèves que dans la tendance qui se retrouve encore aujourd'hui chez la majorité des économistes français et chez une notable minorité d'allemands et d'italiens. L'influence immédiate de Bastiat se constate chez quelques écrivains, parmi lesquels il suffira de citer Martinelli (*Harmonies et perturbations sociales*, 1853), Bénard (*Les lois économiques*, 1862), R. De Fontenay (*Du revenu foncier*, 1854), qui a écrit plus tard d'autres travaux dans lesquels il montre une grande vigueur de raisonnement et, enfin, Frédéric Passy, l'infatigable champion de la liberté et le promoteur ingénu et sympathique de la paix universelle (*Leçons d'économie politique*, 1861. 2 vol. — *Mélanges économiques*, etc.).

Gustave de Molinari est né à Liège en 1819 ; il a été directeur de l'*Economiste belge* (1855 à 1868) et depuis 1882 du *Journal des Economistes* ; c'est le champion le plus estimé de l'individualisme ; écrivain fécond, parfois pénétrant, souvent excentrique mais toujours brillant, il s'est occupé de questions spéciales, comme de la propriété, de l'esclavage, du commerce des grains, de la monnaie, du crédit, des poids et mesures, et, sous différents points de vue aussi, de l'ensemble des phénomènes économiques ; il défend, sur l'incompétence de l'Etat en matière économique, des doctrines que des juges non suspects, comme par exemple de Foville, ont justement taxées d'exagération.

> G. De Molinari, *Cours d'économie politique*. Paris, 1855-1863. 2 vol. — *Questions d'économie politique*. Bruxelles, 1861. 2 vol. — *L'Evolution économique au XIX° siècle*. Paris, 1881. — *Les lois naturelles de l'économie politique*, 1891. — *Précis d'économie politique et de morale*, 1893.

Paul Leroy-Beaulieu, professeur au Collège de France, comme son beau-père Michel Chevalier, fort compétent en matière statistique, a débuté par de bonnes monographies sur l'*état intellectuel et moral des ouvriers* (1868), sur la *question ouvrière* (1872, 2° édit. 1882), sur le *travail des femmes* (1873), sur la *colonisation* (1874, - 4° édit. 1891), auxquels l'Académie des sciences morales et politiques a décerné des prix. Cependant ses titres scientifiques les plus sérieux sont le *Traité de la science des finances*, le seul traité français qui rivalise, à certains points de vue, avec les traités allemands, et ses trois longues études sur la *répartition des richesses*, sur le *collectivisme*, et sur les *fonctions de l'Etat*. Il ne partage pas les opinions extrêmes de Spencer et de Molinari ; cependant, c'est un partisan du quiétisme économique, qui le conduit à des solutions imparfaites et quelquefois fausses de problèmes théorico-pratiques de grande importance. Par exemple, il nie l'importance pratique de la théorie de la rente de Ricardo et il n'accepte pas la théorie de

Malthus, parce qu'elles sont contraires à sa foi dans
l'augmentation incessante du bien-être des classes
ouvrières ; il a de nombreux doutes sur la possibilité
d'application et sur les avantages de la participation
aux bénéfices et de la coopération. Cela ne fait pas
qu'il n'ait fourni quelques utiles contributions aux
progrès de la science par ses recherches sur le taux
de l'intérêt, par ses comparaisons très approfondies
entre les entreprises gouvernementales et celles qui sont
constituées par les sociétés anonymes, et par beaucoup
de bonnes observations sur les dangers de l'ingérence
économique de l'Etat lorsqu'il se fait le seul défenseur des faibles ; s'il exagère ces dangers, ses idées
sont cependant une digue contre les théories du socialisme d'Etat.

> P. Leroy Beaulieu, *Traité de la science des finances.*
> Paris, 1877. 2 vol.-5° édit., 1892. — *Essai sur la
> répartition des richesses*, 1881.-3° édit, 1888. —
> *Des causes qui influent sur le taux de l'intérêt* (in
> *Mémoires de l'Académie des sciences morales et po-
> litiques.* Tome XI, 1885). — *Précis d'économie
> politique*, 1888. — *L'Etat moderne et ses fonctions*,
> 1890. — Cfr. l'article de Pierson dans *De Econo-
> mist* (septembre 1890, pp. 608-615).

Henri Baudrillart (1821-1892), philosophe, journaliste, suppléant de Chevalier dans la chaire d'économie
et prédécesseur de Levasseur dans celle d'histoire de
l'économie au Collège de France, s'est occupé spécialement des rapports des phénomènes économiques et des
lois de la morale. Parmi ses nombreuses publications il
faut signaler, en dehors d'un bon *Manuel* et d'autres œuvres déjà citées, sa belle *histoire du luxe* et ses savants
ouvrages sur l'état de l'agriculture française, publiés
par les soins de l'Académie des sciences morales et
politiques, supérieurs par leur importance à l'enquête

sur les conditions des manufactures faite par Louis
Reybaud, romancier et économiste (m. 1879), le très
célèbre historien des *socialistes modernes*.

> H. Baudrillart, *Manuel d'économie politique*, 1857.
> 5e édit., 1883. — *Histoire du luxe privé et public.*
> 1878-1880. 4 vol. — *Les populations agricoles de la
> France*, 1880-1885. 2 volumes.
> L. Reybaud, *Etudes sur le régime des manufactures*,
> 1859-1874. 4 vol.

Emile Levasseur (né en 1828) est l'auteur d'excellentes monographies, d'un *précis* préférable à celui de
Baudrillart, mais surtout de très savants ouvrages
économico-historiques ; il a publié un certain nombre
d'ouvrages de géographie et de statistique, et on lui doit
une œuvre classique sur la population en France.

> E. Levasseur, *Précis d'économie politique*, 1867. -
> 4e édit., 1883. — *Histoire des classes ouvrières en
> France, etc., jusqu'à la Révolution*, 1859 — *His-
> toire, etc., jusqu'à nos jours*, 1867. — *La population
> française, etc.* 1889-1892. Trois volumes.

§ 3. — LES ECOLES DISSIDENTES

Ces écoles ont eu et ont encore en France, en Belgique et en Suisse, d'illustres représentants, mais toutes
n'ont pas un nombre important de disciples. Sismondi, Cournot, Auguste Comte, Le Play, Périn, et
quelques autres ont laissé, comme économistes ou
comme critiques de l'économie, des traces profondes de
leur passage dans le sentier de la science.

On peut considérer comme des dissidents, sinon
tous, au moins quelques uns de ceux qui, appliquant
la méthode mathématique, sont arrivés à des consé-

quences divergentes de celles de l'école classique et de celles des optimistes. Nous citerons A. Cournot (1801-1877), philosophe et mathématicien, qui a été le premier à se servir de cette méthode avec compétence dans ses *Recherches sur les principes de la théorie de la richesse* (1838). Cournot s'est occupé de la valeur et de la rente, notamment dans les cas de monopole, et il a étudié l'influence des impôts sur les prix, et il est ainsi arrivé à des résultats parfois imprévus dans la théorie des échanges internationaux. Croyant plus tard que l'usage des mathématiques avait nui à son livre qui, en fait, passa inaperçu pendant plus de 25 ans, il y renonça complètement d'ans ses *Principes de la théorie des richesses* (1863), et dans le résumé, en grande partie modifié, qu'il publia peu de temps avant sa mort (*Revue sommaire de la science économique*, 1877). Juvénal Dupuit, inspecteur général des ponts et chaussées (1804-1866), s'éloigne moins des doctrines courantes. Dans ses mémoires sur les travaux publics il a parlé, lui aussi, de la théorie de la valeur, et il a écrit un volume intéressant sur la liberté commerciale, dans lequel il démontre que les perturbations momentanées qu'elle peut amener ne diffèrent pas de celles qui sont l'effet de l'introduction des machines ou de tout autre perfectionnement industriel. Parmi ceux qui se sont servi du calcul pour résoudre des questions spéciales nous citerons Fauveau. Le chef de l'école mathématique est maintenant Léon Walras, professeur à l'Université de Lausanne.

E. J. Dupuit, *De la mesure de l'utilité des travaux publics* (in *Annales des ponts et chaussées*, 2ᵉ série. Tome VIII, 1844). — *De l'influence des péages sur l'utilité des voies de communication.* (*Ibidem*, 1849, — *La liberté commerciale, son principe, ses conséquences*, 1861.

G. Fauveau, *Considérations mathématiques sur la théorie de l'impôt*, 1864. — *Considérations mathématiques sur la théorie de la valeur* (in *Journal des Economistes*, 1867).

L. Walras, *Eléments d'économie politique pure*. Lausanne et Paris, 1874-1877.-2e édit , 1889. — *Théorie mathématique de la richesse sociale*, 1883.

L'école positiviste et en particulier son illustre chef Auguste Comte, un ancien saint simonien (1797-1857), s'est moins occupée de la réforme de l'économie politique que de sa négation comme science particulière des phénomènes économiques, qu'elle considère comme indissolublement unis à ceux de l'ordre intellectuel, moral et politique. C'est à cette démonstration, que Comte a consacré notamment le quatrième volume de son *Cours de philosophie positive*, remarquable d'ailleurs à plus d'un titre. Sa classification des sciences en physico-mathématiques, biologiques et sociologiques, sa détermination des trois stades, théologique, métaphysique et positif, sa distinction de la statique et de la dynamique sociales, ses vues sur la considération du caractère continu des phénomènes de la vie sociale, ont exercé une notable influence non seulement sur Harrison, Geddes, Ingram, mais aussi sur d'illustres économistes qui, comme Mill, Cairnes, Marshall, reconnaissent l'utilité d'une étude séparée des phénomènes économiques.

Aug. Comte, *Cours de philosophie positive*. Paris, 1830-1842. 6 vol.-4e édit., 1881. — *Système de politique positive*, 1851-1854. 6 vol.-Nouvelle édition, 1880-1883.

Littré, *Comte et la philosophie positive*, 1863. —Cairnes, *M. Comte and political economy*. (In *Fortnightly Review*, mai 1870, et dans ses *Essays*, 1873. — J. K. Ingram, *History of political economy*, 1888, pp. 196-200.

D'autres philosophes ont fait des incursions plus ou moins heureuses dans le domaine économique. Ambroise Clément a essayé de combiner, avec peu de succès d'ailleurs, l'économie avec la morale et la politique (*Essai sur la science sociale*, 1868. 2 vol.); Secrétan, professeur à Lausanne, annonce la fin du salariat; Renouvier admet le droit au travail; Fouillée, dans son livre *La propriété sociale et la démocratie*, critique le caractère trop absolu de la propriété foncière, et enfin Espinas dans son *Histoire des doctrines économiques* (1891) fait des observations ingénieuses et intéressantes, mais quelquefois inexactes, sur le caractère des différentes époques et des divers systèmes, sans cependant faire un examen minutieux et approfondi des théories, notamment de celles des auteurs contemporains.

Des objections plus importantes ont été faites aux optimistes par quelques écrivains de l'économie appliquée qui, malgré de notables différences dans la tendance et dans les détails, sont cependant d'accord pour combattre l'individualisme et le quiétisme de l'école dominante et pour admettre la nécessité d'une réforme sociale. Le précurseur de ce mouvement a été Sismondi.

Jean Charles Léonard Sismonde de Sismondi (1773-1842), illustre historien, littérateur, agronome, a défendu les doctrines courantes dans ses premières œuvres (*Tableau de l'agriculture toscane*. Genève, 1801. — *De la richesse commerciale*, 1803. 2 vol.), mais il en a fait une critique sévère dans ses *Nouveaux principes d'économie politique, ou de la richesse dans ses rapports avec la population* (Paris, 1819. Deux vol. 2e édit. 1827), et aussi dans ses *Etudes sur l'économie politique* (1837-1838. 2 vol.). Ce dernier ouvrage est un recueil d'essais sur l'agriculture, l'esclavage, les manufactures, le commerce, les monnaies et le crédit, les

colonies, la balance entre la production et la consommation, etc. Il combat quelques unes des doctrines de Smith,
de Say et de Ricardo, et oppose à leur chrématistique,
qui s'occupe des richesses en oubliant l'homme qui les
produit, la véritable économie politique, qui étudie
l'influence de la production et de la distribution sur le
bien-être matériel du peuple. Frappé de la succession rapide des crises dérivant de l'excès de la production, qui,
à son tour, est la conséquence de la division du travail,
des machines, de la formation des grandes entreprises
et en particulier de la concurrence effrénée, par l'effet
de laquelle les riches deviennent toujours plus riches et
les pauvres plus pauvres, Sismondi proclame la nécessité de retourner à la petite culture, de restaurer la petite propriété et la petite industrie ; il pense, en outre,
que l'entrepreneur doit garantir la subsistance des ouvriers et que l'Etat doit l'aider dans cette tâche. Sismondi,
loin de combattre la liberté du commerce, ou de réclamer un changement, qu'il croit pernicieux, dans le
système de répartition des produits, s'arrête à la critique
négative du régime industriel moderne et il se déclare
naïvement incapable d'en proposer un meilleur. Cela
suffit à expliquer son influence sur des écrivains qui,
tout en acceptant ses prémisses, en ont tiré les conséquences les plus diverses, c'est-à-dire, et sur les socialistes et sur les partisans des réformes partielles dans le
système actuel de production et de distribution des richesses. Ses théories eurent un savant interprète dans
Théodore Fix, allemand d'origine, qui fonda la *Revue
mensuelle d'économie politique* (1833-1836. 5 vol.),
qui publia ensuite d'intéressantes *Observations sur
l'état des classes ouvrières* (1846) ; elles ont inspiré
de nombreuses enquêtes privées sur les conditions des
ouvriers, et en particulier sur les abus dérivant du
travail des enfants, parmi lesquelles nous rappelons

colle du médecin et philanthrope L. R. Villermé (*Tableau de l'état physique et moral des ouvriers*, 1840. Deux vol.), et les brillants essais de Léon Faucher (m. 1855) intitulés *Etudes sur l'Angleterre* (Paris, ' 345. Deux vol.) ; elles ont eu aussi une influence sur les descriptions très exagérées d'Eugène Buret (*La misère des classes laborieuses en Angleterre et en France*. Paris, 1842. Deux vol.). Aux travaux de l'école de Sismondi se rattachent, au moins pour partie, ceux de quelques écrivains que Kautz qualifie assez heureusement de demi-socialistes, comme, par exemple, Villiaumé (*Nouveau traité d'économie politique*, 1857. Deux vol.) et Auguste Ott, un disciple érudit de Buchez (*L'économie politique coordonnée au point de vue du progrès*, 1851 ; récemment réimprimé).

Cfr. sur les doctrines de Sismondi, H. Eisenhart, *Geschichte der Nationalokonomie*. Jena, 1881, pp. 90-117. — et mieux L Elster, *J. Ch. L. S. de Sismondi*, in *Jahrbücher für Nationalokonomie*. Nouvelle serie, vol. XIV (1887), pp. 321-382.

Beaucoup plus utile a été l'œuvre de Frédéric Le Play (1806-1882), camarade de Chevalier à l'Ecole polytechnique, inspecteur général des mines, savant organisateur de plusieurs Expositions internationales, en particulier de celle de 1867. Il a fait de nombreux et périlleux voyages et institué, avec une singulière abnégation, des enquêtes personnelles sur le budget économique et sur les conditions morales des familles ouvrières choisies par lui comme typiques dans les différents pays et dans les diverses professions. Il a publié les résultats de ces enquêtes dans deux grandes œuvres, continuées par de zélés disciples, qui, dans les discussions de la *Société d'économie sociale* de Paris, et par la publication de *La Réforme sociale* (1881 et suiv.)

et de la *Science sociale* (1876), s'efforcent de répandre les idées du maître. Ennemi de l'individualisme exagéré, sans combattre cependant la libre concurrence, Le Play veut guérir les plaies sociales par une restauration morale de l'autorité du père dans la famille, et de celle de l'entrepreneur dans l'atelier, sans demander cependant le retour ni aux anciennes corporations, ni au régime patriarcal, auquel il oppose ce qu'il appelle la famille-souche, qu'il voudrait rétablir par la liberté de tester et par l'abolition des dispositions qui prescrivent la division des terres entre les cohéritiers. Il a contribué aux progrès de l'économie pure par ses recherches sur la consommation et les différentes habitudes sociales, étudiées par la méthode monographique, qui peut être un utile complément, mais qui ne peut pas cependant (comme on le dit parfois) se substituer aux observations méthodiques et collectives de la statistique. Parmi ses disciples il faut signaler Daire, Focillon, de Ribbe, Guérin, mais, avant tout, l'éminent ingénieur Emile Cheysson, professeur à l'Ecole des Mines et à l'Ecole des Sciences politiques, l'organisateur de la section d'économie sociale à l'Exposition de 1889, et l'auteur de nombreuses et excellentes monographies économiques et statistiques, dans lesquelles il discute, avec une rare compétence, les questions de méthode.

F. Le Play, *Les ouvriers européens*. Paris, 1855. 2ᵉ édit., 1877-1879. Six volumes. — *Les ouvriers des deux mondes*, etc. 1858-1885. 1ʳᵉ série. Cinq volumes ; 2ᵉ série, 1886-1893. Trois volumes. — *La réforme sociale en France déduite de l'observation comparée des peuples européens*, 1864. Deux volumes (7ᵉ édit., 1887. Trois volumes). Son œuvre théorique est résumée dans : *L'organisation du travail*, 1870.-5ᵉ édit., 1888, et dans d'autres ouvrages moins étendus.
Cfr. sur Le Play les appréciations de V. Brants,

F. Le Play, dans la *Revue catholique de Louvain* (1882). — Ch. de Ribbe, *Le Play, d'après sa correspondance*. Paris, 1884. — A. Jannet, *L'École de Le Play*. Genève, 1890. — H. Higgs, *F. Le Play*, dans le *Quarterly Journal of Economics*. (Boston, juillet 1890).

Tandis que le Play, qui espérait voir se réaliser la paix sociale dans tous les pays de confession chrétienne, cite seulement, bien que fervent catholique, les préceptes du Décalogue et ceux de l'Evangile qui en sont le complément, il était bien naturel que naquit une école qui, faisant un appel direct à la doctrine catholique, mettrait en évidence le côté chrétien de l'économie appliquée, et demanderait comme un complément nécessaire de la liberté économique et des associations spontanées d'ouvriers, le patronage des entrepreneurs sous la direction plus ou moins immédiate de l'autorité ecclésiastique. Cette école a son siège principal en Belgique, et spécialement à l'Université catholique de Louvain, qui fait antithèse à l'Université libre de Bruxelles et aux Universités gouvernementales de Liège et de Gand ; elle a aussi actuellement des représentants dans les facultés libres de droit de Paris, de Lyon, de Lille et d'Angers.

Cette école est représentée en Allemagne par le Dr G. Ratzinger (*Die Volkswirthschaft in ihren sittlichen Grundlagen*, 1881), en France par Charles Périn. L'œuvre principale de ce dernier, traduite en plusieurs langues, est intitulée *De la richesse dans les sociétés chrétiennes* (Paris, 1861. Deux vol. · 3e édit., 1883); il a également publié *Les lois de la société chrétienne* (1875 - 2e édit., 1876), *Le socialisme chrétien* (1878), *L'économie politique d'après l'Encyclique* (1891). Il a aussi écrit une histoire de l'économie moderne, malheureusement quelquefois partiale (*Les doctrines économiques depuis un siècle*, 1880). Périn a eu un digne successeur à son enseignement dans un esprit égal au sien mais qui lui est supérieur par son érudition historique et par sa connaissance technique des différentes doctrines, Victor Brants. Excellent professeur, il a poussé ses élèves aux études qui peuvent tendre à l'amélioration de la condition des ouvriers. Il a débuté par un érudit *Essai historique sur la condition des classes rurales en Belgique* (Louvain, 1880), auquel se rattache un bon travail de Vanderkindere. Une fois nommé professeur, Brants a résumé, dans trois précieux petits volumes, les doctrines de l'école catholique : *Lois et méthodes de l'économie politique* (Louvain, 1883.-2ᵉ édit., 1887.), *La lutte pour le pain quotidien* (1885.-2ᵉ édit., 1888), *La circulation des hommes et des choses* (1886.-2ᵉ édit., 1892).

> De bons précis, plus courts, sont dus à De Metz Noblat, *Les lois économiques*, 1861. – 2ᵉ édit., 1880. — F. Hervé-Bazin, *Traité élémentaire d'économie politique*, 1880. — Plus faible est le résumé des doctrines de Le Play fait par Guillemenot, *Essai de science sociale*, etc., 1884.

Nous devons citer, a côté de Brants, pour la valeur et la modération de ses doctrines, Claudio Jannet, d'abord magistrat, puis professeur à l'Institut catholique de Paris. Il est l'auteur d'une œuvre remarquable sur les États-Unis (*Les États-Unis contemporains*. 4ᵉ édit., 1889. Deux vol.), d'un intéressant recueil d'études dans lesquelles il combat le socialisme d'Etat (*Le socialisme d'État et la réforme sociale*, 1890) et d'une monographie récente (*Le capital, la spéculation et la finance*, 1892). Les doctrines de ces auteurs peuvent se glorifier, en ce qui concerne leur application aux questions ouvrières modernes, de l'approbation implicite du chef auguste de l'Église, qui, dans l'Encyclique *Rerum novarum* du 15 mai 1891, a dit son opinion toujours autorisée, quoiqu'elle ne soit obligatoire qu'en matière de dogme et de morale ; on a eu quelquefois le tort de chercher dans l'*Encyclique* ce qui ne pouvait ni ne devait s'y trouver, un traité d'économie politique.

Aux écrivains dont nous venons de parler s'oppose, sinon en tout du moins en partie, un autre groupe de zélés catholiques, dont quelques uns reçoivent leurs inspirations de l'étranger et tendent la main à l'école des socialistes catholiques, dirigée pendant un temps par Monseigneur Ketteler, évêque de Mayence (m. 1877) et représentée par les *Christlich-Sociale Blätter* (1868) ; d'autres au contraire ont reconnu dans le cardinal Manning un chef savant et laborieux, favorable à une large intervention de l'Etat dans la question ouvrière, et qui avait applaudi au fameux manifeste du jeune empereur d'Allemagne. Un dernier groupe, exclusivement français, dont le chef est le fougueux orateur comte de Mun, qui a pour organe l'*Association catholique* et pour champ d'action les *Cercles catholiques d'ouvriers*, demande la restauration des anciennes corporations d'arts et métiers. Le plus érudit champion de ce courant extrême, qui voit dans Périn un ami trop zélé de la liberté, et qui voudrait rattacher, même dans la science pure, l'économie à la morale, doit être cherché hors de France :

> Ch. S. Devas, *Groundwork of Economics.* London, 1883. — *Political economy*, 1892.

Une dernière catégorie de dissidents de l'école dominante, dont la qualité vaut mieux que la quantité, est celle qu'on a l'habitude de désigner sous le nom d'école nouvelle.

Les deux représentants les plus illustres de ce groupe, dont les doctrines et les tendances sont d'ailleurs différentes, sont le belge de Laveleye et le français Gide.

Emile de Laveleye (1822-1892), professeur à Liège, littérateur et publiciste, a écrit d'excellents essais. On lui doit de bons travaux sur l'économie agraire en Belgique, en Hollande, en Lombardie et en Suisse, et un volume sur les crises commerciales (*Le marché monétaire et les crises*, 1865); il a été un défenseur infatigable mais exagéré du bimétallism. (*La monnaie et le bimétallisme international*, 1891), il a collaboré aux principales revues d'Europe et d'Amérique, et il a acquis une renommée mondiale. Devenu partisan ardent des nouvelles doctrines allemandes (*Les tendances nouvelles de l'économie politique*, in *Revue des deux mondes*, 1875), il a résumé les meilleures monographies anglaises et allemandes sur la propriété collective, dont il a fait jusqu'à un certain point l'apologie (*De la propriété et de ses formes primitives*. 1874-4° édit., 1891); enfin, ses *Eléments d'économie politique* (1882 d'édit. 1891) montrent son peu d'aptitude à parler des principes de la science pure, dont il ne connaissait exactement ni l'objet, ni le but, ni la méthode. (Cfr. notre article dans le *Giornale degli Economisti*, Bologne, octobre 1891, et Goblet d'Aviella, *E. de Laveleye*, 1895).

Charles Gide (né en 1847), professeur à la Faculté de droit de Montpellier, le frère du regretté jurisconsulte Paul Gide, est d'un tout autre tempérament scientifique. C'est un économiste éminent qui, comme Cairnes et Jevons, doit être jugé moins sur ce qu'il voudrait être que sur ce qu'il est en réalité. Adversaire décidé des optimistes, partisan de la liberté sans être idolâtre de la concurrence, Gide, si on ne tient pas

compte de quelques propositions peu mesurées sur la
propriété foncière et de quelques prédictions exagérées
sur l'avenir des coopératives de consommation, qui
préparent, selon lui, le terrain aux coopératives de
production, doit être considéré comme un économiste
moins éloigné qu'il ne le pense de l'école classique,
qu'il attaque souvent, d'ailleurs d'une façon vague.
Son traité d'économie politique suffit à le prouver (le
meilleur précis à notre avis, comme celui de Cherbuliez
est le meilleur traité) ; il résume, avec compétence, les
doctrines modernes et entre autres la théorie de la
valeur de Jevons, qui ne diffère pas au fond de celle de
l'école austro-allemande. Gide, qui n'arrive à définir
la nouvelle école (allemande) que par une phrase à
effet en la qualifiant d'école de la solidarité opposée
à celles de la liberté, de l'autorité, de l'égalité, a le
mérite incontestable d'avoir créé un organe indépendant de la pensée économique, qui peut compter sur un
bel avenir, malgré la conspiration du silence de ses
puissants adversaires.

> Ch. Gide, *Principes d'économie politique*. Paris, 1884.
> 5ᵉ édit., 1896.-Trad. anglaise, 1892. — *L'école
> nouvelle*. Genève, 1890. — *Revue d'économie poli-
> tique*. Paris, 1887 et suiv.

§ 4. — LES MONOGRAPHIES

S'il y a décadence dans les recherches de science
pure, le progrès fait par les français dans l'étude de
l'histoire peut nous servir de réconfort. En dehors des
œuvres classiques de Thierry, Taine, de Monteil, Gué-
rard, Leber, Mantellier, Bourquelot, notamment sur
les conditions et les institutions médiévales, nous avons
de remarquables monographies de Fagniez, de Frignet,

la belle histoire de Pigeonneau (1885-1889) sur le commerce, et aussi les ouvrages de Poirson, de Boutaric,
et de quelques autres sur les institutions économiques
de certains rois, et, enfin, les histoires des classes
rurales de Delisle, Doniol, Dareste de la Chavanne,
Babeau et Villetard, le travail de Hanauer sur les conditions économiques de l'Alsace et celui de Mathieu
sur la Lorraine. Si la statistique moderne a été créée
par l'illustre belge Adolphe Quetelet (1796-1874), Guerry
a été un maitre dans la statistique morale, à laquelle Yver-
nès a consacré différents travaux, ainsi, d'ailleurs, qu'à la
démographie, qu'ont particulièrement étudiée Levasseur
et Bertillon. La statistique économique a été cultivée
par Moreau de Jonnès, Legoyt, et maintenant par Block,
déjà cité, et par l'éminent Alfred de Foville, l'auteur
de brillants articles sur les prix et de deux belles monographies sur les transports (*La transformation des
moyens de transport*, 1880) et sur le morcellement
du sol (*Le morcellement*, 1885), qui peut servir de
complément au livre de A. Legoyt, 1886.

De Franqueville (*Du régime des travaux publics*,
2ᵉ édit., 1876. Quatre vol.), Audiganne (*Les chemins
de fer*, 1858-1863. Deux vol.), Picard (*Traité des chemins de fer*, 1887. Quatre vol.), ont étudié, au point de
vue historique et dans leurs détails techniques, les travaux publics et en particulier les chemins de fer.

Dans l'économie agraire, en dehors de Baudrillart,
déjà cité, · il faut mentionner l'éminent publiciste
Hippolyte Passy (1793-1880), auteur d'un petit volume,
qui n'a pas encore été dépassé, sur les systèmes de culture (2ᵉ édit., 1852), Léonce de Lavergne (1809-1888),
justement loué par Cliffe Leslie (*Fortnightly Review*,
février 1881), auquel nous devons de savantes et élégantes monographies, *Essai sur l'économie rurale
de l'Angleterre, de l'Ecosse et de l'Irlande* (1854,

5ᵉ édit., 1882); *L'Agriculture et la population* (1857, 2ᵉ édit., 1865); *Économie rurale de la France* (1860. 4ᵉ édit., 1870), et enfin le belge Piret qui a commencé une œuvre considérable, quoique mal proportionnée (*Traité d'économie rurale*, 1889 et suiv.), le comte de Tourdonnet (*Traité pratique du métayage*, 1882) et Rerolle (*Du colonage partiaire*, 1888) qui ont étudié à fond le métayage, Cazenouve (1889) qui s'est occupé de la participation aux bénéfices dans les entreprises rurales, et un grand nombre d'auteurs qui ont écrit sur le crédit foncier et sur le crédit agricole, etc., etc.

Sur les manufactures, il faut consulter les ouvrages de Léon Faucher, de Verdeil, du belge Ducpétiaux, de Charles Laboulaye, le frère de l'illustre Edouard Laboulaye ; sur le crédit et sur les banques, Wolowski, Horn, Juglar, l'auteur d'un beau volume sur les *Crises commerciales* (2ᵉ édit., 1889), Courtois fils, qui a écrit l'histoire de la banque de France; parmi les nombreux ouvrages sur le libre-échange, rappelons celui d'Amé (*Étude sur les tarifs des douanes*, 1876. Deux vol.); sur la population, Bertheau (1892) ; sur l'assistance, qui a été étudiée dans un grand nombre de livres remarquables, l'ouvrage classique *La charité légale, ses causes et ses effets* (1836), bien que sa critique de la charité publique soit trop absolue, a pour auteur le génevois F. Naville (1784-1836) ; le grand ouvrage de de Gérando (*De la bienfaisance publique*, 1839. 4 vol.) étudie surtout les questions d'administration, il n'est vieilli que pour certaines de ses parties (Cfr. Ch. Granier, *Essai de bibliographie charitable*, 1891).

Il existe également un grand nombre de monographies sur les salaires, les syndicats, les sociétés de prévoyance, les coopératives ; c'est ce que prouvent les œuvres de Simon, Beauregard, Crouzel, L. Smith, Laurent,

De Malarce, Lafitte, Véron, Penot, Rouillet, Abrial, Batbie, Buchez, Fougueray, Lemercier, Ch. Robert, Le Rousseau, Fougerousse, Gibon, etc. dont les œuvres sont indiquées dans nos *Primi elementi d'economia sociale* (10ᵉ édit., 1895; trad. franç. Paris, 1889).

Sur les finances, (en dehors du *Traité* de Leroy-Beaulieu et du *Dictionnaire* de Léon Say), la première place appartient au savant ouvrage d'Esquirou de Parieu (*Traité des impôts*, etc. Paris, 1862-64. Cinq vol. 2ᵉ édit., 1866-67), qui n'a pas d'égal dans la littérature des autres pays. On doit aussi mentionner sur les impôts, les ouvrages de Vignes, Guyot, Denis, professeur à l'Université de Bruxelles, et au point de vue historique, de bons travaux de Clamageran, Vuitry, Stourm, Fournier de Flaix, etc., etc. Sur les emprunts, rappelons seulement les travaux de Juvigny, Laffitte, Labeyrie, Cucheval-Clarigny, et nous renvoyons pour les autres à nos *Primi elementi di scienza delle finanze*, (7ᵉ édit. 1896; trad. franc., Paris, 1891).

CHAPITRE XI

L'ÉCONOMIE POLITIQUE EN ALLEMAGNE

———

Le progrès des études économiques a été, dans ce siècle, certainement très notable en Allemagne, et les doutes légers et imprudents émis par quelques écrivains français et italiens sur la réalité de ce progrès font peu d'honneur à leur perspicacité et à leur science. On ne peut cependant pas admettre l'idée d'une primauté germanique dans le champ entier des sciences économiques, parallèle à celui que l'Allemagne conserve jusqu'ici dans les sciences philologiques, philosophiques, historiques et juridiques. Cette prétention, que la grande majorité des écrivains de ce pays répète avec une obstination blâmée d'ailleurs par des hommes aussi savants qu'impartiaux comme Wagner, trouve très facilement accès même en Italie auprès de quelques jeunes écrivains par trop enthousiastes ; on ne peut réduire cette proposition à sa juste valeur qu'en quittant les généralités trop vagues et trop indéterminées, pour examiner avec soin les différentes branches de la science économique cultivées en Allemagne.

La part très large faite à l'économie politique dans les facultés philosophiques, juridiques et politico-administratives des universités allemandes a contribué non seulement à la diffusion des connaissances, mais aussi à déterminer le courant donné à cette étude, non moins que la qualité des arguments et

le caractère des œuvres publiées. La science étant surtout étudiée par des professeurs, cela nous explique en
outre beaucoup de traits caractéristiques du développement des études économiques en Allemagne, c'est-à-
dire le manque de sens pratique, l'abondance des traités, des manuels, des précis, les discussions théoriques d'une subtilité souvent exagérée, accompagnées
d'un luxe inutile d'incidents purement verbaux, pour
aboutir (dans les vingt dernières années) à une négligence blâmable des recherches scientifiques. On s'est
trop souvent borné à des recherches d'histoire et de
statistique économiques, intéressantes, mais souvent
trop particulières ; on veut y voir la base inductive
d'une nouvelle science économique, ou d'une sociologie encore plus nouvelle, devant laquelle l'économie
actuelle devrait disparaitre. On doit cependant considérer comme une excellente conséquence de la culture
juridique des professeurs allemands l'idée plus exacte
qu'ils se sont faite des fonctions économiques de l'Etat,
qu'ils ont savamment analysées et défendues énergiquement contre les objections des individualistes. Cependant ils n'ont pas su le plus souvent éviter l'erreur théorique de confondre la saine liberté économique, défendue par l'école classique, avec le dogme absolu du
« laissez faire », professé par les optimistes, ni l'erreur
pratique de désirer une ingérence nuisible et excessive
de l'Etat ; par là ils se sont rapprochés des funestes utopies du socialisme bureaucratique ou révolutionnaire.
Un autre mérite incontestable des économistes allemands, pour lequel on peut leur reconnaitre dans une
certaine mesure une véritable prééminence, consiste à
avoir, fidèles aux traditions de l'ancienne doctrine camé-
raliste, maintenu et mieux précisé la distinction entre
la science pure et ses applications ; ils ont, en effet,
reconnu à côté de la politique financière (science des

finances) une politique économique, et étudié dans des vues plus larges cette branche de l'économie afin de constituer la science de l'administration, qui s'est substituée à la science de la police, trop ancienne et trop étroite. Mais les équivoques sont encore nombreuses, car la distinction entre l'économie pure et l'économie appliquée est souvent confondue (et quelques-uns s'en font un titre de gloire, comme nous l'avons dit) avec celle de l'économie générale et de l'économie particulière, comme s'il y avait des questions scientifiques de caractère spécial et des questions d'application de caractère général !

Quoiqu'il en soit, il est certain que l'Allemagne du xixe siècle possède des maitres éminents dans toutes les branches des disciplines économiques. Des hommes comme v. Thünen, Hermann et Mangoldt, Stein, Schäffle, Roscher, Knies, Wagner ; des spécialistes comme Nebenius, Hanssen, Helferich, Nasse, Soetbeer, Schmoller, Cohn, etc.; des statisticiens comme Engel, Rümelin, Lexis, Knapp, Becker, etc., peuvent être comparés aux plus illustres savants de tous les temps et de tous les pays.

W. Roscher, *Geschichte der National-Oekonomie in Deutschland.* München, 1874, pp. 862-1018 (savant, impartial, élégant).

V. Cusumano, *Le scuole economiche della Germania, in rapporto alla questione sociale.* Napoli, 1875. (Extraits abondants des œuvres les plus récentes, qui ont été souvent copiés sans citation de sources).

K. Walcker, *Geschichte der Nationalökonomie.* Leipzig, 1884, pp. 111-261. (Singulier mélange de renseignements biographiques et bibliographiques quelquefois inexacts et souvent étrangers au sujet, et de jugements le plus souvent faux et assez souvent blessants).

M. Meyer, *Die neuere Nationalökonomie, etc.* 4e édit.,

Mjlnden i. W., 1885. (Compilation améliorée dans les dernières éditions).

G. Cohn, *System der Nationalokonomie*. 1ᵉʳ vol. Stuttgart, 1885, pp. 123-133, 157-173.

H. v. Scheel, *Die politische Oekonomie*, in *Handbuch* de Schonberg. 3ᵉ édit., vol. I. Tübingen, 1890, pp. 94-106.

§ 1. — L'ÉCOLE CLASSIQUE.

Charles Henri Rau, né en 1792, professeur à Erlangen en 1818, puis à Heidelberg en 1822, où il mourut en 1870, en dehors de quelques travaux de moindre importance parmi lesquels il faut citer ses remarquables *Ansichten der Volkswirthschaft* (Leipzig, 1821), dans lesquels il indique le caractère relatif des institutions économiques et l'influence qu'exercent sur elles les conditions locales de sol et de climat, a publié un cours complet d'économie politique divisé, comme celui de Jakob, en trois parties : économie sociale, politique économique, et politique financière, qu'il tint pendant une longue série d'années au courant du progrès de la science. Si cette œuvre ne brille pas par l'originalité des vues ni par la profondeur des recherches, elle est cependant très remarquable par l'ampleur de la doctrine, la richesse des données statistiques, législatives et bibliographiques, la modération des jugements, l'harmonie des parties, la clarté de l'exposition, son sage éclectisme théorique et son exquis sens pratique. Ces qualités expliquent pourquoi le livre de Rau a conservé pendant si longtemps, dans les Universités et pour les candidats aux carrières administratives, la première place, fait oublier les manuels antérieurs, et soutenu la concurrence contre quelques autres manuels postérieurs à sa première édition, par exemple ceux de Zachariœ (1832), Rotteck (1835), Bülau (1835), Riedel (1836-1842),

Eiselen (1843), Schütz (1843), Glaser (1858), Rössler (1864), Umpfenbach (1867), etc.

K. H. Rau, *Lehrbuch der politischen Oekonomie.* 1er vol., Leipzig, 1826 (8e édit., 1868-69).-2o vol., 1828 (5e édit., 1862-63).-3o vol., 1832 (5o édit., 1864-65).

Nous devons signaler à côté de Rau, parce q''s se rapprochent de lui à certains points de vu trois hommes d'Etat, qui se sont également occupés des questions théoriques, dans un esprit et avec un succès différents, Malchus, Hoffmann, Nebenius.

C. A. von Malchus (1770-1840), ancien ministre du Royaume de Westphalie, a étudié spécialement la science des finances ; nous lui devons une œuvre de caractère tout à fait pratique et en harmonie avec le système francais des impôts (*Handbuch der Finanz-wissenschaft.* Stuttgart, 1830. Deux volumes). Jean Gottfried Hoffmann (1765-1847), professeur et directeur de l'Office de statistique de Berlin, plus pénétrant mais moins systématique, a fait, au contraire, dans ses œu- vres économiques et financières, l'apologie des institutions prussiennes : ses opinions ont, d'ailleurs, souvent varié, notamment sur la question de la liberté indus-trielle et des corporations. En dehors de plusieurs re-cueils de ses travaux moins importants on a de lui une théorie de la monnaie (*Die Lehre vom Gelde.* Berlin, 1838. — *Die Zeichen der Zeit im deutschen Münz-wesen,* 1841), dans laquelle il recommande, le premier en Allemagne et sans donner des arguments vraiment persuasifs, l'adoption de l'étalon monétaire unique d'or; cette proposition provoqua une réponse beaucoup plus savante et pratiquement fondée de Hermann. Dans sa théorie des finances (*Die Lehre von den Steuern,* 1840) ses opinions sont moins concluantes encore; il combat avec des arguments trop faibles l'impôt foncier et l'impôt sur la rente, et il n'a pas des idées exactes sur la répercussion des impôts.

Charles Frédéric Nebenius (1784-1857) leur a été certainement de beaucoup supérieur; il est un de ceux qui ont eu une part intelligente et active à la préparation et à la formation du Zollverein (Der deutsche Zollverein, sein System und seine Zukunft. Carlsruhe, 1835). Dans le domaine scientifique, il a acquis une renommée bien méritée par ses travaux sur la théorie du crédit public, qui, malgré les progrès ultérieurs, notamment en ce qui concerne les effets économiques des emprunts (C. Dietzel, Wagner, Nasse, Schäffle) conservent encore une très grande importance pour la profondeur des recherches, la rectitude des jugements et l'abondance des renseignements historiques.

> F. Nebenius *Der offentliche Credit*. Carlsruhe, 1820. 2ᵉ édit., vol. I, 1829. — *Ueber die Herabsetzung der Zinsen der offentlichen Schulden*. Stuttgart, 1837.

Thünen, Hermann et Mangoldt se sont consacrés, au contraire, presque exclusivement aux questions générales de l'économie sociale; ces trois écrivains, restés fidèles à l'esprit de l'école classique, ont apporté des contributions utiles et originales aux progrès de la science pure; ils occupent sans aucun doute une place très éminente.

Le comte Jean Henri de Thünen (1783-1850), autodidacte, agronome élevé à l'école de Thaer, et possesseur de la grande propriété de Tellow dans le Mecklenbourg, a fait faire de notables progrès à la science économique; en se servant du calcul, il a approfondi par la méthode déductive et indépendamment de Ricardo, la théorie de la rente. Il s'est occupé spécialement du problème de la rente de position, que le grand économiste anglais n'avait étudiée qu'incidemment ; il a consacré de longs développements, dans le premier volume de son *Etat isolé*, aux lois qui déterminent la distribution territoriale des systèmes de culture d'après la distance du marché. Il a été moins heureux dans ses recherches sur le salaire naturel (c'est-à-dire sur le juste salaire) ; il crut avoir déterminé le juste salaire dans la formule $\overline{Vap}$, c'est-à-dire racine carrée du produit que l'on obtient en multipliant la somme exprimant la valeur des choses nécessaires à l'entretien de l'ouvrier par celle qui indique la valeur des produits obtenus par son travail, mais ses prémisses étaient arbitraires et insuffisantes. Pratiquement il pensait se rapprocher de la solution du problème en accordant à ses paysans une participation aux bénéfices (Cfr. Sedley Taylor, *Profit-Sharing*. London, 1884). La critique de cette formule a été l'objet de travaux ingénieux, mais peu concluants et souvent équivoques, de la part de Laspeyres (1860), de Knapp (1865), de Brentano (1867), de Schumacher (1869), de Falck (1875) et enfin d'une réfutation victorieuse de Komorzynski (1894).

J. H. v. Thünen, *Der isolirte Staat*. 1ᵉʳ vol., Rostock, 1826 (2ᵉ édit., 1842. Trad. franç. de Laverrière, 1851).-2ᵉ vol., 1850-63 (Trad. franç. de Wolkoff, 1857).-3ᵉ vol., 1863.

Cfr. H. Schumacher-Zarchlin, *J. H. v. Thünen*. Rostock, 1868.-2ᵉ édit., 1883.

M. Wolkoff, *Lectures d'économie politique rationnelle*, 1863.

Frédéric Benoît Guillaume Hermann (1795-1868), professeur et, plus tard, directeur de l'Office de statistique de Munich, est moins original que Thünen, mais il l'égale pour son esprit critique et il a une connais-

sance plus complète de la littérature économique.
Comme Hufeland, Lotz, Soden, il a cherché à préciser
les théories abstraites de la productivité, du capital, de
la valeur et du prix, de la rente, de l'intérêt et de la
consommation. Dans sa théorie du capital, qu'il définit
d'une façon trop large, parce qu'il y comprend, comme
Say, les capitaux d'usage, et qu'il étend plus encore
par son analyse des capitaux immatériels, — ce qui conduit logiquement aux idées quelque peu étranges de
Charles Dietzel (*Das System der Staatsanleihen*. Heidelberg, 1855) sur les emprunts publics, — Hermann
n'a pas été, sauf quelques bonnes observations, trop heureux. Il faut le louer sincèrement pour les quelques
corrections qu'il a faites à la doctrine du fonds des salaires et pour sa belle exposition de la théorie de la valeur et du prix ; dans cette étude il a devancé les travaux des derniers économistes anglais, en considérant
le phénomène au double point de vue de l'acheteur et
du vendeur. Mais c'est sa théorie du revenu qui constitue le principal titre de sa renommée scientifique ; c'est
pour lui un concept subjectif, et le premier il l'a déterminé rigoureusement en le distinguant des notions objectives de produit brut et de produit net, avec lesquels
les anglais le confondaient. Il a ainsi fourni leur point
de départ aux recherches intéressantes, mais quelquefois inexactes, de Bernhardi (1848) et aux travaux plus
approfondis de Schäffle (*Mensch und Gut*, 1860) et de
Schmoller (*Zur Lehre vom Einkommen*, 1863). — Le
professeur K. G. Neumann, l'éminent collaborateur du
Manuel de Schönberg et l'auteur de bonnes monographies, qu'il a résumées dans ses *Grundlagen der
Volkswirthschaft*. (Tübingen, 1889), peut être considéré, dans une certaine mesure au moins, comme un
disciple de Hermann ; c'est un écrivain érudit, mais
quelquefois trop subtil.

F. B. W. Hermann, *Staatswirthschaftliche Untersuchungen*. München, 1832. — La seconde édition
(posthume), partiellement améliorée, mais sans
les intéressantes notices historico-critiques de
la première, a été publiée en 1870.

L'éminent économiste saxon Hans von Mangoldt
(1824-1868), professeur à Gottingue, puis à Fribourg,
auteur d'ouvrages très remarquables, n'a pas suivi
une direction très différente de celle de Hermann. Il a
débuté par une dissertation sur les caisses d'épargne
(1847); il a publié ensuite quelques intéressants
articles théoriques et biographiques dans le *Dictionnaire* de Bluntschli et Brater, une bonne monographie
sur la doctrine du profit, un précis d'économie, qui est
encore aujourd'hui un des meilleurs, et un traité plus
développé, resté inachevé par la mort prématurée de
l'auteur. Les parties les plus originales de Mangoldt,
concernent l'analyse exacte, mais trop minutieuse, du
profit de l'entrepreneur, qu'il veut séparer complètement de l'intérêt et du salaire, et aussi la théorie de la
rente foncière, dont il montre ingénieusement les
analogies avec les revenus de monopole, sans indiquer
les différences. Les mêmes idées ont été exprimées,
d'une façon tout à fait indépendante, par le français P. A. Boutron (*Théorie de la rente foncière*
Paris, 1867) et par Schäffle (*Die nationalökonomische
Theorie der ausschliessenden Absatzverhältnisse.*
Tübingen, 1867).

H. v. Mangoldt, *Die Lehre vom Unternehmergewin*.
Leipzig, 1855. — *Grundriss der Volkswirthschaftslehre*. Stuttgart, 1863.-2ᵉ édit. (augmentée par
F. Kleinwächter), 1871. — *Volkswirthschaftslehre*.
1ᵉʳ vol., Stuttgart, 1868 (traité de la production,
de la conservation et de la distribution des richesses). Cfr. Ad. Wagner, *Gedächtnissrede auf
H. v. Mangoldt*. Freiburg i. Br., 1870.

Un petit groupe d'éminents spécialistes, Baumstark, Laspeyres, Helferich s'écartent peu de l'économie classique, ou tout au moins ils n'ont pas pris une part très active aux polémiques entre l'école historique et l'école des optimistes. Helferich a écrit sur les oscillations de la valeur des métaux précieux de 1492 à 1830 (Nürnberg, 1843) ; E. Nasse a consacré de courtes mais excellentes monographies à la monnaie, au crédit, et aux banques, etc. Le plus célèbre est Georges Hanssen (1809 1894), auquel nous devons une série de travaux classiques qui traitent, spécialement au point de vue historique, de l'économie agraire de l'Allemagne.

> G. Hanssen, *Agrarhistorische Abhandlungen.* Leipzig, 1880-84. Deux vol.

Une position éminente, bien qu'isolée à certains points de vue, a été occupée pendant longtemps, parmi les économistes et les publicistes allemands, par Lorenz Stein (1815-1890), professeur à Vienne, historien profond du socialisme français, défenseur de réformes radicales dans l'enseignement du droit, créateur éminent de la *Science de l'administration* (voir p. 45-46), à laquelle il a donné des proportions colossales en la substituant à l'ancienne science de la police. Il a écrit aussi un petit nombre de monographies juridico-économiques, un résumé excessivement métaphysique d'économie politique, et un traité classique de la *Science des finances,* qui a tous les mérites et tous les défauts de sa *Science de l'administration.* Après le travail de Stein, les Manuels de Science financière se sont multipliés. Il faut signaler comm pleins de mérite : un manuel de Umpfenbach, qui expose les notions fondamentales ; un autre très complet et encore inachevé de Wagner, remarquable pour sa doctrine, la perspicacité, l'abondance et l'exactitude de ses renseignements

statistiques et législatifs; un élégant et très clair résumé
de Roscher; enfin les monographies écrites par des spécialistes compétents pour le *Manuel* de Schonberg.

> L. v. Stein, *Lehrbuch der Nationalökonomie.* Wien,
>   1858.-3ᵉ édit., 1887.— *Lehrbuch der Finanzwissen-
>   schaft*, 1860. - 5ᵉ édit., (en 4 volumes), 1885-86.
> K. Umpfenbach, *Lehrbuch der Finanzwissenschaft.*
>   Erlangen, 1859 60. - 2ᵉ édit., 1887.
> Ad. Wagner, *Finanzwissenschaft.* Vol. I, Leipzig,
>   1871-1872. - 3ᵉ édit., 1883. - Vol. II, 1878-80. -
>   3ᵉ édit., 1890. - Vol. III, 1886-89.
> W. Roscher, *System der Finanzwissenschaft.* Stutt-
>   gart, 1886,-3ᵉ édit , 1889.
> G. Schönberg, *Handbuch der politischen Oekonomie,*
>   3ᵉ édit., vol. III. Tübingen, 1890.
> Cfr. K. Th. Eheberg, *Geschichte der Finanzwissen-
>   schaft. (Handwörterbuch der Staatswissenschaften*
>   de Conrad, Elster, etc. Vol. III. Iena, 1891, pp.
>   487-505).

§ 2. — L'ÉCOLE HISTORIQUE ET SES DÉRIVATIONS.

Ce serait une entreprise trop ardue, et fort inutile,
que de vouloir énumérer tous les précurseurs réels ou
prétendus de l'école historique. Il suffit de dire que
Adam Müller, Alexandre Hamilton, Sismondi, Schön
(*Neue Untersuchung der nationalökonomie*, 1835),
Schmitthenner (*Zwölf Bücher vom Staate*, 1839),
Auguste Comte et d'autres adversaires de l'économie
classique ont exposé des idées qui, incontestablement,
ont exercé une grande influence sur les théories de
cette école.

L'importance de List (1789-1846) est, à ce point de
vue et à d'autres, encore plus grande. Il est le chef
reconnu des protectionnistes allemands, et en particulier de ceux de l'Allemagne méridionale ; il a été le pro-

moteur du Zollverein, de la construction rapide des chemins de fer et en général des réformes qui avaient pour but d'unifier la législation économique et fiscale. Au point de vue théorique, sa doctrine de la protection temporaire des manufactures, et en général son économie nationale qu'il opposait à l'économie cosmopolite des Universités, est fondée sur une succession uniforme imaginaire des stades de civilisation, qui ne trouve pas dans l'histoire une démonstration suffisante, et elle est déduite de cette idée, qui n'est pas complètement inexacte, d'un sacrifice imposé momentanément aux consommateurs pour développer les forces productives de la nation ; mais cette idée, à son tour, dérive d'une opposition, qui n'est nullement nécessaire, entre les forces productives et la valeur d'échange des marchandises.

> Fr. List, *Das nationale System der politischen Oekono-mie.* 1er vol., 1841. - Trad. franc., par Richelot, 1851. - 7e édit., avec une introduction intéressante (pp. 1-240) de K. Th. Eheberg. Stuttgart, 1883. — *Gesammelte Schriften* (édité par L. Haüser). Stuttgart, 1850. Trois volumes.
> Cfr. pour d'autres indications, l'article de Em. Leser dans l'*Allgemeine deutsche Biographie*, 1883.

Parmi les champions de l'école historico-économique, qui, comme l'a bien démontré Menger, ne peut pas être considérée comme étant en parfaite harmonie avec les tendances et les idées de l'école historico-juridique (Hugo, Niebuhr, Savigny, Eichhorn), mais qui descend au contraire en ligne droite des écoles historico-politiques de Tubingue et de Göttingue (Spittler, Dahlmann, Gervinus), on doit compter Hildebrand, Knies et Roscher.

Bruno Hildebrand (1812-1878) fonda en 1863 à Jena, où il était professeur, les *Jahrbücher für Nationalökonomie und Statistik* ; depuis 1873, il partagea la

direction avec son gendre, le professeur Jean Conrad,
qui lui succéda comme directeur en 1878. Il est particulièrement connu par un ouvrage inachevé *Die
Nationalökonomie der Gegenwart und Zukunft*,
1er vol. Francfort, 1848), dans lequel il fit, avec
talent et élégance plus qu'avec exactitude, une large
critique des systèmes modernes d'économie politique,
exagérée dans les objections dirigées contre l'école
classique, mais fort exacte dans sa réfutation du socialisme.

Charler Knies (né en 1821), professeur à Heidelberg,
défenseur ingénieux de la séparation de la statistique
descriptive et de la statistique investigatrice (il a sur ce
point pour disciple Rümelin et Wagner), est inférieur
à Hildebrand pour son style enveloppé et bizarre, mais
supérieur à lui par son activité scientifique, par l'étendue et la profondeur de ses connaissances économiques
et juridiques ; il est l'auteur d'une œuvre dans laquelle
il a fait connaître les normes de la méthode historique,
qu'il a laissée complètement de côté, comme nous l'avons
déjà indiqué, dans ses excellentes monographies sur la
valeur, sur les transports, et en particulier dans son
œuvre classique sur la monnaie et sur le crédit, à laquelle manque encore la partie consacrée aux emprunts
publics.

K. Knies, *Die Statistik als selbständige Wissenschaft.*
Cassel, 1850. — *Die politische Oekonomie vom
Standpunkte der geschichtlichen Methode.* Braunschweig, 1853. - 2e édit. (avec d'importants appendices), Berlin, 1881-83. — *Die Eisenbahnen und
ihre Wirkungen,* 1853. — *Die nationalökonomische
Lehre vom Werth* (in *Zeitschrift für die gesammte
Staatswiss.,* 1855). — *Der Telegraph als Verkehrsmittel,* 1857. — *Geld und Credit.* 1er vol., 1873. -
2e édit., 1885 ; - 2e vol., 1876-79.

Guillaume Roscher (1817-1894), professeur à Leipzig, a, dès 1843, esquissé les traits caractéristiques de la méthode historique, d'après laquelle non seulement la politique économique mais encore l'économie sociale aurait son fondement dans l'induction historico-statistique. Il est sans aucun doute un des plus illustres économistes de ce siècle. Si nous ne pouvons le louer pour avoir défendu cette méthode, déjà critiquée plus haut, parce qu'on arriverait ainsi à substituer aux lois scientifiques de l'économie sociale les lois de développement des faits économiques que nous feraient connaitre les études historiques, géographiques et philosophiques sur les différents stades de la civilisation chez les différents peuples, il nous semble, au contraire, mériter un éloge sans réserves pour l'impulsion vigoureuse qu'il a donnée par ses œuvres, remarquables par leur profondeur, leur érudition extraordinaire, par la connaissance parfaite des théories de l'école classique, qu'il a en somme acceptées, par la sereine impartialité de la critique, par la clarté et l'élégance du style, soit à l'étude dogmatique des doctrines, soit à l'histoire de leur développement, et aussi parce que, seul en Allemagne, il a réussi à composer un traité d'économie dans lequel il a conservé aux différentes parties leurs proportions nécessaires, et qu'il a su éviter les digressions philosophico-juridiques et l'excès des détails technico-législatifs.

W. Roscher, *System der Volkswirthschaft.* 1er vol., Stuttgart, 1854.-21e édit., 1894. — 2e vol., 1859. 12e édit., 1888. — 3e vol., 1881.-6e édit., 1892. — 4e vol., 1886.-4e édit., 1894. — 5e vol., 1894. — *Ansichten der Volkswirthschaft.* Leipzig, 1861. 3e édit., 1878. Deux volumes. — *Ueber Korntheuerung und Theuerungspolitik.* 3e édit., 1852. — *Kolonien, Kolonialpolitik und Answanderung,* 1856. 3e édit., 1885.

Cfr., sur Roscher, le remarquable essai de Schmoller dans le recueil intitulé *Zur Litteraturgeschichte der Staats-und Sozialwissenschaften.* Leipzig, 1888, pp. 147-171.

C'est à Gustave Schmoller (né en 1838), actuellement professeur à Berlin, que revient le mérite d'avoir tenté l'application de la méthode historique et d'avoir déduit des prémisses de Roscher et de Knies les conséquences qu'ils n'en avaient pas eux-mêmes tirées. Nous lui devons un grand nombre d'excellentes monographies sur l'histoire économique de l'Allemagne et en particulier sur la petite industrie, sur les corporations, sur les époques de la politique financière prussienne, et sur la théorie des entreprises industrielles. Une partie de ces études, et beaucoup d'autres que nous ne citons pas pour être bref, sont insérées dans la revue qu'il dirige depuis 1881, *Jahrbuch für Gesetzgebung, Verwaltung und Volkswirthschaft* (fondée par Holtzendorff en 1872, qui s'adjoignit comme collaborateur Brentano en 1877) ; nous devons mentionner également les monographies rédigées par ses meilleurs disciples et réunies dans le recueil intitulé *Staats-und Socialwissenschaftliche Forschungen* (Berlin, 1878 et suiv.), qui présente quelque analogie avec une autre collection de travaux historico-économiques, dirigée par le professeur Conrad, de Halle. Schmoller partage cette grave erreur de croire à l'impossibilité d'appliquer utilement la méthode déductive aux recherches de la science économique, qui, à son avis, ne pourra se constituer tant que l'on n'aura pas de matériaux historiques et statistiques complets sur les conditions économiques de tous les temps et de tous les lieux.

G. Schmoller, *Zur Geschichte der deutschen Kleingewerbe im 19 Jahrhundert.* Halle, 1870. — *Ueber*

*einige Grundfragen des Rechts und der Volkwirth-
schaft,* 1875 (contre Treitschke). — *Die Strassburger Tucher-und Weberzunft, etc.,* 1881. — *Die Epo-
chen der preussischen Finanz-Politik* (in 1er vol.
du *Jahrbuch, etc.*). — *Die geschichtliche Entwicklung der Unternehmung* (*Jahrbuch, etc.,* 1890-
1893). — *Zur Social-und Gewerbepolitik der Gegenwart.* Leipzig, 1890.

Albert Eberard Frédéric Schäffle (né en 1831), journaliste, professeur à Tubingue en 1861, puis à
Vienne en 1868, et pendant quelque temps (1871)
ministre du commerce dans le cabinet Hohenwart,
dirige maintenant à Stuttgart la revue trimestrielle
Zeitschrift für die gesammte Staatswissenschaft,
fondée en 1844 par des professeurs de la Faculté
d'administration de Tubingue et dirigée par eux jusqu'en 1875. Il a débuté par un bon précis d'économie
politique, qui s'est accru et s'est amélioré dans ses
éditions successives; il y étudie avec beaucoup de
compétence la théorie des entreprises, celle de la monnaie, du crédit, des moyens de transport, et il y expose
les critères qui permettent de distinguer l'économie
générale des économies particulières. Il a composé
plus tard un traité plus considérable de sociologie
économique, dans lequel il a exagéré les ressemblances
entre la structure et les fonctions du corps humain
et du corps social; il a ainsi commis de graves
erreurs qui ont été relevées par Krohn et par d'autres
critiques. Il a trouvé dans de Lilienfeld (*Gedanken
über die Socialwissenschaft der Zukunft,* 1873 et
suiv.) un représentant d'idées fort analogues aux
siennes. Il a porté plus tard un jugement très bienveillant sur le socialisme, dont on l'a cru souvent un
apologiste, de sorte qu'il a été amené à désapprouver
les tendances de la démocratie sociale. Il est certain

que dans beaucoup de ses monographies sur le système
monétaire, la question ouvrière, les problèmes fiscaux,
il montre une confiance exagérée dans les avantages
de l'ingérence économique de l'État.

> Alb. Eb. Fr. Schäffle, *Die Nationalokonomie.* Tübin-
> gen, 1861.-3ᵉ édit., sous le titre de : *Das gesell-*
> *schaftliche System der menschlichen Wirthschaft,*
> 1878. Deux volumes. —*Bau und Leben des sozialen*
> *Korpers,* 1875-1878. Quatre volumes.-3ᵉ édit., 1881
> et suiv. — *Kapitalismus und Sozialismus,* 1870. —
> *Die Quintessenz des Sozialismus,* 1874. (Trad. franç.,
> par Benoît Malon, 1880.)-13ᵉ édit., 1891. — *Die*
> *Aussichtslosigkeit der Sozialdemokratie,* 1885.-
> 4ᵉ édit., 1893. — *Die internationale Doppelwährung,*
> 1881. — *Der corporative Hulfskassenzwang,* 1883.-
> 2ᵉ édit., 1884. — *Die Grundsätze der Steuerpolitik,*
> 1880. — *Gesammelte Aufsätze,* 1885-1886. Deux
> volumes.
>
> H. Bischof, *Grundzüge eines Systems der Nationalo-*
> *konomie.* Graz, 1876. (C'est un résumé du traité
> de Schäffle).

§ 3. — ÉCONOMISTES LIBÉRAUX ET SOCIALISTES DE LA CHAIRE

Le groupe de libéraux, pour la plupart journalistes et avocats, qui forme ce que les adversaires
ont assez inexactement appelé l'école de Manchester,
a étudié l'économie politique dans les œuvres des
Français et spécialement dans Bastiat. Il a fondé
à Berlin une société d'économie politique, présidée
par Prince-Smith (1809-1874), écrivain brillant et
facile ; il a organisé des congrès annuels, fondé en
1863 une revue (*Vierteljahrsschrift für Volkswirth-*
schaft und Culturgeschichte) et, soutenu, dans les premières années de l'empire, par les assemblées délibérantes, il a préconisé l'abolition des lois restrictives

de la liberté du travail, de l'association et du domicile,
il a demandé l'abolition de la prison pour dettes et celle
des lois restrictives de l'intérêt conventionnel dans le
prêt, l'unification du système des monnaies, des poids et
des mesures, l'organisation des banques, la réforme des
impôts et des douanes, etc. Ermann Schulze-Delitsch
(1808-1879) s'est rendu célèbre parmi les économistes
libéraux moins par sa culture, quelque peu superficielle, dont s'est moqué âprement Lassalle, que par sa
persévérance et son remarquable sens pratique. Il a pu
ainsi organiser et répandre les banques populaires et
d'autres formes de sociétés coopératives, en s'inspirant
des principes de la mutualité et de l'autonomie; il a
été fortement aidé dans cette œuvre par Schneider,
Parisius, Richter et quelques autres collaborateurs
du célèbre périodique *Die Innung der Zukunft* (Cfr.
A. Bernstein, *Schulze-Delitsch*, etc. Berlin, 1879). A ce
groupe appartiennent Faucher (mort en 1878), Michaelis,
Rentzsch, directeur de l'*Handwörterbuch der Volkswirthschaftslehre* (Leipzig, 1865. Réimprimé en 1869),
et parmi les économistes de valeur moindre, Wolff,
Braun, Wyss, etc. Il faut tout particulièrement mentionner, au contraire, pour la modération de leurs
doctrines et pour leur compétence signalée dans quelques questions spéciales, Ad. Soetbeer, traducteur de
Mill, secrétaire de la Chambre de commerce de Hambourg et actuellement professeur honoraire à Göttingue,
auteur d'ouvrages remarquables sur la statistique des
métaux précieux, et vaillant promoteur de l'étalon
unique d'or, que défendent également, en dehors de
Bamberger, d'autres économistes (comme Nasse) qui
appartiennent d'ailleurs à des écoles très différentes;
A. Emminghaus, auquel nous devons de très bonnes
monographies, notamment sur les assurances. Le
camp des libéraux a été abandonné depuis quelque

temps par Maximilien Wirth, journaliste, statisticien et auteur d'ouvrages de lecture facile, et en particulier d'un manuel d'économie, peu profond et nullement systématique (*Grundzüge der National-Oehonomie*, 1856-1870), et par Victor Bohmert, directeur du bureau royal officiel de la statistique de Dresde, rédacteur de l'*Arbeiterfreund*, et défenseur zélé-de la participation des ouvriers aux bénéfices.

> V. Böhmert, *Die Gewinnbetheiligung*. Leipzig, 1878. Traduction italienne par P. Manfredi. Milano, 1880. Trad. franç. par Albert Trombert, 1888. — (En sens contraire) H. Frommer, *Die Gewinnbetheiligung*. Leipzig, 1886. — (Impartial) L. Steinbrenner, *Die Betheiligung, etc.*, Heidelberg, 1892.

Une grande partie des professeurs allemands qui, pour les questions de science pure, acceptent presque tous les doctrines de l'école historique ou celles du néo-historisme de Schmoller et de la sociologie de Schäffle, ont entrepris vers 1870 une lutte vive et, à certains points de vue, justifiée contre les exagérations du libéralisme et du quiétisme absolu. Appuyés par les gouvernements qui, après 1879, ont suivi la politique économique du prince de Bismarck et sont entrés résolument dans la voie de la protection douanière et dans celle de la législation sociale, ces économistes ont fait tous leurs efforts dan leur enseignement, dans les congrès, dans les revues et dans des publications spéciales pour répandre leurs doctrines. Ils sont partisans de la reconstitution de l'économie sociale, qu'ils veulent fonder sur les recherches historiques et statistiques et mettre en harmonie avec les principes de l'éthique et du droit; ils sont également favorables à une réforme sociale effectuée par l'œuvre de l'État, également éloignée des conservateurs libéraux et des socialistes révo-

lutionnaires(Cfr. les *Schriften des Vereins für social-
politik*. Leipzig, 1872-1892. 51 volumes). Pour toutes
ces raisons, ces professeurs ont été qualifiés de l'appellation dédaigneuse, qui n'est pas exacte pour tous, de socialistes de la chaire, ou, comme on dit plus souvent
maintenant, de socialistes d'Etat. Sans entrer dans la critique du système, que nous avons faite à grands traits
dans la *Première partie* de cet ouvrage, nous dirons
qu'en réalité un bon nombre de ces écrivains, (Wagner,
Schäffle. Samter, Neumann, von Scheel, etc.), ont
accepté avec trop de confiance quelques-unes des propositions des socialistes sur la propriété foncière, le
droit d'héritage, l'impôt progressif, l'assurance ouvrière
obligatoire ; certains écrivains, comme le savant et ingénieux Lange (mort en 1876) partagent même presque
toutes leurs opinions (*Die Arbeiterfrage*, 1865 -4e édit.
1879). Ajoutons que, grâce aux influences déjà signalées
et au système de nomination des professeurs en vigueur
dans les Universités, l'école allemande, par sa négation
de l'existence de lois générales, a détourné les étudiants
des recherches théoriques, en les retenant sur les questions d'ordre politique ; elle mérite donc le reproche
d'exclusivisme tout autant que l'école optimiste française, et elle a nui de cette façon aux progrès de la
science pure qui, dans ces vingt dernières années,.se
sont considérablement ralentis dans la patrie de Thünen et de Hermann par le fait des nouveaux (Schmoller) plus que par celui des anciens chefs de l'école historique (Roscher et Knies), car ces derniers n'ont pas
confondu les théories anglaises avec celles de l'optimisme et de l'individualisme, ni mis sur le même rang
Bastiat et Ricardo, comme cela est arrivé notamment à Held, écrivain excellent à certains points de
vue (*Zwei Bücher zur socialen Geschichte Englands*.
Leipzig, 1881) ; ils ont également commis des erreurs

très graves dans l'interprétation et dans la critique des doctrines fondamentales de Smith, (Rösler par exemple, *Ueber die Grundlehren der von Ad. Smith begründeten Volkswirthschaftslehre*. Erlangen, 1868.-2° édit. 1871. — *Vorlesungen der Volkswirthschaft*, 1878).

Il ne faudrait pas croire cependant que toutes les publications récentes des économistes allemands n'ont aucune valeur théorique, et il ne faut pas oublier, d'autre part, que, dans le domaine de l'histoire et de la statistique économiques, l'Allemagne compte des écrivains de premier ordre, dont nous avons déjà parlé, et un groupe important d'éminents érudits : elle a de plus fourni de remarquables monographies sur la législation économique nationale et comparée, et sur la science financière (Vocke, Neumann, v. Scheel, Lehr, Leser, Kaizl, v. Falck, Wolff, v. Reitzenstein, Eheberg, etc), à laquelle Schanz a consacré une revue spéciale (G. Schanz, *Finanz-Archiv*. Stuttgart, 1884 et suiv.). Il faut observer enfin que l'Allemagne possède de nombreux ouvrages très remarquables sur les autres parties du savoir économique, qu'il ne nous est pas possible d'énumérer ici. Il suffit de rappeler ceux de Conrad, Meitzen, von Miaskowski, von der Golz sur la question agraire, ceux de Schönberg, Klostermann, Kleinwächter, Brentano, Hasbach, et de beaucoup d'autres sur la question industrielle et sur la question ouvrière, ceux de Lexis, Schraut sur la question commerciale, les écrits de Nasse, Arendt, et de quelques autres sur le système monétaire et sur le système bancaire, les monographies de Paasche sur les prix, de Mithoff sur la distribution, de Pierstorff sur le profit, etc., etc.

Deux écrivains qui, tout en se rattachant à l'école du socialisme de la chaire, s'en écartent sur quelques points dignes d'être relevés, méritent une mention spéciale.

Gustave Cohn, professeur à Riga, à Zürich et actuellement à Göttingue, a débuté par une savante monographie sur la législation des chemins de fer anglais ; il s'est fait connaître ensuite par de brillants essais sur des sujets très variés d'histoire et de politique économiques, et il a commencé enfin avec un succès relativement moindre la publication d'un manuel d'économie politique, riche d'observations pénétrantes et précieuses, mais qui manque d'un grand nombre des qualités nécessaires dans une étude systématique d'une science quelconque. Il faut louer Cohn cependant pour sa modération, notamment sur les questions de méthode, et pour la pondération avec laquelle il juge les œuvres des grands maitres de la science.

Gust. Cohn, *Untersuchungen über die englische Eisenbahnpolitik*. Leipzig, 1874 1875, 1883. Trois vol. *Volkswirthschaftliche Aufsätze*. Stuttgart, 1882. — *Nationalokonomischen Studien*, 1886. — *System der Nationalokonomie*. Vol. I et II. Stuttgart, 1885-89.

Les titres scientifiques d'Adolphe Wagner (né en 1835) sont encore plus considérables ; fils d'un illustre physiologue, frère d'un éminent géographe, professeur à Vienne, à Hambourg, à Dorpat, à Fribourg, et depuis plus de vingt ans à Berlin, Wagner est avant tout un spécialiste de premier ordre en matière de monnaie, de banque, de cours forcé et de finance. Il s'est fait le défenseur des doctrines bancaires de Tooke et de Fullarton, dont il a fait une savante analyse ; puis il s'est converti peu à peu aux idées restrictives en matière d'émission, et s'est rapproché du système de la banque d'État. Il a défendu avec Arendt, Schäffle, Lexis, la théorie du bimétallisme international (*Für bimetallistische Münzpolitik Deutschlands*) ; il est l'auteur de l'article *Statistik* dans le vol. X du *Dictionnaire* de Blunts-

chli et Brater (1867), et il s'est occupé en outre, à plusieurs reprises, de la réforme du système monétaire
autrichien. En Russie il a publié un travail classique
sur la théorie du cours forcé du papier monnaie, dans
lequel il distingue soigneusement les oscillations de
l'agio de la dépréciation dans la valeur des marchandises. Bien qu'il ait défendu la propriété foncière contre
les assauts du socialisme (*Die Abschaffung des priva-
ten Grundeigenthums*, 1870) il a proposé aux conseils
municipaux des grandes villes l'expropriation des propriétaires des maisons pour résoudre le problème du
renchérissement des loyers, ce qui a provoqué de sages
critiques de Roscher et de Nasse. Son volumineux *Cours
d'économie* est remarquable par la profondeur des recherches, l'érudition, l'abondance des exemples historiques, statistiques, législatifs, la précision et la clarté
de la langue, mais il pèche par la tendance exagérée de
l'auteur à accepter les principes du socialisme d'Etat,
soit dans sa politique économique, soit dans sa politique
financière. Dans son *Cours* comme dans le *Manuel* de
Schönberg, Wagner a traité remarquablement la partie
générale et quelques chapitres spéciaux de la théorie
des impôts, et la doctrine des emprunts publics. Il ne
pourra cependant pas, même avec l'aide d'éminents
collaborateurs, remplacer comme il l'espère le traité de
Rau, parce que la disproportion des parties, les énormes
digressions philosophiques, historiques et juridiques
ont considérablement augmenté l'étendue de l'ouvrage
et en ont fait presque une encyclopédie. Dans la science
pure, Wagner est très correct quant à l'emploi des méthodes, et il s'écarte fortement de Schmoller ; il apprécie avec beaucoup de sagacité et d'impartialité les
grands écrivains anglais (Smith, Ricardo, Malthus), y
compris les auteurs contemporains, et il s'émancipe, à ce
point de vue, des préjugés de ses compatriotes. Il ne

faut donc pas s'étonner si de son école est sorti Henri
Dietzel (né en 1857), professeur à Bonn, le seul écrivain
de l'Allemagne proprement dite qui ait eu le courage
de porter des coups vigoureux à l'exclusivisme dominant; il a été le précurseur de l'école autrichienne, et
il a démontré la nécessité d'associer aux recherches positives les investigations théoriques.

Ad. Wagner, *Beiträge zur Lehre von den Banken*.
Leipzig, 1857. — *Die Geld und Credittheorie der
Peel'schen Bankacte*. Wien, 1862. — *System der
deutschen Zettelbankgesetzgebung*. Freiburg i. Br.
1870 - 2e édit., 1873. Deux volumes. — *Die Ordnung des österreichischen Staatshaushaltes*. Wien,
1863. — *Die russiche Papierwährung*. Riga, 1868.
— *Lehrbuch der politischen Oekonomie*. 1er vol.,
Leipzig, 1876. - 3e édit., 1892-1893. — 5e vol., 1871.
3e édit., 1883. — 6e vol., 1880 - 3e édit., 1890. —
7e vol., 1886-1889.

H. Dietzel, *Ueber das Verhältniss der Volkswirthschaftslehre zur Socialwirthschaftslehre*. Berlin,
1882. — *Der Ausgangspunkt der Socialwirthschaftslehre, etc.* (in *Zeitschr. f. die ges. Staatswissenschaft*. Tübingen, 1883). — *Ueber Wesen und Be-
deutung der Theilbaus* (Ibidem, 1884-85). — *Beiträge zur Methodik der Wirthschaftswissenschaft*
(in *Jahrbücher* de Conrad. Jena, 1884).

Quel que soit le jugement qu'on porte sur le courant
actuel des études économiques en Allemagne, il est hors
de doute que l'activité scientifique va toujours en
augmentant. On en trouverait une preuve dans le
grand nombre de revues spéciales que nous avons
citées, et dans celles qui ont été fondées récemment,
l'*Archiv für sociale Gesetzgebung* (Tübingen, 1888)
dirigée par Braun, l'*Allgemeines statistisches Archiv*,
dirigée par von Mayr (1890-91), et dans les deux colossales publications, l'une sous forme de traité, l'autre
sous forme de dictionnaire, qui sont l'œuvre collective

d'un groupe nombreux d'éminents spécialistes. Ils ont
résumé dans ces œuvres tout ce qu'il y a de plus intéressant dans le domaine des doctrines économiques,
administratives et financières, en les illustrant par une
ample moisson de renseignements historiques, statistiques, législatifs, et ils ont ainsi achevé deux encyclopédies, l'une systématique, l'autre alphabétique, dont
il n'y a pas d'égales dans la littérature d'aucun autre
pays. Parmi les précis, d'ordinaire assez courts, il
suffira de citer le *Grundriss* de A. Held (2ᵉ édit. 1878),
le *Leitfaden* de A. Adler (2ᵉ édit., 1890), le résumé de
II. Schober (4ᵉ édit., 1888), qui a presque toujours suivi
Roscher, celui de Neurath (2ᵉ édit., 1892) et enfin celui
de Lehr.

Gust. Schönberg, *Handbuch der politischen Oekonomie*. Tübingen, 1882. Deux volumes. – 3ᵉ édit.,
1890-91. Trois gros volumes. (Trad. italienne
dans la *Biblioteca dell' Economista*, dirigée par
Boccardo).

J. Conrad, L. Elster, W. Lexis, etc., *Handwörterbuch der Staatswissenschaft*. Jena, 1889-94. Six
volumes. 1ᵉʳ supplément, 1895.

J. Lehr, *Politische Oekonomie*. München, 1892 (2ᵉ édition).

CHAPITRE XII

L'ÉCONOMIE POLITIQUE EN AUTRICHE
DANS LES PAYS-BAS, EN ESPAGNE ET EN PORTUGAL

———

Nous réunissons dans ce chapitre, par manque de place, ce qui nous semble digne d'être noté dans les conditions de l'économie politique chez deux peuples de nationalité germanique et deux de nationalité latine, et nous constatons tout d'abord que l'importance scientifique des deux premiers dépasse de beaucoup celle des deux seconds.

§ 1. — L'ÉCOLE AUSTRO-ALLEMANDE

Bien qu'il n'ait pas antérieurement manqué à l'Autriche des économistes zélés et particulièrement des statisticiens (v. Czörnig, Ficker, plus tard Neumann-Spallart, et maintenant Brachelli et le bavarois K. Th. v. Inama-Sternegg, éminent historien de l'économie allemande), cependant elle ne pouvait lutter avec les autres parties de l'Allemagne, même si l'on tient compte des nombreuses publications sur les questions commerciales, monétaires et bancaires. Sans parler des prolixes compilations du professeur Mischler (senior) de Prague, des savantes œuvres historiques de Beer, des monographies estimées de Plener, de Peez, etc., des bons essais de Neurath et de quelques travaux ingénieux de Hertzka, passé récemment au socialisme, nous rappelerons seulement les excellents précis des professeurs viennois Kudler (m. 1853) et Neumann-Spallart (m. 1888), le premier protectionniste, le second libre échangiste, et, d'une façon particulière, les œuvres financières, très étudiées et très élégantes du baron Charles de Hock (1808-1869), dans lesquelles nous trouvons des observations originales sur la répercussion des impôts et une étude approfondie des impôts de consommation.

Jos. Kudler, *Die Grundlehren der Volkswirthschaft.* Wien, 1846. Deux volumes.-2ᵉ édit., 1856.

F. S. Neumann, *Volkswirthschaftslehre mit besonderer Anwendung auf Heerwesen, etc.*, Wien, 1873.

C. v. Hock, *Die öffentlichen Abgaben und Schulden.* Stuttgart, 1863. — *Die Finanzverwaltung Frankreichs*, 1857. — *Die Finanzen und die Finanzgeschichte der vereinigten Staaten von America*, 1867.

Dans ces dernières années, grâce au travail diligent de deux éminents professeurs, Charles Menger et Emile Sax, dont l'activité scientifique est d'ailleurs beaucoup plus ancienne, est née une école autrichienne, ou mieux austro-allemande, qui doit être hautement louée pour avoir rappelé l'attention du monde savant sur les problèmes de la science pure et en particulier sur celui de la valeur, et sur la nécessité d'appliquer la méthode déductive, que les économistes allemands avaient abandonnée pour se livrer presque tous à de minutieuses recherches historiques et statistiques.

Emile Sax (né en 1845), professeur à l'Université allemande de Prague et député au Reichsrath, a écrit un bon travail sur les maisons ouvrières ; il doit sa réputation d'éminent économiste à sa grande monographie (résumée dans le *Manuel* de Schönberg) sur les moyens de transport et de communication, dont il a

montré de main de maître le caractère public, et dont il
a fait une analyse objective et impartiale, supérieure à
celles de Cohn et de Wagner, remarquables sans doute,
mais trop subjectives. Dans les polémiques sur la méthode, il a défendu la méthode déductive et soumis à un
ingénieux examen le principe de l'intérêt personnel et
celui de la sympathie; il a montré la nécessité d'étudier
l'action de l'Etat même dans le domaine de la science
pure. Il faut signaler encore un autre travail original
de Sax, dans lequel il se propose de déduire toute la
théorie financière, dont il revendique le caractère
scientifique, de la théorie de la valeur; il y a là quelque
exagération, qu'il enveloppe, d'ailleurs, dans un style
souvent obscur.

Em. Sax, *Die Wohnungszustände der arbeitenden Klas-
sen.* Wien, 1869. — *Die Verkehrsmittel in Volks-
und Staatswirthschaft*, 1878-1879. Deux volumes.
— *Das Wesen und die Aufgabe der Nationalokonomie*, 1885. — *Grundlegung der theoretischen
Staatswirthschaft*, 1887. — *Die Progressivsteuer*
(in *Zeitschr. für Volkswirthschaft.* n° 1, 1892).

Charles Menger (né en 1840), professeur à Vienne, a
exercé une influence plus grande encore par ses ouvrages, ses vastes connaissances et son excellent enseignement. Son frère Anton (professeur de droit) et
son cousin Maximilien se sont occupés également de
quelques questions d'économie. Dans un premier travail,
immédiatement apprécié mais moins qu'il ne le méri-
tait, et dans ses essais postérieurs sur le capital, sur
les questions de monnaie, Menger, sans faire usage du
calcul, est arrivé à des résultats en partie analogues à
ceux de Jevons et en partie nouveaux sur la doctrine
de la valeur subjective des biens instrumentaires,
définitifs et complémentaires, et à quelques applications

qui ont été le point de départ d'une série d'articles de ses disciples, v. Wieser (maintenant professeur à Prague), Zúckerkandl et Komorzynski.

C. Menger, *Grundsatze der Volkswirthschaftslehre*. Wien, 1871. — *Zur Theorie des Kapitals* (in *Jahr-bücher fur National-Oekonomie*. Jena, 1889.) — V° *Geld*, dans l'*Handwörterbuch* de Conrad, vol. III, 1892. — *Der Uebergang zur Goldwährung*. Wien, 1892.

Fr. v. Wieser, *Ueber den Ursprung und die Haupt-gesetze des wirthschaftliches Werthes*. Wien, 1884. — *Der natürliche Werth*, 1889.

R. Zuckerkandl, *Zur Theorie des Preises*. Leipzig, 1889.

Joh. v. Komorzynski, *Der Werth in der isolirten Wirthschaft*. Wien, 1889.

Cfr. W. Smart, *An introduction to the theory of value on the lines of Menger, etc*. London, 1891.

Le signal de la lutte contre le courant trop exclusif de l'école historique a été donné par Menger dans ses classiques *Untersuchungen*, qui constituent un exposé profond et clair des préliminaires d'une méthodologie économique, dont l'auteur s'occupe depuis de longues années, tout en dirigeant en même temps les travaux préparatoires d'une bibliographie générale de l'économie politique. Un compte-rendu acerbe et inexact de Schmoller provoqua une réponse très vive et trop agres-sive de Menger, qui, à son tour, fut suivie d'articles plus mesurés, dans lesquels Wagner et Dietzel, malgré quelques réserves, adhéraient à ses opinions. A l'hon-neur de Menger il faut ajouter que, loin de mépriser ou même de négliger les recherches historiques et histo-rico-littéraires, il les encourage, comme le prouvent les excellentes thèses de ses disciples Bauer et Feilbogen, dont nous avons déjà parlé, et celle de Schullern, dont nous parlerons plus loin.

C. Menger, *Untersuchungen über die Methode der Socialwissenschaften und der politischen Oekonomie insbesondere*. Leipzig, 1883. — *Die Irrthümer des Historimus*. Wien, 1884.

Parmi les disciples de Menger le plus éminent est sans aucun doute Eugène von Bohm-Bawerk, professeur à Innsbruck et maintenant à Vienne. Il a commencé sa carrière par une remarquable monographie, dans laquelle il cherche à démontrer que les simples rapports de droit et de fait ne forment pas un capital au point de vue de l'économie sociale, bien qu'ils puissent former une partie importante du patrimoine individuel. Il a, plus tard, avec plus de largeur que Wieser, développé la théorie de la valeur, déduite de l'utilité-limite, d'après la doctrine de leur maitre commun. L'œuvre la plus importante de Böhm-Bawerk est l'histoire et la théorie de l'intérêt du capital ; il l'explique par la différence de valeur entre les biens présents et les biens futurs, qu'ils soient employés dans la consommation ou dans la production. Ce livre est remarquable par la profondeur des recherches, par sa critique pénétrante et la clarté lumineuse de son exposition, malgré les critiques acerbes que quelques auteurs ont faites sur l'exactitude et l'importance de ses conclusions.

D'autres élèves de Menger, comme Gross et particulièrement Mataja, ont étudié le profit ; Schullern a analysé le concept de la rente ; Meyer a remarquablement exposé la théorie de la justice dans la répartition des impôts, et il a soumis à une révision diligente la théorie de la rente ; Eugène von Philippovich est l'auteur d'une excellente étude sur la banque d'Angleterre dans ses rapports avec les finances (*Die Bank von England*, Wien, 1885) ; il a débuté dans la chaire de Fribourg par la publication d'une judicieuse leçon d'ouverture

(*Ueber Aufgabe und Methode der politischen Oekonomie*, 1886); plus tard, il a publié un bon précis. Il faut ajouter que l'école austro-allemande n'a
pas oublié les questions d'application et d'actualité,
comme le prouvent notamment les travaux de Mataja
(*Das Recht des Schadenersatzes*, 1888) et ceux de
Seidler sur les budgets (*Budget und Budgetrecht*,
1885) et sur les peines pécuniaires (*Die Geldstrafe*,
in vol. 20 des *Jahrbücher für National-Oekonomie*,
1890).

Eug. v. Böhm-Bawerk, *Rechte und Verhältnisse vom
Standpunkte der volkswirthschaftlichen Güterlehre*.
Innsbruch, 1881. — *Grundzüge der Theorie des
wirthschaftlichen Güterwerths* (in *Jahrbücher* de
Conrad, 1886). — *Kapital und Kapitalzins*. Innsbruch, 1884-1889. Deux volumes. - Trad. angl.
de W. Smart, 1890-1891.

F. Mataja, *Der Unternehmergewin*. Wien, 1884.

G. Gross, *Die Lehre vom Unternehmergewinn*, Leipzig,
1884. — *Wirthschaftsformen und Wirthschafts-
prinzipien*, 1888.

H. v. Schullern, *Untersuchungen über Begriff und
Wesen der Grundrente*. Leipzig, 1889.

Rob. Meyer, *Die Principien der gerechten Besteuerung*.
Berlin, 1884. — *Das Wesen des Einkommens*, 1887.

Eug. v. Philippowich, *Grundriss der politischen Oekonomie*. Freiburg i. Br., 1893. Deux volumes.

Tout en étant d'accord avec nos illustres collègues
de Vienne et de Prague sur la méthode et tout aussi
convaincu qu'eux-mêmes que l'application qu'on a
faite Ricardo n'est pas inattaquable, nous nous per-
mettons cependant d'émettre un doute sur l'importance qu'ils attribuent à la théorie de l'utilité-limite et
à ses dérivés. Nous l'acceptons comme un complément utile et comme une correction partielle à la théorie de la valeur courante, mais nous ne pouvons

accorder qu'elle doive remplacer celle de la valeur normale et devenir le centre d'une économie nouvelle sur
une base purement psychologique. Les réflexions de
Dietzel et de Patten (*Jarbücher für Nationalôko-
nomie*, 1890-91), nous semblent dignes d'être prises en
considération, parce qu'elles ne sont pas, comme celles
de certains adversaires, de grossières équivoques. Il faut
en outre souhaiter moins de prolixité et plus de clarté.

> Cfr. sur l'école autro-allemande : James Bonar,
> *The Austrian Economists.* (in *Quarterly Jour-*
> *nal of Economics.* Boston, octobre 1888). — Em.
> Sax, *Die neuesten Fortschritte der nationalôko-*
> *mischen Theorie.* - Trad. ital. de A. Graziani.
> Siena, 1889. — E. v. Böhm-Bawerk, *The Austrian*
> *Economists* (in *Annals of the American Academy, etc.*
> Philadelphia, janvier 1891).
> Voir aussi la nouvelle revue trimestrielle *Zeitschrift*
> *fur Volkswirthschaft, Socialpolitik und Verwal-*
> *tung.* Wien, 1892.

§ 2. — L'ÉCONOMIE POLITIQUE DANS LES PAYS-BAS

L'état des études économiques dans les Pays-Bas
peut être considéré comme florissant. Elles sont représentées dignement dans les Universités de Leyde,
d'Utrecht, de Groningue et d'Amsterdam ; on leur ouvre
les revues générales (*De Gids*) et elles ont leurs revues
spéciales (*De Economist, Vragen der Tijds*). Les
Hollandais sont tout à fait au courant de l'état actuel
de la science en France, en Allemagne, en Angleterre ;
ils sont restés fidèles aux traditions de l'école classique, dont ils ont perfectionné les résultats, et ils ont étudié dans de bonnes thèses de doctorat les questions de
science pure et de science appliquée. Il suffit de mentionner le mémoire de van Houten sur la valeur (1859),

ceux des éminents professeurs d'Aulnis de Bourouill
(d'Utrecht) sur le revenu social (1874), d'accord avec
les doctrines de Jevons, et de Greven (de Leyde) sur la
théorie de la population (1875), étudiée du point de vue
des idées des évolutionnistes Spencer, Greg et Galton,
et, en outre, la thèse très correcte d'Heymans sur la méthode (1880), celles de Tasman sur la répercussion, et de
Cohen Stuart sur l'impôt progressif (1889), et enfin, celles
de Falkenburg sur le salaire, de Verrijn Stuart qui réfute
l'opinion de ceux qui voient dans les théories de Marx
une suite des théorèmes de Ricardo (1890), de von der
Schalk sur les coalitions industrielles (1891), et de Me-
thorst sur les maisons de travail pour les pauvres (1895).

Parmi les autres professeurs, nous devons citer van
Ress (1825-1869), auteur de très savants travaux historico-littéraires, Quack qui a écrit de brillants essais
sur le socialisme, Vissering (1818-1888), savant auteur
d'un manuel élégant mais peu profond, Cort van der
Linden, qui a écrit dans l'esprit de l'école allemande un
bon précis sur les finances. Antoine Beaujon (1853-1890)
leur est supérieur à tous sous beaucoup de rapports. Il s'est occupé d'abord de travaux statistiques,
il a écrit ensuite en anglais son œuvre principale sur la
pêche, et il a publié enfin une monographie précieuse,
dans laquelle il a déduit correctement de la théorie des
échanges internationaux le corollaire de la liberté du
commerce.

H. Q. G. Quack, *De socialisten. Personen en stelsels.*
      Amsterdam, 1875-1879.
Sim. Vissering, *Handboek van praktische Staathuis-*
      houdkunde, 1860-65; 4e édit., 1878. Deux petits vo-
      lumes.
P. W. A. Cort van Linden, *Leerboek der financien.*
      1887.
A. Beaujon, *History of the dutch sea fisheries.* Ams-

terdam, 1884. — *Handel en handelspolitiek*. Haarlem, 1888.

Guillaume Cornelius Mees (1813-1884), président de la Banque des Pays-Bas, a été un savant de premier ordre. Il a débuté par deux mémoires, le premier sur les altérations monétaires (*De vi mutatae monetae in solutionem pecuniae debitae*, 1838), le second sur les anciennes banques de dépôt; il a relevé quelques erreurs de Steuart et de Smith, et expliqué la véritable nature des opérations de la banque d'Amsterdam (*Proeve eener geschiedenis van het bankwezen in Nederland*. Rotterdam, 1838). Il écrivit ensuite une excellente monographie sur le travail dans les établissements d'assistance (*De Werkinrigtingen van armen*, 1844). Il publia beaucoup plus tard ses travaux de science pure; ils sont remarquables par la profondeur de la pensée, la correction un peu aride de la forme, et la sobriété de l'érudition. Dans le volume intitulé *Overzicht van eenige hoofdstukken der Staatshuishoudkunde*. Amsterdam, 1866, il a résumé, avec une simplicité et une clarté remarquables, les théories de l'école classique, et, en particulier, celles de Ricardo et de Stuart Mill sur la production, la valeur, la distribution des richesses, sans omettre de parler des limites de leur champ d'application. Il faut signaler tout particulièrement sa théorie des relations entre le salaire et la rente et celle des échanges internationaux, qu'il a enrichie de développements intéressants. Il a également publié d'autres mémoires dans les Actes de l'Académie Royale des Sciences d'Amsterdam, qui sont autant d'essais complémentaires, également très importants : le premier porte sur le système monétaire, dont Mees avait déjà parlé dans une monographie spéciale (*Het muntwezen van Nederlandsch Indie*. Amster-

dam, 1851), et aussi, à plusieurs reprises, dans de remarquables rapports officiels (*De muntstandaard in ver-
band met de pogingen tot invoering van eenheid
van munt*, 1889). Il y expose avec une méthode correcte la théorie du bimétallisme international, et il
évite les exagérations des partisans extrêmes de ce système. Sur cette doctrine, presque généralement acceptée en Hollande, nous possédons des travaux de Pierson, de Van den Berg, directeur de la banque de Java,
et enfin de Boissevain et de Rochussen (1891); les
œuvres de ces deux derniers écrivains ont été couron-
nées. Les mémoires de Mees sur la répartition des
impôts (1874) et sur les concepts fondamentaux de l'économie (1877) sont pleins d'observations pénétrantes.

Parmi les économistes hollandais actuels, la première
place appartient à Nicolas Pierson (né en 1839), professeur d'économie à Amsterdam (1877), successeur de
Mees à la présidence de la Banque néerlandaise (1884),
et, depuis août 1891, ministre des finances. Esprit
pénétrant, également bien doué pour les recherches
historiques, scientifiques et les travaux d'application,
Pierson a écrit de nombreux mémoires sur la monnaie,
le crédit, la valeur, le salaire, la rente, l'impôt, etc.,
presque tous insérés dans les revues déjà citées, *De
Gids* et *De Economist*. Admirateur des économistes
anglais (en particulier de Ricardo, de Mill, de Jevons,
de Marshall), il persévère dans la théorie du libre
échange sans tomber dans l'optimisme; il admet une
intervention modérée de l'État dans la question
ouvrière, mais repousse énergiquement les théories du
socialisme.

Parmi les monographies qui ont fait l'objet de publications séparées, nous citerons sa traduction du livre de
Goschen sur le cours des changes, son discours sur le
concept de la richesse (*Het begrip van volksrijkdom*,

'S. Gravenhage, 1864) ; l'opuscule *Twee adviezen over muntween* (1874) et enfin ses brillantes et érudites dissertations historico-politiques sur le gouvernement des colonies (*Het Kultuur-stelsel*, 1868. totalement refondues sous le titre de *Koloniale politiek*. Amsterdam, 1877). Le chef-d'œuvre de Pierson est son traité d'économie politique, dans lequel, abandonnant les divisions ordinaires et sans aucun appareil d'érudition, il explique, avec une profondeur qui égale celle de Mees mais avec une toute autre vivacité de style, les doctrines de l'économie moderne. Il commence par la théorie de la valeur qui le conduit aux théories de la distribution et de la circulation ; il continue, après avoir expliqué les problèmes financiers même au point de vue pratique, par les théories de la consommation, de la population et enfin par celle de la production, dont il proclame l'importance capitale. Le livre de Pierson est en somme un des meilleurs exposés de l'état actuel de la science.

N. G. Pierson, *Leerboek der Staathuishoudkunde*. Haarlem, 1884-90. Deux vol. — *Grondbeginselen der Staathuishoudkunde*. Haarlem, 1875-76. -Nouvelle édition, un peu modifiée, 1886.

§ 3. — L'ÉCONOMIE POLITIQUE EN ESPAGNE

Cfr. (en dehors de mon article déjà cité). M. H. v. Heckel, *Zur Entwickelung und Lage der neueren staatswissenschaftlichen Litteratur in Spanien* (in *Jahrbücher für Nationalökonomie*. Jena, 1890. Nouvelle série, 21° vol., pp. 26-49).

Le peu de stabilité des gouvernements, les crises économiques et financières, les nombreux obstacles à la diffusion du savoir, le peu d'originalité des écrivains, habitués à imiter les œuvres étrangères et notamment les œuvres françaises, suffisent à expliquer le peu d'importance relative des économistes espagnols et portugais contemporains; dans ces dernières années, on peut signaler quelques honorables exceptions.

Il existe en Espagne un très grand nombre de livres élémentaires, mais on ne peut louer en eux ni l'ampleur de la doctrine, ni la pénétration de la critique, ni la rigueur de la méthode, ce qui explique le besoin de traduire les résumés écrits en langue étrangère. On apprécia pendant longtemps le *Curso de Economia politica* (1re édit. Londres, 1828. Deux vol.-7e édit. Oviedo, 1852.-trad. franc. de L. Galibert, 1833) d'Alvaro Florez Estrada (m. 1833), qui résume avec beaucoup d'habileté dans des analyses en partie originales les théories des économistes classiques. Les *Principes d'économie politique* du protectionniste A. Borrego (1844) sont plus connus que les excellents *Eléments* du marquis de Valle Santoro (1829). Les idées restrictives ont été encore plus favorablement défendues par l'illustre historien et publiciste Manuel Colmeiro (*Tratado elemental de economia politica ecléctica*. Madrid, 1845. Deux volumes), qui, converti plus tard au libre échange, résuma ses leçons dans les *Principios de economia politica* (Madrid, 1859.-4e édit., 1873). Benigno Carballo y Wangüemert (m. 1864) professa des idées plus conformes aux théories reçues dans son *Curso de economia politica* (Madrid, 1855-56. Deux vol.). Plus vaste encore est l'œuvre du professeur S. D. Madrazo, de l'Université de Madrid (*Lecciones de econ. polit.*, Madrid, 1874-75. Trois vol.), disciple de Bastiat. Des théories analogues étaient professées par le sénateur Mariano Carreras y Gonzales, auteur d'un précis de statistique (1863), et d'un traité d'économie, fort en usage dans les écoles et qui porte le titre caractéris-

tique de *Filosofia del interès personal* (Madrid. 1865.-
3ᵉ édit., 1881). J. M. de Olözaga y Bustamente,
auteur d'une œuvre érudite (*Tratado de economia
politica*. Madrid, 1885-86. Deux vol.), très répandue
hors d'Espagne, n'est pas moins optimiste.

D'excellentes monographies ont été publiées dans la
Gaceta economista (1860-68. Douze volumes), dans les
Mémoires de la Société économique de Madrid (1835-
77, et dans ceux de l'Académie des sciences morales et
politiques (1863-78) ; d'autres ont été réunies dans les
volumes d'*Essais* et d'*Etudes* publiés par Diaz (1855),
par Duran y Bas (1856) et par Escudero (1878). Le libre
échange a été défendu par Figuerola, Barzanellana, de
Bona y Ureta, Ochoa, Sanromá, etc. ; sur le crédit en
général ont écrit Casasas (1890); sur le crédit foncier,
Oliver (1874), Isbert y Cuyas (1876) ; sur la propriété,
Santamaria de Paredes (1874) et Martinez (1876); sur la
population, Caballero, qui a soulevé une vive polémique
(1873) ; sur les crises industrielles, Pastor y Rodriguez (1879) ; sur la question sociale, Arenal (1880), Fer-
ran, Menendez (1882) ; sur les caisses d'épargne, Ra-
mirez (1876) ; sur l'assistance, Aranaz (1859), Perez
Molina (1868), Montells y Bohigas (1879) et quelques
autres.

Les ouvrages sur la science des finances sont très
nombreux. En dehors du *Diccionnario de hacienda*
de Canga Arguëlles (Londres, 1826. - 2ᵒ édit. Madrid,
1834-40. Trois volumes) et des livres élémentaires de
Lopez Narvaez (*Tratado de Hacienda*, etc., 1856) et
de Lozano y Montes (*Compendio*, etc., 1878), on peut
citer l'œuvre critique de Conto (*Exámen*, etc. Cadix,
1854-55. Quatre vol.), les traités systématiques de Peña
y Aguayo (*Tratado de la Hacienda*, etc. Madrid, 1838),
de Toledaño (*Curso de instituciones*. 1859-60. Deux
vol.) et l'ouvrage plus récent et plus accrédité de Pier-

nas y Hurtado (*Manual de instituciones de hacienda
publica española*. Cordova, 1869. - 4ᵉ édit., Madrid,
1891), riche de notices sur l'histoire et sur la législation
financière nationale. Il faut signaler d'une manière
spéciale L. Maria Pastor (m. 1872), auteur de trois
excellents travaux sur les impôts (*La Ciencia de la
contribucion*. Madrid, 1856), sur le crédit privé et
public (*Filosofia del credito*, 1850.-2ᵉ édit, 1858) et
sur l'histoire de la dette publique (*Historia de la deuda
publica española*, 1853). Les impôts ont été étudiés
par Heredia (1813), Lopez de Aedo (1844), Valdes-
pino (1870), etc.; sur le crédit public il existe un
traité élémentaire de A. Hermandez Amores (Murcie,
1869).

Parmi les travaux d'histoire économique il faut faire
une mention spéciale pour ceux de F. Gallardo Fer-
nandez (*Origen, progresos, etc. de las rentas de
España*. 1806-32. Sept vol.), pour la très intéressante
histoire des banques espagnoles de R. Sanfillan (*Historia sobre los bancos, etc*. Madrid, 1865. Deux vol.)
et pour l'excellent Essai sur la propriété foncière de De
Cardenas (*Ensayo sobre la historia de la propriedad
territorial en España*. Madrid, 1873-75. Deux vol.)

Les doctrines des socialistes de la chaire, combattues
par Rodriguez, Sanromá, Carreras, trouvent des partisans éminents et modérés dans F. Giner (*Principios
elementales del derecho*, 1871), G. Azcárate (*Estudios
politicos y economicos*, 1876), Botello (1889) et Sanz y
Escartin (*La cuestion economica*, 1890). Une sage
théorie éclectique est défendue par Piernas y Hurtado,
professeur à Madrid (*Vocabulario de la economia*,
1877.-2ᵉ édit., 1882), qui a récemment publié un volume d'Essais (*Estudios economicos*, 1889) et d'intéressantes conférences sur la coopération (*El movi-
miento cooperativo*, 1890), et aussi par L. de Saralegui

y Medina (*Tratado de economia politica.* 3ᵉ édit., 1890).

§ 4. — L'ÉCONOMIE POLITIQUE DANS LE PORTUGAL

I. F. Da Silva, *Diccionario bibliographico portuguez, etc.*, Lisboa, 1858-87. Quatorze volumes.
J. Fred. Laranjo, *Economistas portuguezes* (*O Instituto.* Vol. XXIX et suiv. Coimbra, 1882-1884).

L'économie politique a trouvé dans le Portugal des conditions encore moins favorables qu'en Espagne. Le premier écrivain de quelque importance est l'évêque de Pernambuc et d'Elvas, J. J. Cunha d'Azéredo Coutinho (1743-1821), qui a publié quelques essais sur le commerce, les mines, la monnaie, l'esclavage. Un certain nombre de monographies sur les questions d'application ont été insérées dans les Mémoires de l'Académie des Sciences (1789-1816). L'excellent jurisconsulte et économiste José da Silva Lisboa (1756-1835) a le mérite d'avoir fait connaître en Portugal et au Brésil les théories de Smith ; il a résumé ses idées dans les *Estudos do bem comum e économia politica* (Rio de Janeiro, 1819-20. Deux vol.). Nous trouvons des écrivains éclectiques ou partisans de la physiocratie, comme le professeur de Coïmbre, J. J. Rodriguez de Brito (1753-1831), qui a écrit des *Memorias politicas sobre as verdadeiras bases de la grandeza das naçoes*, Lisboa, 1803-05); d'autres, au contraire, se sont faits les défenseurs d'un protectionnisme modéré, comme F. S. Constancio, traducteur de Malthus et de Ricardo, qui a fondé et dirigé à Londres les *Annaes das Sciencias* (1818-22) et José Accursio das Neves (1766-1834), un érudit connaisseur de l'histoire économique portugaise (*Variedades sobre objectos relativos às artes, commercio e manufacturas*. Lisboa, 1814-17. Deux volumes).

Le premier précis d'économie politique écrit, dans une forme un peu scolastique, par le prêtre D. Mannuel d'Almeida (Lisboa, 1822), devait-servir pour la chaire proposée par le député Rodriguez da Brito, mais non instituée par suite de l'opposition des partisans du système restrictif inauguré au siècle précédent par le ministre Pombal. Ont paru ensuite les *Institui-ções* (Lisboa, 1834) de José Ferreira-Borges (1786-1838), extraites en grande partie des œuvres de Tracy et de Storch, les *Preleçcoes* (Porto, 1837) de Ag. Alb. da Silveira Pinto (1785-1852), les *Noçoes elementares* de Ant. d'Oliveira Marreca (Lisboa, 1838), le très court précis de Pinheiro-Ferreira (*Précis d'un cours d'économie politique*. Paris, 1840) et les autres plus récents de F. L. Gomes (*Essai sur la théorie de l'économie politique*, etc. Paris, 1867) et de L. Aug. Rebello da Silva (*Compendio de economia politica, rural, industrial e commercial* (Lisboa, 1868. Trois volumes).

Une chaire d'économie a été créée à l'Université de Coïmbre en 1836 et confiée à Adrien Pereira Foriaz de Sampajo, qui l'a occupée jusqu'en 1871. Il a publié un précis, inspiré dans la première édition (1839) par le catéchisme de Say et dans la seconde (1841) par le traité de Rau. Augmentée dans les réimpressions ultérieures, et notamment dans la cinquième (*Novos elementos de economia politica e estadistica*. Coïmbra, 1858-59. Trois vol.), corrigée à nouveau et un peu abrégée dans la sixième (1867) et dans la septième (1874. Deux vol.), cette œuvre, peu profonde, mais remarquable par l'ordre, la clarté et la richesse des renseignements, remplaça dans les écoles les compilations précédentes.

L'enseignement de la science des finances ayant été introduit dans l'enseignement de l'Université (1865),

conjointement avec le droit financier national comme
en Espagne, Mendonça Cortez publia des *Estudos finan-
ceiros*, résumées (1873) par Carnido de Figuereido,
auteur d'une *Introduçcao a sciencia das finanças*
(1874). On doit lui préférer le traité du professeur Antonio dos Sanctos Pereira Jardim (né en 1821), intitulé
Principios de Finança (Coimbra, 1869.-3ᵉ édit., 1880).

A l'influence des idées radicales, voisines du socialisme, est dû le petit ouvrage de F. M. de Sousa Bran-
dao (*O trabalho*. Lisboa, 1857). Le ministre actuel des
finances, Oliveira Martins (*O regime das riquezas*,
Lisboa, 1883) et J. J. Rodrigues de Freitas, professeur
à l'Académie polytechnique de Oporto (*Principios de
Economia politica*. Porto, 1883), se sont inspirés, au
contraire, des théories de l'école historique et des résultats de la sociologie.

Parmi les monographies nous citerons les *Principes
de la science des finances (Syntelologia)* de Ferreira
Borges (Lisboa, 1834), l'histoire de la dette publique
de Da Silveira Pinto (*Divida publica portugueza*, Lon-
dra, 1831), les ouvrages de Morato Roma sur la monnaie (*De la monnaie*. Libona, 1861), de Serzedello sur
les banques (*Os bancos*, 1867) et du professeur Laranjo
sur l'émigration et les colonies (*Theoria geral da emi-
graçao*. Tomo I. Coimbra, 1878).

CHAPITRE XIII

L'ÉCONOMIE POLITIQUE DANS LES PAYS
SCANDINAVES, SLAVES ET MAGYARES

———

Il suffira de donner de très rapides indications sur la littérature scandinave, slave et magyare. (Nous nous sommes particulièrement servis des œuvres et des renseignements fournis par les professeurs Falbe Hansen, Scharling, Petersen, Hertzberg, Rabenius, Hamilton, Lilienstrand, Wreden, Janschull, Jahnson, Loria, Kautz et Bela Foldes). Toutes les œuvres ont un intérêt ou historique ou purement local, ou bien, quoique remarquables, elles ne s'éloignent pas de celles des meilleurs économistes anglais, allemands, français. Dans les vingt-cinq dernières années cependant les progrès de la Russie ont pris des proportions telles qu'ils nous permettent d'espérer en un avenir scientifique encore plus brillant.

§ 1. — PAYS SCANDINAVES.

A. — Danemark.

A la période mercantiliste appartiennent les œuvres très importantes de l'évêque Henri Pontoppidan; il est l'auteur d'une description statistique du Danemark (1763-81) et d'un livre intitulé *Oekonomik Balance* (1759); il a été directeur du *Danmarsk og Norges Økonomisk Magazin* (1757-68. Huit volumes). A cette période se rattachent également les travaux de Frédéric Lütken (*Oekonomiske Tanker*, 1755-61. Neuf volumes) et les œuvres politiques de Andrée Schytte (1773-76), qui s'est fortement imprégné des idées de Hume. Othon D. Lütken a répandu des idées libérales en matière de monnaie (1735) et devancé Malthus, dès 1758, dans la théorie de la population ; on lui doit un des premiers travaux systématiques (*Undersogninger*, etc., 1760).

On doit, en partie, à l'influence physiocratique les réformes faites par le ministre Struensee : abolition de la servitude, de la communauté des terres, des prestations féodales, etc. Le tarif douanier relativement modéré de 1797 est postérieur de quelques années seulement à la traduction de Smith (1772-80), qui a été suivie, beaucoup plus tard, par celle des ouvrages de Say, Sismondi, Blanqui, Ricardo, Mac Culloch, Rau et plus tard encore par celle de Bastiat et de Fawcett.

Une chaire d'économie ayant été créée à l'Université de Copenhague, le professeur C. Olufsen (1815-27) publia un précis (*Grundtraek af den praktishe Statsökonomie*, 1815) d'après les écrivains allemands. En 1848 une faculté politico-administrative spéciale fut créée ; l'enseignement fut confié au célèbre statisticien David, qui, longtemps auparavant, avait dirigé le *Statsökonomish Archiv* (1826-29, continué en 1841-43), et à Bergsöe, auteur d'une volumineuse *Statistique* du Danemark (1844-53). Un peu plus tard le professeur C. J. H. Kayser publia un bon précis, dans lequel il résume l'économie classique, notamment d'après Hermann et Stuart Mill (*On arbeidets Ordning*. 1857. Trad. suédoise, 1867). Son successeur N. C. Frederiksen (émigré en Amérique en 1877) se rapproche des théories des optimistes dans trois monographies sur la libre concurrence (1863), le développement (1870) et sur les concepts fondamentaux de l'économie (1874). Des idées analogues sont exposées dans le manuel populaire de M. Gad (*Det almindelige Velstands natur og aarsager*. 2ᵉ édit. 1879).

Les études économiques ont reçu en Danemark une nouvelle impulsion après la fondation de la Société d'économie politique (1872) et la publication d'une revue mensuelle (*Nationalökonomisk Tidschrift*, 1873 et suiv.) à laquelle collaborent l'éminent statisticien professeur H. Westergaard, les professeurs V. Falbe-Hansen et W. Scharling, qui ont publié, pour un concours en 1869, deux bonnes monographies sur les variations des prix après la découverte de l'Amérique. Falbe-Hansen dirige aussi la statistique officielle et suit avec beaucoup de modération les idées de l'école allemande, à laquelle adhèrent plus complètement le privat-docent Alexis Petersen-Studnitz, directeur de la revue ci-dessus mentionnée, Krebs, W. Arntzen et H. Ring, auteurs d'un précis (*Nationalökonomien*, 1875), et enfin Cl. Wilkens, qui a écrit un essai de sociologie (*Samfundslegemets Grundlove*, 1881). Scharling, collaborateur de plusieurs périodiques allemands, auteur d'une introduction à l'économie (*Inledning til den politiska ökonomi*, 1868) et d'un Programme de leçons (*Grundrids af den rene Arbejdslaere*, 1871) suit les doctrines de l'école classique. L'école mathématique est représentée par Westergaard (*Inledning til studiet qf Nationalökonomien*, 1891), F. Bing, M. Rubin, Julius Petersen (*Bestemmelse af den rationelle Arbeidslön samt nogle Bemerkingen von Oekonomiens Methode*, 1873).

L'importance relative du socialisme, très répandu en Danemark, a fait naître un grand nombre d'ouvrages sur la question ouvrière.

Cfr. R. Meyer, *Der Socialismus in Danemark*. Berlin, 1874.

C. Martinet, *Le Socialisme en Danemark*, 1893.

B. — *Norwège.*

Plus que l'union politique, qui a duré jusqu'à la fin de 1814, la communauté des langues a contribué à imprimer à la littérature économique de la Norwège un caractère peu différent de celui du Danemark. Depuis le milieu du siècle passé il a été publié un grand nombre d'ouvrages de caractère descriptif ou concernant des intérêts purement locaux. La crise économique, les désordres monétaires, l'insolvabilité des banques sont les sujets les plus souvents traités. Sur la question bancaire il faut citer quelques opuscules du capitaine Mariboe (1815-21), mais spécialement une bonne monographie du professeur Antoine Martin Schweigaard (*Om Norges Bank og Pengevaesen*, 1836). Schweigaard est aussi l'auteur d'une célèbre *Statistique de la Norwège* qu'il n'a pu terminer parce qu'il a dépensé son activité comme membre du *Storthing*, où il a obtenu l'abolition des corporations, des monopoles, des droits protecteurs; il a pris également une part active dans l'établissement des chemins de fer.

Voir F. Hertzberg, *Professor Schweigaard*. Christiania, 1883.

Au moment de la discussion sur la question monétaire qui se termina par la formation de la ligue scandinave (1872-75) parurent plusieurs ouvrages de polémique de T. H. Aschehoug, de l'ex-ministre O. J. Broch (1867), du banquier Heftye (1873) et de Gamborg (1874). Il n'existe pas en Norwège de traités et de précis d'économie, sauf un petit ouvrage populaire de H. Lohmann (*Velstandslaere*, 1874) qui accepte les doctrines de Bastiat. Parmi les économistes actuels, en dehors de ceux que nous avons déjà cités, il faut mentionner le directeur du bureau de statistique, A. N. Kyaer, qui a écrit un bon ouvrage sur la navigation (*Bidrag til belysningen of skibsfartens ockonomiske forhold*, 1877). Un concours fut ouvert en 1876 pour une seconde chaire d'économie à l'université; on choisit pour sujet le crédit et les banques. A ce concours prirent part Gamborg (*Seddelbanken*), Kyaer (*Om seddelbanker*) et Ebbe Hertzberg (qui fut nommé), auquel nous devons deux travaux très remarquables, publiés en 1877 sous le titre de : *En kritisk Fremstilling af Grundsaetmingerne for Seddelbankers,* et *Om Kredittens Begreb og Vaesen.* Gamborg a écrit en outre une très courte dissertation théorique sur l'intérêt (*Om renten af penge*, 1870). Enfin, parmi les auteurs les plus récents nous devons signaler Morgenstierne et Jäger, auteur d'une monographie déjà citée sur les théories du capital et de la rente dans Adam Smith.

C. — *Suède et Finlande.*

La Suède a, elle aussi, une littérature, qui remonte au milieu du siècle passé, sur l'organisation des manufactures et sur des sujets généraux, dont les auteurs ont été d'ordinaire des professeurs de sciences camérales, qui acceptaient plus ou moins explicitement les idées des mercantilistes. Il suffit de citer parmi eux A. Berch (m. 1774), très célèbre en son temps *(De felicitate patriae per Oeconomiam promovenda,* 1731. — *Inledning till allmänna Hushållningen,* 1747). Ils sont tous inférieurs à A. Chydenius (1729-1803), auteur d'excellentes monographies qui défendent les théories libérales, développées plus tard par Smith (*Politiska Shrifter,* édités par E. G. Palmén, 1877-80). Nous trouvons plus tard à Upsal le professeur L. G. Rabenius, protectionniste, auteur d'un manuel (*Lärebok i National-Ekonomien*, 1829), auquel a succédé, quelques années plus tard, son fils Théodore, qui a écrit sur les dimes (1856), la liberté industrielle (1867), le luxe (1873), et qui a traduit nos *Eléments de finances* (1882). Le professeur actuel D. Davidson s'est surtout occupé de science ; il a écrit sur la formation du capital, sur l'histoire de la théorie de la rente (*Bidrag till Kapitabildningen*, 1878. — *Bidrag till jordrante-teoriens historia*, 1880). La chaire de l'Université de Lund, qui est plus récente, est occupée dignement par le comte G. K. Hamilton, auquel nous devons quelques travaux sur le concept et le développement de l'économie (1858), sur la physiocratie (1864), sur la monnaie et le crédit (*Om penningar och kredit*. 1861), sur la question ouvrière (*Om arbetsklassen*, 1865), etc.

Pour des raisons pratiques, on a beaucoup discuté en Suède la question des banques et celle du cours forcé, sur lesquelles nous possédons d'excellents travaux de Nordström (1853), de Skogman (1845-46), de J. M. Agardh (1865), de Leffler (1869), de Carlquist (1870), et aussi le très remarquable mémoire de Bergfalk sur les crises commerciales (1859). La science des finances n'a pas été négligée ; nous citerons entre autres un ouvrage de Collin (*Afhandling om statsinkomsterna*, 1816). On peut avoir une idée exacte des conditions de la science économique en Suède d'après le précis de G. Westman (*Nationalekonomiens Grunddrag*, 1881-1885), destiné à l'enseignement secondaire, et celui de G. A. Leffler, disciple de l'école allemande, pour l'enseignement supérieur (*Grundlinier till National-ekonomiken*, 1881).

La première place parmi les économistes de la Finlande appartient au professeur A. Liljenstrand, de l'Université d'Helsingsfors, qui, en dehors de quelques

ouvrages moins importants (1851-57), a publié deux
monographies sur l'association (*System af Samfund-
sekonomins Läror*, 1860) et sur les conditions territoriales de sa patrie (*Finlands Jordnaturer*, etc., 1879).

§ 2. — PAYS SLAVES

A. — *Pologne et Bohême.*

Le comte Frédéric Skarbek (1792-1869), professeur à
Varsovie, est l'auteur de bons précis d'économie (1820),
d'administration (1821) et de finance (1824), d'un dictionnaire (1828) et de deux traités d'économie pure et
appliquée (1859-60). La traduction française du premier
des précis indiqués (*Théorie des richesses sociales*,
1829. Deux volumés) est souvent citée pour sa bonne
analyse du phénomène de la circulation. Le manuel du
négociant Sigismond Dangel (*Ogólne zasady ekonomii
politycznéi*, 1862) et les œuvres économiques et sociales
fort appréciées de Joseph Supinsky (Lemberg, 1872
Cinq volumes) ne sont pas connues hors de la Pologne.
Nous devons à Withol Zaleski, professeur à Varsovie,
des œuvres statistiques et des monographies sur les
rapports de l'économie et de la morale (1867), sur les
sociétés ouvrières (1873), etc. Joseph Oczapowski, collaborateur de la *Revue d'économie politique*, professeur à Varsovie et ensuite à Cracovie, a écrit quelques
travaux historiques, critiques et dogmatiques, d'après
les théories de l'école allemande, qu'il a réunis dans un
volume publié en 1889. Comme partisan de cette même
école nous devons signaler le laborieux professeur
de Lemberg, Léon Bilinski (né en 1846), qui a écrit, en
allemand, sur les impôts sur le luxe, (1875, sur les
tarifs de chemin de fer (1875), sur la réforme des finances
communales (1878) et, dans sa langue maternelle,

quelques études sur l'impôt, sur la rente (*Studya nad podatkiem dochodowym*, 1870), un manuel de science des finances (*System nauki skarbowey*, etc., 1876) et un grand traité d'économie (*System ekonomji spolecznej*, 1880-82. Deux vol.) qui a remplacé un autre précis du même auteur publié en 1873-74.

Sur l'économie agraire ont écrit Soldraczinski, Rembowski, Skarzinsky, Stawisky; sur le commerce et sur les banques, Falkenhagen-Zaleski; sur les assurances, Mayzel; sur les finances, le prince Lubomirski, Nagórny, etc. Les œuvres de Tengoborski, Cieszkowski, v. Miaskowski, Ochenkowski, écrites en français et en allemand, sont généralement connues.

En langue bohême nous avons un précis de la science des finances du professeur J. Kaizl (*Financní véda*, 1888) de l'Université de Prague.

B. — *Russie.*

Si on ne tient pas compte du *Domstroi*, qui est une compilation sur l'économie domestique de différents auteurs du XVIᵉ siècle publiée par Golochwastow (1849) et commentée par Nekrassow (1872) et par Brückner (1874), la littérature économique russe commence, dans la seconde moitié du siècle suivant, avec les ouvrages de l'érudit mercantiliste serbe Krishanitsch (commentée par Bodenstedt) et avec le curieux ouvrage intitulé *Pauvreté et Richesse* (1724) de Possoschkow, autodidacte, paysan, commerçant, industriel, mort en prison en 1726, qui a développé, d'une façon très explicite, les idées restrictives qui ont inspiré la politique économique de Pierre le Grand.

A. Brückner, *Iwan Possoschkow*, 1878.

L'économie moderne pénétra en Russie avec les leçons de Trotjakow (1772), les traductions de Smith (1802) et de Sartorius (1812), le précis de Schlötzer (1805), mais surtout avec les œuvres déjà citées de Storch qui sont, dans leur ensemble, préférables aux traités de Butowski (1847), de Stepanow et de Tschivilew (1848), de Kamensky (1856) et au court précis de Vernadsky (1858). Il faut louer, sinon pour leur originalité, du moins pour leur précision et leur clarté, les *Principes d'économie* de Gorlow (1859), auquel nous devons aussi le premier traité de *Science des finances* (1845). Mais l'œuvre la plus remarquable de cette période est certainement la belle monographie de Turguenew sur les impôts (Saint-Péterbourg, 1818.-2e édit. 1819), qui discute à fond les questions les plus importantes et qui mériterait d'être traduite dans une langue plus familière aux économistes.

Pour avoir une idée exacte des caractères, de la tendance et de l'importance des travaux d'économie politique publiés en Russie, il ne faut pas oublier que, bien que cette science soit enseignée dans les Universités et qu'on en fasse des exposés populaires dans beaucoup de revues (Journal économique, Messager de l'Europe, Messager russe, Journal du ministère des finances, etc.) et en particulier dans le *Magazine des sciences politiques* (1872 et suiv.), cependant les rigueurs de la censure préventive, notamment dans les trente années du règne de Nicolas, ont empêché beaucoup d'esprits éminents de s'occuper des problèmes de théorie pure et d'un grand nombre de questions d'application. C'est ce qui explique le fait singulier de l'abondance des ouvrages russes sur l'histoire des idées et des faits, sur la statistique et sur la législation comparée.

Karatajew, *Bibliographie des finances, du commerce et de l'industrie*, (1714-1879). St Pétersbourg, 1880. (Il donne les titres de plus de six mille ouvrages).

Ed. Berendts, *Volks-und Staatswissenschaftliche Anschauungen in Russland., etc.* Saint Pétersbourg, 1888.

C'est à l'histoire des doctrines économiques que sont consacrés les ouvrages de Balugjenski (1806), de Masslow (1820) sur les systèmes d'économie, l'ouvrage un peu superficiel de Babst sur Law (1852), et les ouvrages beaucoup meilleurs de Geissmann sur la physiocratie (1849), de Muriawoff sur Turgot (1858), de Zechanowsky sur Smith (1859), mais notamment les deux volumes de Janschull sur l'*Histoire du libre échange en Angleterre* (1876-78) et les recherches intéressantes de Briezky sur la théorie des impôts en France au siècle passé (1888), auxquelles se rattache un mémoire plus ancien d'Alexejenko sur les théories des impôts de Smith, Say, Ricardo, Sismondi et Stuart Mill (1870).

Sur les faits économiques nous avons les monographies sur l'histoire des finances en Russie d'Hagemeister (1833) et de Tolstoi (1842), les monographies fort appréciées d'Ossokin sur les douanes intérieures (1850) et sur l'impôt des patentes (1856) etc. ; sur la législation fiscale comparée, le savant travail de A. Sablowski-Desüttowski sur les finances prussiennes (1871), l'ouvrage, encore inachevé, de Kowalewski sur l'ancienne juridiction des impôts en France (1870) et les essais de Ragosin sur l'impôt du tabac (1870) et de Lwow sur l'impôt des patentes (1879).

Plus nombreuses et non moins importantes sont les publications de statistique économique, dont on trouve un compte rendu dans une savante monographie du professeur Jahnson, de Saint-Pétersbourg, qui nous l'a courtoisement communiquée (1880). Sur la statistique russe en général, en dehors de deux travaux de vulgarisation de Buschen (1867) et de Livron (1874) nous possédons une œuvre érudite et consciencieuse de Jahnson (*Statistique comparée de la Russie et des Etats de l'Europe occidentale*, 1878-80. Trois volumes). La statistique agraire a été étudiée par Tchaslawski, Orlow, Kablukow, Wilson, auteur d'un Atlas très soigné (1869), et surtout par Yermolow (*Mémoire sur la production agricole de la Russie*, 1878). Comme complément aux ouvrages précédents nous pouvons citer les travaux de Werekha sur les forêts (1873), de Borkowski (1872), de Besobrasow (1870), de Jahnson et d'Orbinsky (1880) et de Fedorow (1888) sur le commerce des blés, et enfin ceux de Skalkowski et de Besobrasow sur l'industrie des mines. On n'a pas négligé non plus, malgré les difficultés inhérentes au sujet, la statistique des manufactures et du commerce. C'est aux manufactures que se rapporte un excellent recueil de monographies (1862-65) et le bel *Atlas* de Timiräsew (1870.-2ᵉ édit., 1873); les travaux d'Aksakow (1858) et de Besobrasow (1865) concernent le commerce et les foires.

Un réveil notable des études économiques en Russie peut être constaté depuis 1865 ; il est dû en partie à l'abolition du servage et à la crise qui en a été la conséquence immédiate, à la réforme des impôts, à laquelle on a déjà consacré d'importantes études, à la multiplication des sociétés anonymes, en particulier pour la construction des chemins de fer à la fondation de la grande Banque d'Etat et à l'augmentation correspondante du papier monnaie. La condition des paysans et de la propriété commune a été étudiée par Kawelin, Pasnikow, Effimenko, Trirogow, Trylow, Skrebitzky, Iwanikow, Thörner, Wassilitchikow (1876), Sieber (1883) ; le crédit agraire, par Besobrasow (1861) et Chodsky ; les caisses rurales de prêt, par Jakowleff, Koljupanow, Luginin ; les chemins de fer, par Zecha-

nowesky, Golowatschow, Witte, J. S. Bloch, auteur
d'un ouvrage statistique érudit mais peu critique
(1878. Cinq volumes), et mieux par A. Tschuprow (Les
chemins de fer. Moscou, 1875-78), disciple fervent de
l'école allemande et partisan des chemins de fer d'Etat.
Sur les sociétés anonymes nous avons les ouvrages de
Tarassow et d'Issajew (1877) et la monographie de
législation comparée de Thorner (1871); les banques et
la circulation ont été étudiées par Lamansky, Kulom-
sins, Wreden, Schwaschenko (1880), Kaufmann, qui a
écrit également sur les caisses d'épargne (1875).

La science des finances est cultivée en Russie avec
prédilection. Les leçons lithographiées de Besobrasow
et de Lebedew, professeur à Saint-Pétersbourg et
auteur d'une œuvre grandiose sur le Droit financier,
celles de Mühlhausen, professeur à Moscou, beaucoup
mieux que les manuels publiés par Lwow et par
Patlaeffsky, ont contribué à en répandre la connaissance.
Parmi les monographies on peut consulter les travaux très savants de Janschull, professeur à Moscou,
dont quelques uns ont été réunis en un volume (1884),
les travaux de Lebedew sur les impôts locaux (1886),
d'Aleksejenko sur les impôts directs (1879), de Ru-
kowsky sur les impôts personnels (1862), de Thörner
sur l'impôt foncier (1860), de Sodoffsky sur l'impôt des
maisons (1892), de Subbotin sur l'impôt sur l'industrie (1877) et, d'une façon particulière, trois dissertations
de Besobrasow et de Bunge, recommandables pour la
profondeur des recherches et la connaissance parfaite
de la législation et de la littérature économique.

W. P. Besobrasow, Impôt sur les actes, 1861. — Les
revenus publics de la Russie, 1872 (in Mémoires de
l'Académie impériale de St Pétersbourg).

N. Bunge, Théorie du crédit. Kiew, 1852. — Le cours
forcé en Russie, 1871. (Traduction de la mono-

graphie de Wagner, avec une introduction et de savantes notes complémentaires). — Cfr. F. De Rocca, *La circolazione monetaria ed il corzo forzoso in Russia.* Rome, 1881.

Aux controverses sur le libre-échange et la protection douanière ont pris part Bobrinsky, Kalinowshy, Walcker, Thörner, Bunge et Janschull ; sur la question ouvrière il y a des travaux de Nowosselisky (1881), d'Issajew ; sur la condition des paysans, de Nowitzky (1876), Sokolowsky (1878), Umantz (1884), Gregoriew (1885) et Kabltikow (1885).

Parmi les monographies qui traitent de la sience pure nous citerons celles de Korsak sur les formes de l'industrie (1861), et de Wreden sur la théorie des entreprises (1873) ; celles de Wolkoff (1854) et de Fuchs sur la rente 1871), celle de Antonowicz (1877) et le travail plus important de Zaleski (1893) sur la valeur et l'excellent travail de Sieber sur la théorie de la valeur de Ricardo et de Marx (1885), fort loué par Loria! Le domaine entier de la science a été parcouru dans le grand traité d'Antonowicz (1886) et dans les traités de Wreden (1874 ; 2ᵉ édit. 1880), d'Jwanjkow (1885,-3ᵉ édit. 1891), de Tschuprow (1892), disciple de l'école allemande. Il faut louer les précis de Liliew (1860), de Bunge (1870), de L. W. Chodsky (1884,-2ᵉ édit. 1887), auxquels nous nous permettrons d'ajouter l'excel ente traduction de nos *Premiers éléments d'économie sociale* avec un appendice biliographique du professeur Sokalsky de Charkow (1886).

Aux provinces de la Baltique appartiennent l'historien Al. Brückner, auteur d'une monographie intéressante sur la monnaie (*Kupfergeldkrisen*, 1807), l'illustre auteur de la statistique morale, Alexandre v. Oettingen (né en 1827), le banquier Goldmann, qui a étudié le papier monnaie (*Das russische Papiergeld,*

1866); à la Courlande, le sociologue P. de Lilienfeld et Berens, qui a écrit sur la rente (1868) etc., etc.

§ 3. — HONGRIE.

Le défaut de place et l'existence de deux bonnes histoires particulières nous permettent de ne donner que de rapides indications sur la littérature magyare et notamment sur son ancienne littérature.

> En dehors de l'ouvrage de Kautz (déjà cité), nous avons pu consulter, grâce à l'amabilité de l'auteur, l'excellente esquisse historique de H. J. Bidermann, *Das Studium der politischen Oekonomie und ihrer Hilfswissenschaften in Ungarn*. Kaschau, 1859 (n'est pas dans le commerce).

La création d'une chaire de sciences camérales à l'Université de Tyrnau (1760), transférée ensuite à Pesth, et à l'Académie de Granvaradino (1769), d'Agram (1772), etc., et la discussion d'importants projets de lois dans les assemblées politiques, auxquelles prenaient part des membres influents de la haute aristocratie, ont réveillé l'intérêt public sur les questions économiques, malgré le peu de préparation scientifique et le peu de renseignements positifs, par suite du manque de bonnes statistiques. L'ouvrage de Sonnenfels, traduit en latin par Beke (1807-1808), a été obligatoire dans l'enseignement; les excellents ouvrages de Huber (*Politia civitalis*, 1829) et de Henfner (*Introductio in oeconomiam politicam*, 1831), qui s'inspiraient des manuels allemands alors en usage, eurent moins de succès.

L'illustre patriote comte Stephan Széchenyi a donné une forte impulsion aux études d'économie appliquée. Il est l'auteur de quelques brillantes monographies, écrites dans sa langue nationale et inspirées par les doctrines libérales, intitulées *Hitel* (*Sur le crédit*, 1830), *Vilay* (*Lumière*, 1831), *Stadium* (1833), *A kelet népe* (*Le peuple oriental*, 1841), etc., qui ont provoqué des polémiques auxquelles ont pris part entre autres le comte Joseph Desewffy (conservateur), auteur, lui aussi, d'une monographie sur le crédit (*A hitel*, 1831. - Traduction allemande. Kaschau, 1831). Par son influence et sa popularité, Széchenyi contribua à d'importantes réformes : abolition des entraves féodales et des monopoles, amélioration des moyens de transport, diffusion du crédit, etc. Dans le même ordre d'idées nous pouvons signaler les travaux de Csato sur l'économie en général (1835), de Gyôry sur l'influence des machines sur les salaires (1834) et sur les moyens de communication (1835) ; Srányi a écrit sur la dette publique et sur le papier monnaie (1834).

La période suivante est remarquable par l'enthousiasme soulevé par les œuvres de Frédéric List et par les aspirations vers un système restrictif, soutenues par la fameuse *Association protectrice* (Védegylet) avec des exagérations telles qu'elle fut blâmée par List lui-même. Ces idées ont été reprises dans les ouvrages de Fényes, de Pusstai, Pulszky, dans les dissertations de Trélort sur les systèmes d'économie (1843) et avec plus de modération dans l'ouvrage de Erdélyi intitulé *Notre économie* (*Nemzeti Iparunk*, 1843) et dans le savant et excellent précis de politique de Aug. Karvasy, professeur à Pesth, qui embrasse aussi l'économie et la science des finances (*A politika Tudományok*, 1843. Deux vol., - 2ᵉ édit. 1845-47). Nous devons aussi à Karvasy, une étude critique sur la méthode historique dans les études économiques (1855). On doit recommander les monographies de Gorové, de Brunneck, de Micskey, de Mészáros, de Korizmics, etc., sur la propriété foncière ;

celles de Erdélyi de Szokolay, de Simon ; sur l'industrie, les corporations, l'usure, celles de Fogarasy,
Janko, Kóvats, Farkas, Csengery, Mandello sur le commerce, le crédit et les banques; celles du comte Emile
Desöwfly, de Kemény, de Fay, de Kritzbay, etc., sur la
monnaie et les finances ; du baron Eotvos, de Dere-
sényi et de Karvasy sur le socialisme.

Parmi les contemporains les plus remarquables nous
citerons : le très savant professeur Julius Kautz (né
en 1829), gouverneur de la banque austro-hongroise,
élève de Roscher ; le très actif professeur Bela Földes
(Weiss), auteur de différents mémoires, écrits en allemand et en hongrois, et d'un précis d'économie politique (1881) ; Mariska et Matlekovits, auxquels nous
devons deux traités de science financière ; Lóniay qui a
écrit à plusieurs reprises sur la question des banques;
Gyorgy, Hegedus, etc. Il faut louer en particulier les
œuvres remarquables et très connues de Matlekowits,
la plupart écrites en langue allemande ; on connait
également les études (publiées en France) de Horn, sur
les banques.

> G. Kautz, *Nemzetgazdasag és Penzugytan.* Budapest,
> 1861. Deux vol.·5e édit., 1890. — D'autres mono-
> graphies sur l'histoire des métaux précieux
> (1877), sur la question monétaire (1881), etc.
> Béla Földes, *A nemzetgazdasagtan és pénzügytan ké-
> zikonye,* 1881.-2e édit., 1883.
> W. Mariska, *Pénzügytan,* 1871. — A. Matlekowits,
> *Pénzügytan,* 1876.

CHAPITRE XIV

L'ÉCONOMIE POLITIQUE AUX ÉTATS-UNIS

———

Il pourrait sembler à première vue que les conditions physiques, sociales et politiques des Etats-Unis de l'Amérique du Nord, et le développement colossal de leur richesse, de leur culture et de leur puissance ont amené des progrès non moins signalés dans la sphère des investigations économiques. L'immense extension du territoire disponible, le rapide accroissement de la population et du capital, le taux élevé des salaires et des profits, le développement gigantesque des moyens de communication, les changements continuels dans le système des monnaies et des banques, la succession de tarifs plus ou moins libéraux ou restrictifs, les tentatives de tout genre en matière d'impôts, l'augmentation menaçante de la dette fédérale et la rapidité non moins merveilleuse de son extinction, le contraste entre les intérêts manufacturiers du Nord, adversaires de l'esclavage et partisans de la protection, et les Etats agricoles du Sud, favorables au travail servile et à la liberté du commerce, sont des faits de grande importance qui ont été l'objet d'excellents travaux historiques et statistiques, très instructifs même pour l'Europe.

A. S. Bolles, *Industrial history of the United States.*
3ᵉ édit., Norwich, 1879.
W. G. Sumner, *A history of american currency.* New York, 1878.

E. J. James, *Studien über den Amerikanischen Zolllatif*. Jena, 1877.

W. G. Sumner, *Lectures on the history of protection*, etc. New-York, 1877.

A. S. Bolles, *The financial history of the United States from 1774 to 1860*. New-York, 1879 83. Deux volumes.

E. G. Bourne, *The history of the surplus revenue of 1837*. New-York, 1885.

Mais, pour de multiples raisons, le progrès de la science n'a pas marché d'un pas égal à celui des richesses et des institutions publiques et privées. Les conditions tout à fait particulières des Etats-Unis enlevaient, tout d'abord, toute apparence de fondement au principe de l'universalité des lois économiques, proclamé par l'école classique. L'excès de la population, la loi des revenus décroissants, la théorie de la rente, le paupérisme, étaient des phénomènes auxquels on ne prêtait généralement aucune foi, et que certains considéraient comme possibles mais sans importance pratique. Les questions qui s'agitèrent à plusieurs reprises entre les partisans et les adversaires de l'esclavage, les protectionnistes et les libres échangistes, les monométallistes et les bimétallistes, les partisans de l'unité et ceux de la pluralité des banques, les défenseurs et les adversaires du cours forcé, des impôts directs et des impôts indirects, du maintien ou de l'extinction des dettes, ont été l'occasion d'un très grand nombre d'ouvrages. scientifiquement sans importance, parceque les raisons économiques étaient subordonnées aux buts des partis politiques, et formaient autant d'armes dont se servaient les fédéralistes et les antifédéralistes, les républicains et les démocrates, pour se disputer le pouvoir, tout en combattant sans conviction profonde les opinions de leurs adversaires. Daniel Webster, qui se déclarait l'ennemi de toute théorie, fut d'abord libre échangiste,

puis protectionniste afin de suivre, en sens inverse, les
changements de son adversaire Calhoun. On sait également que l'institution des banques nationales, due à
Chase, contrôleur de la trésorerie au moment de la
guerre civile, fut inspirée avant tout par des raisons
financières. Cependant, quelques éminents hommes
d'État, comme Jefferson, Madison, Sherman, Garfield,
et surtout Hamilton, se sont occupés sérieusement des
problèmes économiques, et ont montré des aptitudes
remarquables pour les résoudre. Nous devons également à des fonctionnaires instruits et zélés d'excellents
travaux sur d'importantes questions spéciales. Il suffira
de citer ceux de Quincy Adams, Lee, Gouge, Gallatin,
et ceux de D. A. Wells sur les réformes fiscales et
douanières.

> John Quincy Adams, *Report upon weights and mea-
> sures* (1817). Washington, 1821.
> H. Lee, *Report of a Committee, etc.* Boston, 1827 (dé-
> fense du libre échange).
> W. M. Gouge, *A short history of paper money and
> banking, etc.* Philadelphia, 1833.
> Alb. Gallatin, *Considerations on the currency and ban-
> king system*, 1831, et d'autres écrits réunis dans
> le vol. III de ses œuvres, éditées par H. Adams
> en 1879.

L'enseignement de l'économie dans les Collèges et
dans les Universités, qui allaient se multipliant grâce
à d'abondantes donations privées, a été donné, pendant
plusieurs décades et encore aujourd'hui, presque exclusivement par des ministres des différentes sectes religieuses, sans l'aide du gouvernement et au milieu de
l'indifférence générale. Il n'existe qu'un petit nombre de
manuels, sans originalité, qui n'ont pas éveillé l'atten-
tention des savants étrangers qui, jusque il y a quelques années, admiraient les œuvres juridiques remar-

quables de Story et de Kent, mais qui ignoraient que l'Amérique avait des économistes en dehors de Carey et de George, tous deux étrangers à l'enseignement et qui ne sont pas, à vrai dire, des hommes de science.

Nous ne croyons donc pas inutile de donner quelques indications sur les sources; nous nous servirons des renseignements que nous ont donnés White, Dunbar, Walker, Sumner, Newcomb, Laughlin, Patten, Clark, Ely, Andrews et certains autres de nos éminents collègues.

> Cfr. S. A. Allibone, *Critical dictionary of english literature; etc.* Philadelphia, 1878. Trois volumes. Supplément (de G. Forster Kirk) 1891. Deux volumes. — Ch. F. Dunbar, *Economic science in America* (in *North American Review*. Vol. CXII. Boston, 1876). — Th. E. Cliffe Leslie, *Political Economy in the United States.* (in *Fortnightly Review*, n° 203, octobre 1880).

Nous avons largement puisé dans l'excellent travail manuscrit intitulé *Studies historical and critical on the development of the economic theory in America* (Lipsia, 1890) qui nous a été aimablement prêté par son auteur, le Dr H. F. Furber, de Chicago; il manque encore à ce travail deux chapitres sur les publications de ces dernières années.

§ 1. — L'ÉCOLE NATIONALE ET L'ÉCOLE COSMOPOLITE

Benjamin Franklin (1706-1790), l'auteur de la *Science du bonhomme Richard*, est le plus ancien économiste pratique des Etats-Unis; nous avons déjà cité (p. 182) son opuscule sur la population. Dans d'autres travaux il a combattu l'esclavage, défendu le papier monnaie; il voit dans le travail la mesure de la valeur, etc. Après lui viennent Dickinson (*Letters to a gentleman*, 1765), qui a des idées correctes sur le commerce et sur la monnaie, mais surtout Webster, vigoureux adversaire du cours forcé.

> B. Franklin, *A modest inquiry into the nature and necessity of a paper currency*, 1729. — *Principles of trade*, 1774, et d'autres travaux réunis dans le second volume de ses œuvres éditées par J. Sparks. Boston, 1840. (Cfr. Rich. Hildebrand, *Franklin als Nationalökonom*. (in *Jahrbücher für Nationalökonomie*. Jena, 1863).
> Pelatiah Webster, *Political essays on the nature and operations of money*. Philadelphia, 1791.

La première place appartient, parmi les publicistes américains du siècle passé et peut-être encore de notre siècle, à l'illustre chef du parti fédéraliste Alexandre Hamilton (1757-1804), auteur de rapports officiels mémorables sur le crédit public, les banques (1790), les monnaies, les manufactures (1791), dans lesquels il défend le bimétallisme, la création d'une banque fédérale unique de circulation et la nécessité de droits protecteurs modérés pour les industries naissantes, avec des arguments qui diffèrent peu de ceux des partisans du *fair-trade*, et sans tomber dans les exagérations des protectionnistes absolus.

> A. Hamilton, *Works*. New-York, 1855. Quatre volumes. — Cfr. Shea, *Life and epoch of A. Hamilton*, 1879.

Daniel Raymond (*Thoughts on political economy*, 1820,-2ᵉ édit., 1823) est le premier qui ait exposé les théories nationales et protectrices, inspirées en grande partie par la haine contre l'Angleterre. Il défend la liberté économique à l'intérieur mais non pas à l'extérieur, en s'appuyant sur la célèbre distinction faite

par Lauderdale et par Ganilh entre l'économie privée
et l'économie publique. Des idées analogues se retrouvent dans Phillips (*Manual of political economy*,
1831) et dans Simpson (*The working man's manual*,
1831); ces ouvrages sont pleins d'invectives contre les
Anglais, et Colton (*Public economy of the United States*, 1848) va même jusqu'à affirmer que Smith, Ricardo et Malthus étaient *payés* pour ruiner les autres
nations par le libre échange. Une certaine notoriété
s'est attachée à Alexandre Everett, qui, dans ses *News
ideas on population* (1833) combat Malthus en lui
attribuant d'étranges erreurs et en soutenant que l'augmentation de la demande de travail et du taux des salaires est parallèle à celle de la population. Les idées
restrictives ont été défendues, avec beaucoup plus de
sens, par John Rae, émigré écossais dans le Canada
(*Some new principles on the subject of political economy*. Boston, 1834), qui chercha à réfuter la théorie de
la production de Smith, et qui fit cependant de bonnes
observations, acceptées par Stuart Mill, sur l'accumulation du capital. Plus récemment le professeur F. Bowen, le meilleur écrivain de cette école, a défendu le
banking principle; il n'admet ni le fonds des salaires,
ni la rente; il nie la valeur pratique des doctrines de
Malthus, parce qu'en Amérique le cultivateur est propriétaire et l'ouvrier capitaliste, et il défend un protectionnisme modéré pour utiliser les richesses minérales
et provoquer la naissance d'industries variées. Le protectionnisme trouve encore un défenseur dans Stephan
Colwell, le commentateur de List (1856) et l'auteur
d'une analyse pénétrante du mécanisme des paye-
ments, dans laquelle il combat le papier monnaie et
demande que les banques ne soient pas obligées de
rembourser les billets avant l'échéance des traites es-
comptées.

Francis Bowen, *Principles of political economy*. Boston, 1856. Refait sous le titre *American political economy*, 1870. — S. Colwell, *Ways and means of payment*. Philadelphia, 1859.

Dans les écoles, ce sont les doctrines anglaises qui dominent : importées en Amérique grâce à de nombreuses réimpressions de Smith (1789, 1811, 1818, etc.) et de Ricardo et à la traduction de Say faite par Biddle ; commentées, dans le sens d'un individualisme extrême, dans les écrits de Thomas Cooper (loués d'une façon exagérée par Mac Culloch) et dans ceux de François Wayland, remarquables pour leur clarté mais sans originalité, et encore employés dans quelques collèges, grâce aux utiles corrections de Chapin. Les éléments de Wilson (1839) et les traités de Potter (1841) et de Opdyke (1851), tous deux anti-malthusiens, eurent moins de succès. On a également déjà oublié le traité de Vethake (*Principles of political economy*, 1838, 2e édit. 1844), plus profond, mais obscur et prolixe, qui admet, en cas de guerre, quelques exceptions au libre échange.

Th. Cooper, *Lectures on the elements of political economy*. Colombia, 1826.-2e édit., 1829.

Fr. Wayland, *The elements of political economy*. Boston, 1837. — *Recast by* A. L. Chapin. New-York, 1881.

A. L. Chapin, *First principles of political economy*, 1881.

§ 2. — OPTIMISME RESTRICTIF ET OPTIMISME LIBERAL

Le chef de ce qu'on appelle l'école de Pensylvanie, qui n'a pas simplement nié les théories anglaises mais s'est risquée avec beaucoup d'audace mais peu de succès, à en émettre de nouvelles, est le célèbre Henri Charles Carey (1793-1879). C'est un écrivain fécond, convaincu, ingénieux, et en partie original, mais prolixe, et, comme tous les autodidactes (y compris George), sans aucune connaissance des méthodes scientifiques. Il a débuté par un essai sur les salaires (1835) dans lequel il combat le pessimisme qu'il croit inhérent à la doctrine du fonds des salaires. Dans son *économie politique* (1838) il expose la théorie de la valeur déterminée par le coût de reproduction, et il en déduit une prétendue loi de la distribution des richesses par laquelle il oppose à l'augmentation simplement absolue du profit l'augmentation absolue et relative des salaires, et par conséquent l'amélioration nécessaire et continue de la condition des ouvriers. Dans son *Credit system* (1838) il a étudié les effets de la rareté de l'argent; dans *Past, present and future* (1848) il abandonne les idées libérales, qu'il avait d'abord professées, combat avec plus d'énergie Ricardo et Malthus et, partant de la fameuse théorie de l'ordre de culture des terres, il en déduit comme corollaires les lois fausses des revenus croissants et de l'augmentation plus rapide du capital que de la population. Après avoir exposé ses idées sous une forme populaire (*Harmony of interests*, 1850), il a fait une exposition plus large de son système dans la *Science sociale* (1858), qui est son œuvre principale; il y a affirmé l'idée de l'identité providentielle des lois cosmiques et des lois sociales, qu'il a développée plus complètement dans une autre monographie (*Unity of law*, 1872), pleine d'erreurs de physique. Les théories de Carey, magistralement réfutées par Lange en ce qui concerne la méthode (*J. Stuart Mill's Ansichten uber die sociale Frage*, 1866) et rapprochées du mercantilisme par Held, ont trouvé dans Dühring un défenseur sophistique et absolu (*Die Verkleinerer Carey's*, 1868);

elles ont trouvé des apologistes plus modérés, qui les ont
acceptées en restant fidèles au libre échange, dans Ferrara (*Introduzione* au vol. XIII, série I, de la *Biblioteca dell' Economista*, (1853) et dans Wirth (1863).

> H. Carey, *Principles of political economy*. Philadel-
> phia, 1837-40. Trois volumes. Trad ital. dans le
> volume cité de la *Biblioteca dell' Economista*. —
> *Principles of social science*, 1858-59. Trois volumes
> (résumés par Miss K. Mac Kean, sous le titre de
> *Manual of social science*, 1864, réimprimé en 1879).
> Trad. franç., par Saint Germain-Leduc et Aug.
> Planche, 1861. — *Miscellaneous Works*, éditées par
> son neveu H. Carey Baird, 1880.
> Voir sur Carey : W. Elder, *A memoir of H. C. Carey*,
> 1880. — J. W. Jenks, *H. C. Carey als National ökö-
> nom*. Jena, 1885, et l'article de Lexis dans l'*Hand-
> wörterbuch der Staatswissenschaften*. Vol. II, pag.
> 808.

Evaristo Peshine Smith est le plus original des disciples de Carey, notamment dans sa théorie de la population qu'a acceptée le maitre ; Elder est ingénieux et
brillant, mais parfois inexact et infidèle ; Ellis Thompson leur est supérieur par sa connaissance très étendue
de la littérature ; Horace Greeley (*Essays*, 1869) a une
valeur moindre. Hors de Pensylvanie, W. D. Wilson
(*First principles*, 1875, réimprimés en 1879) cherche à
combiner les théories de Carey avec celles de Malthus !

> E. Peshine Smith, *Manual of political economy*. New-
> York, 1853. — Trad. franç. de C. Baquel, 1854.
> W. Elder, *Questions of the day*. Philadelphia, 1871.
> Rob. Ellis Thompson, *Social science and national eco-
> nomy*, 187.. — *Elements of political economy*, 1882.
> — *Protection to home industry*, 1886.

Les professeurs Perry et Sturtevant sont plutôt des
disciples de Bastiat que de Carey. Libre-échangistes,

ils sont persuadés que la concurrence fait les prix justes, et ils ne croient pas à une augmentation excessive de la population. Perry combine les doctrines de Bastiat avec celles de Macleod ; il appelle l'économie la science de la valeur ; il croit que le concours productif de la nature est gratuit ; il n'admet pas la rente, bien qu'il accepte la loi des revenus décroissants. Il est, en outre, l'ennemi des banques de circulation, et il est favorable aux droits de douanes fiscaux, pourvu qu'ils soient spécifiques et non *ad valorem*. Sturtevant expose des doctrines presque identiques, mais il est moins prolixe et plus concis dans ses définitions.

A. Latham Perry, *Elements of political economy.* New-York, 1866.-20ᵉ édit. sous le titre de *Principles*, 1891. — *Introduction to political economy*, 1877.-3ᵉ édit., 1882 (Ne contient que les théories les plus générales sur la valeur, la production, le commerce, la monnaie, le crédit et l'impôt).

J. R. Sturtevant, *Economics or the science of wealth.* New-York, 1877. Réimprimé en 1881.

§ 3. — L'ÉCOLE CLASSIQUE

Vers le milieu du siècle, après la réforme des tarifs douaniers, le *sub-treasure bill* et la publication du traité d'économie politique de Stuart Mill, l'école classique devient prédominante parce que les vieilles questions, et notamment celle de l'esclavage, ont disparu depuis la fin des guerres civiles. Il n'y a plus à lutter que contre les partisans de Carey, qui veulent perpétuer les institutions nées des nécessités de la guerre, c'est-à-dire les banques nationales, le papier monnaie et la dette fédérale.

Le précis d'économie politique du professeur Bascom a joui pendant quelques années d'une grande faveur. Il suit les doctrines de Mill, qu'il a exposées avec beaucoup de clarté. Il est partisan du monométallisme, adversaire des banques d'émission, et il veut remplacer les billets par des certificats payables en or, conservé comme réserve. On retrouve ces mêmes doctrines exposées, mais avec moins de netteté, dans la *Science de la richesse* de Amasa Walker, qui s'occupe également des questions monétaires et fiscales. Il attaque, lui aussi, la législation des banques de 1863 et les dépôts permanents auxquels il attribue la crise de 1873, et il demande l'extinction rapide de la dette publique. A la différence de Bascom, il n'accepte pas la doctrine de Malthus.

> John Bascom, *Political economy*. Andover, 1860. - Réimprimé en 1871.
> A. Walker, *The science of wealth*. Boston, 1860 - 5⁺ édit., Philadelphia, 1872.

Le général François Amasa Walker (fils), président de l'Institut polytechnique de Boston, est un esprit beaucoup plus distingué. Il a publié, en 1874, un *Atlas statistique des Etats-Unis*, et il a dirigé avec compétence le recensement de la population en 1870 et en 1880. Il est l'auteur d'un grand nombre de monographies, dont les résultats sont condensés dans son excellent traité (*Political economy*. New-York, 1883-2ᵉ édit. 1887), qu'il a lui-même résumé plus tard (*A brief textbook*, 1885) et réduit enfin à des proportions encore moindres (*First lessons*, 1889). Son travail spécial le plus important est celui qu'il a consacré au salaire (*The wagesquestion*, 1876. Nouvelle édit., 1891). Il distingue nettement l'entrepreneur du capitaliste, il décrit leurs fonctions, combat la doctrine du fonds des salaires, et défend ingénieusement cette thèse, que le salaire, bien qu'il soit quelquefois anticipé, est, en réalité, le ré-

sidu de la valeur du produit d'où l'on a déduit les intérêts et les profits. Dans son œuvre sur la monnaie
(*Money*, 1878. Nouv. édit., 1891), résumée dans *Money
trade and industry* (1879), il défend le bimétallisme
international ; il n'a que peu de sympathie pour la circulation mixte. Son petit volume sur la rente foncière
(*Land and its rent*, Boston, 1883) ne s'éloigne pas des
doctrines reçues ; il y réfute victorieusement les objections de Carey, de George, de Leroy-Beaulieu. Dans son
traité d'économie, il distingue rigoureusement la science
pure de la science appliquée ; il fonde la valeur des
richesses (y compris la monnaie) sur l'offre et sur la
demande, tout en reconnaissant l'influence du coût et
celle du degré final d'utilité , il pense que le propriétaire de mines reçoit, outre la rente, une compensation
pour l'épuisement du sol : il a donné, enfin, d'utiles
développements sur les questions de commerce, de
monnaie, de banque, sur le socialisme et la condition
des ouvriers.

§ 4. — HENRI GEORGE

Cet ingénieux écrivain, universellement connu, mais
apprécié de façon très opposée par des juges peu compétents ou passionnés, est né à Philadelphie, en 1838 ;
il a été typographe à San-Francisco en 1857, et il a
abandonné à plusieurs reprises cette profession pour
devenir marin, mineur, journaliste et fonctionnaire
public, jusqu'au moment où, établi à New-York, il s'est
enrichi par le succès extraordinaire de ses œuvres. Il a
développé dans son livre fameux *Progress and poverty*
(San Francisco, 1879) les idées ébauchées dans l'opuscule *Our land and land policy* (1871) ; il en a fait ensuite application à l'Irlande (*The irish land question*,

1881) ; il y a peu ajouté dans ses *Social problems* (1884) ;
il a défendu habilement le libre-echange (*Protection
and free trade*, 1886), et il a enfin publié une critique
de l'Encyclique *Rerum novarum* (*The condition of
labour*, 1891.)

George est un des principaux partisans du collectivisme agraire, que combattent vivement les économistes et les autres socialistes. Il reconnait la productivité du capital et, en particulier, celle des machines ; il
défend l'intérêt et le profit, et il nie qu'il y ait conflit
entre le capital et le travail ; il combat cependant la
théorie de Malthus et la loi des revenus décroissants, et
il accepte, sans s'apercevoir de la contradiction, la
théorie de la rente de Ricardo et celle du salaire de
Walker, dont il exagère les conséquences. Ennemi trop
ardent de la propriété foncière, qu'il considère comme
attentatoire au droit naturel et inaliénable de tous les
hommes à la terre, il soutient que l'accroissement de la
rente et le monopole des propriétaires sont la cause des
crises industrielles, de la baisse des intérêts et des
salaires, et par conséquent du paupérisme. Il repoussé
l'intervention directe de l'Etat pour fournir du travail
aux ouvriers, mais il propose comme remède aux maux
actuels la confiscation de la rente (*unearned increment*) par le moyen d'un impôt unique, sans aucune
indemnité pour ceux qui resteraient nominalement propriétaires, et il ne doute pas que de cette façon l'Etat
aurait un revenu plus que suffisant pour venir en aide
au petit nombre de pauvres qui subsisteraient après
que la hausse des salaires et des profits, conséquence de
l'abolition de la rente, aurait assaini les plaies sociales.
La sincérité des convictions, le tableau exact de l'état
des pays nouveaux et, en particulier, de la Californie, la
vivacité du style, coloré par des images souvent heureuses, expliquent suffisamment le brillant succès de

son *Progress and poverty*, plein d'étranges contradictions, d'erreurs matérielles et de faux raisonnements, qui révèlent à chaque page le manque d'une instruction scientifique.

Cfr. sur George, en dehors des comptes rendus de Wagner et de Schmoller, et des critiques sommaires de Fawcett (*State socialism*, 1883), de Samuel Smith (*The nationalisation of the land*, 1884), de M. L. Scudder (*The labor-value fallacy*. Chicago, 1886) : H. Rose, *Henry George*. London, 1884. — V. H. Mallock, *Property and progress*, 1884. — W. Hanson, *Fallacies in Progress and Poverty*. New-York, 1884. — M. J. Pauw van Wieldrecht, *Beoordeeling van H. George, Vooruitgang en Armoede*. Utrecht, 1385. — D'Aulnis de Bourouill, *Het hedendagsche Socialisme*, 1886, pag. 182 et suiv. — A. Sertorius Freih. von Waltershausen, *Der moderne Socialismus in den Vereinigten Staaten*. Berlin, 1890, pag. 329 et suiv. — S. Cognetti de Martiis, *Il socialismo negli Stati Uniti*. Torino, 1891, pag. 257 et suiv. — John Rae, *Contemporary socialism*, 1891, pag. 441 et suiv. — A. Menger, *Das Recht an den vollen Arbeitsertrag*. Stuttgart, 1891, pag. 147 et suiv.

§ 5. — LES MONOGRAPHIES.

Parmi les nombreuses monographies sur la monnaie et les banques, citons : Condy Raguet, *On currency and banking* (1839); J. S. Gibbons, *The banks of New York* (1858); H. R. Lindermann, *Money and legal tender* (1877); C. Mac Adam, *An alphabet in finance* (1880); J. G. Knox, *United States notes* (1884) ; et spécialement l'ingénieuse défense du bimétallisme, par S. Dana Horton (*Silver and gold*. Nouvelle édition, 1877. *The Silver pound*, 1888. *Silver in Europa*, 1890).

Parmi les protectionnistes, nous mentionnerons : Eraste B. Bigelow, *Tariff question* (1862),-*Tariff policy* (2ᵉ édit., 1877); G. B. Stebbin, *American protectionist manual* (1883). Parmi les libre-échangistes : W. M. Grosvenor, *Does protection protect ?* (1876); les nombreux opuscules de David A. Wells (*Practical economics*, 1882); J. Butts, *Protection and free trade* (1875), et enfin l'histoire de J. D. Goss (*History of the tariff administration in the United States* 1891), qui est également l'auteur d'une bonne monographie sur l'amortissement de la dette publique (*Sinking funds*, 1892).

Nous devons un manuel pratique de statistique à C. V. Pidgin (*Practical Statistics*. Boston, 1888) et quelques travaux sur la question agraire à Cox (*Free land and free trade*, 1881), à Sato (*History of the land question*, 1886), à Allinson et à Penrose *(Ground rents in Philadelphie*, 1888), à Cheyney, etc. Il existe, sur la science des finances, des travaux de : H. White, qui a fait des adjonctions précieuses à la traduction de nos *Premiers Éléments* (*Taxation*. New-York, 1888); F. K. Worthington, *Historical sketch of the finances of Pennsylvania* (1877) et J. Chr. Schwab, *History of the New York property-tax* (1890).

Les publications sur la question ouvrière sont, comme cela est naturel, très abondantes. Nous nous contenterons de citer l'ouvrage de Mac Neill, *The labor movement* (1887) et celui de G. Gunton, *Principles of social economics inductively considered* (New-York, 1891), dans lequel il a fondu son précédent ouvrage, (*Wealth and progress*). Sur le travail des enfants, nous avons les travaux de W. F. Willoughby et Miss Clara de Graffenried (1890); sur l'arbitrage et la conciliation, ceux de J. D. Week, *Labor differences and their settlement* (1886); sur la coopération : Alb. Shaw,

Cooperation in a western city, A. G. Warner, *Three fases of cooperation in the West* (1887), E. W. Bemis, *Cooperation in New England* (1886), Ch. Bernard, *Cooperation as a business* (1881), et enfin sur la participation : N. P. Gilman, *Profit sharing* (1889).

La littérature sur l'histoire du communisme et du socialisme n'est pas moins riche. Au point de vue critique, il faut recommander le livre de M. Th. D. Woolsey, *Communism and Socialism* (New-York, 1880); sur l'histoire du communisme en Amérique, nous possédons les travaux de Noyes (1870), de Nordhoff (1876), et de H. A James (1879), etc. Pour connaître la condition des classes ouvrières, nous pouvons consulter le rapport de M. Young *(Labor in Europe and America,* 1876), et les rapports ultérieurs et de beaucoup préférables de l'éminent statisticien Caroll D. Wright, directeur du bureau central de la statistique du travail à Washington.

§ 6. — L'ÉTAT ACTUEL.

G. Cohn, *Die heutige Nationalokonomie in England und America* (in *Jahrbuch* de Schmoller. 13° année, vol. III, 1889, pp. 1-36).

L'augmentation du nombre des universités, la fondation de nouvelles chaires d'économie et même de facultés distinctes d'administration (New-York et Philadelphie, etc.), la création de l'*American Economic Association* (1885), la publication de revues spéciales (1886-1889), les recueils d'excellentes monographies, les polémiques suscitées par les publications de beaucoup de jeunes professeurs qui ont suivi les cours des Universités allemandes, et en particulier de l'Université de Halle, l'influence de professeurs plus expérimentés parfaitement au courant de l'état de la science en Allemagne, n'en suivant pas aveuglément le courant en ce qu'il a de trop exclusif, ce sont là les faits principaux qui expliquent les progrès que l'économie a faits dans ces dix dernières années en Amérique et la naissance d'un noyau d'éminents écrivains dont le talent, la science et l'activité peuvent être mis en parallèle avec ceux des meilleurs savants de l Europe.

Ce qui caractérise l'école que nous qualifierons de germano-américaine, c'est sa division réelle, bien qu'elle n'ait été ni reconnue, ni jusqu'ici signalée, en deux groupes très différents entre eux. Au premier appartiennent ceux qui accordent la plus grande importance à la méthode inductive, aux rec erches historico-statistiques, et qui laissent de côté, c .mme vieillies, les recherches de la science pure. Le partisan le plus net de ce courant est l'infatigable professeur Richard T. Ely, de l'Université de Baltimore, érudit mais quelquefois négligent.

> Richard T. Ely, *French and german socialism*, 1883. — *The past and present of political economy*, 1884. — *Recent american socialism*, 1885. — *The labor movement in America*, 1886. — *Problems of to-day*, 1888. — *Taxation in American States and Cities*, 1888. — *An introduction to political economy*, 1889 (Refait sous le titre : *Outlines of political economy*, 1893).

Le même ordre d'idées est suivi par le professeur Edmond J. James (Philadelphie), qui a écrit sur le monopole du gaz (1887), sur les chemins de fer *(The railway question,* 1887), sur la question monétaire (1888), par le professeur J. W. Jenks (Bloomington), critique de Carey, auteur de quelques monographies, par exemple, sur la législation des routes (1888); Falkner (Philadelphie), traducteur de la statistique de Meitzen. Un peu plus modérés sont les deux professeurs de l'Université de Colombie, Edwin R. A. Seligman, qui a débuté par un bon travail sur les corporations médiévales en Angleterre (1887), pour se consacrer ensuite avec succès à la théorie des impôts et en particulier à celle de l'incidence et de la progression, et R. M. Smith, auteur de bons mémoires sur des sujets de statistique et de méthodologie.

E. R. B. Seligman, *Continuity of economic thought*, 1886. — *Two chapters on the medioeval guilds of England*, 1887. — *On the shifting and incidence of taxation*, 1892. — *Progressive taxation, etc.*, 1894.
R. Mayo Smith, *Methods of investigation in political economy*, 1886. — *Statistics and Economics*, 1888.

Il faut enfin mentionner l'éminent professeur Henri Carter Adams (Anna Arbor), auteur d'excellents travaux économiques et financiers sur l'ingérence de l'Etat *(Relation of the state to industrial action*, 1887), sur les impôts *(Taxation in the United States*, 1884) et sur les emprunts *(Public debts*, 1887). Carter Adams marque pour ainsi dire le passage au second groupe par son *Esquisse de leçons*, sur le type du *Grundriss* de Held *(Outline of lectures upon political economy*, 1881, - 2ᵉ édit.. 1886). L'organe de ce groupe est la *Political Science Quarterly*, édité à New-York (1886).

L'originalité et la valeur théorique est plus grande chez un autre groupe d'écrivains qui cultivent avec amour la science pure, comme Patten (Philadelphie), Giddings (Bryn Mawr) et Clark (Northampton); ce dernier est arrivé souvent à des résultats analogues à ceux de l'école austro-allemande. Ils ont apporté d'intéressantes contributions aux théories du capital, de la valeur et de la distribution des richesses. Il faut également mentionner Wood, qui a exposé une théorie du salaire, Hawley, qui a défendu contre Edouard Atkinson *(The Distribution of products*, 1885) les doctrines de Walker, et enfin Tuttle qui a écrit sur le concept de la richesse (1891).

Le plus original et le plus actif parmi les économistes que nous avons avons cités c'est certainement Patten. Ecrivain très clair, critique pénétrant, mais quelquefois partial, des économistes classiques, il a mis justement en évidence l'importance de la théorie de la consommation, et a essayé de réhabiliter, avec des arguments spécieux, le protectionnisme.

Clark est un écrivain moins clair; il a insisté sur le caractère moral de certaines questions économiques, et il a commenté, comme Giddings, qui est souvent plus ingénieux, la doctrine de la distribution des richesses.

Simon N. Patten, *The premises of political economy.* Philadelphia, 1885. — *The stability of prices*, 1889. — *The consumption of wealth*, 1889. — *The fundamental idea of capital*, 1889. — *The economical premises of protection*, 1889. — *The theory of dynamics economics*, 1892.

John B. Clark, *The philosophy of wealth.* Boston, 1886. — *Capital and his earnings*, 1888. — *Possibility of a scientific law of wages* (1889) et d'autres articles sur ces mêmes sujets (1890-91). — Clark and Giddings, *The modern distributive process.* Boston, 1888.

Franklin H. Giddings, *Sociology and political economy*, 1888.

Stuart Wood, *Theory of wages*, 1888. — *A critique of wages theories*, 1891.

Des polémiques très instructives se sont élevées à l'occasion des remarquables travaux de F. A. Walker

sur les profits et sur les salaires (*The source of business profits*, 1887. — *The doctrine of rent and the
residual claimant theory of wages*, 1891) ; Macvane
(1887), Clerk et Hobson (1891) y ont pris part comme
défenseurs d'une nouvelle théorie de la distribution, déterminée par la rente, qu'ils comparent aux profits et
aux intérêts. Il faut prendre en particulière considération le petit volume intitulé *Science economic discussion* (New-York, 1886), qui contient quelques essais sur
l'objet, le but et la méthode de l'économie, écrits par
des partisans de l'école allemande (Adams, Ely, James,
Patten, Seligman, Mayo Smith) et par des disciples de
l'école classique (Hadley, Newcomb, Taussig).

Parmi les auteurs qui sont restés fidèles à l'école clas
sique il faut citer encore, en dehors de Walker,
Charles F. Dunbar, professeur à *Harvard University*
et G. Sumner, professeur à *Yale College*. Dunbar a une
connaissance approfondie de l'histoire et de la théorie
économique ; il dirige habilement le *Quarterly Journal of Economics* (fondé à Boston en 1886), qui est
devenu une des meilleures revues, dans laquelle il a
écrit un grand nombre d'articles, et notamment un
article magistral sur les différentes écoles économiques
(*The reaction in political economy*), inséré dans le
premier volume. Très compétent sur les questions de
crédit, Dunbar a publié récemment une intéressante
monographie intitulée *Chapters on the theory and history of banking* (New-York, 1892). Parmi ses nombreux élèves il faut faire une mention spéciale pour
Bourne, et notamment pour Laughlin et Taussig. J.
Laurence Laughlin est l'auteur d'un petit ouvrage élémentaire (*The study of political economy*, 1885),
d'une réduction des *Principes* de Stuart Mill (3e édit.,
1885), enrichie de savantes illustrations, d'une monographie sur les systèmes monétaires (*The history of

bimetallism in the United States, 1886), d'un bon précis (*Elements of political economy*. New-York, 1887),
qui contient quelques développements ingénieux sur la
valeur. F. W. Taussig s'est occupé des coalitions, de
la question monétaire et surtout des tarifs, dans quelques essais réunis ensuite en volume (*The tariff history of the United States*, 1888); il démontre notamment que les conditions qui pouvaient justifier une protection temporaire ont cessé pour l'Amérique.

En dehors des études historico-critiques déjà citées
sur le système monétaire et sur le système protecteur,
nous devons à William Graham Sumner un travail de
sociologie intitulé *What social classes owe to each
other* (1883), traduit en français, et quelques essais
contre le bimétallisme, sur les salaires, etc. (*Collected
essays in political and social science*. New-York,
1885). Défenseur du *currency principle*, peu favorable
aux coopératives, et libériste radical, Sumner accepte
en partie les doctrines des optimistes.

Parmi les partisans de l'école classique, Newcomb,
Hadley, Andrews et Macvane occupent également une
place éminente. L'illustre astronome Simon Newcomb,
auteur de quelques monographies et d'excellents articles sur la méthode (*North American Review*, Octobre
1875), sur l'organisation du travail (*Princeton Review*,
Mai 1880) et sur « deux écoles d'économie politique »
(*Ibidem*, Novembre 1884), a publié plus tard un traité
(*Principles of political economy*. New-York, 1886),
remarquable par sa précision et sa clarté, et en particulier par une bonne analyse du mécanisme de la circulation ; mais il est peu explicite sur la question du
type monétaire, et peu pratique dans les chapitres consacrés à l'art économique et en particulier au système
d'impôts. Arthur T. Hadley, disciple de Wagner, a, au
contraire, une compétence théorique et pratique recon-

nue ; il est l'auteur d'une monographie classique sur les chemins de fer (*Railroad transportation, its history and his laws*. New-York, 1884), à laquelle on peut comparer le travail de Ch. Fr. Adams (*Railroads, their origin and problems*, 2ᵉ édit., 1880). Dans cette œuvre, comme dans d'autres ouvrages postérieurs (1888 et suiv.), Hadley traite, avec beaucoup de profondeur, le sujet si controversé des monopoles, sur lequel nous avons des travaux de Clark, Giddings, Gunton, Jenks, etc. ; il mérite d'être cité (pour ne citer qu'un exemple) à côté de la dissertation célèbre de F. Klein-wächter (*Die Kartelle*, 1883).

E. B. Andrews (né en 1844), élève de Helferich et président de la *Brown University*, associe à l'étendue des connaissances la modération du jugement et la clarté de l'exposition, dont il a fait preuve dans ses travaux sur le problème monétaire (*An honest dollar*, 1889) et sur la loi économique des monopoles (1890), mais principalement dans un excellent résumé d'économie politique, dont le texte précis et sobre est accompagné de notes explicatives et bibliographiques précieuses pour les maitres comme pour les étudiants des établissements d'instruction supérieure.

E. B. Andrews, *Institutes of economics*. Boston, 1889.

Le précis de Macvane, professeur à *Harvard University*, a été écrit avec une méthode tout à fait autre. Sans aucun appareil d'érudition, il expose les théories principales de l'économie pure et quelques-unes de leurs applications, d'une façon familière et avec les exemples nécessaires. Bien que ces deux écrivains appartiennent à l'école classique, Macvane, moins porté aux nouveautés, se tient rigoureusement à Ricardo et à Stuart Mill ; il est fidèle à la théorie du coût de production et à celle du fonds des salaires, qu'il a défendue dans quelques articles du ' Quarterly Journal of Economics, (1887 et suiv.), dirigés spécialement contre la théorie de l'utilité-limite de l'école austro-allemande, et contre la théorie de Walker sur les profits et les salaires.

S. M. Macvane, *The working principles of political economy*. New-York, 1890.

Voir aussi, en dehors des *Revues* déjà citées, les périodiques : *North American Review, New Princeton Review, Yale Review, Scribner Magazine, Popular Science Monthly, Social Economist, International Journal of Ethics*, et en particulier les *Annals of the American Academy of Political and Social Science*. Philadelphie, 1890 et suiv. — La *Cyclopaedia of Political Science, Political Economy, etc.* (Chicago, 1881-84. Trois vol.), dirigée par John L. Lalor (traducteur de Roscher), contient de bons articles originaux de Burchard, Ford, Hadley, James, Knox, Weeks, White, etc., mais elle est, au fond, une traduction du *Dictionnaire* de Coquelin.

CHAPITRE XV

L'ÉCONOMIE POLITIQUE EN ITALIE

L'importance relativement moindre des économistes italiens de ce siècle, si on les compare à ceux du siècle passé, s'explique suffisamment par les grandes difficultés contre lesquelles ils durent lutter, particuliérement pendant la domination et la prédominance de l'élément étranger. Ils eurent contre eux la défiance des gouvernements, les restrictions à la liberté de la presse, le nombre infime des chaires, le peu de liberté des professeurs, la difficulté des communications entre les différentes parties de l'Italie, et entre l'Italie et les autres nations. Les progrès faits pendant ces vingt dernières années, c'est-à-dire après que l'unité et l'indépendance nationales ont été conquises, nous en donnent une preuve consolante.

> L. Cossa, *Saggio di Bibliografia dei trattati e compendii di economia politica scritti da italiani* (in *Giornale degli Economisti.* Septembre 1891 et janvier 1892).

§ 1. — DE 1800 à 1814.

Quoiqu'à l'époque de la domination française le vent ne fût pas propice aux idéologues, il y eut toutefois de bons professeurs, comme Valeriani à Bologne, Cagnazzi à Naples, Balsamo à Palerme et Scuderi à

Catane, et de courageux propagandistes des idées libérales, tels que ce même Balsamo et Fabbroni, et aussi un érudit et patient commentateur de nos anciens économistes, le baron Pierre Custodi (1772-1842), auquel nous devons la collection que nous avons souvent citée.

Tandis que Racchetti, de Crémone (1802), et dans leurs œuvres sur le droit public Martignoni, de Côme (1805), Simoni, de Trente (1807) et notamment le vénitien Angelo Ridolfi (*Diritto sociale*, 1808), s'occupaient incidemment d'économie, Luca de Samuele Cagnazzi de Altamura (1764-1852), publiait ses *Elementi di economia politica* (1813), dans lesquels il expose sans aucune originalité, mais avec ordre et clarté, les théories de Smith et de Say, faisant oublier les essais antérieurs, trop courts, de Tamassia (1802), de Milizia (1803), de Serafini (1811), ou trop exclusivement pratiques de Azzariti (1806), ou peu propres à l'enseignement, comme le volume de Predaval (1807).

A cette période appartiennent Jean Fabbroni (1752-1822), défenseur zélé des réformes de Léopold et spécialement du libre commerce des blés, dont il a parlé dans plusieurs articles de polémique et plus amplement dans son livre classique *Dei provvedimenti annonarii*. 1804 (2e édition, 1817). Gioja (*Sul commercio dei comestibili e il caro prezzo del vitto.* Milano, 1802), Scarpelli, Palmeri-Salazar (1813) et plus encore l'illustre Victor Fossombroni, se sont montrés favorables à la liberté du commerce des blés.

Le vénérable patriote, éminent agronome (élève d'Arthur Young), l'abbé Paul Balsamo (1764-1816), qui succéda au mercantiliste Sergio (1806) dans la chaire d'économie, a propagé en Sicile les doctrines de Smith et s'est fait le promoteur de réformes tendant à protéger l'agriculture contre les charges féodales.

Raccolfa degli economisti toscani. Firenze, 1847-49. Quatre volumes (Comprend les œuvres de Fabbroni et celles de Gianni).

P. Balsamo, *Memorie economiche ed agrarie*. Palermo, 1803. — *Memorie inedite di pubblica economia*, 1845. Deux volumes.

Les études économiques ont été poursuivies : en Piémont, par Prosper Balbo et Galeani Napione ; en Lombardie, par Jean-Baptiste Giovio, de Côme (*Opuscoli*, 1804), par Nuytz (1802) et Martinelli (1808), qui ont écrit sur la monnaie, par De Carli, qui proposa la fondation d'une banque d'escompte pour le commerce de la soie (1813); dans l'Italie centrale, par le comte Mario Fantuzzi, de Ravenne (*Memorie*, 1804), par le protectionniste Colizzi-Miselli (*Sulla lana greggia*, 1802) et par N. M. Nicolai (*Sulla campagna et sull'annona di Roma*, 1803); dans les provinces méridionales, par Targioni, d'origine toscane (1802), qui, ainsi que Marulli (1804) et De Mattia (1805), s'est occupé de l'assistance, et sans parler d'autres écrivains (cités dans la *Storia* de G. Albergo), par le silicien Antonin Della Rovere, auteur des excellents *Memorie sulla moneta bassa di Sicilia* (Palermo, 1814).

§ 2. — DE 1815 A 1830

L'enseignement de l'économie politique donné d'ordinaire par des professeurs protectionnistes (Palermo et Catane), remplacé par un cours de « sciences et lois politiques » (Pavie et Padoue, 1817), suspendu à Naples (1820-1825) et définitivement supprimé à Parme (1820), à Turin (1821) et à Bologne (1828), renaît partiellement dans les revues, c'est-à-dire dans la *Biblioteca italiana* (1816-1840), dans le *Conciliatore* (1818-1819), dans le

Giornale Arcadico (1819-1870), dans l'*Antologia* (1821-1832), dans le *Giornale di Scienze, Lettere ed Arti* pour la Sicile (1823-1842) et dans les *Annali Universali di Statistica* (1824-1871), fondées à Milan par Custodi, Gioja et Romagnosi et continuées par Sacchi.

Se succèdent ensuite, avec des succès divers, les traités d'économie de Rossi (1817-1820), d'Agazzini (1822 et 1827), le traité quelque peu meilleur de Charles Bosellini, de Modène (*Nuovo esame delle sorgenti della privata e della pubblica ricchezza*, 1816-17, deux volumes), le résumé scolaire de Sanfilippo, de Palerme (*Istituzioni*, 1824), qui marche sur les traces de Say, et celui du professeur Scuderi, de Catane, plus ample, plus réfléchi et adapté aux besoins de la Sicile (*Principii di civile economia*, 1827. Trois vol.). La renommée de ces écrivains a été éclipsée par celle qu'eurent à leur époque Valeriani et Gioja.

Luigi Molinari Valeriani, d'Imola (1758-1828), philologue, philosophe, jurisconsulte, fut un professeur actif et un écrivain érudit, mais prolixe et obscur, qui s'est occupé spécialement des rapports de l'économie et du droit ; il a étudié avec beaucoup de soin les théories de la valeur, du prix, du change, de la justice distributive, etc.

> *Del prezzo, etc.*, 1806. — *Discorsi*, 1807. — *Dei cambi*, 1823. — *Operette*, 1824. — *Erotemi*, 1825-28. — (Cfr. A. Cavazzoni-Pederzini, *Intorno la vita, le opere e le dottrine di L. M. Valeriani*. Modena, 1859).

Melchior Gioja, de Plaisance (1767-1829), fut une espèce de dictateur ne supportant aucune objection ; il a cultivé avec succès la statistique; on lui doit un *Nuovo prospetto delle Scienze economiche* (Série I, *Teorie*, Milano, 1815-17. Vol. I-VI), dans lequel il voulait résumer tout ce qu'on avait écrit et pensé en matière d'économie, de finance et d'administration, et substituer une grande encyclopédie systématique à la collection de Custodi, qu'il avait souvent critiquée. Travailleur ardent, très érudit, puissant analyste, mais pointilleux et immodéré dans la critique, Gioja, auquel nous sommes redevables de nombreuses observations très ingénieuses, par exemple, dans la théorie de l'association des travaux, est insupportable par le pédantisme de ses tableaux statistiques et sa manie de rechercher des contradictions, maintes fois imaginaires, dans les œuvres de Smith, de Say et d'autres maitres de la science, qu'il combat trop souvent pour rendre hommage à sa thèse favorite de la priorité des économistes italiens. Gioja est un partisan exagéré de l'ingérence gouvernementale, à laquelle il a consacré une monographie (*Discorso popolare sulle manifatture nazionale e tariffe daziarie*, 1819).

François Fuoco, de Naples, quoique doué d'une grande aptitude pour les recherches économiques, est moins célèbre; il a vécu dans l'exil pendant de longues années; il est l'auteur d'une œuvre plutôt excentrique (*La magia del credito svelata*, Napoli, 1824. Deux vol.), écrite pour défendre les projets financiers du ministre Medici, et dont il laissa (pressé par le besoin d'argent) Joseph De Welz, de Côme, se déclarer l'auteur. Ses *Saggi economici* ont une bien plus grande valeur; il discute, dans cet ouvrage, avec beaucoup de finesse la théorie de la méthode, celle de la valeur et les systèmes industriels et bancaires; il accorde une attention particulière à la théorie de la rente de Ricardo, dont, le premier en Italie, il reconnait l'importance, tandis que Scuderi (*Giornale di Scienze e Lettere di Palermo*) et un anonyme (*Biblioteca Italiana*, 1824), précurseurs de Carey et de Bastiat, en niaient la valeur. Les *Saggi* de Fuoco passèrent presque inaperçus jusqu'à ce que Scialoja (1840) et Mohl (1844) en firent l'éloge; on ne tint pas davantage compte des deux excellentes études qu'il publia postérieurement.

> Franc. Fuoco, *Saggi economici*. Prima serie. Pisa, 1825-27. Deux volumes. — *Introduzione allo studio dell' economia industriale*. Napoli, 1829. — *Le banche e l'industria*, 1834.

Sans parler de quelques ouvrages sur le cadastre et sur les machines (1823-1824), on peut citer dans cette période les travaux de jeunesse de Bianchini sur l'influence de l'administration (1828) et sur les délits qui portent préjudice à l'industrie (1830), loués par Romagnosi, qui écrivit, en 1829, un essai magistral sur la libre concurrence. Ce sont cependant les discussions sur l'agriculture et la question annonaire qui occupent la première place. Gautieri s'occupe des forêts (1818); Chiarini étudie l'économie des immeubles (1822), Dandolo (1820) et Berra (1825) recherchent les causes de la baisse des céréales, tandis que François Gambini, d'Asti, (*Delle leggi frumentarie in Italia*, 1819) défend la liberté absolue, qui trouve des défenseurs ardents même dans l'*Accademia dei Georgofili*, où Capponi, Ricci, Ridolfi, etc., répondent aux objections de Paolini et des autres partisans des droits à l'importation (1824). La liberté économique, en général, est défendue en Sicile contre les protectionnistes Calvi (1825) et Viola (1828), par un éminent élève de Balsamo, Nicolas Palmeri dans son *Saggio delle cause e delle angustie attuali dell' economia agraria della Sicilia* (Palermo, 1826).

§ 3. — DE 1831 A 1848

Après la mort de Gioja, la fondation de l'*Istituto*

d'incoraggiar,iento di Palermo (1831), la conversion
de Sanfilippo au libre échange, la création du *Progresso*
de Naples (1832-1846), où écrivent Bianchini, Blanch,
Melo, De Augustinis, Mancini, et l'influence toujours
croissante de Romagnosi, devenu l'âme des *Annali di
Statistica* et l'inspirateur de jeunes écrivains de
talent (Cantù, Correnti, Marzucchi, Bianchi, Sacchi),
les idées libérales se propagent de plus en plus et, avec
elles, les caisses d'épargne, les asiles pour l'enfance et
d'autres institutions de bienfaisance, sur lesquelles on
discute aussi dans les neuf *Congressi degli scienziati*
(1839-1847). Quelques émigrés comme Marliani en
Espagne, Chitti et Arrivabene en Belgique, font par
leurs travaux respecter les malheurs de l'Italie. Nous
devons à Arrivabene la traduction des traités de Mill
1830) et de Senior (1836), publiée en Suisse et commentée à Milan par Poli; il fit ainsi mieux connaitre en Italie les théories de Malthus et de Ricardo,
popularisées plus tard par Pellegrino Rossi et fort
appréciées dans les classiques *Principii d'economia
sociale* (Naples, 1840. - Deuxième édition, 1846. Trad.
française, 1844) de Antonio Scialoja. Appelé à la
chaire d'économie rétablie à Turin en 1846, il écrivit
un *Trattato elementare* (1848) qui obtint un succès
qui fut refusé, au contraire, aux excellents travaux dans
lesquels Francesco Corbani,' professeur à Sienne (dò
1842 à 1859) démontre l'importance économique de
l'élément religieux, comme l'a fait récemment le
R. P. Matteo Liberatore (*Principii d'economia politica*. Roma, 1889).

> Cfr. Carlo de Cesare, *La vita, i tempi e le opere di A.
> Scialoja*. Roma, 1879.

Jean Dominique Romagnosi (1761-1835), écrivain
célèbre en matière de droit public, de droit privé et de

statistique, s'occupa toujours, mais avec plus de suite dans les dernières et malheureuses années de son existence, des questions économiques ; il a écrit d'importants mémoires sur des questions d'ordre général : la définition, la dignité, la coordination de l'économie politique, ses relations avec les autres sciences civiles et en particulier avec le droit, le caractère, les avantages, les limites de la liberté économique (agricole, industrielle, commerciale) ; il a commis de graves erreurs dans la théorie de la population, qu'il n'avait pas approfondie.

> Voyez la bonne monographie de G. Valenti, *Le idee economiche di Gian Domenico Romagnosi.* Roma, 1891.

Très inférieur à Romagnosi pour ses connaissances juridiques et économiques, Carlo Cattaneo, de Milan, le surpasse de beaucoup par la puissance et la vivacité de son style. Il a étudié avec beaucoup de savoir certaines questions d'économie appliquée. Il a fait l'apologie des institutions agraires de la Lombardie et, fidèle aux principes du maitre, il a combattu dans ses *interdizioni israelitiche*, dans les *Annali di Statistica* et dans le *Politecnico*, qu'il a très habilement dirigé, les sophismes spécieux de Frédéric List.

> C. Cattaneo, *Scritti di economia pubblica.* Vol. I et II. Genova, 1887-1888.

La défense de l'exportation de la soie grège hors du Piémont, déjà attaquée par Gambini (1820) et Lencisa (1831), provoque une chaleureuse réfutation du jurisconsulte de Novare, Jacques Giovanetti (1834), adversaire également des impôts annonaires (1833). Le piémontais Michelini et Meguscher, de Trente (1836), ont écrit sur les forêts, Gastaldi (1840) sur le commerce et les banques, Éandi (1844) sur les caisses d'épargne, Restelli ('345) sur les associations industrielles et commerciales, De Rocchi (1846) sur les machines. Morichini (1835), Magenta (1838), Zennari, Bernardi (1845), et Casarini (1846), se sont occupés de l'assistance, et avec plus de science, le comte C. Ilarione Petitti, de Roreto (1790-1850), auteur du *Saggio del buon governo della mendicità* (Torino, 1837. 2 volumes', qui peut soutenir la comparaison avec la grande œuvre de Gérando, qui en a fait de grands éloges. Nous devons à Petitti d'autres travaux sur le travail des enfants (1841), sur les associations douanières (1844), sur les chemins de fer italiens (1845), sur la réforme des impôts (1850) et une œuvre posthume sur le jeu du « lotto » (1853).

Ludovic Bianchini, auteur des *Principii del credito pubblico* (1827, 2e édit., 1838) défend les emprunts amortissables ; il s'est surtout fait connaître par ses compilations historiques sur les finances de Naples (1834-1836) et de Sicile (1841). Les controverses économico-fiscales sur les ports francs, sur le « tavoliere di Puglia », sur la conversion de la rente etc., ont provoqué une multitude d'articles de polémique de Bianchini, de Ceva-Grimaldi, du duc de Ventignano, etc., de Ferdinand Lucchesi-Palli et de Jacques Savarese, auteur d'un traité d'économie qui est resté inachevé (1848).

Le sicilien François Ferrara (né en 1810), directeur du *Giornale di Statistica* (1836-1848), où il eut comme collaborateurs : Emerico Amari, Vito d'Ondes Reggio, François Perez et Raphaël Busacca, auteur de bonnes études sur le cours forcé (Firenze, 1870), a écrit différentes œuvres statistiques, historico-critiques et théoriques ; il défend énergiquement la liberté commerciale ;

il a fait, à propos de la polémique sur le cabotage entre
Naples et la Sicile (1837), l'apologie de la doctrine de
Malthus (1841) ; il soutient que les Grecs n'eurent pas
une véritable science économique (1846) ; il donna, déjà
dans ses premiers travaux, des preuves certaines de la
puissance de son intelligence et de la vivacité de son
style.

Franc. Ferrara, *Memorie di statistica.* Rome, 1890.

§ 4. — DE 1849 A 1861

L'économie politique moderne a pénétré en Italie
dans une première période ; dans une deuxième période
elle a été obscurcie par les doctrines restrictives de
Gioja ; de nouveau libérale dans la troisième, sous
l'influence salutaire de Romagnosi et grâce aux leçons
de Pellegrino Rossi, qui propage les théories de l'école
classique (Smith, Malthus, Ricardo, Senior), elle rede-
vient exclusive, mais en sens opposé, dans la quatrième
période avec Francesco Ferrara, qui succède à Scialoja
dans sa chaire de Turin (1849-1858), et propage, dans
ses brillantes leçons, qui circulent lithographiées dans
toute l'Italie, les doctrines de Carey, qu'il commente
avec une grande érudition dans les Préfaces de la
Biblioteca dell'Economista, éditées plus tard séparément. Sans tomber dans les amphibologies de Bastiat,
Ferrara se déclare partisan de la théorie du coût de
reproduction comme fondement unique de la valeur,
dont il cache le côté faible par ses fameux succédanés,
acceptés par Minghetti ; il croit à l'augmentation nécessaire et fatale des salaires ; il repousse la théorie de la
rente ; il professe le principe absolu du «laissez-faire »,
c'est-à-dire l'optimisme dans la science et l'individualisme extrême dans les applications. Ses idées bien

connues sur la propriété, les droits d'auteur, les brevets industriels, la distribution de la richesse en sont la
preuve, etc. Chercheur infatigable des origines et des
progrès de la science économique en Angleterre et en
France, critique puissant, mais parfois injuste, il a écrit
avec beaucoup de soin les biographies des principaux
économistes ; les principes qui lui servent de critère lui
font estimer outre mesure Say, Dunoyer, Chevalier, et
méconnaître les mérites de Ricardo et diminuer ceux de
Rossi et de Stuart Mill.

> Fr. Ferrara, *Importanza dell' economia politica*. To-
> rino, 1849. *Biblioteca dell' Economista*. Serie I
> (*Trattati complessivi*.) Série II. (*Trattati speciali*).
> Torino, 1850-70. Vingt-six volumes. — *Esame sto-
> rico-critico di economisti e dottrine economiche, etc.*
> Torino, 1889-1892. Deux volumes (en quatre par-
> ties).

Parmi les élèves et les admirateurs de Ferrara, nous
rappelerons Torrigiani, qui fut professeur à Parme et
à Pise ; Todde, professeur à Modène, actuellement à
Cagliari ; le savoyard Jean-Jacques Reymond, écrivain
sage et tempéré, trop tôt enlevé à la science par une
cruelle maladie. Gérôme Boccardo (né en 1829) contribua puissamment à propager en Italie les doctrines de
Bastiat ; il a été professeur à Gênes ; il est l'auteur
merveilleusement fécond d'ouvrages sur des sujets très
variés (collections, encyclopédies, traités, manuels,
essais, discours, articles) dont les plus importants sont
le précis d'économie, dont on s'est servi pendant de
longues années dans les écoles, le dictionnaire qu'il a
rédigé d'après celui de Coquelin, mais qu'il a enrichi
(notamment dans la seconde édition) de notes intéressantes, la troisième série de la *Biblioteca dell'Economista*, moins exclusive que les séries précédentes.

G. Toddo, *Note sull'economia politica.* Cagliari, 1885.

J. J. Reymond, *Etudes sur l'économie sociale et internationale.* Turin, 1860-61. Deux volumes.

G. Boccardo, *Trattato teorico-pratico d'economia politica*, 1853 (7ᵉ édit., 1885). Trois volumes. — *Dizionario universale d'economia politica e commercio.* Torino, 1857. Quatre volumes. - 2ᵉ édit. (en deux volumes). Milano, 1875-77.

Biblioteca dell' Economista. Série III. Torino, 1875-1892. Quinze volumes.

Les tentatives faites par Bianchini et par Bruno pour rattacher l'économie aux autres branches de la science sociale, bien qu'elles aient été fort approuvées notamment à l'étranger, exercèrent peu d'influence. On peut en dire autant de l'excellent abrégé du sicilien Placido De Luca, professeur à Naples. Il ne s'est pas tout à fait débarrassé des préjugés restrictifs, mais il a le mérite d'avoir écrit le premier manuel italien de la science des finances, dans lequel il suit avec trop de fidélité celui de Jakob (d'après la traduction française), déjà vieilli à cette époque. D'autres traités eurent moins de succès encore : ils sont, ou peu connus, comme ceux de Scopoli, de Vérone (1850), et du toscan Trinci, adversaire de Malthus (1858), ou sans originalité, comme celui du napolitain Trinchera (1853), qui copie Rossi dans la partie théorique et Bianchini dans la partie historique, ou d'une forme abstruse, comme les nombreux traités de Marescotti (1853, 1861, 1878, 1880), ou trop courts, comme les résumés de Meneghini (1856), de Rusconio (1852) et de De Cesare (1862).

Lod. Bianchini, *Della scienza e del ben vivere sociale e della economia degli Stati.* Vol. I, Napoli, 1845. Vol. II, 1855.

Giov. Bruno, *La scienza dell' ordinamento sociale.* Palermo, 1859-62. Deux volumes.

P. De Luca, *Principii elementari di scienza economica*.
Napoli, 1852. — *La scienza delle Finanze*, 1858.

Dans le Piémont, qui devint, grâce au séjour de nombreux émigrés, un centre d'études non moins important que ceux qui existaient auparavant à Milan et à Naples, les revues, et notamment la *Contemporanea* (1850-1870), publièrent de bons articles d'économie; il faut également citer les monographies du comte R. G. de Salmour sur le crédit foncier et agricole (1846) et son organisation dans les Etats Sardes (1853) et en Italie (1862). En Vénitie se distinguèrent J. B. Zannini, le courageux auteur du *Piano di ristorazione economica delle Provincie Venete*, et Valentin Pasini, de Schio (mort en 1864), dont se sont occupé brièvement Lampertico, et longuement Bonghi. L'économie politique a été étudiée également à Modène par Ludovic Bosellini et Andrea Cavazzoni-Pederzini; à Bologne, par les jurisconsultes Borgatti et Martinelli; en Sicile, par Todeschi-Amato, Biundi, Rizzari, l'éminent Salvatore Marchese (mort en 1880) et par Perni (disciple de Bruno et Intrigila, des statisticiens éminents.

L'économie ne fut pas négligée dans les revues milanaises : le *Giornale delle scienze politico-legali* (1850-53) contient de bons articles d'Antoine Mora; Corrénti, De Cristoforis, Zanardelli, Allievi, Massarani et Emile Broglio, auteur d'élégantes lettres sur l'impôt, sur la rente (1856), ont été collaborateurs du *Crepuscolo* (1850-56).

Il faut citer spécialement trois écrivains, qui furent aussi d'éminents hommes d'état : Stéphan Jacini, Antoine Scialoja et Marc Minghetti.

Stéphan Jacini, de Casalbuttano (1837-1891), ne s'est pas occupé de science pure, mais il s'est signalé par ses travaux de jeunesse sur l'économie agraire, aux-

quels il revint pour les compléter dans son âge mûr,
alors qu'il était président et rapporteur de l'enquête
agraire (1817-1877). Antoine Scialoja (1817-1877), ayant
perdu sa chaire, se voua à la profession d'avocat ; il écrivit deux brillants opuscules polémiques sur les disettes
et sur le budget de Naples ; il s'occupa plus tard,
comme écrivain et comme ministre, de la réforme des
impôts directs *(Nuova Antologia, 1067-1868)* ; il a
défendu (contre Minghetti, Morpurgo et Allievi) la consolidation de l'impôt foncier. Marc Minghetti, de Bologne (1818-1886), orateur éloquent, lettré et artiste, est
connu dans la science économique par son ouvrage
sur les rapports entre l'économie, la morale et le droit,
recommandable sinon pour l'originalité, du moins pour
l'excellence de la doctrine et pour sa forme exquise.

> S. Jacini, *La proprietà fondiaria e la popolazione agri-
> cola in Lombardia.* Milano, 1854.-3e édit., 1857. —
> *Frammenti dell' inchiesta agraria.* Roma, 1883.
> A. Scialoja, *Carestia e governo,* 1853. — *Il bilancio
> degli Stati Sardi ed il Napolitano.* Torino, 1858.
> M. Minghetti, *Opuscoli letterarii ed economici.* Fi-
> renze, 1872.

§ 5. — DE 1862 A 1871

La période de notre émancipation politique a été favorable à la diffusion des éléments de l'économie grâce au
rétablissement des chaires anciennes (Bologne, Pise,
Parme, Modène) et à la création de chaires nouvelles
dans les Universités (Gênes, Cagliari, Messine, Rome) et
dans les « instituts industriels et professionnels » ; cela se
fit cependant avec une hâte qui ne permit pas de choisir
de bons professeurs. En même temps, le développement
des manufactures et du commerce, la liberté de dis-

cussion, la liberté de la presse, et la nécessité de
résoudre promptement les graves questions économiques et financières qui surgissaient, provoquèrent des
projets, des rapports, des discours; des opuscules et des
enquêtes officielles et parlementaires, dans lesquelles
d'éminents statisticiens purent se signaler. En dehors
de ceux que nous avons déjà nommés, il faut citer :
Cavour, Sella, Luzzatti, Lampertico etc. La science
pure a été négligée, et parce que les préoccupations politiques absorbaient les meilleurs esprits , et parce
que l'école pseudo-orthodoxe était prédominante. La
fondation de la *Nuova Antologia* (1866), au début
encore soumise à ces influences, apporta quelque amélioration à cet état de choses. On se servit dans l'enseignement supérieur des traités inachevés des professeurs
De Rocchi (de Sienne), Salvatore, Majorana-Calatabiano,
de Casane (1866) et Ippolito, de Naples (1869) et de
ceux de Ponsiglioni, qui succéda à De Rocchi et ensuite
à Boccardo (1870, - 2° édit. 1880), et de G. E. Garelli
(1875 - 2° édit. 1880). Parmi les précis écrits pour les
instituts techniques, nous citerons ceux de Fornari (1868),
de Rameri (1864, 1868, 1876) et de Lo Savio (1872),
qui furent les précurseurs d'un courant meilleur.

Le nestor des économistes italiens, Antonio Ciccone
(1808), qui a succédé en 1865 à Jean Manna, (auteur
de bonnes études administratives) dans la chaire de
Naples, fut un disciple modéré de l'école dominante.
Aux *Principii d'economia sociale* (1866-68), parvenus
à leur troisième édition (1882-83. Trois volumes), firent
suite les remarquables mémoires complémentaires sur
les lois naturelles de l'économie (1883), sur la valeur,
sur le salaire (1888), sur les pensions pour la vieillesse
(1882), ainsi que d'autres de plus grande importance sur
Macleod, sur l'assistance et la misère (1874) et celui qui
obtint un prix à Milan, sur la question sociale (1884); ils

montrent l'intelligence, le savoir et l'activité de l'auteur.

Quant aux monographies, nous devons signaler dans le Piémont celles d'Alessandro Garelli sur les banques, les crises, les salaires, instructives, toutes pleines de faits, et la *Logica delle imposte*, œuvre pondérée du jurisconsulte Matteo Pescatore ; en Ligurie, les nombreux écrits économico-fiscaux de Camille Pallavicino, de Pierre Sbarbaro, de Jacob Virgilio et de Paul Boselli, les deux derniers très compétents dans les questions commerciales et maritimes ; en Lombardie, les travaux d'Allocchio sur la liberté des échanges, le crédit foncier et les caisses d'épargne, ceux de Fano sur la charité préventive (1868) et les écrits brillants mais quelque peu paradoxaux de l'émigré Henri Cernuschi sur le mécanisme des échanges et le bimétalisme ; dans la Vénétie, les nombreuses compilations de l'infatiguable Albert Errera, les travaux de Benvenuti sur les banques et les finances et l'ouvrage plus pratique de Cappellari della Colomba sur les douanes (1867), mais surtout les essais économico-statistiques et financiers d'Emile Morpurgo (mort en 1885) et les excellentes études sur le crédit foncier (1868) et sur les banques de Venise (1869) de Elie Lattes, qui acquit une renommée encore plus grande par ses travaux d'épigraphie étrusque ; en Emilie, les grandes recherches sur les colonies et sur l'émigration (1874) de Leone Carpi ; en Toscane, les mémoires économico-agraires et autres travaux de Ridolfi, de Corsi, de Rubieri, de Cini, d'Andreucci, de Franchetti, de Sidney et George Sonnino, etc. ; dans les provinces napolitaines, Racioppi, Nicolò Miraglia, Tortora, Faraglia, etc., Auguste Magliani (1825-1891) et Constantin Baer, tous deux très compétents dans les questions monétaires et fiscales ; enfin, en Sicile, le professeur, déjà cité, Jean Bruno, directeur du *Gior-*

nale di Statistica (depuis 1848), auteur de bonnes études sur les caisses d'épargne (1852(, sur la liberté de la boulangerie et sur la taxe du pain (1855), etc.

§ 6. — L'ÉTAT ACTUEL

Ang. Bertolini, *Saggio di bibliografia economica italiana* (1870-1890). Bologna, 1892. (in *Giornale degli Economisti*).

H. von Schullern-Schrattenhofen, *Die theoretische Nationalvhonomie Italiens in neuester Zeit*. Leipzig, 1891. (Monographie savante et soignée).

A. Loria, *Economics in Italy* (*Annals of the American Academy*, etc. Vol. II, n. 2. Philadelphia, 1891). .

U. Rabbeno, *The present condition of political economy in Italy* (*Political Science Quarterly*. Vol. VI, n. 3. New York, 1891).

La fondation de chaires nouvelles à Padoue et à Pavie (1858) et l'enseignement que l'on y donnait dans une sereine objectivité scientifique, dénuée de toute tendance apologétique ou critique des conditions actuelles, en tenant compte des progrès faits par l'économie spécialement en Angleterre et en Allemagne, mis à profit par de bons et actifs disciples, devenus ensuite professeurs dans les principales universités du royaume, fut la cause principale de la meilleure direction des études et des publications qui ont été louées par des juges étrangers compétents.

Le mérite principal du réveil scientifique actuel est dû à trois hommes, illustres à différents titres : Messedaglia, Nazzani et Lampertico, et aussi à Vito Cusumano (né à Partanna en 1843), sorti de l'école de Pavie, et devenu plus tard à Berlin un admirateur passionné des doctrines allemandes, qu'il propagea en Italie par le savant ouvrage dont nous avons déjà parlé.

Angelo Messedaglia (né à Villafranca de Vérone en 1820), a été professeur, à Padoue (1858-1866), puis à Rome. L'étendue et la profondeur de ses connaissances scientifiques et littéraires, sa possession des méthodes analytiques, l'impartialité de ses jugements, en font, sans flatterie, le maître de « ceux qui savent ». Il a écrit à plusieurs reprises sur la méthodologie statistique et économique, sur la monnaie, sur la population, sur les impôts directs et sur le crédit public. On peut dire que les défauts de ses œuvres tiennent à leurs qualités éminentes. Faisant précéder la synthèse des phénomènes de l'analyse de leurs différents aspects, dans laquelle il est maître, Messedaglia ne sait pas éviter les répétitions qui troublent l'ordre systématique de ses travaux et il aime à s'arrêter à la critique minutieuse des formules, quelquefois impropres et parfois inexactes (comme le sont les progressions de Malthus), qui résument des principes de grande importance théorico-pratique : c'est ainsi que certains disciples peu experts ont pu avoir la conviction erronée que les observations du maître pouvaient ébranler certaines lois de ' la science. En outre, une juste antipathie pour les conclusions trop absolues a engendré chez Messedaglia, sinon le scepticisme, du moins une certaine hésitation, qui lui a fait esquiver les questions capitales sur la distribution de la richesse. Toujours peu satisfait de son œuvre, il recommençait toujours (pour les corriger et les compléter) les premières parties de ses travaux, mais il n'a jamais terminé les dernières parties. Nous laissons de côté, pour ne pas sortir de notre sujet, ses classiques monographies statistiques (préférées par l'auteur) et nous indiquons seulement ses monographies économiques, en signalant, comme techniquement parfaite, son étude sur le cadastre.

A. Messedaglia, *Dei prestiti pubblici e del miglior sistema di consolidazione.* Milano, 1850. — *Della teoria della popolazione principalmente sotto l'aspetto del metodo.* Vol. 1. Verona, 1858. — *La moneta e il sistema monetario. La storia e la statistica dei metalli preziosi* (Archivio di Statistica. Anno VI e VII. Roma, 1881-83). — *Relazione sul Titolo I del Progetto di legge sull' imposta fondiaria.* Roma, 1884. — *L'economia politica in relazione alla sociologia e quale scienza a sè.* Roma, 1891.

Emile Nazzani (né à Pavie en 1832), professeur pendant vingt-cinq ans à l'institut technique de Forli, doué d'une intelligence robuste et bien équilibrée, très instruit, débuta par des travaux savants sur l'économie appliquée, dans lesquels il défendait la liberté des coalitions, et étudia l'organisation des sociétés coopératives (in *Industriale Romagnolo*, 1868-69) ; il aborda ensuite avec une profondeur modestement dissimulée les thèmes les plus ardus de l'économie pure : la rente (1872), le profit (1878), la demande de travail (1880), la valeur (1883), et résuma enfin avec une clarté simple et élégante, dans son *compendio* (le meilleur précis italien), les doctrines de l'école classique; il a réfuté, dans un autre écrit, les critiques des adversaires de cette école (1879).

E. Nazzani, *Sunto di economia politica.* Forli, 1873-4ᵉ édit. Milano, 1886. — *Saggi di economia politica.* Milano, 1881. — *Sulle prime cinque sezioni del capitolo « On value » di Ricardo* (in *Rendiconti del R. Istituto Lombardo di Scienze*, 1883.).

Fedele Lampertico (né à Vicenza en 1833) s'est distingué dans les belles lettres, l'histoire, le droit et la statistique. Il a discuté dans de nombreux travaux et dans d'excellents rapports parlementaires les sujets les plus variés : l'isthme de Suez, les mines, les glaciers, les bois, les dimes, les banques, le libre échange, le papier monnaie, etc., et il entreprit de parcourir, dans la plus importante de ses œuvres, le champ entier des théories économiques, financières et administratives. S'il ne put, comme cela était à prévoir, terminer ce travail, trop grandement conçu, trop irrégulier dans sa forme et peu proportionné dans ses parties, il nous a donné une précieuse collection de monographies dans lesquelles il a étudié, avec des développements en partie nouveaux et intéressants, quelques-uns des problèmes les plus complexes de la science.

F. Lampertico, *Ecomomia dei popoli e degli Stati.* Vol. I-V. Milano, 1874-84.

Aux critiques formulées sur un ton agressif par Cusumano (1873) répondit avec une vivacité encore plus grande Ferrara, dans la *Nuova Antologia* (août 1873) ; il dénonça le germanisme et, plus tard (1878), l'américanisme économiques comme des ennemis de la liberté. Le meilleur élève de Messedaglia, Luigi Luzzatti (né à Venise en 1841) répondit avec beaucoup de modération. C'est un écrivain brillant, qui s'est fait en Italie l'apôtre des banques populaires et des sociétés coopératives. Sa patrie et la science doivent lui être reconnaissantes pour ses innombrables articles de revues et de journaux et pour l'activité qu'il a déployée, comme député et comme ministre, dans les conférences monétaires, dans les expositions industrielles, dans la conclusion des traités de commerce et finalement par ses essais de réorganisation du crédit et des finances.

Les premières escarmouches furent suivies d'un congrès tenu à Milan (1875), de la création de sociétés éphémères et de la publication d'articles favorables (E. Morpurgo, L. Miraglia, P. Del Guidice, etc.) ou défavorables (Marescotti, Bruno, Torrigiani, Scarabelli, etc.), à ce que l'on a appelé inexactement la nouvelle école (autoritaire), tandis qu'en réalité elle comprenait des écrivains de tendances très opposées, d'accord seulement pour combattre l'optimisme de la liberté illimitée. Les équivoques nées dans la chaleur de la lutte étant maintenant dissipées pour les hommes de bonne foi, il n'est pas difficile de déterminer avec précision les tendances dominantes des différents groupes de nos économistes.

Le plus ingénieux parmi les individualistes, dont le nombre va en diminuant, est Domenico Berardi. Il a combiné les doctrines de Ferrara et celles de Spencer et il déduit résolument les dernières conséquences du principe du « laissez faire » (*Le funzioni del governo nell'economia sociale*. Firenze, 1887). Les mêmes idées sont défendues par Tullio Martello dans son volume sur la monnaie (1872), et mieux encore dans un brillant article du *Giornale degli Economisti*, dans lequel un anonyme combat avec beaucoup de savoir et une fine ironie (mais avec de regrettables allusions personnelles) les énormités de l'école économico-zoologique. Ponsiglioni, Todde et Angelo Bertolini, dont la jeune activité est pleine d'espérances, sont aussi des partisans modérés de l'individualisme.

Dans le petit nombre des partisans du socialisme de la chaire nous citerons Forti, directeur de la première série du *Giornale degli Economisti* (1875-1878), Ducati, Cusumano, actuellement plus modéré, Mortara, qui est partisan d'une forte ingérence de l'Etat dans la propriété foncière (1888) et enfin Camille Supino, auteur de mémoires érudits sur la valeur (1880-1889), le capital (1886-1891), l'escompte (1892), et d'essais très remarquables sur la navigation (1890).

Les professeurs Toniolo, de Pise, et Ferraris, de Padoue sont moins exclusifs. Joseph Toniolo (né en 1845) a été avec Auguste Montanari (auteur d'un bon résumé) l'élève et pendant quelque temps le suppléant de Messedaglia ; il a publié des mémoires très soignés sur l'élément éthique, la méthode d'observation, la petite industrie, la rente, le salaire, la participation aux bénéfices, etc., et notamment une monographie sur la distribution des richesses (1878). Il unit à l'exactitude théorique du maitre, de bonnes recherches historiques et philosophiques ; ses consciencieuses leçons s'inspirent de hautes idées morales. Charles François Ferraris (né en 1850), disciple favori de Wagner, s'est occupé avec talent de la science administrative ; il est le défenseur ardent des chaires de statistique (1891) ; il s'est beaucoup occupé de la question monétaire et du cours forcé (1879) ; il est partisan de l'impôt militaire et de l'assurance ouvrière obligatoire ; il a écrit avec une méthode encore plus correcte sur le crédit privé dans ses *Principii di scienza bancaria* (Milano, 1892), qui ont remplacé l'ouvrage autrefois excellent mais aujour d'hui vieilli de Pierre Rota (1873).

Joseph Ricca Salerno (né à Sanfratello en 1849) est lui aussi un disciple de Wagner. Il a été professeur à Pavie, à Modène et à Palerme. Il marque la transition entre l'école historique et l'école classique. Il a débuté par de savantes monographies sur le capital (1877), sur le salaire (1878) et les emprunts (1879), souvent un peu obscures ; il a publié ensuite (et c'est son meilleur travail) l'histoire des théories financières en Italie (1881), et de bons travaux économiques et financiers (dans des revues italiennes et étrangères) ; il acquiert de plus en plus la renommée d'un excellent maitre et d'un critique expert. Il a accueilli le premier, mais avec quelques modifications, dans un excellent article (*Giornale degli Economisti*, 1877) et dans son *Manuale di scienza finanziaria* (Firenze, 1888), la théorie de

Sax, qu'acceptent aussi ses excellents élèves de Modène, Auguste Graziani, professeur à Sienne, auteur de bons travaux sur le profit (1887), les dépenses publiques (1887), les opérations de bourse (1890), les machines (1891), et Charles Ange Conigliani, qui a écrit un mémoire ingénieux sur les effets économiques des impôts (1890); il doit publier prochainement une histoire critique de la théorie économique de la monnaie en Italie, que ses travaux antérieurs nous font vivement désirer.

Maffeo Pantaleoni (né à Frascati en 1857), directeur de l'Ecole de commerce de Bari, auteur d'excellents travaux de statistique économique, et notamment d'un mémoire sur l'importance probable de la richesse privée en Italie (1884), a débuté par une savante monographie sur l'incidence des impôts; il a donné des preuves de son aptitude aux recherches exactes dans les *Principii di economia pura* (Firenze, 1889). Dans ce livre, qui eut l'honneur rare d'être traduit en anglais, il expose la théorie de la valeur, conformément aux doctrines de Gossen, de Jevons et de Wieser, etc.; il y fait cependant des critiques parfois injustes à quelques-uns des chefs de l'école autrichienne.

Le problème de la valeur a été également discuté par Piperno, qui a recherché avec soin les causes de l'*aggio* (1880), par Wollemborg (1882), l'infatigable propagateur des caisses rurales de prêt (Raiffeisen), par Valenti (1890), éminent spécialiste en économie agraire, par Alessio, qui a écrit aussi une bonne monographie sur le système fiscal italien (1883), que l'on peut rapprocher de celle de Zorli (1887), et enfin par Bianchi (1891), qui s'est également fait connaître par de bonnes recherches sur la propriété territoriale (1890). Quelques économistes acceptent, non sans réserves, les théories de l'école austro-allemande : Ugo Mazzola,

qui a savamment parlé de l'assurance ouvrière en Allemagne (1886); il a soutenu la théorie des produits
immatériels, et fait (1890) quelques objections subtiles à
la théorie financière de Sax; Emile Cossa s'est occupé
avec sobriété et clarté des entreprises industrielles
(1888) et des formes naturelles de l'économie sociale et
de l'économie financière, il a résumé, en les séparant
de l'agronomie et de l'économie générale, les éléments
de l'économie agraire (1890), et il a également écrit
avec une louable impartialité sur le problème ardu de
la réduction des heures de travail (1892).

Ce doit grandement apprécier, à cause de la netteté
de la doctrine et de l'excellence de sa méthode, les
œuvres de De Viti De Marco et de Gobbi. De Viti De
Marco (né en 1858) dirige avec Pantaleoni, Mazzola et
Zorli la nouvelle série du *Giornale degli Economisti*,
dans laquelle il défend énergiquement le libre échange,
attaqué théoriquement par Benini (1883) et pratiquement
par Ellena, Salandra, Alexandre et Egisto Rossi. Il est
particulièrement connu par son étude sur la monnaie
et les prix (1885), dans laquelle il défend, avec les restrictions nécessaires, la théorie quantitative, et par son
travail sur le caractère théorique de l'économie financière (1888).

Ulisse Gobbi (né en 1859), a étudié, dans un style
moins enveloppé mais plus négligé, l'organisation des
sociétés coopératives et de l'assurance contre les accidents du travail; il a recherché avec compétence l'influence des systèmes de rétribution sur la productivité
du travail (1881), et, dans son court mais très utile précis
d'économie, il a combiné les doctrines de l'école
classique avec les résultats des recherches minutieuses
réunies dans le *Manuel* de Schönberg.

Achille Loria, de Mantoue (né en 1857), n'est inférieur
à aucun en intelligence, et il est supérieur à tous par

son originalité, et à beaucoup par ses connaissances. Professeur à Sienne et actuellement à Padoue, il occupe une place éminente dans la science, bien qu'on puisse lui reprocher de n'être pas assez objectif dans la critique des doctrines et dans le choix des faits qu'il cite à l'appui de ses théories personnelles. Il est difficile de résumer le système d'un auteur dont les tendances sont, en apparence du moins, les plus opposées. Il suit, en effet, Ricardo dans ses théories sur la valeur et sur la rente, tout en combattant avec âpreté et non sans équivoques (*Nuova Antologia*, 1890) l'école autrichienne, mais il n'accepte pas sa théorie de la monnaie; il est partisan de l'école historique et tient les phénomènes économiques pour variables et partant il croit que les théorèmes de l'école anglaise ne s'appliquent qu'au système capitaliste; il admire Marx (dont il a parlé d'une façon magistrale) et croit, avec lui, que le profit est une forme transitoire, mais il réfute ses sophismes sur la valeur; il se rapproche des socialistes dans sa critique du régime économique moderne, mais il repousse leurs projets de réforme parce qu'il espère que les plaies sociales disparaîtront naturellement grâce à la diffusion de la propriété et à la disparition de la rente; il loue enfin les évolutionnistes, mais il ne leur épargne pas les reproches qu'ils méritent. Pour bien comprendre les idées de Loria, qu'il a résumées dans une de ses leçons d'ouverture, il faut avoir présente à l'esprit l'importance suprême (et à notre avis exagérée) qu'il attribue au problème économique dans le système social et politique, et au problème territorial dans le système économique.

A. Loria, *La rendita fondiaria e la sua elisione naturale*. Milano, 1880. — *La legge di popolazione ed il sistema sociale*. Siena, 1882. — *Carlo Darwin e l'economia politica*. Milano, 1881. — *Analisi della proprietà capitalistica.* Torino, 1889. Deux volumes. (Cfr. les *Appunti* de Graziani dans le *Giornale degli Economisti*, 1890).— *Studii sul valore della moneta*, 1891. — *La terra ed il sistema sociale.* Padova, 1892.

A l'école sociologique appartiennent Schiattarella, Puviani, Zorli, Lo Savio, Jacopo Luzzatto, Angelo Majorana, et en partie aussi De Johannis ; les représentants les plus éminents sont Boccardo qui accepte résolument ces doctrines dans différentes préfaces de la *Biblioteca dell' Economista*, et Cognetti qui étudie les fonctions économiques chez les animaux et les tribus sauvages, et recherche les origines du socialisme dans l'antiquité et en particulier en Chine et en Grèce dans des œuvres connues des philologues mais négligées par les économistes. Il professe des théories analogues à celles de Ugo Rabbeno, auquel nous devons des études consciencieuses et en partie originales sur la coopération et sur le protectectionnisme. Il faut signaler particulièrement, pour la profondeur de ses connaissances et la modération de ses jugements, Icilio Vanni, qui ne méconnait pas l'état embryonnaire, les difficultés et les dangers de la nouvelle science.

G. Boccardo, *La sociologia.* Torino, 1880.— *L'animale e l'uomo*, 1881.
S. Cognetti De Martiis, *Le forme primitive dell' evoluzione economica.* Torino, 1881. — *Socialismo antico*, 1889.
U. Rabbeno, *L'evoluzione del lavoro.* Torino, 1883. — *La cooperazione in Inghilterra* (Milano, 1880) et in *Italia* (1886). — *Le società cooperative di produzione*, 1889. — *Protezionismo americano*, 1893.
Icilio Vanni, *Studii sulla theoria sociologica della popolazione.* Città di Castello, 1886. — *Prime linee d'un programma critico di sociologia.* Perugia, 1888.

Le manque de place ne nous permet pas d'indiquer de très nombreuses monographies comme celles de Giovanni Rossi, Antonelli, et quelques-unes plus remarquables de Pareto (sur la théorie mathématique de la richesse), et d'autres de : Maggiorino Ferraris, Artom, Amar et Bertini dans le Piémont; de Buzzetti, Piola, Nicolini, Manfredi, Romanelli, Masé-Dari, Pizzamiglio, Sartori, Montemartini en Lombardie; Jacques Luzzatti, Salvioni, Della Bona, Bertagnolli, Stivanello. D'Apel, Minelli, Kiriaki, Zanon, Ellero en Vénétie; de Manara, Malgarini, Rava, Mamiani en Emilie : de Cambray-Digny et de Fontanelli en Toscane; de Villari, Zammarano, Martuscelli, Fortunato, Codacci-Pisanelli, Tammeo, Tangorra, Fiorese dans les provinces napolitaines; de Vadalà-Papale, Santangelo Spoto, Gemmellaro-Russo, Arcoleo, Merenda en Sicile; de Soro-Delitala, Longiave-Berni, Pinna-Ferrà en Sardaigne.

Nous avons déjà cité (pag. 30-31) les principaux statisticiens; on peut signaler encore Raseri, Stringher, Rameri, Sbroiavacica et Giuseppe Majorana; nous avons aussi indiqué quelques-uns des ouvrages sur l'histoire de l'économie en Italie, dont nous avons donné ailleurs un index très complet.

L. Cossa, *Saggio bibliografico sulla storia delle teorie economiche in Italia (Giornale degli Economisti, 1892).*

CHAPITRE XVI

LE SOCIALISME THÉORIQUE CONTEMPORAIN

———

Par le mot, étymologiquement équivoque, de *socialisme*, adopté par les écoles de Owen et de Leroux et mis en vogue par Reybaud, on désigne, d'ordinaire, les systèmes de politique économique qui attaquent les bases actuelles de la société civile.

Mais si le mot socialisme, au point de vue théorique, embrasse un ensemble de doctrines, au point de vue pratique c'est au contraire le nom d'un parti qui comprend des groupes divers, nationaux ou cosmopolites, anarchistes ou autoritaires, unitaires ou fédéralistes, révolutionnaires ou possibilistes, d'après leurs buts, leurs moyens d'action, leurs modes d'organisation.

Comme corps de doctrine, le socialisme embrasse, dans ses diverses écoles, des idées économiques qui se trouvent bien souvent combinées avec des théories philosophiques, religieuses et politiques contradictoires entre elles, dont quelques-unes tendent à l'abolition de l'État, de la religion et de la famille, que d'autres voudraient conserver entièrement, ou seulement modifier. Au point de vue philosophique, on parle de socialistes matérialistes et de socialistes spiritualistes ; au point de vue religieux, de socialistes athées et de socialistes croyants, et souvent même, poursuivant l'équivoque dans les faits comme dans les mots, de socialistes chrétiens, sans s'apercevoir que les chrétiens (qu'ils soient catholiques ou protestants) ne peuvent être

socialistes, parcé que, si le christianisme prescrit d'une
façon absolue la charité, il veut qu'elle soit spontanée,
et partant méritoire, ce qui est en pleine contradiction
avec le socialisme, qui oppose au devoir des uns le
droit civilement coercitif des autres, et qui fait disparaitre ainsi en même temps la vertu chez le bienfaiteur
et la reconnaissance chez l'obligé. Au point de vue
politique, les contradictions sont tout aussi fortes,
parce que quelques-uns se servent des doctrines socialistes comme moyen d'agitation auprès des masses pour
aboutir à un changement de la forme du gouvernement,
tandis que pour d'autres les changements politiques, et
en particulier le suffrage universel, sont un simple
moyen pour obténir les réformes sociales, que certains
croient compatibles avec les formes de gouvernement
les plus disparates. C'est ainsi que l'on parle souvent
et non sans équivoque de socialistes conservateurs et
de socialistes démocrates, de socialistes d'Etat et de
socialistes de la rue.

Comme nous ne donnons que quelques indications
très rapides sur le socialisme théorique considéré au
point de vue purement économique, nous ne parlons pas
des systèmes, déjà indiqués en partie, que l'on pourrait
appeler anciens et que d'autres qualifient d'utopiques,
parce que ce sont des romans d'Etat, qui sont inspirés par
des idées purement littéraires, ou par des considérations
morales sur les dangers de l'oisiveté des riches, résultat
des inégalités économiques (Morus, Doni, Campanella),
ou qu'ils invoquent au contraire des arguments essentiellement politiques (Platon). Nous ne parlerons pas
non plus des systèmes professés dans la seconde moitié
du siècle passé (Rousseau, Mably, Morelly, Brissot de
Warville, etc.), que l'on peut appeler juridiques parce
qu'ils sont basés presque exclusivement sur un prétendu
droit de tous à l'usage gratuit des richesses naturelles.

Considéré de près, le socialisme théorique moderne, qui se qualifie pompeusement de scientifique, non pas tant parce qu'il dérive de quelques doctrines (mal interprétées) des économistes que par son interprétation matérialiste de l'histoire, se résoud, au contraire, dans une pure négation de la science économique. Il méconnaît, en effet, l'existence d'un ordre social des richesses, et se fonde sur cette hypothèse que la liberté engendre nécessairement l'injustice, les crises, la misère; de là, le socialisme déduit des maximes de politique économique qui tendent à la destruction totale ou partielle de la propriété privée et de la concurrence, c'est-à-dire des bases du système économique actuel.

Il est assez difficile de donner une classification des théories des socialistes, disparates entre elles, malgré l'identité de leurs prémisses négatives. Les fausses définitions qu'ils donnent, les contradictions fréquentes qu'on trouve dans les écrits d'un même auteur, et enfin l'usage incertain des mots 'communisme, socialisme, collectivisme, anarchisme, employés tantôt comme des équivalents, mais plus souvent opposés ou subordonnés les uns aux autres, sans parler de l'équivoque entretenue par les individualistes extrêmes qui qualifient de socialiste et qui repoussent, par conséquent, toute réforme qui implique une nouvelle ingérence de l'Etat, même si elle est nécessitée par de hautes raisons de justice et d'opportunité, constituent autant de difficultés.

On ne peut pas considérer comme une définition précise du socialisme celle qui l'identifie avec la philosophie économique des classes souffrantes, ou qui, en d'autres termes, le présente comme l'économie ouvrière opposée à l'économie bourgeoise, c'est-à-dire l'économie du travail opposée à l'économie du capital; il est injuste, d'autre part, de déclarer que tous les systèmes (et non pas quelques-uns seulement) défendus par le socialisme se résolvent, ou dans l'anarchie, ou dans le despotisme; ce sont aussi des définitions incomplètes et inexactes que celles qui font consister le socialisme dans la distribution artificielle des richesses (et qui oublient les nombreuses observations qu'il a faites sur la production, la circulation et la consommation), ou dans l'abolition du salaire (compatible avec la libre concurrence), ou dans la suppression des revenus qui ne dérivent pas du travail (rente, intérêt, profit), parce que ces propositions concernent seulement quelques-uns des buts auxquels tendent, et non pas d'une façon unanime, les diverses formes du socialisme.

Nous citerons quelques œuvres générales, dont l'étude peut fournir des données suffisantes pour la classification, la connaissance et l'appréciation des principales théories des socialistes.

Jos. Stammhammer, *Bibliographie des Socialismus und Communismus.* Jena, 1893.

L. Reybaud, *Études sur les réformateurs ou socialistes modernes.* Paris, 1840-43. Deux volumes.-7e édition, 1864.

L. Stein, *Der Sozialismus und Communismus des heutigen Frankreichs.* Leipzig, 1847. - 2e édit., 1848. — *Geschichte der sozialen Bewegung in Frankreich.* Leipzig, 1850-51. Trois volumes. - Réimprimé en 1855.

J. J. Thonissen, *Le socialisme depuis l'antiquité.* Louvain, 1852. Deux volumes.

B. Hildebrand, *Die Nationalökonomie der Gegenwart und Zukunft.* Vol. I. Frankfurt am Main, 1848.

E. De Laveleye, *Le socialisme contemporain.* Paris, 1883. - 6e édit., 1891.

R. T. Ely, *French and german socialism.* New-York, 1883.

John Rae, *Contemporary socialism.* London, 1884. - 2e édit. (fort augmentée), 1891.

O. Warschauer, *Geschichtlich kritischer Ueberblick uber*

die Systeme des Kommunismus, etc. (Zeitschr f.
die ges. Staatswissenschaft. Tübingen, 1890.)

H. von Scheel, Socialismus und Kommunismus. 3ᵉ édit.
beaucoup améliorée. (Dans le vol. I de l'Handbuch de Schönberg. Tübingen, 1890).

Eug. d'Eichthal, Socialisme, communisme et collectivisme. Paris, 1892.

V. Cathrein, Der Socialismus. 5ᵉ édit. Freiburg im
Br., 1892; trad. franç. par Olivier Feron, 1891.

Th. Kirkup, A history of socialism, 1892.

H. Dietzel, Beiträge zur Geschichte des Sozialismus
und des Kommunismus (Zeitschr. für Litteratur
und Geschichte der Staatswiss., 1893.)

§ 1. — LE COMMUNISME

Dans sa signification scientifique, le communisme tend
à substituer à la propriété privée des richesses de toute
sorte (instruments de production et objets de consommation) la propriété publique (de l'humanité, de l'État,
de la commune, ou de groupes confédérés). Les conditions nécessaires de ce système sont l'universalité du
travail, l'égalité de la jouissance et la collectivité de la
production et de la consommation ; l'abolition du mariage et celle de la famille, que demandent quelques communistes, ne sont pas essentielles. D'autre part, le collectivisme de la production et de la consommation ne
suffit pas à constituer le communisme, parce qu'il est
parfois proposé par des socialistes (comme par exemple
Fourier) et aussi par des non socialistes pour des raisons de pure opportunité.

Il ne faut pas voir dans le communisme une commu-
nion purement négative, comme on la pratique dans
la famille et consistant dans l'usage en commun des
biens comme dans la célèbre phrase de Rousseau qui
déclare (en contradiction avec des idées exprimées dans

d'autres de ses œuvres) que la terre n'appartient à personne et que les fruits sont à tous. On aboutirait à la négation implicite du communisme avec la division en parties égales, soit définitive, soit périodique, des patrimoines, car c'est là un expédient qui, bien qu'il soit révolutionnaire et absurde, conserverait cependant, d'ailleurs sans aucune solide garantie, la propriété privée, que le communisme veut détruire.

Le communisme est un système de gouvernement économique qui, associant à l'idée d'égalité de droit, qui est la base du régime politique moderne, l'idée inexacte d'une égalité naturelle des facultés humaines, détruite uniquement par la diversité d'éducation, veut distribuer le travail selon les aptitudes, arriver ainsi à l'égalité du sacrifice et garantir à chacun une part de produit absolument égale, ou proportionnée aux besoins raisonnables reconnus par l'autorité supérieure. Les systèmes communistes, visant à l'égalité, sont en complète opposition avec les systèmes socialistes, au sens étroit du mot, qui visent à une distribution des produits proportionnelle aux prestations, et partant nécessairement inégale.

Cela n'exclut pas cependant, et certains écrivains (soit incohérence, soit esprit de conciliation) en sont un exemple, la possibilité de systèmes intermédiaires qui admettent le communisme avec le droit à l'existence, c'est-à-dire la garantie d'un minimum de produit en raison des besoins, et en même temps le socialisme, c'est-à-dire la division de l'excédant d'après les prestations.

C'est précisément le droit à l'existence et le droit au produit intégral du travail, qui, dans l'esprit de certains, exprimeraient les droits fondamentaux de la classe ouvrière, que la législation moderne ne devrait plus se refuser à reconnaitre. Mais (comme l'a démontré

Anton Menger) ces prétendus droits primitifs ou fondamentaux sont en contradiction absolue entre eux. Il y a également contradiction entre le droit au travail et le droit à l'assistance, que réclament certains socialistes.

A. Menger, *Das Recht auf den vollen Arbeitsertrag*.
Stuttgart, 1886.-2ᵉ edit., 1891.

Tandis que le droit à l'existence, partant de l'idée de la fraternité et de celle de la solidarité, conduit logiquement à l'égalité des biens, le droit au produit intégral du travail implique bien l'abolition de la propriété privée de la terre et du capital, mais comme il s'inspire du principe de l'intérêt personnel, il n'est pas tout à fait incompatible avec la liberté et il cherche, en tout cas, à donner satisfaction à l'équité, puisqu'il reconnait le mérite individuel et par conséquent l'inégalité de fait.

Le droit au travail, qu'il ne faut pas confondre avec la faculté de chercher une occupation (droit de travailler, liberté du travail), ni avec le simple droit à l'assistance, est, comme ce dernier, un droit relatif, conditionné, complémentaire, à côté des deux droits absolus et principaux, dont nous venons de parler. Le droit au travail concerne, évidemment, tous ceux qui sont capables de travailler, et se résoud en un salaire payé par l'Etat dans ses ateliers à ceux qui n'ont pas pu trouver auprès d'un entrepreneur privé une occupation rétribuée. Le droit au travail, considéré par Fourier et par Considérant comme un substitut de prétendus droits primitifs (chasse, pêche, cueillette, pâture), a été reconnu dans la célèbre proclamation française du 25 février 1848 et il a été appliqué dans un esprit absolument contraire au socialisme dans les ateliers nationaux, pour se transformer, après les journées de juin, en une simple reconnaissance du droit à l'assistance.

Le droit à l'assistance qui est en vigueur dans les pays qui admettent la charité légale, ne concerne que les pauvres, et elle a un caractère humiliant même quand il prend la forme d'un salaire accordé à un travail effectivement fourni dans un dépôt de mendicité ou même à domicile.

V. Considérant, *Théorie du droit de propriété et du droit au travail*, 1839.-3ᵉ édit., 1848.

Proudhon, *Le droit au travail et le droit de propriété*. 1848.

Fr. Stöpel, *Das Recht auf Arbeit*, 1884.

B. Prochownik, *Das angebliche Recht auf Arbeit*, 1891.

Cfr. E. Thomas, *Histoire des ateliers nationaux*. Paris, 1848.

Dans sa forme la plus absolue et la plus grossière, le socialisme a pour idéal une égalité parfaite entre le travail et les jouissances. Ses moyens sont l'expropriation immédiate des biens des corporations et la confiscation graduelle de ceux des autres propriétaires après leur mort. Il maintient l'égalité en divisant les produits en parties égales. Il a eu pour représentant le célèbre agitateur François (il prit le nom de Gracchus) Babœuf (1764-1797), qui a rédigé le premier journal socialiste intitulé : *Le tribun du peuple* (1794-1796) et qui est mort à la suite d'une conspiration ourdie contre le directoire; Buonarotti a fort habilement, et avec conviction, exposé ses idées.

Ph. Buonarotti, *Histoire de la conjuration pour l'égalité*, 1828. Deux volumes.-Réimprimé à Paris en 1869.

P. Janet, *Les origines du socialisme contemporain*. Paris, 1883.

V. Advielle, *Histoire de G. Babeuf et du babouvisme*. Paris, 1884. Deux volumes.

Le célèbre publiciste William Godwin (1756-1836), adversaire de Malthus, s'est fait le défenseur modéré, mais illogique, du communisme. Après avoir clairement distingué les trois systèmes opposés de répartition des biens (*degrees of property*) : propriété privée, prestations, et besoins, il se déclare partisan de ce dernier système, mais il propose des moyens peu propres pour le réaliser, parce qu'il ne veut pas du concours de l'État et se déclare anarchiste, mais finalement il se contente (dans la dernière de ses œuvres) du simple droit à l'assistance.

> W. Godwin, *An enquiry concerning political justice.* London, 1793. Deux volumes.-Réimprimé plusieurs fois. — *The enquirer*, 1797 (et 1831). — *An enquiry on population*, 1820.

Les systèmes d'Owen, de Cabet, de Weitling peuvent être cités comme des types de communisme plus clairement exposés dans leur partie théorique et suivis d'essais d'application partielle (spécialement aux États-Unis).

Robert Owen (1771-1858), riche industriel, promoteur d'institutions philanthropiques de patronage pour ses ouvriers, de sociétés coopératives de consommation et de production, est un communiste psychologue. Athée, fataliste, convaincu de l'irresponsabilité humaine, il n'admet ni peines ni récompenses ; ennemi de la production en grand et de la concurrence il veut que le travail, distribué d'après les différents âges, s'exerce au service de petites communautés confédérées, dirigées par des magistrats électifs, et composées d'au moins 500 personnes et d'au plus 2,000, qui reçoivent la même éducation, contractent des mariages non indissolubles et qui, sans faire aucun usage du commerce et de la monnaie, et sans connaître ni juges ni prisons, jouissent en nature de ce qui est nécessaire à leurs besoins.

Rob. Owen, *News views of society*, 1812. — *Book of the new moral world*, 1820. — *Revolution in the mind*, 1850.

Cfr. W. L. Sargant, *Rob. Owen and his social philosophy*. London, 1886. — A. J. Booth, *Robert Owen the founder of socialism in England*, 1869. — Lloyd Jones, *The life, times and labours of R. Owen*, 1890. Vol. I.

Parmi ses disciples il faut faire une mention spéciale pour l'irlandais Guillaume Thompson (mort en 1833) qui, comme l'a démontré Menger, expose avec beaucoup de clarté la théorie de la plus-value, attribuée d'ordinaire à Rodbertus et à Marx. On trouve des idées analogues dans les écrits de John Gray (1831), d'Edmonds (1828), de J. F. Bray (1839) et de Charles Bray (1841).

W. Thompson, *An inquiry into the principles of the distribution of wealth*. London, 1824.-Réimprimé en 1869.

L'avocat démocrate Etienne Cabet (1788-1856), après avoir lu, pendant son exil en Angleterre, l'utopie de Thomas Morus, écrivit un roman social communiste (*Voyage en Icarie*, 1840). Il s'y montre l'adversaire de la propriété et partisan de la famille. Cet ouvrage, plus remarquable par la beauté de la forme que par l'originalité des idées, est devenu plus tard le code de quelques sociétés d'émigrants français au Texas et dans l'Illinois, où les doctrines d'un maitre personnellement fort peu ascète ont été expérimentées.

Les idées du cordonnier Guillaume Weitling (1808-1871) ne sont pas très différentes. Agitateur révolutionnaire convaincu et éloquent, il trouve le communisme dans le *Nouveau Testament*. Il voudrait substituer à l'organisation économique actuelle une association de familles qui embrasserait tout le genre humain ;

elles seraient gouvernées par des chefs électifs, nommés
au concours et chargés de distribuer, en parties égales,
les choses nécessaires et utiles, et à ceux-là seulement
qui fourniraient un nombre d'heures de travail supérieur au temps ordinaire, les objets agréables et de luxe,
avec l'obligation cependant de les consommer dans un
court laps de temps déterminé, afin que l'accumulation
et la transmission héréditaire ne fassent pas renaître les
inégalités économiques.

W. Weitling, *Die Welt wie sie ist und sein sollte*, 1838.
— *Garantien der Harmonie und Freiheit*, 1842.
Cfr. G. Adler, *Geschichte der ersten sozialpolitischen
Arbeiterbewegung in Deutschland*. Breslau, 1885.

§ 2. — LE SOCIALISME PROPREMENT DIT.

Dans son sens le plus étroit le socialisme désigne les
systèmes qui veulent, non pas, abolir, mais assujettir à
des restrictions essentielles la propriété privée et la
concurrence, et qui sont en même temps adversaires
de la répartition des produits par tête, ou d'après les
besoins, mais partisans de leur répartition d'après les
prestations de chacun.

Il y a cependant des divergences notables sur les modes de répartition ; les uns admettent au partage les
propriétaires et les capitalistes, les autres excluent les
revenus qui ne proviennent pas du travail.

Il faut en outre distinguer dans le socialisme proprement dit trois formes principales : les socialistes
autoritaires, qui veulent confier à un pouvoir suprême
la production et la distribution des richesses; les
socialistes libéraux, qui admettent l'autonomie des
différents groupes de travailleurs ; les socialistes
anarchiques, qui ne reconnaissent la nécessité ni

des sociétés politiques en général, ni de l'État en particulier. L'espace nous manquant pour un examen détaillé de chacune des écoles, nous nous bornerons à quelques indications sur les doctrines économiques de quatre hommes remarquables, soit par l'influence qu'ils ont exercée, soit par la puissance de leur esprit et par la sincérité de leurs convictions. Nous parlerons de Saint-Simon, de Bazard, de Fourier et de Proudhon.

Le comte Claude Henri Rouvray de Saint-Simon (1760-1825), prétendu fondateur d'un nouveau christianisme, a esquissé aussi un système économique (industrialisme) sans arriver à des conclusions pratiques, mais il a été le chef d'une école à laquelle ont appartenu, dans leur jeunesse, des hommes remarquables comme l'historien Augustin Thierry, l'économiste Michel Chevalier, le philosophe positiviste Auguste Comte, et le publiciste Buchez, le fondateur des premières sociétés coopératives françaises. Frappé des effets désastreux de la répartition inégale et, selon lui, arbitraire des richesses, qui provient des systèmes légaux de succession héréditaire, Saint-Simon a tracé à larges traits dans un grand nombre d'opuscules, pleins d'un enthousiasme que n'ont pu vaincre les souffrances d'une vie agitée et aventureuse, les bases d'une nouvelle monarchie industrielle, dans laquelle le pouvoir dont avaient joui jusqu'ici les classes oisives (légistes, fonctionnaires civils, militaires, etc.), qui ont détruit le féodalisme et l'aristocratie, devait passer à la classe industrielle, composée des ouvriers, des entrepreneurs et des capitalistes. Saint-Simon arrive à ce système en déduisant les corollaires sociaux de la théorie des économistes qui voyaient dans le travail la cause unique de la valeur, identifiée avec la richesse.

C. H. de Saint-Simon, *Parabole politique* (dans la revue *L'Organisateur*, 1819). — *Catéchisme des industriels*,

1823-1824. — *Nouveau Christianisme*, 1825. — *Œuvres de Saint-Simon et d'Enfantin*. Paris, 1865-1878 (quarante volumes). (*Œuvres choisies*. Bruxelles, 1859. Trois volumes).

Cfr. H. Fournel, *Bibliographie Saint-Simonienne*. Paris, 1833. — G. Hubbard, *Saint-Simon, sa vie et ses travaux*, 1857. — P.J Janet, *Saint-Simon et le Saint-Simonisme*.

Après la mort de Saint-Simon, ses doctrines, exposées avec peu de succès dans le journal le *Producteur* (dirigé par Olinde Rodrigues) et mieux dans le *Globe* (1831-1832), ont trouvé des disciples ardents dans Bazard et dans Barthélemy Prosper Enfantin (1798-1864). Ce dernier, devenu le père suprême de la nouvelle religion, compromit par la théorie de l'émancipation de la femme et par celle du divorce (que Bazard n'accepta pas) les petites communautés saint-simoniennes, qui ont pris fin après la farce indécente et le célèbre procès de Ménilmontant.

Saint-Amand Bazard (1791-1832) a sans doute le mérite d'avoir sérieusement developpé la partie économique du système saint-simonien, dont on peut le considérer comme le fondateur. Pour combattre ce qu'il appelait l'exploitation de l'homme par l'homme, qui était autrefois celle du maître sur l'esclave et sur le serf et maintenant du propriétaire des instruments de travail sur l'ouvrier, Bazard préconisait une réforme économique, mais il voulait tout d'abord le retour à l'esprit du christianisme primitif, l'instruction gratuite, universelle, obligatoire. Sa réforme consistait dans la distribution du travail selon les aptitudes, et du produit d'après les prestations, selon le célèbre aphorisme : de chacun selon sa capacité, à chaque capacité selon ses œuvres. Il croyait qu'on aurait pu y arriver par la substitution de la possession viagère à la propriété

héréditaire, en chargeant l'État de distribuer gratuitement les terres et les capitaux qui devenaient vacants
par la mort des possesseurs temporaires, à ceux qui
par leurs travaux antérieurs se seraient montrés les
plus méritants. Cette opération, faite par des banques
publiques, dirigées par une hiérarchie de prêtres industriels, aurait supprimé les graves inconvénients de la
répartition actuelle des biens, injustement déterminée
par l'accident de la naissance. A la différence de Saint-
Simon, qui considérait les industriels dans leur ensemble et les opposait aux oisifs (légistes, fonctionnaires
civils et militaires, etc.), Bazard est le premier socialiste français qui montre, d'une façon claire, le conflit
qui existe, dans le sein de la classe industrielle, entre
l'entrepreneur et l'ouvrier privé des instruments de
travail.

Bazard, *Exposition de la doctrine de Saint-Simon*,
    Paris, 1830-31.
(Anonyme). *Économie politique et Politique*, 1831
    (Articles de différents auteurs, extraits du *Globe*)·
Fr. W. Carove, *Der Saint-Simonismus*. Leipzig, 1831.
K. G. Bretschneider, *Der Saint-Simonismus*, 1832.
A. J. Booth, *Saint-Sim ? and Saint-Simonism*. Lon-
    don, 1871.

Comme Saint-Simon, Charles Fourier (1772-1837)
s'est tenu éloigné de toute agitation révolutionnaire.
C'est un penseur original, un écrivain prolixe et in-
correct, doué de beaucoup de talent et d'une imagination effrénée. Fourier se rapproche de Owen par ses
prémisses psychologiques et par sa sympathie pour le
travail collectif et la consommation collective, mais il
s'en éloigne en ce que, sauf la garantie du minimum
nécessaire à l'existence, il n'admet pas la répartition
selon les besoins; il est même plus modéré que les

saint-simoniens en ce qui concerne l'héritage et il attribue 3/12 des fruits de la production au travail intellectuel, 5/12 au travail manuel et 4/12 au capital. Il part de ce principe que l'attraction gouverne le monde moral comme le monde physique, et il est persuadé que l'harmonieuse satisfaction des passions, dont il a fait une classification bizarre, en oubliant l'inertie, aboutit par la volonté de Dieu au plus grand bonheur du genre humain; aussi propose-t-il que le travail, devenu attrayant par la combinaison de la division des occupations avec leur changement continuel, se fasse en commun au sein d'associations de propriétaires, de capitalistes et d'ouvriers d'environ 1,800 personnes, formant une phalange (divisée en séries, subdivisées en groupes), habitant une maison appelée phalanstère, dirigées par des chefs (unarques) et réunies graduellement en une vaste fédération mondiale, gouvernée par un magistrat suprême (omniarque) résidant à Constantinople. Fourier a une préférence marquée pour l'agriculture (et en particulier pour l'arboriculture et l'horticulture) exercée en grand, et il pense que les manufactures perdront de leur importance avec la disparition du luxe; il a une antipathie pour le commerce et pour les intermédiaires, qu'il voudrait supprimer par la consommation collective, qui est préférable à la consommation domestique, parce qu'elle est moins exposée au gaspillage des produits. Il faut noter enfin que Fourier, qui n'a pas sur ce point les préjugés des autres socialistes, se montre plus profond qu'eux parce qu'il cherche à réformer les méthodes de production au lieu des méthodes de distribution, car il attribue le malaise social non pas à l'inégalité mais à l'insuffisance des richesses.

Ch. Fourier, *Théorie des quatre mouvements*. Leipzig (Lyon), 1808.-2ᵉ édit., 1841. — *Traité de l'associa-*

tion domestique et agricole, 1822 Deux volumes.-
2ᵉ édit., 1838. — *Le nouveau monde industriel et
sociétaire*, 1829 -3ᵉ édit., 1848. — *La fausse industrie*. 1835 36. Deux volumes. — *Œuvres choisies*
(avec une bonne Introduction par Ch. Gide).
Paris, 1890.

Dans l'école de Fourier, qui eut ses organes spéciaux,
comme la *Phalange*, la *Revue du Mouvement social*,
la *Rénovation*, etc., il faut signaler, en premier lieu,
Considérant, puis Madame Gatti de Gamond, Muiron,
Transon, Hippolyte Renaud, Lechevalier, auteur d'ouvrages volumineux, Brisbane, en Amérique, et en
partie aussi l'entrepreneur philanthrope Godin-Lemaire,
le fondateur du familistère de Guise.

> V. Considérant. *Destinée sociale*. Paris, 1836 38. Deux
> vol.-2ᵉ édit., 1817-49.

Pierre Joseph Proudhon (né à Besançon en 1809,
mort à Passy en 1865), qui a commenté dans un de ses
premiers travaux (*Qu'est-ce que la propriété ?* 1840) la
célèbre phrase « la propriété c'est le vol » déjà employée
par Brissot de Warville (1780), occupe une place éminente dans l'histoire du socialisme. Doué d'un esprit
subtil et paradoxal, orné, comme tous les autodidactes,
de connaissances variées mais un peu superficielles, il
se complait dans la recherche des contradictions réelles
et apparentes qu'il trouve dans la succession des phénomènes économiques, et il en tire argument pour attaquer les chefs des diverses écoles d'économistes et de
socialistes dans des polémiques violentes et peu courtoises, en se servant de la dialectique hégélienne, qu'il
a étudiée superficiellement sur le conseil du socialiste
Charles Grün (1817-1887).

> P. J. Proudhon, *Système des contradictions écono-
> miques* ou *Philosophie de la misère*. Paris, 1846.
> Deux volumes.

Contrairement à sa devise ambitieuse *destruam et aedificabo*, Proudhon se montre aussi expert dans la critique du communisme et du socialisme spéculatif (Saint-Simon, Fourier), mystique (Leroux) et autoritaire (Blanc), que pauvre et même inférieur à ses adversaires eux-mêmes dans ses projets. La banque d'échange (appelée plus tard banque du peuple), à la différence de celle d'Owen (*labour exchange bank*, 1832-34) et de celle qui fut essayée à Marseille par Mazel (1830-45), devait non seulement faciliter les échanges en nature mais émettre aussi des « bons de circulation ». Ces bons que les associés et les adhérents de la banque s'obligeaient à recevoir comme de l'argent, permettaient aux porteurs de disposer des produits et des services évalués en heures de travail. De cette façon Proudhon croyait arriver au crédit gratuit, qu'il a défendu dans sa célèbre polémique avec Bastiat (*Intérêt et principal*, 1850) sans s'apercevoir que ses bons, tout à fait incapables de procurer le crédit gratuit, s'ils étaient émis en escomptant les titres de personnes solvables, se convertiraient en papier-monnaie de la plus mauvaise espèce s'ils étaient émis en grand nombre et sans les garanties nécessaires. On trouve aussi (comme déjà chez les saint simoniens et chez les écrivains anglais cités ci-dessus), bien qu'en d'autres termes, dans les *Contradictions* de Proudhon la théorie de la plus-value produite par l'ouvrier au profit de l'entrepreneur, qui constitue le point de départ du socialisme scientifique, fondé, d'après quelques-uns, par Rodbertus (Wagner, Rudolph Meyer, Adler, etc) et, selon d'autres, par Marx (Engels), qui s'en disputent à tort la paternité.

Beaucoup plus ingénieuse et originale est la tentative de Proudhon, bien qu'elle soit irréalisable, de concilier l'antinomie entre la liberté et l'égalité par l'anarchie, qui, selon lui, n'est pas le désordre, mais la véritable liberté (égalité des conditions), que violent tous les gouvernements, et fort inutilement parce que la justice, comme la vérité scientifique, n'a pas besoin de la sanction de la force. Ennemi de la propriété privée (exploitation du faible par le fort), il voudrait la remplacer, non pas par la propriété commune (exploitation du fort par le faible), mais par la possession (mal définie) des instruments de production et par la garantie, donnée à l'ouvrier, du produit intégral de son travail, tout en maintenant l'économie individuelle, la concurrence et même l'héritage, bien qu'il le réduise à une très faible part. La meilleure critique de l'utopie de Proudhon, fondée sur l'individualisme le plus effréné, est dans les interprétations très diverses de l'anarchie données par les nihilistes russes (Bakunin, Krapotkine) et par les socialistes révolutionnaires, comme Reclus, Most et quelques autres, et même dans ce fait que Proudhon lui-même le remplaça plus tard par le fédéralisme.

P. J. Proudhon, *Œuvres complètes*. Paris, 1873-86. Trente-sept volumes. — *Correspondance* (1832-65). Paris, 1874-75. Quatorze volumes.

Cfr. Fr. Hack, *P. J. Proudhon*. (in *Zeitschr. für die ges. Staatswiss.*, 27ᵉ année, 1871, pp. 363-386). — A. Sainte-Beuve, *P. J. Proudhon, sa vie, sa correspondance*, 1875. — St. Ganz zu Putlitz, *P. J. Proudhon*. Berlin, 1881. — G. Adler, vᵒ *Anarchismus*, in Conrad et Lexis, *Handwörterbuch der Staatswissenschaften*. Vol. I. Jena, 1889, pp. 252-270. — K. Diehl, *P. J. Proudhon. Seine Lehre und sein Leben*. Jena, 1888-1890. — A. Mülberger, *Studien über Proudhon*, 1891.

Louis Blanc (1813-1882), journaliste radical, disciple du communiste Buonarotti, éminent historien et très médiocre économiste, a publié dans la *Revue du Progrès* (1839) la première esquisse de sa célèbre *Organisation du travail* (1841), à laquelle il a ajouté quatre

chapitres dans la neuvième édition (1850). L. Blanc est
un socialiste autoritaire qui accepte, avec le droit à
la vie, quelques unes des théories des communistes,
sans se détacher du socialisme « par groupes », et en
demandant même, comme président de la commission
du Luxembourg, le droit au travail, qu'il a défendu
contre Thiers (*Le Socialisme. Droit au travail*, 1848).

Persuadé que la concurrence engendre le monopole
et la misère, et se résout dans l'anarchie, il fait appel à
l'initiative de l'État pour organiser le travail sur la base
des principes de la solidarité et de la fraternité. Sans
porter atteinte à la propriété privée, l'État devrait, par
ses puissants moyens, créer des « ateliers sociaux », qui
se substitueraient petit à petit aux entreprises ordinaires; gouvernés d'abord par des fonctionnaires, ils
seraient ensuite cédés à des associations ouvrières et se
constitueraient en fédération sous une autorité centrale.
L'État ferait l'avance à ces associés, unis entre eux
par une assurance mutuelle, du capital nécessaire dont
il prescrirait l'amortissement graduel ; il se réserve-
rait également une grande latitude au sujet de l'emploi des profits. Les ateliers seraient accessibles aussi
aux capitalistes, qui recevraient un intérêt fixe en
dehors de la rétribution pour le travail commun, qui
devrait être proportionnelle aux besoins de chacun
dans la mesure compatible avec les moyens disponibles,
car c'est en cela que consiste l'équité. D'après Louis
Blanc, ce système ne s'éloignerait pas beaucoup de la
répartition des produits d'après les prestations, car il est
à présumer que les ouvriers les plus intelligents et les
plus actifs ont des besoins plus grands et plus raffinés!

L. Blanc, *Questions d'aujourd'hui et de demain*. Vol. IV
    et V. Paris, 1873-1884.
Cfr. Ch. Robin, *L. Blanc, sa vie et ses œuvres*, 1851.
Hipp. Castille, *L. Blanc*, 1858.

Ferdinand Lassalle (1825-1864), malgré son puissant génie, sa profonde culture philosophique et juridique et une connaissance plus que suffisante de l'économie politique, n'occupe pas parmi les théoriciens socialistes une place égale à celle qu'il occupe dans l'histoire du socialisme militant. Aristocrate par nature, démagogue par ambition, et très habile connaisseur des passions populaires, Lassalle, quelque peu incertain et exagéré dans ses aspirations définitives autant que modéré et précis par opportunisme et prudent dans ses revendications présentes, de plus, écrivain brillant et orateur éloquent, doué de sympathiques qualités personnelles, possédait la vertu et les vices indispensables pour créer et diriger une formidable agitation révolutionnaire. Au point de vue théorique, ses doctrines n'ont aucune originalité, parce qu'il s'approprie les prémisses de Rodbertus et de Marx et qu'il reproduit, avec des variations sans importance, les propositions de Louis Blanc. Pour émanciper les ouvriers allemands de la loi d'airain des salaires (attribuée à Ricardo) et pour leur garantir le produit intégral du travail, confisqué par l'entrepreneur capitaliste, Lassalle conseille aux ouvriers de constituer un parti solide, qui, après avoir conquis, par le suffrage universel direct, une forte prépondérance politique, fera décréter par le gouvernement le prêt gratuit d'une centaine de millions de thalers à de nombreuses sociétés coopératives ouvrières, constituées en fédération, qui, en possession des instruments de production, remplaceront graduellement les entreprises actuelles. Ce qu'il y a de caractéristique dans les écrits de Lassalle, c'est la guerre sans merci qu'il a faite à Schulze-Delitsch. Lassalle l'attaque dans une polémique injurieuse et triviale, et l'accable de son érudition, qui n'est pas, comme il l'affirme avec orgueil, toute la science du dix-neuvième siècle, mais qui est

cependant de beaucoup supérieure aux moyens intel-
lectuels dont pouvait disposer son adversaire.

> Ferd. Lassalle, *System der erworbenen Rechte*, 1861.-
> 2° édit., 1880. — *Offenes Antwortschreiben*, etc.,
> 1863. — *Die indirekte Steuer und die Lage der arbei-
> tenden Klassen*, 1863. — *Herr Bastiat-Schulze von
> Delitzsch, der ohonomische Ju'ian, oder Kapital und
> Arbeit*, 1864; trad. franç. par B Malon, 1880.
> Cfr. E. von Plener, *Ferdinand Lassalle*. Leipzig, 1884.
> — W. H. Dawson, *German socialism and Ferd.
> Lassalle*. London, 1888-2° édit., 1891.— G. Brandes,
> *Ferd. Lassalle*, Berlin, 1865.-2° édit., Leipzig, 1889.

§ 3. — LE COLLECTIVISME

On appelle, d'un mot fort employé par les français,
collectivistes les théoriciens socialistes qui. tout en
demandant la propriété publique des instruments de
production et l'organisation collective du travail, admettent la propriété privée des objets de consommation
et même leur transmission héréditaire. Mais le collectivisme intégral (industriel) ne doit pas être confondu
avec le collectivisme purement partiel (territorial).

> E. Jäger, *Der moderne Sozialismus*. Berlin, 1873.
> A. E. Fr. Schäffle, *Die Quintessenz des Socialimus*, 1875.
> (traduit en italien et en français),-13° édit., 1891.
> P. Leroy-Beaulieu, *Le collectivisme, examen critique
> du nouveau socialisme*, 1884.-3° édit., 1893.
> M. Block, *Le socialisme moderne*, 1891.
> J. Bourdeau, *Le socialisme allemand et le nihilisme
> russe*, 1802.

Le collectivisme de la terre qui a (dans l'aîné et
mieux dans Ogilvie) des précurseurs au siècle passé, a
trouvé, en dehors de Stuart Mill et de George, dont
nous avons déjà parlé, de nombreux adhérents, même

chez les économistes et jusque chez quelques économistes de l'école classique (James Mill) et chez d'autres
enfin qui (comme Walras) ont bien peu de sympathie
pour le socialisme. Ces écrivains insistent particulièrement sur cette idée, qu'il n'y a pas pour la propriété
privée du sol toutes les raisons économiques et juridiques qui militent en faveur de celle du capital mobi-
lier. Parmi les plus modérés, quelques uns demandent
l'incorporation du crédit hypothécaire (Schäffle, Stolp,
Ruhland) ; d'autres la propriété commune de la terre
mise en culture (Samter); d'autres, au contraire, celle
des maisons. Beaucoup, de collectivistes pensent que la
propriété commune doit être accompagnée de la culture
pour le compte de l'État; un petit nombre, au contraire,
voudrait que la propriété soit commune et l'usage
individuel (Wallace) par la location des terres, en
petits lots, aux plus offrants. Il y a des divergences
d'opinion encore plus importantes sur les modes de
pr   le possession ; les uns font appel à la confiscation
(George), d'autres à une expropriation avec indemnité
(Flürscheim) soit pour tout le fonds, soit pour toute la
rente, soit uniquement pour la rente future (unearned
increment).

W. Ogilvie, *An essay on the right on property in land.*
1872. Réimprimé (sous le titre : *Birtright in land*,
par D. C. Macdonald. London, 1891.

Herbert Spencer, *Social statics.* 1851.

A. E. Fr. Schäffle, *Inkorporation des Hypothekencredits.*
Tübingen, 1883.

Ad. Samter, *Das Eigenthum in seiner sociale Bedeu-
tung*, 1878.

A. Russel Wallace, *Land nationalisation, its necessity
and its aims*, 1882. (Nouvelle édition, 1892.)

S. W. Thackeray, *The land and the community*,
1889.

M. Flürscheim, *Der einzige Rettungsweg*, 1891.

Hertzka, *Die Gesetze der socialen Entwicklung*, 1886.
W. H. Dawson, *The unearned increment*, 1890.
H. Cox, *Land nationalisation*, 1892.
G. Ricca-Salerno, *La nazionalizzazione della terra* (in *Nuova Antologia*, 1er décembre 1893).

Le collectivisme intégral est la formule du socialisme actuellement dominant, représenté notamment par Winkelblech et Rodbertus (complètement étrangers à toute agitation de parti) et par Marx. Charles Georges Winkelblech (1810-1865), professeur de chimie et de technologie, a publié. sous le pseudonyme de Marlo, un savant ouvrage historico-critique (demeuré inachevé) sur les institutions et sur les théories économiques, qui devait comprendre aussi un plan de réforme de l'organisation sociale actuelle, contraire, selon lui, aux principes du droit comme à l'intérêt bien entendu des classes productrices. Bien qu'il ait été cité par Rau et par Roscher, le livre de Winkelblech n'a exercé aucune influence sur ses contemporains jusqu'à ce que l'apologie, un peu exagérée, qu'on a faite Schäffle en 1870, en fit faire une réimpression qui appela sur cette œuvre l'attention de quelques spécialistes. D'après les idées de l'auteur, à la domination de la force (monopolisme), antérieure à la Révolution française, a succédé le libéralisme, actuellement dominant, combattu par le communisme, systèmes opposés et excessifs qu'il voulait concilier. Le libéralisme, infatué de l'idée purement négative de la concurrence illimitée, est un système atomiste qui, après avoir détruit les anciens privilèges, a engendré la ploutocratie, c'est-à-dire le monopole des grands capitaux, aussi pernicieuse aux petits entrepreneurs qu'aux ouvriers salariés. A son tour le communisme, idolâtre de la prétendue égalité.de fait, est un système mécanique qui, par la distribution des produits en raison des besoins, conduit au pire des mono-

poles, à celui de l'indolence. L'unique combinaison
rationnelle de la véritable liberté avec la véritable égalité se trouve dans le système que l'auteur appelle
fédéral (sans aucun rapport avec le sens politique
de ce mot) et qui se résoud dans le collectivisme
absolu, par l'intermédiaire des sociétés ouvrières, organisées par l'État, dans lesquelles, après un retranche-
ment préalable d'un minimum nécessaire pour garantir
à tous l'existence, le produit du travail commun se partage en raison des prestations de chacun. Il faut signaler
dans la théorie de Winkelblech la complète intelligence
des difficultés que toutes les formes de socialisme rencontrent dans l'insuffisance de la production, dans
l'excès de la consommation et dans le stimulant à
l'augmentation indéfinie de la population, mais en
même temps la confiance exagérée dans les remèdes
qu'il propose : obligation universelle au travail et lois
restrictives du luxe et des mariages.

> K. Marlo, *Untersuchungen über die Organisation der
> Arbeit oder der System der Weltökonomie.* Kassel.
> 1850-59.-2ᵉ édit., Tübingen, 1884-85. 4 volumes.

Inexactement interprété par Dühring et par Eisenhart,
combattu par Held, trop peu estimé par Roscher, porté
aux nues par Rudolph Meyer (et par d'autres conservateurs sociaux) et surtout par Wagner (et par d'autres
socialistes d'État), Charles Rodbertus (1805-1875), dit
Jagetzow, du nom d'une de ses propriétés, député pendant quelques années et pendant quelques jours ministre, a été un socialiste conservateur au point de vue
politique qui, malgré les pressantes instances de Lassalle, s'est tenu complètement étranger aux agitations
de la démocratie sociale. Dans une série de monographies, remarquables par des recherches ingénieuses et
inédites, notamment sur les institutions économiques

de Rome, mais défectueuses par la mauvaise exposition, Rodbertus a tracé, à différentes reprises, une philosophie de l'histoire économique d'où il a déduit un plan de réformes sociales déjà esquissé dans ses traits fondamentaux dans un ouvrage (*Die Forderungen der arbeitenden Klasse*) excellemment analysé par Dietzel, qui remonte à 1837. Il est extrêment difficile de se retrouver dans le labyrinthe des propositions de Rodbertus, parce qu'il ne sépare pas nettement celles qui appartiennent au collectivisme absolu, idéal qui ne pourra d'après lui être réalisé que dans cinq ou six siècles, de celles qui pourraient être acceptées et appliquées graduellement par des mesures immédiates. Parmi les réformes proposées par Rodbertus, il faut distinguer les réformes partielles sur le crédit foncier, (qu'il veut transformer de fond en comble en remplaçant par le payement d'une rente perpétuelle l'obligation de rembourser le capital), des autres réformes plus générales sur l'organisme de la production et la condition de la classe ouvrière. Ennemi déclaré de l'individualisme, et s'inspirant de la théorie organique de l'État de Hegel et de Schelling, Rodbertus confie à l'autorité publique la réalisation des réformes économiques qui doivent être conformes à l'intérêt collectif, parce que, pour lui, l'individu n'est qu'un organe du grand corps social. La transition loyale à un système qui fera cesser l'action inexorable de la loi économique par laquelle, étant donné la libre concurrence, la part proportionnelle de produit distribuée aux ouvriers diminue à mesure que le meilleur emploi de leur travail en augmente la productivité, pourrait être effectuée par l'intervention de l'État. Celui-ci devrait établir au *pro rata* du produit total de l'industrie la part à assigner aux travailleurs et il devrait en outre fixer la durée de la journée normale de travail dans chaque industrie et la quantité

normale de produit qui correspond à chaque journée,
Sur cette base il fixerait un tarif, continuellement
variable, du prix du salaire et des services productifs
et remplacerait petit à petit la monnaie métallique par
des bons indiquant les journées de travail et émis sous
forme de prêt aux entrepreneurs, qui paieraient avec
eux leurs ouvriers, et avec lesquels ils pourraient prendre dans les entrepôts gouvernementaux la quantité
de produits dont ils auraient besoin en raison du travail utile qu'ils auraient fourni.

De cette façon Rodbertus, malgré le grand appareil
de sa philosophie et de son érudition, partant de l'hypothèse d'une loi de décroissance progressive du salaire
proportionnel, aussi fausse que celle de son augmentation fatale, soutenue par Carey et par Bastiat, conclut
par des propositions très analogues à celles de Owen et
de Proudhon, mais plus compliquées. C'est en somme
un système tyrannique et inefficace de taxation officielle des prix et des salaires, qui produirait des effets
semblables à ceux qu'on a obtenus par les assignats et
le maximum sous la Révolution française. Aussi trou-
vons-nous excessif l'enthousiasme de Wagner, qui a
proclamé Rodbertus le Ricardo du socialisme !

Rodbertus, *Zur Erkenntniss unserer staatswirthschaft-
lichen Zustande.* 1er fascicule. Neubrandenburg,
1844. — *Sociale Briefe an V. Kirchmann.* I-III.
Berlin, 1850-51. — La seconde et la troisième
lettre réimprimées sous le titre : *Zur Beleuchtung
der socialen Frage,* 1875. — *Zur Erklärung und
Abhülfe der heutigen Kreditnoth des Grundbesitzes.*
Jena, 1868-69. 2e édit., 1876. — *Der normale Ar-
beitstag* (extrait de la *Berliner Revue*). Berlin,
1871. Réimprimé dans la *Zeitschrift für die ges.
Staatswissenschaften.* 34e année, 1878, pp. 322 307.
— *Briefe und sozialpolitische Aufsätze.* Berlin, 1882.
— *Das Kapital. Vierter sociale Brief an v. Kirchmann,* 1884.

Cfr. Ad. Wagner, *Einiges von und über Rodbertus*
(in *Zeitschrift f. die ges. Staatswiss.* 1878, pp. 119-
236. — Th. Kozak, *Rodbertus Jagetzow's socialpo-
litische Ansichten*. Jena, 1882. — G. Adler, *Rodbertus der Begründer des wissenschaftlichen Soziali-
mus*. Leipzig, 1884. — A. Menger, *Das Recht auf
den vollen Arbeitsertrag*. Edition de 1886, pp. 79-
96. — H. Dietzel, *Karl Rodbertus*. Partie I et II.
Jena, 1886-88. — W. H. Dawson, *German socialism*, etc , London, 1891, pp. 61-90.

Karl Marx est né à Trèves en 1818 ; il a vécu en exil
à Paris, puis à Bruxelles et finalement, pendant de très
longues années, à Londres, où il est mort en 1883 ; il
unit au plus haut degré les qualités du savant et celles
du sectaire.

Doué d'un esprit puissant, connaissant à fond l'ancienne littérature économique et en particulier la littérature économique anglaise, armé d'une dialectique
subtile et souvent sophistique, écrivain toujours obscur
et parfois inintelligible, il a étudié d'ordinaire les problèmes abstrus de la science pure en les accompagnant
de citations tirées habilement des documents officiels,
qui constituent pour ses aveugles adhérents les preuves
irréfutables de ses arbitraires constructions historiques
et de ses affirmations doctrinales. Faisant abstraction
de toute idée religieuse et de toute considération juridique, Marx prétend démontrer que l'évolution économique conduit inévitablement au collectivisme, sans
qu'il soit besoin des moyens révolutionnaires, pour
lesquels il se dépensait avec tant d'énergie comme agitateur populaire. Sans parler de quelques écrits de
moindre importance, les idées économiques de Marx
(empruntées en partie aux socialistes anglais déjà cités
et en partie aussi à Proudhon) se trouvent déjà esquissées
dans une polémique acrimonieuse contre Proudhon
(1847), et elles ont été plus complètement exposées dans

son œuvre principale, dont il avait déjà publié, sous une autre forme et avec d'abondantes notes bibliographiques, les premiers chapitres en 1859.

> K. Marx, *Misère de la philosophie. Réponse à la Philosophie de la misère de M. Proudhon.* Bruxelles, 1847. Réimprimé en 1897. Trad. allemande de Bernstein et Kautsky, 1885. — *Zur Kritik der politischen Oekonomie.* 1re fascicule. Berlin, 1859. — *Das Kapital.* 1er vol. *Productions-process des Kapitals.* Hamburg, 1867. (1e édit. de F. Engels, 1890); Trad. franç. par Roy. - 2e vol. *Circulations-process des Kapitals,* 1885.
> Cfr. G. Gross, *Karl Marx.* Leipzig, 1885.— G. Adler, *Die Grundlagen der Karl Marx'schen Kritik der bestehenden Volkswirthschaft.* Tübingen, 1887.—C. A. Verrijn-Stuart, *Ricardo en Marx,* 1890. (On trouve un bon résumé de la doctrine de Marx dans le volume déjà cité de Cathrein, *Der Sozialimus.* 5e édit 1892, pp. 12-20. Trad. franç. par Olivier Feron, S. J., 1891.)

Le fondement du système de Marx, c'est la philosophie matérialiste et purement économique de l'histoire, avec laquelle il explique toutes les révolutions politiques en les ramenant aux incessants changements dans le processus de la production et de la circulation, dont dépendent à leur tour les transformations correspondantes dans les systèmes de distribution de la richesse. Pour connaître la loi d'évolution de la production et de la vente, il faut remonter à la théorie de la valeur et à celle de la plus-value (Mehrwerth) qui révèle le processus de formation et d'accumulation du capital.

La théorie de la valeur de Marx (combattue à différents points de vue par Strassburger, Knies, Böhm-Bawerk, Adler, etc) est, comme l'a démontré Verrijn-Stuart bien différente de celle de Ricardo ; elle vient de cette proposition de Smith que la cause unique, bien plus, la mesure, de la valeur de tous les produits est la quantité de travail nécessaire pour l'obtenir, et par conséquent, d'après Marx, le travail est la substance qui forme la valeur en s'incorporant d'une certaine manière dans le produit. Or l'entrepreneur capitaliste, en achetant à l'ouvrier, privé des instruments de travail, non pas le produit mais sa force de travail (*Arbeilshraft*), se trouve dans la possibilité d'obtenir des prestations supérieures à celles qui sont nécessaires pour produire les objets indispensables à la vie de l'ouvrier, et de cette façon il obtient un profit et réalise une *Plusmacherei* impossible dans les échanges ordinaires, qui ont pour base la diversité d'espèce et l'idendité de valeur des produits échangés. La plus-value empochée par l'entrepreneur constitue le capital, qui lui fournit le moyen de nouvelles accumulations qui, par la concurrence des entrepreneurs, amènent la concentration de la production dans un nombre rapidement décroissant de grandes fabriques qui, grâce à la division du travail et aux machines engendrent le prolétariat, l'augmentation de la misère et la formation d'une armée de réserve d'ouvriers sans travail, qui déprime toujours davantage le salaire des autres et contribue à rendre inévitables les crises qui frappent continuellement l'industrie. Mais le progrès de la production capitaliste porte en lui-même le germe de sa destruction. Il arrivera nécessairement un moment où les masses ouvrières, formellement libres mais en réalité sous l'oppression de la misère, briseront leurs chaines et exproprieront à leur tour les expropriateurs. Alors, la production se fera par des corporations de travailleurs, constituant un état organisé démocratiquement, et le produit sera en partie converti en capital et en partie distribué aux ouvriers, comme une propriété dont ils pourront disposer librement.

Dans la période qui suivra immédiatement la révolution, qui émancipera le travail de la tyrannie du capital, la répartition des produits se fera en proportion des prestations individuelles, évaluées d'après la durée du travail nécessaire pour faire chaque unité de produit. Il reste donc, d'une manière transitoire, malgré l'abolition de toute différence de classe une distribution inégale des biens. Dans une période ultérieure et définitive, le travail ayant cessé d'être une peine et étant devenu une nécessité, toute différence entre le travail intellectuel et le travail musculaire cessera et on pourra faire la distribution des produits conformément à la justice absolue, qui demande que le travail soit déterminé par les aptitudes et la jouissance proportionnée aux besoins.

Comme révolutionnaire Marx était très différent de Lassalle. Froid, cynique, inaccessible au sentiment de l'amour de la patrie, plein de mépris pour un grand nombre de ses partisans, il commença sa carrière en rédigeant avec Frédéric Engels le fameux *programme du parti communiste*. Il fonda en 1864 l'Association internationale des travailleurs, dont il fut pendant longtemps l'âme, et qui survécut de fait sinon de nom à la scission provoquée en 1872 par le nihiliste anarchiste Bakunin. La Démocratie sociale moderne allemande, dépassant les idées relativement modérées des partisans de Lassalle, accepta au Congrès de Gotha (1875) et encore plus explicitement à celui d'Erfurt (1891) les théories du collectivisme absolu, qui sont maintenant les plus généralement acceptées en Allemagne (Engels, Liebknecht, Bebel), en Belgique (De Pæpe), dans les Pays-Bas (Nieuwenhuis), en France (Guesde, Lafargue et avec quelques divergences Malon), en Angleterre et en Amérique (Hyndmann et Gronlund).

Fr. Engels, *Die Entwickelung des Sozialismus von der Utopie zur Wissenschaft*, 1883 (3ᵉ édit.).

Liebknecht, *Was die Sozialdemokraten sind und sein wollen*, 1891.

A. Bebel, *Unsere Ziele*, 1875 (5e édit.) — *Die Frau*, etc. 1892 (14e édit.) trad. ital.; 1892. Trad. franç. par Ravé, 1871.

H. M. Hyndmann, *The historical basis of socialism in England*, 1883.

L. Gronlund, *The cooperative commonwealth*. 4e édit., 1892.

B. Malon, *Le socialisme intégral*. 2e édit. 1892. Deux vol. — *Précis historique et critique du socialisme*, 1892.

Il n'y a pas en Italie, malgré les agitations d'un parti dont l'activité se manifeste aussi dans la presse périodique, de défenseurs vraiment compétents du socialisme théorique. Il y a cependant des littérateurs et des journalistes, qui font des conférences, traduisent (souvent du français) des opuscules et des articles des socialistes allemands, et qui attaquent vigoureusement les représentants des pouvoirs constitués en même temps qu'ils délivrent des diplômes d'hommes célèbres à leurs amis personnels, qui militent dans les rangs du radicalisme politique, ou dans les rangs encore plus hétérogènes des économistes du passé et des criminalistes de l'avenir.

Il faut louer Nitti d'avoir commencé par un volume érudit et intéressant une critique détaillée des différentes formes du socialisme.

Franc. S. Nitti, *Il socialismo cattolico*. 2e édit. Torino, 1891. Trad. franç., Paris, 1894.

Voir A. Bertolini, *Cenno sul socialismo contemporaneo in Italia*, 1880.

INDEX DES AUTEURS CITÉS [1]

A

Abbot de Bazinghen, 186.
Abeille, 275.
Abrial, 403.
Accursio das Neves, 443.
Achenwall, 53.
Adams, 481, 483.
Adams (Carter), 24, 479.
Adams (Quincy), 464.
Adamson, 4.
Adler, 428, 519, 522, 528, 529, 538, 539.
Advielle, 519.
Agardh, 451.
Agazzini, 488.
Agricola, 184.
Ahrens, 16.
Ajello, 196.
Aksakow, 456.
Albergo, 139, 487.
Albert-le-Grand, 161.
Alberti, (G.), 174, 231, 205.
Alberti (L.-B.), 174.
Alciat, 184.
Aleandri, 206.
Alemanni, 169.
Alembert, 272, 300.
Alessio, 153, 507.
Alexejenko, 455, 457.
Alexi, 200.

Alison, 209, 347.
Allibone, 465.
Allievi, 497, 498.
Allinson, 476.
Allocchio, 500.
Almeida (d'), 444.
Amabile, 192.
Amar, 511.
Amari, 493.
Amati, 292.
Amé, 402.
Ampère, 49.
Ancarano (Pierre de), 168.
Anderson, 326, 363.
Andreucci, 500.
Andrews, 23, 465, 482, 483.
Ansell, 350
Antonelli, 102, 511.
Antonovicz, 458.
Apel (d'), 511.
Appolodore, 146.
Aranaz, 441.
Arco (d'), 287.
Arcolco, 511.
Arenal, 141.
Arendt, 424, 425.
Argelati, 188.
Argenson (D'), 262.
Aristophane, 118.
Aristote, 70, 97, 149, 156.
Arnd, 281.

(1) Nous avons dans cet *Index* redressé quelques erreurs qui se sont glissées dans l'écriture des auteurs cités dans l'ouvrage.

(*Note du traducteur*)

TABLE DES MATIÈRES

—

DEUXIÈME PARTIE. — Histoire.

(Traduit par Alfred BONNET).

Beauvais   Impr. Professionnelle, 4, rue Nicolas Godin

BIBLIOTHÈQUE INTERNATIONALE D'ÉCONOMIE POLITIQUE

A LA MÊME LIBRAIRIE

BIBLIOTHÈQUE INTERNATIONALE DE SOCIOLOGIE

Volumes in-8.

Paris. — Imp. V. Giard & E. Brière, 16, rue Soufflot.

www.ingramcontent.com/pod-product-compliance
Lightning Source LLC
Chambersburg PA
CBHW071143270326
41929CB00012B/1859